陕西历史博物馆学术文库

Academic Dissertation Library of
Shaanxi History Museum

寻源觅真

Seeking the Origin and Truth

——蔡昌林文集

文物出版社

图书在版编目（CIP）数据

寻源觅真：蔡昌林文集／蔡昌林著．—北京：
文物出版社，2014.10

（陕西历史博物馆学术文库／成建正主编）

ISBN 978 - 7 - 5010 - 3977 - 7

Ⅰ.①寻…　Ⅱ.①蔡…　Ⅲ.①蔡昌林—文集
Ⅳ.①Z427

中国版本图书馆 CIP 数据核字（2014）第 044108 号

陕西历史博物馆学术文库

寻源觅真
——蔡昌林文集

著　　者　蔡昌林
封面设计　周小玮
责任印制　张　丽
责任编辑　陈　峰
出版发行　文物出版社
地　　址　北京市东直门内北小街 2 号楼
　　　　　邮政编码　100007
　　　　　http://www.wenwu.com
　　　　　E - mail：web@ wenwu.com

制版印刷　北京京都六环印刷厂
经　　销　新华书店
版　　次　2014 年 10 月第 1 版第 1 次印刷
开　　本　965 × 1270　1/32　印张 16.625
书　　号　ISBN 978 - 7 - 5010 - 3977 - 7
定　　价　98.00 元

蔡昌林，1954 年生于陕西岐山，1982 年毕业于西安美术学院。现为陕西历史博物馆研究馆员、中国美术家协会会员。任陕西省包装技术协会副会长兼设计委员会主任；联合国教科文组织陕西省艺术委员会副主任；兰州大学、西北大学等多家高校兼职教授；陕西省国画院专聘画家。

编著有《现代设计艺术》、《蔡昌林画集》、《西部之星设计大赛优秀作品集》、《蔡昌林文物题材彩墨画》画册、《唐开国二十四功臣》、《蔡昌林艺术寻源网站》等。

一　寻源

二　鱼源

三　反思

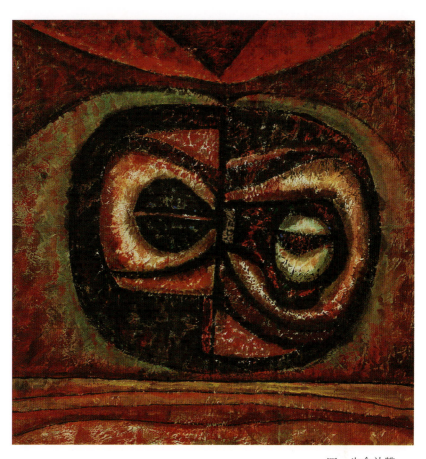

四　生命礼赞

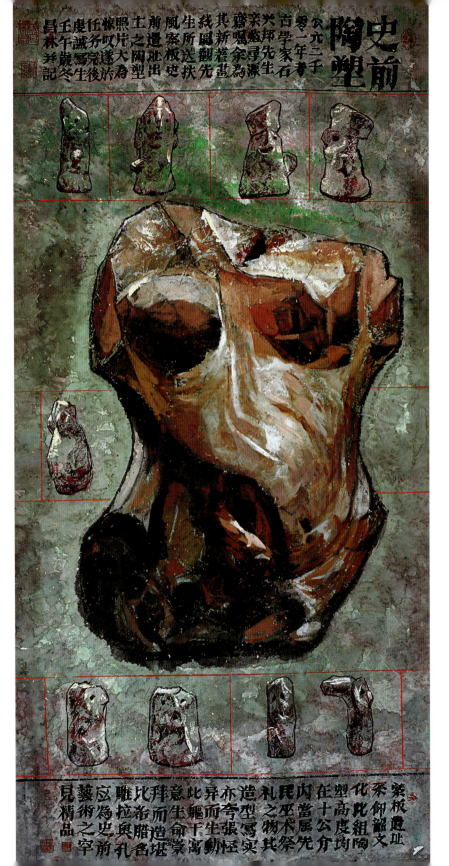

九 崇拜

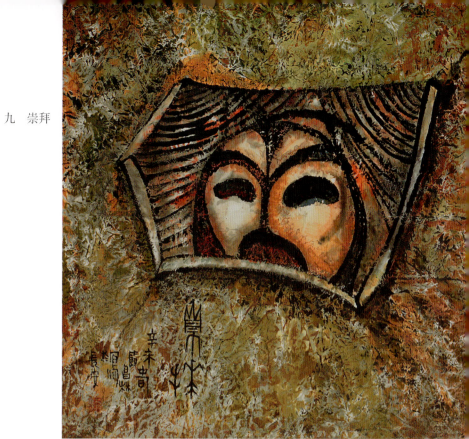

一〇 黄土地
的歌

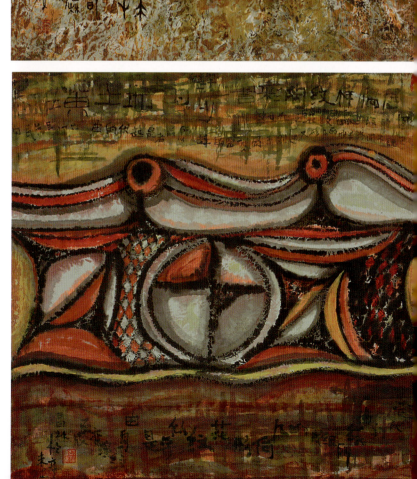

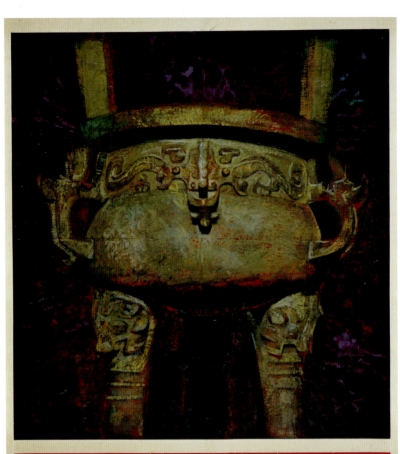

毛氏三千年祭　毛公鼎

毛公鼎為宣王時器清
道光末年出土
於陝西岐山縣亦曰毛
公鼎現藏台
北故宮博物院腹內壁銘四
百九十七字記載周王對毛公
厝的冊命辭為我國西周銅器
銘文字數之最譽為清代四大
國寶作冊者毛公厝乃宣王叔
父職司卿士又據清乾隆二年
修書的韶山毛氏族譜云昌姓
系出周姬文王子毛伯鄭之後
世為周卿因國為氏考毛氏之
封邑在今岐山扶風交界處之
周原即毛公鼎出土地而毛澤
東之廿世祖毛太華系公元前
五二零年後入楚的毛氏後裔
故有毛澤東是陝西周原人之
新說惑幸之餘製毛公鼎圖癸
酉歲天偉人潤之先生誕辰百
年之際昌林於長安南郊尋源
齋又題幷記

一三　回声

回声

这個紋
飾來
自陵西
尖中出
土的三
千手
作前的
铜面對
构

久沉思
一个思良
遠遇曾想見
的迴似
昌林写
於甲申春
同枀記
声响在
耳边

一四　礼魂

一五　乡戚情思

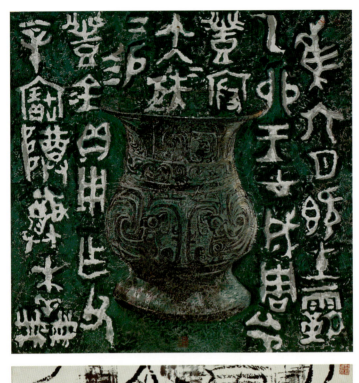

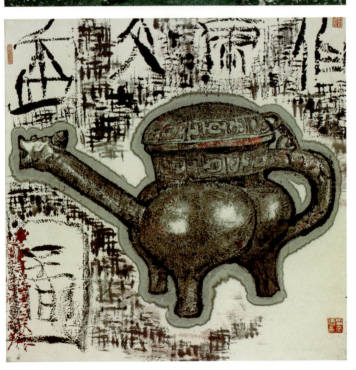

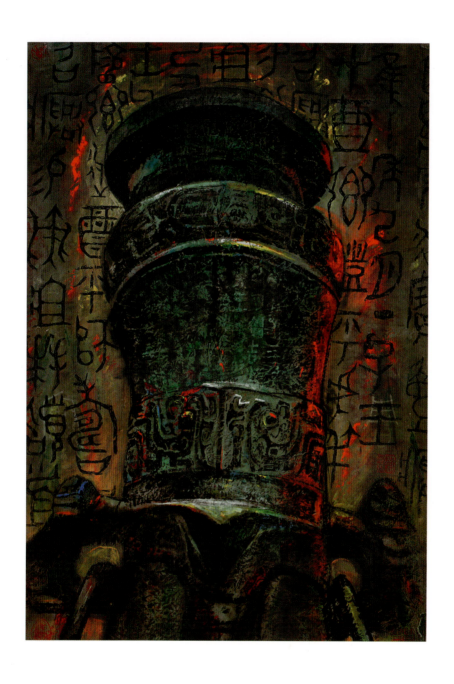

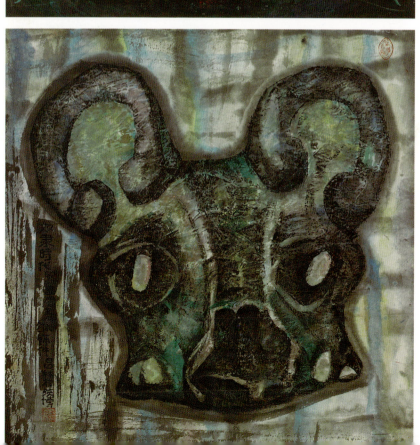

二二　西周巫师

二三 巴人
印象

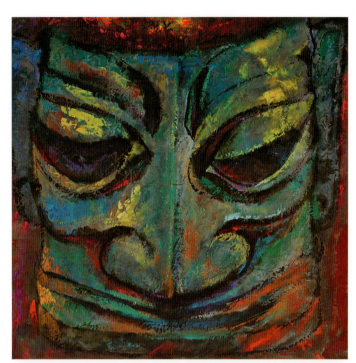

二四 玉鱼

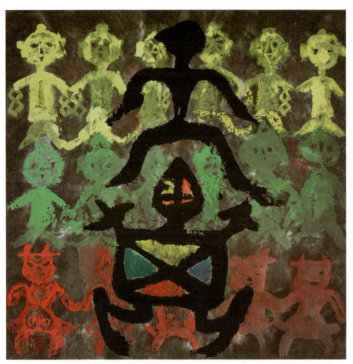

二五　天鼋

二六　寻源
　　之旅

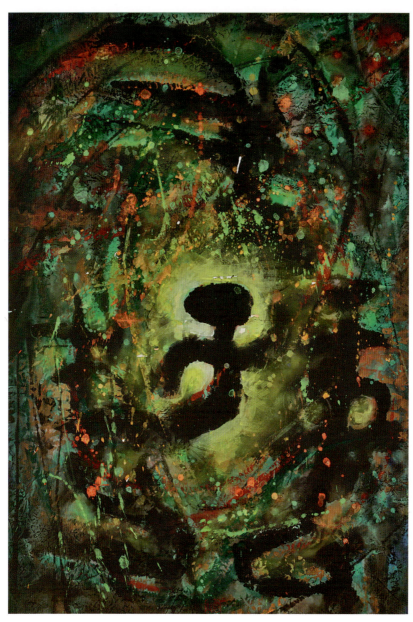

二七　华夏之子

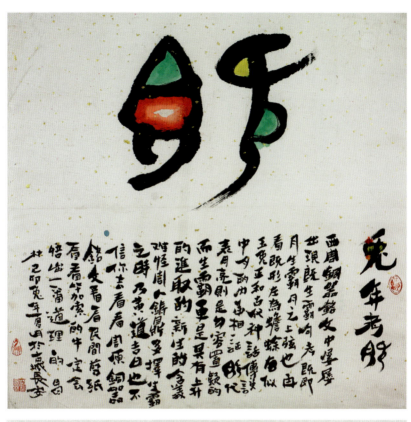

西周铜器铭文中屡屡
世现既生霸向老既
月生霸月之上弦也即
看既形左右婚蝶有似
正兔正和古代神话传说
中夕的功与相证明代
表月亮则是夕穷置疑的
而生霸重是具有上升
的进取的新生的含义
对怪剧大铸鼎多择生霸
之时乃黄道吉日也不
信你去看看图顶铜器
铭文看看民间窗纸
看看等好亲的牛定念
悟出一番道理的昌
林己卯兔年一月画于長安城長安

兔年考胜

三二　兵人

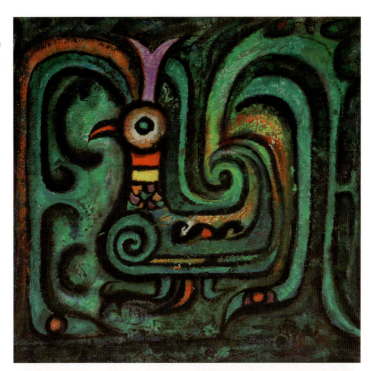

三三　凤鸣
　　　岐山

三四　凤鸟
　　　印象

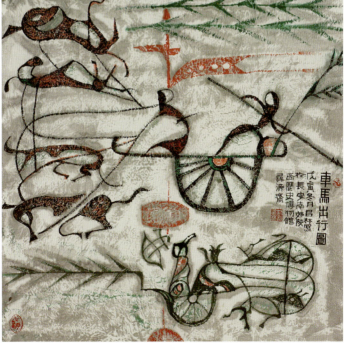

三八　狩猎图

三九　大河寻缘

四三　祝福

四四　吴牛

四五　吉羊

四六　虎头

四七　虎符

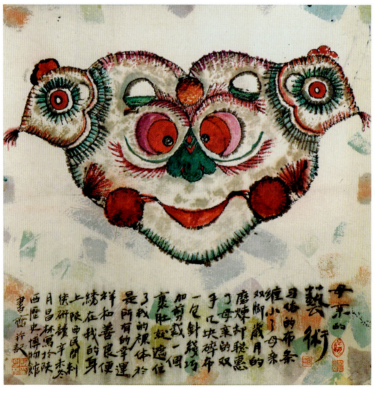

五二　青龙

五三　白虎

五四 朱雀

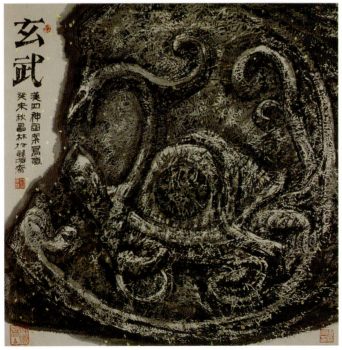

五五 玄武

五六　蚩尤造五兵
五七　汉兵弥火

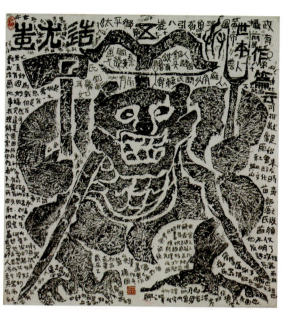

五八 汉马图

五九 汉并天下

六〇 奔腾图

六一 创世纪

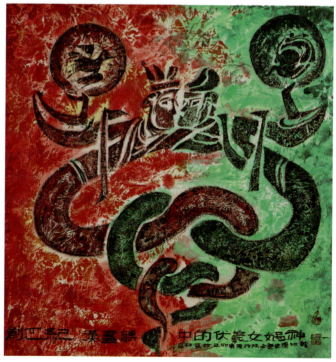

六二　龙马精神

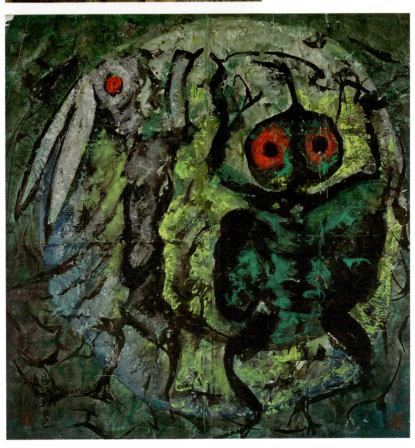

唐 大勢至菩薩 敦煌一百九十六窟壁畫 昌林一九八零年秋敬摹於莫高窟二壁李榮于蒲藏史題

七六　执扇宫女图

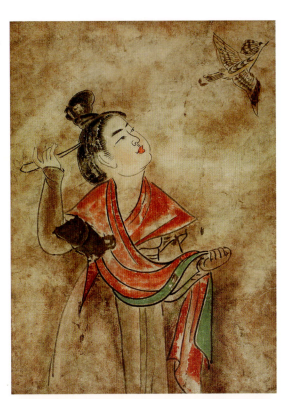

七七　观鸟宫女

七八　打马球图

七九　翔鶴

八〇　宮女

自　序

　　这本文集以"寻源觅真"取名，盖因在我的工作室门内上面，挂着一块由贾平凹先生题字、魏庚虎先生木刻的牌匾"寻源斋"，从20世纪90年代到现在，尽管挪了几次办公室，这块牌匾一直伴随着我。前十多年是挂在门的外面上方，不仅自己看，也让别人看，而这十多年则是挂在门里面，主要是让自己看。我还收藏着一幅刘文西老师为我画展所题的"寻源觅真"条幅，"觅真"是对"寻源"的延展，是提示我做学问的态度，他们天天鞭策我、激励我走一条自己认定的学术道路，提醒我这条路还很漫长。看见它，我不敢懈怠。

　　我们这代人的成长与共和国几乎是同步的，经历的苦难、狂热、迷茫与成熟构成的人生轨迹和国家的大势息息相关。从小学三年级起就有写日记的习惯，记录我的喜怒哀乐和经历的酸甜苦辣，但此前保存了十多年的好几本日记，却在1976年由我自己亲手烧掉。这是我此生做过的最后悔的一件事。从小学二年级开始，我胳膊上一直就戴着"三道杠子"，做过少先队大队委员、大队长、班排长、校革委会委员、团总支书记等等，总之一直是学生"头"的角色。然而，当我几经曲折，间断地在学校读了17年书，走到社会上之后，愈来愈发现自己不是当官的料，不是经商的料，因为每每遇到复杂的人际关系就头痛，一遇到利益的争夺，就狠不下心，就缺了心眼儿。所以当回到自己可掌控的专业领域，从事画画或写作时，虽然也有苦恼和熬煎，但过去后就感到无比的轻松快乐。因此，我庆幸

1

自己有一个让人舒心的专业，庆幸自己工作在一个能和古人"对接"的单位，更庆幸有一个个能宽容自己缺点的老师、亲人、同事和朋友。正是这个环境，使我能够潜心于美术创作、艺术设计和文物研究，能够积累一批可供挑选的作品来编撰这个文集。

文集包含文论篇、唐凌烟阁功臣篇、文物彩墨篇和随笔、散文篇四个部分。文论篇收录过去发表的论文和一些期刊的约稿，以文物研究为主，包含和我前期工作有关的装潢设计研究；唐凌烟阁功臣传记篇是将已出版的为陕西历史文化丛书所著"唐开国二十四功臣"书稿重新配图收入；文物彩墨篇是在此前展出过的"周秦汉唐梦——蔡昌林画展"中选取了部分作品；随笔散文篇则包含对母亲、童年、故乡和求学心路历程的追忆，两岸交流的随笔，还有记录与文博界、艺术界老师、前辈、同学交往的感受以及文物发掘现场的考察记录等等。期冀以个人学术轨迹来折射时代印记，无愧于"博物馆学术文库"的学术价值。

这是我以敬畏的心情交出的一份答卷，当您阅读了全部文稿，就等于看到了我的心扉，期待着与您心与心的交流。

蔡昌林
2013 年 3 月于寻源斋

目 录

随笔、散文篇

文论篇

铜镜陈列的艺术尝试

"扶风出土的历代铜镜陈列"正式开放了。看着那蜂拥而入的观众以及那些不同层次,却又都对这个陈列表现出极大兴趣的来宾(图1),不由得回忆起十年前来这考查时的情景,那是在改革初期,我和另一位同学为写毕业论文去西府各县考查文物古迹及民间美术。当我们步行到扶风县博物馆时,受到了当时的馆长罗西章先生的热情接待,他如数家珍般地给我们介绍了那里的青铜器,并一直陪我们看完了陈列。当时的陈列尽管很简陋,但那纹饰奇美的青铜珍品,令我们激动不已!当得知这里的青铜器数量比有的省博物馆还要多时,我们深为震惊。

图1　铜镜展开幕式现场

2

　　然而，也恰恰是这次，罗馆长讲到，这个博物馆的门票虽然只有两分钱，但仍然门可罗雀，而且有乡下来县城赶集的农民看完之后还大骂上当。这件事，给我的刺激很大。能怪那些老乡愚昧无知吗？可进博物馆的本身说明他们还有精神文化享受的需求。对于那些温饱问题还未解决的农民来说，我还能苛求什么呢？我似乎感觉到：有一种东西更可怕，那就是精神文化的饥荒所造成的麻木！

　　此后的多少年里，我常常为我竟然能看到在那生我养我的周原上，在那我小时曾挖过野菜、洒过汗水的黄土坡上竟有着如此深厚的文化积淀，在那我认为是看惯了、迟钝了、并以为是僵化了的父老乡亲中竟不乏创造着震撼人心的艺术作品人才而感到自豪，也为我家乡西府那封闭的文化状态而心焦。

　　十年过去了，我又一次来到扶风，这次是应省文物局博物馆处之邀，为扶风出土的铜镜陈列担任形式设计。这的确是一个还愿的机会，值得庆幸的是，十年的改革，不仅带来了博物馆事业的长足发展，更重要的一点，从省上部门领导，到地县从事文博工作的同志和行政官员，都意识到博物馆的优势，不仅仅是藏品的数量，陈列的质量及艺术水平，更是提高知名度的重要一环。这种观念的更新，给了我搞好这个展览以极大的激励。

　　我们决心利用有限的资金和空间，将它搞成一个有特色的展览。

　　作为一个县级博物馆的专题陈列，这个展览面临的主要困难有三点：一是资金少，二是展室空间不理想，三是文物的形制、体量变化不大。这种专题陈列的总体设计，涉及历史、考古、美学、艺术心理学、技术美学等相关学科以及视觉传递、平面构成、立体构成、色彩构成等现代设计理论。我试图从解决以上问题入手，将这个陈列搞好。按常规，这样一个专题展，要达到一定的水平，在展室环境、展柜设施、灯光照明都现成的条件下，布展经费最少也得八九万元。而实际上该馆包括展厅建筑维修、展室装修以及展柜制作，照明设施、宣传品印制等在内经费仅四五万元。要解决项目多、资金少的矛盾，唯一的办法是分出轻重缓急，将重点放在营造整体环境气氛和柜内形式设计上；在陈列艺术设计上动脑筋，在材料的选择上下功夫；从简化工艺做文章。争取用较少的钱办较多的事，让有限的资金最大限度地发挥作用。

铜镜展的陈列室，是扶风县城原城隍庙建筑群中的七间东厢房，室内长24米，宽4.5米，中间有六根歪歪扭扭的柱子，地面坑洼不平，在出入口两个门中间，还有五个传统的木格窗，尽管安装着毛玻璃，仍难以防止下午太阳光造成的眩光。为了在现存古建中搞出现代化的陈列，首先应该对陈列室内部进行装修，给观众提供一个参观的良好环境。为此我们在室内装修中作了四个项目：一是木龙骨格栅式吊顶，钉三合板，花钱不多，却又和古建协调，在古色古香中透出现代感。二是做水磨石地面。三是将室内柱子用三合板包成整齐划一的方柱体造型，外贴白色壁纸，使之淡化成为展室空间中的六个立体构成元素。四是在窗子上加了与建筑造型协调的窗帘盒，挂上面料比较厚重的落地窗帘。这样，才把一个相对满意的展室环境营造了出来。

展柜的设计，考虑到既能使之满足铜镜专题陈列需要，又能适应其他文物的陈列，同时还必须兼顾文物的安全、造价低廉以及市面现有材料的规格诸种因素，经过权衡，按照室内布局和展线安排的需要，设计成高2.4米、进深70厘米，长度分别为4米、6米的二组四个展柜。展柜前面的玻璃封死，侧开门，中间用三个造型隔断，既是异型展牌和马面柜的位置，移开后又是进入展柜的入口。文物进柜后除了锁住侧门外，还可将隔断和展柜锁在一起，强度、安全均得到进一步保障。根据人体尺度，展柜前面的高度分割为：距地90厘米至2.1米处为玻璃面，上面30厘米为灯箱部，在灯箱的日光灯下，安装珠光玻璃匀光，柜内的照明度得以保证。展柜的背板，用单元块的组合，既方便了布展，又产生一定的视觉美感。从实际应用的效果来看，这种展柜，对于地县博物馆，还是比较适用的。

这次陈列的基本文物展品——铜镜，其形制大多以圆为主，又基本上呈平面状，如何解决这些大小略有不同，但都基本呈圆形的铜镜在陈列组合上通常显得叠床架屋的难题呢？我们将这些铜镜纯粹看成是需要表现的一百多个大小不同的圆面，而这些圆面具有曲线美的特征，要表现这种曲线美，必须用一种能与之相衬托、相对应的形式，这样，问题一下子得到简化，我自然地想到了"方"的形式，因为它简洁、严谨、平静、单纯，更具有现代感。这样就得找到突破点，决定用平面构成的基本原理，采取平面分割的手法——格子制度，即用一种大小相同的方格块，将不同大小及形状的铜镜、辅助陈列、说明词、线图、照片统一起来，形成一定的组合，全部固定在后背板上，而在底部，代之以同样大小间或出现的坡面台。整体地看，它是由相同板块成几何级数和一定的排列秩序所构成的方，而铜镜只是在这些方的统一之中产生了变化的圆。它们构成了一种完美的形式组合，产生了方圆、点面、线面、曲直、主次、繁简、疏密等诸多的对比，包含了构成艺术美的秩序、节奏、变化的全部要素。这种形式，正好是铜镜陈列所需要的。同时，由于将文物和所有的展示信息全部置于立面之上，体现了现代环境设计理论倡导的"一切为了人"的原则，使观众不用弯腰就能参观展览．在布局上，注意留出气眼和疏密聚散，以调整视觉疲劳。而且由于这种分割，使视线在水平连续中因分割而产生段落，既有固定作用，又是一个有秩序的装饰，产生了一种具有现代形式的整体美，达到了出新的目的。这种设计还简化了制作工艺，提高了精度，缩短了制作时间（图2）。

图2　格子制度的运用

　　以往的铜镜陈列，主要展示的是纹饰的一面，但对其功能及镜面表现不够，以致许多缺乏这方面知识的观众看完后还不知铜镜是怎么使用的。这个陈列中，除了在辅助展品中增加了"女史箴图"中有关铜镜的使用图示外，柜内设计利用马面柜的伸出部分，将几枚精美的铜镜镶嵌在1厘米厚的有机玻璃板上，使观众能从前、后两面看到铜镜的图案和镜面部分，并可从那时隔千年仍光亮如初的镜面中照出自己的面容，自然而然地明白了铜镜的使用功能。

　　结尾的处理，考虑到地县馆对陈列新工艺的需要，借鉴影视表现手法，用一组由十一面不同时期典型铜镜和一段唐太宗关于镜鉴名言的透明照片组成灯箱造型，采用程序控制电路，按时代顺序依次频闪，最后开全，将这个展览的主题点出，从而使观众的情绪再次掀起高潮，流连忘返，印象加深。为满足部分观众对重点铜镜纹饰的研究需要，选择了有代表性的12种纹饰拓片，装裱后陈列在柜外6个方柱体造型之上，让观众能清晰地看到这些纹饰（图3）。

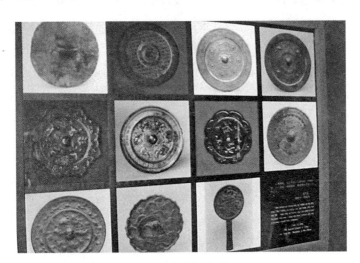

图3　展览结尾的处理

　　整个展览的色调处理，用同类色在明度上出现黑、白、灰三个层次相互交替，将格栅吊顶、展柜、窗帘以及柜内的基础台、背板、单元块全部统一在一个褐色色调内，从中寻求变化，因而造成了一种和谐的气氛。

为了使这个展览从一开始就产生冲击力，我们构思出"精品荟萃，一览铜镜千年兴替；纹饰奇美，映照西府百代文明"的广告词，并以此作为展览招贴广告的主题。

由于扶风馆同志们的努力，由于省文物局博物馆处的支持，也由于施工单位的配合，这个展览基本上达到了设计要求的效果，受到各界的肯定。由此感到：只有深入的设计，才会有理想的效果，这次展览的安装阶段之所以比较顺利，就是因为在设计时，每个镜子的位置，每件辅助展品，都是严格推敲后在图纸上确定了的，因此，在最后布展中，较少出现返工，而且也缩短了进度。我体会到，作为一个陈列设计师，应不断吸收相关学科的最新成果，时刻保持创新意识，才能在博物馆的文物与观众之间，架好这座艺术的桥梁。当然，这只是一个小小的展览，同所有陈列一样，仍存在着某些不足，中间也走过弯路。这些只能在以后的陈列中去弥补。我觉得庆幸的是，作为一个西府人，我总算是为家乡偿还了一个十多年来经常萦绕心头的心愿，我期待着，在我的故乡，出现更多更好的博物馆，出现更多更好的文物陈列。

（文中前三段在刊发时被删去）

1992 年 8 月 27 日于陕西历史博物馆

（原载《陕西历史博物馆馆刊》第 2 辑，三秦出版社，1995 年）

唐墓壁画中的动物

引 言

　　动物纹饰是中国古代装饰中的一个重要题材，它的出现与史前艺术同步。从彩陶器皿的鱼鸟图案，到青铜碧玉的纹饰造型；从各期陶俑的形象，到各种岩画、石刻、木刻、丝织图案，动物形象都占有相当的比重。它的造型技法，风格演变，已成为文物断代的一个重要特征。

　　在中华民族绘画遗产重要组成部分的壁画艺术中，动物形象更是有着其鲜明的时代精神。屈原在《楚辞·天问》中所描述楚国先王及公卿祠堂壁画中那驾车的神马飞龙[1]，秦都咸阳第三号宫殿建筑遗址出土壁画中那驷马（图1）和怪兽[2]，可视为已知墓葬壁画中动物出现的端倪，至汉代陵墓壁画中，动物图案的种类和技法已大有发展，如河南洛阳出土的西汉卜千秋墓壁画中的神禽朱雀（图2）[3]；甘肃武威韩佐乡红花村西汉五霸山七号墓壁画中的开明兽（图3）[4]；河南偃师县杏园村二九一七号汉墓壁画君车出行图中的

---

〔1〕　《离骚》曰："吾令龙凤飞腾兮，继之以日夜。"刘向《远游》云："驾八龙之婉婉兮，我云旗之逶迤。"

〔2〕　陕西历史博物馆：《秦汉雄风》，浙江人民美术出版社，1999年12月，第86页。

〔3〕　孙作云：《洛阳西汉卜千秋墓室壁画考释》，《文物》1977年第6期。

〔4〕　《中国美术全集·墓葬壁画卷》，文物出版社，1989年5月，第8页图版7。

汉马[5]；河北望都汉墓壁画中就已出现的兔、羊、獐、鸡、鸳鸯等
鸟兽[6]，而这些题材和手法，在战国时期器物装饰上就采用了。其
他汉墓如内蒙古和林格尔墓[7]、河南密县打虎亭汉墓[8]等等众多
的汉墓壁画中，都有各种动物异兽的表现，其造型手法体现了同时
代相应的程式魅力。至魏晋，壁画中的动物造型虽然仍未摆脱稚拙，
但却日益接近生活，开始走向世俗。从甘肃嘉峪关市西晋四号、六
号、七号墓壁画扬场图（图4）、牛耕图（图5）、纵鹰猎兔、猎鹿图
中，可以明显地感受到这种变化[9]。

图1　秦咸阳宫遗址壁画　　图2　西汉卜千秋墓壁画　神禽朱雀
　　　驷马图

图3　西汉五霸山七号墓壁画　图4　甘肃嘉峪关西晋墓砖画　扬场图
　　　开明兽

〔5〕　《中国美术全集·墓葬壁画卷》，文物出版社，1989年5月，第19页。
〔6〕　北京历史博物馆等：《望都汉墓壁画》，中国古典艺术出版社，1955年。
〔7〕　内蒙古自治区博物馆文物工作队：《和林格尔汉墓壁画》，文物出版社，
　　　1978年。
〔8〕　安金槐、王与刚：《密县打虎亭汉代画像石墓和壁画墓》，《文物》1972年
　　　第10期。
〔9〕　甘肃省博物馆、嘉峪关市文物保管所：《嘉峪关魏晋墓室壁画的题材和艺术
　　　价值》，《文物》1974年第9期。

图5　甘肃嘉峪关晋墓砖画　牛耕图

　　到了隋唐时期，由于封建经济的繁荣和社会生活的安定，艺术上出现了千岩竞秀的局面，更由于世俗生活与宗教崇拜的需求，壁画艺术空前成熟，随着动物花鸟人物山水画逐渐形成独立画种，一大批专业动物画家出现，使得唐代壁画中的动物形象更加绚丽多彩。虽然唐代宫殿与寺院等等地面建筑中的壁画，早已荡然无存，但在深埋于地下的唐墓中，却保留和珍藏着这个时期大量珍贵的壁画精品。根据已发表的资料不完全统计，在已经发掘的五六十座有壁画的唐墓中，绝大多数都绘有动物形象，其种类达四十种以上。从神话传说中的神兽异鸟，到日常所见的飞禽走兽；从野生动物，到驯养的动物；从交通工具，到生产工具的动物，以及各种昆虫，均有表现（详见本文所附统计表）。以下从三大类分述。

一　神兽、神鸟类

　　唐墓壁画中的神兽类动物除了表示方位的四神外，还有代表日月星辰的三足鸟、蟾、兔，以及中国神话传说中的凤、凰、鹤及宗教传说中的摩羯、方相氏等怪兽。

　　四神

　　四神即青龙、白虎、朱雀、玄武，分别代表着东、西、南、北四个方位。《礼记·曲礼上》曰："行，前朱雀而后玄武，左青龙而右白虎。"规范了四神和其代表的方位，成为四神形象延续数千年的证据[10]。从现有发掘报告看，出土有四神壁画的唐墓有：昭陵新城公主墓墓道东西壁各绘有青龙、白虎，只是出土时已严重残缺只剩后爪[11]；同样位于礼泉县昭陵的阿史那忠墓（675 年），墓道东壁有青龙图，西壁有一残白虎图；咸阳市东北十八公里顺陵西南隅的苏君墓（668～741 年）在墓道同样位置出有青龙、白虎图；乾陵陪葬墓李仙蕙墓（706 年）李贤墓（711 年）、李重润墓（706 年），富平李重俊墓（710 年）、咸阳底张湾 M4 万泉县主之妻墓（710 年）、长安县南王里村韦泂墓（708 年）（图 9）、长安韦曲韦浩墓（708 年）、无名氏墓，咸阳底张年薛氏墓（710 年）（图 8），西安东郊经东一路北端 M4 薛莫墓（728 年），西安市东郊苏思勖墓（745 年）（图 11），长安县南王里村唐墓，咸阳底张湾 M33 张去奢墓（747 年），咸阳底张湾 M3 张去逸墓（748 年），西安东郊高楼村高元珪墓（756 年），西安东郊唐安公主墓（784 年），咸阳底张湾 M32 郑国大长公主墓（787 年），西安自来水厂 M1 姚存古墓（835 年），陕棉十厂唐墓，西安枣园 M6 杨玄略墓（864 年），乾县铁佛乡靖陵（889 年）等墓均有四神形象壁画[12]。由此可见在西安地区唐墓中，青龙白虎一般处在墓道东西两壁最南端，而朱雀玄武大都位于墓室相应

---

[10] 关于四神形象在《辞海》中的解释为："青龙：四象之一。由东方之宿：角、亢、氐、房、心、尾、箕宿组成龙象。白虎：四象之一。由西方七宿：奎、娄、胃、昴、毕觜、参组成虎象。玄武：四象之一。由北方七宿：斗、牛、女、虚、危、室、壁组成龟蛇相缠之象。"另外，关于唐墓壁画中四神作用及其演变，请参阅李星明先生的论文《唐墓壁画考识》之"唐墓壁画的若干文化特质"一章中"四神天象的理性化与升仙意识的淡化"一节论述，上海《朵云》1994 年第 3 期。

[11] 陕西省考古研究所、陕西历史博物馆：《新城长公主墓发掘简报》，《考古与文物》1997 年第 3 期。

[12] 这里列举的资料均系笔者从各发掘报告中统计得出，详见附表《唐墓壁画中的动物纹饰统计表》中出处附注列。

位置，其中以长安县南里王村无名唐墓墓室的朱雀、玄武在同类题材中保存较为完整。另外，在山西省太原市金胜村七号唐墓墓室中，也发现了保存相当完好的四神壁画，由于是单室砖墓，该墓四神（图6、7、10）按方位分别位于东西南北四个墓顶，其所处位置和造型风格同陕西唐墓中的四神形象区别较大[13]。

图6　太原金胜村七号唐墓壁画　　图7　太原金胜村唐墓壁画
　　　青龙图　　　　　　　　　　　　　白虎

图8　咸阳薛氏墓壁画　虎头　　　图9　长安南里王村唐墓
　　　　　　　　　　　　　　　　　　　壁画　朱雀图

图10　太原金胜村七号唐墓　　　图11　西安东郊苏思
　　　壁画　朱雀　　　　　　　　　　勖墓壁画　玄武

[13]　《中国美术全集·墓室壁画卷》之图版102、103、106。

自汉代以来，四神形象在墓葬壁画中大量出现，成为墓室装饰的主题，是因为四神不仅担负着守护四方的重要职责，而且是护送人们升天成仙的工具，所以是不能少的，在唐墓中亦然如此，尽管墓主身份不同，画工水平有高低之分，而这个题材是必需的。

三足鸟与蟾兔

在唐墓壁画中，这种日月星象图多出现在墓室穹顶部，如昭陵新城公主墓、乾陵李仙蕙墓、李贤墓、李重润墓等，唯有李凤墓例外，绘在甬道顶部。山西太原金胜村七号唐墓壁画中，亦有在日月中绘三足鸟和蟾兔的形象，并将它和星宿及四神相配。

图12　乾县李仙蕙墓壁画中的三足鸟　　图13　西安交大汉墓壁画中的月相图

用三足鸟和蟾兔代表日月，来源于中国古代神话，山海经中就有记载，《淮南子·精神训》曰："日中有踆鸟，而月中有蟾蜍。"这种形象来源于史前时期太阳崇拜和月亮崇拜而衍生出的两种图腾，其依据可追溯至新石器时期的彩陶纹饰。而今发现在绘画上的早期日月动物形象，则有长沙马王堆帛画、金雀山汉墓帛画、卜千秋墓壁画等，西安交大附小汉墓壁画《天象图》则将日月和二十八星宿及四神相配，这些图形（图12、13）可视为唐墓此类图案的先河[14]。

---

〔14〕　陕西历史博物馆：《秦汉雄风》，浙江人民美术出版社，1999年12月，
　　　　第92~95页。

凤、凰、鹤

凤的形象在唐代器物图案中比比皆是，凤凰亦为唐墓壁画中常见题材，但分出雌雄，与凰同时出现，则只见于富平县的定陵陪葬墓节愍太子墓，笔者曾去发掘现场考察，李重俊墓壁画最突出的特点就在于它映照了唐代山水、花鸟画独立形成的端倪。该墓前后甬道券顶部各绘有一凤一凰东西对应，凤为雄故绘一硕大龙头；鹰眼圈睁，张嘴长啸，雄猛威武。蛇颈弯曲，身躯修长、双翅尽展，长尾飘若族幡。颈下、身躯鱼鳞状鸟羽光滑齐整，并敷以嫩黄之色，翅羽绿黄相间，长尾橘黄、黄、绿三色变幻，灿似华缎，全身者有金光闪耀，兼有鸟之华丽、龙之气势，不同凡响（图14）。凰鹰嘴鸟头，头顶灵芝冠，头侧长羽后飘，蛇颈系绣球，翅尽展、收足奋飞，长尾阔、随风展。冠、身躯羽毛饰成金黄色，翅羽疏长、敷色浓绿，尾部为金黄色小绿花，异常华丽（图15）。

图14 富平李重俊墓壁画中的凤　　图15 富平李重俊墓壁画中的凰

这种用写实手法，将传说中的凤凰形象描绘地如此细微，用色如此丰富的动物壁画，在已发掘的唐墓中，实属罕见[15]。这些壁画，为研究龙凤文化，特别是印证古籍中关于凤凰的构成要素，提供了最准确的形象资料。

---

[15]　韩伟、张建林主编：《陕西新出土唐墓壁画》，图版说明18、19，重庆出版社，1998年。

图 16　李重俊墓壁画　翔鹤图　　图 17　富平唐墓壁画之舞鹤图

仙鹤，在中国道教神话中，仙鹤是人们得道成仙升天的运载工具，又因传说鹤寿千岁，鹤也就成了中国人心目中的祥瑞之鸟，早在汉代装饰中，就有鹤的出现，如四川画像砖《庭院》中有双鹤舞于庭。到唐代，出现了专门画鹤的名家，杜甫有诗云："薛公十一鹤，皆写青田真，画色久欲尽，苍然犹出尘。"诗中的薛公就是薛稷，他曾经在通泉县署壁上，画了十一只鹤，可见当时画鹤之风甚盛[16]，鹤当然也就成了墓葬壁画中不可少的题材，唐墓中出有鹤的壁画的墓有新疆阿斯塔那墓，陕西乾陵永泰公主墓，长安县韦泂、韦浩墓、富平节愍太子李重俊墓、无名氏墓，西安东郊薛莫墓、梁元翰墓、高克从墓、杨玄略墓以及咸阳张去奢墓，河南洛阳豆卢氏墓等，706 年绘制的永泰公主墓中的鹤的手法是作为云鹤图案装饰出现，而 710 年绘制的富平节愍太子墓中的衔绶翔鹤图（图 16），仙人骑鹤图，则以高度的写实技巧，具有独幅花鸟画的特点，同样位于富平的无名氏墓中的双鹤舞于庭图（图 17），则更使仙鹤形象世俗

〔16〕　庞薰琹：《中国历代装饰画研究》，上海人民美术出版社，1982 年，第 66 页。

化。应指出的是，在 710 年之后，凤、凰、鹤的形象在墓葬壁画中已不仅仅是人物活动的背景，而是作为独立构图的画幅出现。

摩羯及怪兽

摩羯图目前在唐墓壁画中只见于 643 年绘制的长乐公主墓《云中车马图》中（图 18），摩羯是印度神话中一种兽头长鼻利齿，鱼身鱼尾的动物，被认为是河水之精，生命之本。成为佛教中的超度女神。现知最早的摩羯纹大约出现于公元前 3 世纪中叶，流行于印度及中亚、西亚及南亚等国，佛教传入中国后，其纹饰在中国逐步演化，长乐公主墓中出土的这个摩羯纹和内蒙古出土的唐代银盘之摩羯纹（图 19）就是这个纹饰中国化的结果[17]。

图 18　长乐公主墓壁画中的摩羯图　　图 19　唐代银盒上的摩羯纹

山西太原金胜村六号墓室北壁第二幅《树下老人》一画中，有一"兽头、蛇身、口内衔物、项束红巾的动物"（图 20）[18]，当亦列入怪兽之类，笔者认为该墓树下老人图即汉以来流行的竹林七贤图之变体，同属道教神话传说，按此推断，此怪兽应为道教传说中改恶从善的妖兽，而该兽项上的红巾，则系贤人用以镇妖的法器。

---

[17]　关于摩羯纹的宗教渊源、文化内涵及其他详细资料，请参阅岑蕊：《摩羯纹考略》，《文物》1983 年第 10 期；孙机：《摩羯灯》，孙机、杨泓：《文物丛谈》，文物出版社，1991 年，第 156～165 页；文军：《佛教与世俗的结合》，《陕西历史博物馆馆刊》第八辑，三秦出版社，2001 年。

[18]　山西省文物管理委员会：《太原市金胜村第六号唐代壁画墓》，《文物》1959 年第 8 期，第 22 页。

图 20　太原金胜村唐墓之　　　　图 21　唐李思摩墓壁画　怪兽图
树下老人与怪兽图

图 22　东魏茹茹公主墓壁画中的方相氏

　　昭陵李思摩墓（647 年）墓道东壁出土一幅高 95 厘米，宽 132
厘米的怪兽形象，是一个虎头有羽人身，左腿弓、右腿蹬，作拉弓
状的上身裸、下穿红短裤的怪兽（图 21）[19]，笔者与张建林先生交
换过意见，认为这个形象与河北磁县 1979 年发掘的东魏茹茹公主墓
（550 年）墓道东壁"面若熊或狮，肩部饰火焰纹，上肢三趾，下肢
两趾，袒胸露腹，着朱红短裤，作往南驰趋抓拿之状"的怪兽相似。

───────────────

〔19〕　此图目前还未发表，笔者从昭陵博物馆高春鸿先生处得到该图摹本照片，
据介绍，这个形象在该墓墓道东西两侧各有一个，对称布局。

17

不同的是李思摩墓怪兽手执弓箭，而茹茹公主墓怪兽则是空手抓拿，按照汤池先生说法，这个神兽应是古代"傩仪"中的方相氏（图22）。

因系由人扮演，故脸面与手足似兽而姿态仍如人，即《周礼·夏官司马·方相氏》所说的"掌蒙熊皮，黄金四目，玄衣朱裳"的驱鬼逐疫者[20]。而中央美院贺西林教授对笔者讲，他认为此形象应定名为"畏兽"，理由是在一些魏晋墓中画像石上就有此形象，有的还在旁边刻有名字，它在墓道中起引导作用，位于青龙白虎的旁边。

以上诸说有待笔者进一步考证。

二　作为交通、工具类的动物

这类动物包括马、骆驼、牛等。

马

在古代，不论是车骑、狩猎、攻战都离不开马，故马的强壮与否和拥有数量的多少从来就是衡量国力财力的重要标志，从秦始皇兵马俑坑的规模，到汉武帝为求乌孙马发动的征战，都可以看出马在古代生活中的重要。作为从马背上打得江山的李唐王室，对马的崇尚、拥有及重视更是达到极致。从韦偃的传世名作《百马图》中，就可以形象地看到唐王朝对马的重视程度和马政规模，同时，对这个为唐代立国建立了重大功勋的无言功臣，褒奖到神化的境地。如昭陵六骏、如桥陵、乾陵翼马，都表达了这种推崇。在这种统治文化背景下，一大批诸如曹霸、韩幹、韦偃之类的画马名家的出现自是必然的事情了。于是，在唐代墓葬壁画之中，马也就成了出现最多的动物。

---

〔20〕　请参阅汤池：《东魏茹茹公主墓壁画试探》，《文物》1984年第4期；袁珂：《中国古代神话》，中华书局，1980年，第80页。

从现有发掘资料看，迄今出土壁画中马匹最多的唐墓有 630 年绘制的三原李寿墓及 706 年、711 年绘制的乾陵李重润墓和李贤墓，分别代表了初唐和中唐不同的画马风格。

图23　李寿墓壁画出行图中的马

图24　唐李寿墓壁画　马厩图

作为迄今已发掘唐墓中年代最早的李寿墓的规模并不大，但其"出行图"也即军阵图、狩猎图却非常引人注目。它是这位开国将领一生戎马生涯的真实写照，在不足十四米的墓道两侧，均绘制出十分整齐而森严的铁骑阵容，以待出征（图23）。两壁各有四十二骑马和四十八骑马组成，各色骏马躜蹄欲行，气势显赫。同时，在出行图之上的两组狩猎图中，亦各有十余名骑马猎手。加上墓室中的马厩图中那群，该墓壁画中马的数量超过一百匹。狩猎不仅是统治者游乐的表现，也含有为维护统治不忘鞍马之意。而墓室西壁绘的

19

马厩图和草料库房（图24），反映了唐代养马之风的盛行。《新唐书·兵志》说，自贞观到麟德（627～665年）的四十年间，养马七十万六千匹，置马牧八坊。李寿墓志记载，武德四年（621年）李渊一次就给他"马八百匹"。除了官府养马外，私家也大量养马，"王侯、将相、外戚，牛、驼、羊、马之牧布诸道，百倍于县官，皆以封邑号名为印自别"。马是作战的重要工具，世家豪族为了扩大自己的实力，特别重视养马。所以"马厩图"的出现，代表着世族地主的军事实力[21]。从昭陵陪葬墓出土的喂马图（图25）中就印证了这一点。

图25　昭陵韦贵妃墓壁画喂马图　　图26　李贤墓壁画出行图中的马

我们再来看711年绘制的李贤墓发掘报告中关于出行图马队的描述："出行图系由四十多个骑马人物、二匹骆驼、五棵树和青山所组成。先以四匹奔马由北向南作为先导，接着在一持猴旗的骑者后面是左右数十旗，中间簇拥着一圆脸微带胡须的人物，双目前视，神态自若，身着蓝色长袍，骑一高大白马，可能就是出行中的主人。其后又是十数骑奔马紧紧跟随，最后面是骆驼队和马队奔驰在草木森森的大道上。马有枣红、杏黄、白色、黑色等，每色又有深浅之别。马上扈从头戴幞头，身着各色短袍，腰佩弓及箭囊等。有的左

---

〔21〕　陕西省博物馆、文管会：《唐李寿墓发掘简报》，《文物》1974年第9期。

手执缰绳，右手持大旗，十数面各色旗帜，迎风招展。有的抱狗，有的架鹰，有一扈从鞍后置红色圆形带流苏坐垫，上坐一只猫。所有马鞍均有豹皮或虎皮（图26）。骆驼驮有铁锅、木柴等物。""马球图在西壁，与出行图互相对称。共有二十多匹马，骑马人均着各色的窄袖袍、黑靴、戴幞头。打马球者左手执缰，右手执偃月形鞠杖。最南面飞驰的马上坐一人，作回身反手击球状，另一人回头看球。后面的两人作驱马向前抢球之态。其后还有数十骑，有一马奔向山谷，臀部及后蹄露在山外，山顶露出人头和半个马头。最后一骑为枣红马，四蹄腾空，向南驰骋。骑马人淡绿色袍，红色翻领，面部微红，手持鞠杖，可能为观者。马后为古树和重叠的青山。"[22]从这个报告中可看出李贤墓壁画中马群之众，应指出的是报告中所说的"一扈从鞍后坐垫上坐一只猫"的臆断显然是错误的，不是猫而是猞猁，本文将在后边专门介绍。

而在706年绘制的李重润墓壁画中，马的形态却与李贤墓的马大不相同，大都是以仪仗队整装待发或行进状为主同前者相比，动作幅度小，多为静止的、站立的马（图27）[23]。

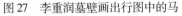

图27 李重润墓壁画出行图中的马　　图28 李成义墓壁画中的马

〔22〕 陕西省博物馆、乾县文教局唐墓发掘组：《唐章怀太子墓发掘报告》，《文物》1972年7期，第16页。

〔23〕 陕西省博物馆、乾县文教局唐墓发掘组：《唐懿德太子墓发掘报告》，《文物》1972年第7期；《唐李重润墓壁画》，文物出版社，1974年。

从初唐到盛唐的壁画对马的描绘中，我们可看出与时代相吻合的不同的两种画马风格以及中国美术史中所载唐代画马名家的风格演变。李寿墓马用线稍嫌呆滞，用色平淡少变化，从结构上稍瘦，而李重润墓的马用线流畅，用色已有明暗之分，将受光面留出，且动作变化较多，李贤墓壁画的马则更显丰满，整体布局更为成熟，而724年绘制的李成义墓壁画中那匹正在行进的马（图28），其造型和透视更令人叫绝！技法也与同时代韩幹、韦偃风格相近。正应了杜甫诗意中对曹霸和弟子韩幹不同画马风格的评论。

骆驼

有骆驼壁画出土的唐墓有礼泉郑仁泰墓（631年）、阿史那忠墓（675年）、富平李凤墓（675年）、西安郊区金乡县主墓（690年）、山西金胜村七号墓（699年）（图29）、乾陵李贤墓（706年）（图30）、西安南郊韦君夫人胡氏墓（742年）、张仲辉墓等。从种类上分有单峰驼和双峰驼，卧驼、行驼和奔驼，并有载物驼[24]。在李贤墓狩猎图中，骆驼是用来运载给养和猎物的，并无人牵，在其他唐墓中，有牵驼人或单独出现。骆驼在唐代大量出现显然与中西丝绸之路交流有关，乾陵出土的载乐骆驼俑是最好的例证。而骆驼的各种形象自然是唐代社会生活的真实写照，是画家观察生活的结果。

图29　金胜村唐墓壁画之　　　图30　李贤墓壁画中的奔驼图
　　　　牵驼图

---

〔24〕　出处请参见本文附表相应行附注列。

牛

　　牛是中国古代的重要生产工具，早在陕北和江苏出土汉画像砖中就有二牛抬杠耕作图[25]，山西太原出土的北齐壁画中的牛是和神兽在一起，是将其作为生肖神兽出现的，而甘肃出土的西晋壁画牛耕图和牵牛图，则已将牛由神变为世俗的生产工具[26]。山东嘉祥隋墓墓室的牛车图，是唐同类题材的先河[27]。唐墓则多在墓道口画《牛车图》，昭陵的新城公主墓、李震墓、阿史那忠墓、程知节墓都有此画，牛车大都相似。三原李寿墓（图31）、富平无名墓则有《牛耕图》、《牵牛图》（图32），牛是农田耕作的主要畜力，以一头健牛比喻良田千顷，再恰当不过，因此，它是墓主阴世生活高贵富足的表示。值得注意的是，在唐墓出土的牛耕图和牵牛图中，与牛一起的人，则有几处是昆仑奴的形象，同样反映了唐代的生产关系（图33）[28]。在牛的绘画技法上，也较前代有了大的发展，所以中唐以后韩滉所画的五牛图与此不无联系。

图31　李寿墓壁画中的牛耕图

[25]　参看碑林博物馆《石刻馆》和《江苏徐州汉画象石》图63。

[26]　参看《文物》1974年第9期彩色插页《嘉峪关魏晋墓画像砖》。

[27]　参看《中国美术全集·墓室壁画卷》图版之九○。

[28]　参看井增利、王小蒙：《富平县新发现的唐墓壁画》，《考古与文物》1997年第4期，第10页。

图 32　富平无名唐墓壁画　　　　　图 33　富平唐墓　昆仑奴
　　　　牵牛图　　　　　　　　　　　　　　牵牛图

三　驯兽、野兽、飞禽、鸟及昆虫类

这类动物包括猎豹（猞猁）、猎犬、猎鹰、猎鹞、野猪、鹿、野兔、猴子、狮子、鸽子、鸭子、野鸡（即雉）、鸡、孔雀、雁、芦雁、鹦鹉、金丝雀、乌鸦、喜鹊、斑鸠、黄莺、蜻蜓、蜜蜂、长尾鸟等。

初唐墓中有驯兽出现于壁画墓葬有李寿墓，在狩猎图中有架鹰形象，岐山出土元师奖墓中的犬是作为女性与儿童的宠物，此类形象与周昉《簪花仕女图》中的狗当属同一种类，其他驯兽则大都集中在中唐至盛唐时期的李重润墓、李贤墓壁画中（图 34）。李重润墓的驯豹图、架鹞戏犬图以及架鹰图中的驯兽显然是作为狩猎工具的，是凶猛的形象；李重润墓壁画中的驯兽则都是在表现平时的驯养过程，看到的是兽对人的驯服，是温顺的形象；而李贤墓壁画中的驯兽则是正在向狩猎目的地到达时的状态，是机警的形象，有鹰、狗、猞猁等。其中那两个蹲于马上的是充满警觉、时刻准备投入战斗的猞猁（图 35）。关于这两个形象的定名，《文物》1972 年第 7 期所载该墓发掘报告中称此为猫，并且漏掉一只，黄苗子先生在《唐壁画琐谈》一文中指出：这是"一种叫做'齐塔'（Cheetha）的印度猎豹，这种猎豹从波斯传入，经过训练，专供贵族们出猎捕兽之用的。出猎时人把它放在马上，马鞍后面还有一个专用的小鞍，供它乘坐（李重润墓中的'驯豹图'，可能也是这种猎豹）"[29]。而有学者如王世平先生等，则认为它应定名为"猞猁"，理由是猞猁耳直立，尖端有黑色毛丛，尾端黑色。是产于我国的三类保护动物，体长在85～105厘米，同壁画中形象较为吻合。笔者请教唐昌东先生时，唐先生说吴作人先生也认为此属猞猁无疑，看来应以此为定论。而李重润墓壁画"戏犬图"中的那只犬与李贤墓壁画中骑者怀抱的犬显然是同一种类的猎犬。至于鹰、鹞子（图36）的形象和使用在两个墓的壁画中是相同的，架鹰是唐代皇室、官僚贵族的一种嗜好。如《朝野佥载》卷五记："太宗养一白鹘，号曰飞将军，"又，《太平广记》卷四六〇引《宣室志·邺郡人》："邺人家所育鹰隼极多，皆莫能比，常臂以玩。"因此，架鹰是唐墓中一种常见的壁画题材，如咸阳万泉县主薛氏墓，在前甬道上也绘有架鹰图[30]。这种内容在以后的辽陈国公主墓壁画中还有出现。猴子形象只见于南里王村无名墓壁画"树下老人图"中。

图34 李重俊墓壁画架 　　图35 李贤墓狩猎图之舍猁
鹰戏犬图之犬

---

[29] 参阅《文物》1978年第6期，第74页。

[30] 王仁波：《唐懿德太子墓壁画题材的分析》，《考古》1973年第6期。

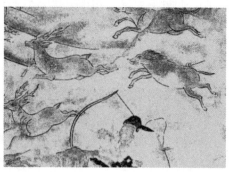

图 36　李重润墓狩猎图中的　　图 37　李寿墓狩猎图中的野猪、鹿和野兔
　　　　鹘子

图 38　咸阳薛氏墓壁画　狮子　　　　图 39　李震墓
　　　　　　　　　　　　　　　　　　壁画中的鸭子

　　野兽形象在唐墓壁画中有李寿墓的野猪、鹿、野兔（图 37），富平无名墓、咸阳薛氏墓壁画中的狮子（图 38）等。

　　墓壁画中出现鸽子的墓有李寿墓和唐安公主墓，鸭子（图 39）在李寿墓、李震墓、阿斯塔那 217 号墓三处发现，野鸡即雉，在李寿墓、阿斯塔那墓、唐安公主墓壁画中出现，李寿墓、李贤墓壁画中鸡是被宫女怀抱的，可能反映了一种乞求吉祥的习俗，同时也是墓主升仙所必需的动物。孔雀形象除阿斯塔那墓地外，只有在李重俊墓壁画中见到。雁在李贤墓、新疆的阿斯塔那墓、山西金胜村六号墓以及北京王公淑夫妇墓均有出现，不同的是，前三墓中的雁都是飞在天上以群体出现的小点，而北京王公淑夫妇墓的芦雁却是在地上栖息的两个非常写实的近景（图40）[31]。此外，在李贤墓、韦浩墓壁画中出现有黄鹂，韦浩墓、唐安公主墓出现鹦鹉，韦浩墓有金丝雀，李重俊墓出有乌鸦（图41），唐安公主墓还出现喜鹊、斑鸠、黄莺[32]，南里王村无名墓和北京王公淑夫妇墓都出现蝴蝶（图42），元师奖墓、李贤墓出现蝉，韦浩墓出有蜻蜓、蜜蜂，南里王村墓有长尾鸟以及长乐公主、元师奖墓、韦泂墓、李重俊墓、薛氏墓等考古报告中有未说清名称的鸟类。所有这些，使唐墓壁画中的动物形象变得丰富多彩，成为地下保留的中国花鸟画独立分科的翔实见证。

图40　北京王公淑夫妇墓　芦雁　　图41　李重俊墓　枯枝
　　　　　　　　　　　　　　　　　　　乌鸦图

图42　北京王公淑夫妇墓　蝴蝶

---

〔31〕　参看《文物》1995年第11期，第49页。

〔32〕　陈安利、马咏钟：《西安王家坟唐代唐安公主墓》，《文物》1991年第7期；
　　　　李国珍：《穷羽毛之变态夺花卉之芳研》，《陕西历史博物馆馆刊》第三辑，
　　　　西北大学出版社，1996年。

结论

在笔者统计的已知出土唐墓壁画中，有动物的墓葬达五十多个，动物种类计四十余种。其中初唐时期墓葬壁画中动物种类较多的是李寿墓，盛唐时期动物种类较多的是李贤墓、韦浩墓、李重俊墓和薛氏墓，晚唐时期则只有唐安公主墓。四神形象贯穿于整个唐代墓葬整画之中；动物形象在初唐时只作为壁画中的附属出现，盛唐时除附属于人物活动题材外，亦有单独画幅出现，而到了晚唐，则已成为独立的并亦有作为墓葬壁画的主题出现。这个现象正好映照出中国动物花鸟画在唐代开始逐步走向独立分科的进程，为中国美术史的研究提供了相关的有力佐证。

综上所述，唐墓壁画中的动物形象，不仅反映了唐时期社会文化、宗教形态，同时也折射出中国封建王朝鼎盛时期人与自然的关系，反映了唐人的环保意识。唐墓壁画中所出现的某些动物现今已不存在或濒临灭绝，更提醒我们有必要对这个题材进行延伸探讨。

附：已出土唐墓壁画中的动物形象统计表

墓主及封号	绘制时间	发掘时间（年）	出土地点（年）	壁画中的动物种类	附　注
李寿墓	631	1973	陕西三原	马、牛、鸽子、雉鸡、野猪、鹿、兔、犬、鹰、鸡、鸭等	《文物》1974 年第 9 期
长乐公主墓	643	1986	陕西礼泉	马、朱雀、摩羯、飞鸟	《文博》1988 年第 3 期
窦诞墓	648	1985	陕西咸阳	青龙、白虎	《中国文物地图集·陕西分册》第 364 页
新城公主墓	663	1995	陕西礼泉	青龙、白虎、马、牛、金乌	《考古与文物》1997 年第 3 期

墓主及封号	绘制时间（年）	发掘时间（年）	出土地点	壁画中的动物种类	附　注
郑仁泰墓	664	1971	陕西礼泉	马、骆驼	《文物》1972年第7期
李震墓	665	1974	陕西礼泉	牛、鸭	
李爽墓	668	1956	西安南郊	金乌、蟾蜍	《文物》1959年第3期
李凤墓	675	1973	陕西富平	骆驼（单峰）、星象	《考古》1977年第5期
阿史那忠墓	675	1972	陕西礼泉	白虎、青龙、马、骆驼	《考古》1977年第2期
苏君墓	668～713	1961	陕西咸阳	青龙、白虎、马	《考古》1963年第9期
元师奖墓	686	1993	陕西岐山	犬、鸟、蝉	《考古与文物》1994年第3期
李晦墓	689	1995	陕西高陵	马	《陕西新出土唐墓壁画》
金乡县主墓	690	1991	西安郊区	马、驼	《文物》1997年第1期
金胜村6号墓	696	1959	山西太原	青龙、白虎、朱雀、玄武、金乌、怪兽、飞雁	《文物》1959年第8期
金胜村7号墓	699	1987	山西太原	青龙、白虎、朱雀、玄武、金乌、马、驼	《中国美术全集》
梁元珍墓	699	1986	宁夏固原	马	《文物》1993年第6期
李重润墓	706	1971	陕西乾县	青龙、白虎、马、豹、犬、鹰、鹞、金乌、蟾蜍	《文物》1972年第7期

墓主及封号	绘制时间（年）	发掘时间（年）	出土地点	壁画中的动物种类	附 注
李贤墓	706～711	1971	陕西乾县	青龙、白虎、马、骆驼、驯豹、猞猁、鸡、黄鹂、野雁、蝉	《文物》1972 年第 7 期
李仙蕙墓	706	1960	陕西乾县	青龙、白虎、马、鹤、金乌、蟾蜍	《文物》1964 年第 1 期
韦洞墓	708	1959	长安县	青龙、白虎、朱雀、飞禽、鹤	《文物》1959 年第 8 期
韦浩墓	708	1987	长安韦曲	青龙、白虎、马、仙鹤、鹦鹉、黄鹂、金丝雀、蜜蜂、蜻蜓、犬	《大唐壁画》
南王里无名墓			长安韦曲	朱雀、玄武、长尾鸟、蝴蝶、猴子	《文博》1989 年第 4 期
李重俊墓	710	1995	陕西富平	白虎、马、凤、凰、孔雀、鹤、乌鸦、鸟雀	《考古与文物》1997 年第 4 期
无名墓	盛唐	1994	陕西富平	仙鹤、牛、卧狮	《考古与文物》1997 年第 4 期
薛氏墓	710	1953	咸阳底张	青龙、白虎、马、狗、鹰、狮子、鸟	《文物》1959 年第 8 期
李成义墓	724	1996	陕西蒲城	马	《陕西新出土唐墓壁画》
薛莫墓	728	1955	西安东郊	青龙、白虎、白鹤	《文物参考资料》1956 年第 6 期
冯藩洲墓	729	1954	陕西西安	马	《文物》1959 年第 8 期
豆卢氏墓	740	1992	河南洛阳	马、鹤	《文物》1959 年第 8 期

墓主及封号	绘制时间（年）	发掘时间（年）	出土地点	壁画中的动物种类	附　注
张九龄墓	741	1960	广东韶关	青龙	《文物》1961年第6期
韦君夫人胡氏墓	742	1986	西安南郊	青龙、白虎、马、骆驼、牛	《考古与文物》1989年第5期
李宪墓	742	2000	陕西蒲城	青龙、白虎、马、朱雀、玄武	发掘工地考察所见
苏思勖墓	745	1952	西安东郊	朱雀、玄武、金乌、蟾蜍	《考古》1960年第1期
张去奢墓	747	1953	咸阳底张	龙、虎、鹤	《文物》1959年第8期
张去逸墓	748	1953	咸阳底张	青龙、白虎	《文物》1959年第8期
张仲晖墓	753	1987	陕西泾阳	奔驼、行驼、卧驼	《考古与文物》1992年第1期
高元硅墓	756	1955	陕西西安	青龙、白虎、马、朱雀、玄武	《文物》1959年第8期
韩氏	765	1957	陕西西安	马、骆驼	《西安郊区隋唐墓》1966年
唐安公主墓	784	1989	西安东郊	朱雀、玄武、斑鸠、黄莺、鹦鹉、白鸽、喜鹊、雉鸡	《文物》1991年第7期
无名氏墓		1996	陕棉十厂	玄武、朱雀	《陕西新出土唐墓壁画》
郑国大长公主墓	787	1953	咸阳底张	青龙、白虎、马	《文物》1959年第8期
姚存古墓	835	1955	陕西西安	青龙、白虎、朱雀	《文物》1959年第8期
梁元翰墓	844	1955	长安郭杜	鹤、朱雀	《文物》1959年第8期

墓主及封号	绘制时间（年）	发掘时间（年）	出土地点	壁画中的动物种类	附 注
王公淑夫妇墓	846		北京八里庄	芦雁、蝴蝶	《文物》1995 年第 11 期
高克从墓	847	1954	西安高庙	鹤	《文物》1959 年第 8 期
杨玄略墓	864	1953	西安枣园	青龙、白虎、朱雀、马、鹤	《文物》1959 年第 8 期
靖陵李儇墓	889	1995	乾县铁佛	青龙、马、生肖午马、生肖卯兔	《陕西新出土唐墓壁画》
阿斯塔那 217 号墓室后壁		1972	新疆吐鲁番	鸳鸯、野鸡、野鸭、野雁	《文物》1973 年第 10 期
206 所唐墓		1985	陕西西安	青龙、白虎、马、牛、驼	考古所资料

（原载《唐墓壁画国际研讨会论文集》，三秦出版社，
2006 年 10 月）

李贤墓壁画《仪卫图》的模拟修复

　　章怀太子墓东壁《仪卫图》是唐墓壁画中不可多得的艺术精品，其画面构成、人物造型、线条用笔都代表了唐代绘画艺术的皇家水平，各种证据都使我们有理由相信此画出自当时的大家之手。但是由于此画在墓道墙壁上曾出现过部分坍塌移位，以至于在揭取后，有五个人物的头部被挤变形，影响了这幅画的审美价值。笔者试图通过计算机模拟修复，来恢复此画的本来面目，以期为唐墓壁画的修复和保护提供一种尝试的可能。

一　《仪卫图》的有关背景

　　现在展出于陕西历史博物馆唐墓壁画珍品馆的李贤墓壁画仪卫图高222厘米，宽277.5厘米，系1971年由陕西省文管会在乾县发掘章怀太子墓时在墓道东壁揭取的。画面共有9名仪卫，分为三组，每组三人，呈三角形排列。三组中的第一人，均手执大旗。武士皆着戎装，头裹幞头，上系红色抹额，身穿圆领白袍，腰系黑带，有的腰带上还系有鞶囊。抹额是唐代仪卫武士的首服，它是一种三角形的巾子，一般为红色。武士右侧佩带胡禄，胡禄上系有垂缨。胡禄即箭筒，用兽皮制作。使用内空的胡禄放于地面，可以听见来自东西南北四面八方的动静，所以又叫地听。

　　实际上，仪卫图位于墓道东、西壁客使图之后、第一过洞廊柱建筑之前，这组仪卫图（又有称为侍卫图）西壁已经残缺，东壁完整，图中共计 10 人。最前方的似为仪卫领班（有的学者称其为侍卫长）。揭取时单独切分成一幅画面，他头裹幞头，身着青色翻领窄袖胡服，腰系黑革带，右侧佩带的类似囊状的物，一般解释为鞶囊。足蹬黑靴，双手拄仪刀于地，仪卫领班之后才是我们看到的这幅 9 人的画面[1]。

按《新唐书·仪卫志》记载，唐代仪卫武士随身佩器主要有弓、箭和横刀，一品卤簿有青衣十人。所以李贤墓墓道仪卫图东西壁都是 10 人仪卫队以及装束，与文献记载一致，可能属于青衣，符合 706 年李贤以雍王身份陪葬乾陵时一品王礼的埋葬规格[2]。由此可推断此画绘于唐中宗神龙二年（706 年），而不是唐睿宗景云二年（711 年）以太子身份与房氏合葬时所绘。

二　仪卫图的现状

毋庸置疑，20 世纪 70 年代揭取壁画的老一代文物工作者，在简陋的条件下，以认真负责、不计报酬、兢兢业业的工作态度，为我们保存了这一批壁画真品，仪卫图能保护到如此程度实属不易。但是由于此画在墓道墙壁上曾出现过部分坍塌移位，以至于在揭取后，有三个人物的头部被明显挤扁，还有两个头部也缩短了，影响了这幅画的审美价值。

为了从美学角度对这幅壁画进行解读和模拟修复，笔者用计算机和实测结合的方法对此画各人物的身高和头部高度进行了统计。

---

〔1〕　陕西省博物馆、乾县文教局唐墓发掘组：《唐章怀太子墓发掘简报》，《文物》1972 年第 7 期。

〔2〕　《新唐书·卷24·志第十三下》（仪卫下）："一品卤簿：有清道四人为二重，㧑弩一骑。青衣十人，车辐十人，戟九十，绛引幡六，刀、楯、弓、箭、槊皆八十，节二，大㮇二，告止幡、传教幡皆二，信幡六，诞马六，仪刀十六，府佐四人夹行。"

图 1　仪卫图未修复现状

仪卫图人物画面身高与头高尺寸统计表

人物位置	身高	头高（厘米）（包括发髻）	备注
左起第一人 y1	145	27	完好
第二人 y2		24	头部变形（挤掉3）
第三人 y3	146	27	完好
第四人 y4	137	23	头部变形（挤掉3~4）
第五人 y5	144	24.7	头部挤压（挤掉3）
第六人 y6	145	26.5	完好
第七人 y7	133	21.5	头部变形（挤掉3~4）
第八人 y8		28	完好
第九人 y9	133	22	头部变形（挤掉3~4）

　　从以上统计表数据和下文局部图可看出此图与原始画面的差别。得出的结论是九人中有五人头部不同程度缩短或挤扁了。

　　这个调查和实测也为修复提供了相应的数据。

三　仪卫图的美学价值

根据有关资料推测，在 706 年中宗为其兄长和儿女平反昭雪的三大重新安葬工程中，极有可能请当时已经很有名气的李唐宗室著名画家李思训主持这几个工程，因为就在中宗重新即位的当年（705年），李思训被任命为主管皇室事务的宗正卿〔3〕。所以当我们看到这些画面构成、人物造型、线条用笔都代表了唐代绘画艺术的皇家水平的大家手笔后，在为这些作品的艺术魅力所感动的同时，仿佛看到了阎立本弟子杨珪、吴道子等唐代宫廷画家的手迹。

仪卫图的人物线描在运笔中既圆转又有轻重的按捺起伏，特别是面部在微妙的转折中画出了眉眼鼻嘴的结构变化，其运笔挺拔，遒劲准确有力，鬓发虚出虚入，颇得毛根出肉之妙，整体线条有粗细疏密的变化，又有一波三折的韵味美感。所有线条往往是轻重徐疾一挥而就，一气呵成。这与画论中记载吴道子作画线条"虬须云鬓、数尺飞动，毛根出肉，力健有余"〔4〕相吻合。仪卫图在人物用色上，由浓变淡染出，并不露出渲染痕迹，幞头发髻、靴子、胡禄用墨色烘染，胡禄内部和抹额饰朱红，胡禄垂缨用藤黄渲染。这种颜色搭配显得大气高雅，也从另一个侧面显示出壁画作者的皇家气魄。

遗憾的是，由于原壁的坍塌，这幅画中 5 个人的头部受到挤压，不能完整地反映其美学价值，这就使得本课题尤为必要。

四　仪卫图的修复方案

由于壁画文物修复的不可逆转性，计算机模拟修复不失为一种

---

〔3〕　参见蔡昌林：《则天皇后的牺牲——发掘壁画背后的血案宫廷》，《华夏地理》2012 年 4 月号，第 80 页。

〔4〕　引自张彦远：《历代名画记》第二卷《论顾陆张吴用笔》。

可行的方法。

　　首先分析坍塌移位的具体位置。

图2　寻找错位痕迹

　　方案一：用计算机模拟原状部位，算出详细数据，拉开错位部分。用近似色调填补空出部分，这个方法意大利专家已在我馆有过试验[5]。

图3　意大利专家简马里奥·菲纳　　　　图4　意大利专家对残缺部分的
　德里对壁画的美学修复　　　　　　　　　　美学处理

〔5〕　参见意大利驻华大使馆、意大利外交部合作发展司、陕西历史博物馆合编：
　　　　《西安手册》，照片为作者自摄。

图5　初步的试修复

　　这种方案的好处是比较稳妥，不做大的改变，只是起到视角较
为舒服的效果。

　　方案二：利用计算机技术对缺损部分进行复原修复。待各方满
意后再修复原壁画。

　　作者对其中四人头部用绘图软件进行了初步的模拟修复。由于
图像数据像素所限，这个模拟只能是个示意。

图6　左起第2人 y2 现状　　　　　图7　y2 拟修复后

图 8　左起第四人 y4 现状　　　　图 9　y4 拟修复后

图 10　左起第七人 y7 现状　　　　图 11　y7 拟修复后

图 12 左起第九人 y9 现状　　　图 13　y9 拟修复后

方案三：利用计算机技术对缺损部分进行复原修复。待各方满意后，复制一张同等材质或纸质的壁画。

图 14　修复的参考，发掘简报中的西壁仪卫图[6]

图 15　模拟修复后的基本效果

---

[6]　见陕西省博物馆、乾县文教局唐墓发掘组：《唐章怀太子墓发掘简报》，《文物》1972 年第 7 期。

方案四：利用计算机技术对缺损部分进行复原修复。将数字影像作为辅助陈列展示在原壁画旁边，并突出修复前后差异。

四　结语

唐代墓室壁画是陕西历史博物馆最有特色的文物藏品之一，由于其材质的特殊性，使得这个国宝的保护显得尤为紧迫和重要。尽量延迟其损坏速度，使之尽量接近和保持唐代美术成就的本来面目，是历史赋予我们博物馆文物工作者义不容辞的责任。因此，应发挥博物馆多学科的人力优势，建立相应的保护评审机制，普及和提高我们的审美意识，使得壁画的保护、修复以及展示陈列更加科学。

以上几种方案都少不了用计算机模拟修复。笔者在几年前就曾申报过此科研项目，虽然在等待中，但也做了一些基础工作，但由于条件所限（高像素的图像资料和相应的计算机设备以及助手），使得这个模拟修复极不成熟和完美，本文也只是提供一个思路。目的是抛砖引玉，希望引起有心人的完善和补充，也请有关方面关注并尽快帮助实施。

2012 年 3 月 12 日　完稿于寻源斋
（此文系为 2012 中意合作古代壁画保护与
研究学术研讨会提交的论文）

出土文物与民间艺术的融合思考

陕西孕育了中国鼎盛时期的灿烂文化。作为曾经赫然于世的十三朝帝都，虽然近千年衰落下来，但那个时代的文化并没有衰落。它们凝结在文物上，渗透在民俗民艺中，作为一种伟大的传统，获得了永恒。作为后来者，愿立足传统、面向未来，凭借创造新文化的激情去重新发现它、破译它、开发它、激活它，使之焕发出新时代鲜活的光彩。

一

之所以选择这个命题，是因为我的家乡——宝鸡岐山，是一个被誉为"炎帝故里"、"青铜器之乡"而充满神奇色彩的地方，灿烂辉煌的周文化，不仅存在于我们赖以生存的环境里，也渗透到我们的行为中。美国芝加哥大学讲座教授何炳棣先生来西安讲学时曾谈到，根据他的研究，五千年前，这里的人口密度是两河流域的十倍。这个数字对比很能说明问题，这里仰韶文化遗存的密集程度，现在已经开始引起世界人类学家和历史考古界的震惊。到了三千年前，华夏族的一支，在其酋长古公亶父的带领下，翻越梁山，来到岐山脚下的周原，用火烧制的砖瓦，在这里建造了一个无比辉煌的都城。他的后人以此为根据地，开始了其顺应历史潮流的伟大事业——翦商。随着商王朝的灭亡，这里成为华夏文明的中心。此后几百年，这个王朝虽然走上了从兴盛到衰弱的道路，周原的王室地位也逐渐失去昔日的光彩。然而，居住在这附近的一个羌姓分支由于护送周平王东迁有功，在周王朝宗庙附近的凤翔得到了一块封地，并且建立了一个诸侯秦国。这支具有强烈草原文化特征的秦人，在这块充满天地灵气的土地上迅速发展，经过几百年努力，几经变法、逐步东进，终于统一了中国，奠定了中国封建社会的基础。此后一千多年，中国的政治中心虽然逐步东移，但没有一朝统治者敢轻看这块厚土！一幕幕重大事件的发生，使这块土地蒙上一层浓厚的神秘色彩。今天我们虽然无法直接看到昔日的辉煌，但那里出土的大量彩陶碧玉、青铜重器，那数以万计的甲骨龟片，那秦公陵园的墓葬形制，那法门寺地宫的宝藏以及众多的名胜古迹，都给我们留下了无比丰富的想象空间。当我漫步在周原遗址旁、石鼓山遗址区，随手捡起的一块瓦砾，竟是史前彩陶残片、西周绳纹砖瓦和原始瓷片时，当我听到，看到不断有青铜重器被无意中发现时，那种不可名状的兴奋和感悟，给我的思考和创作以巨大的原动力。

图1　周公庙考古遗址　　　　图2　宝鸡石鼓山出土铜器群

二

　　著名的民俗、民艺与考古文化专家靳之林先生认为，对于中国史前文化和古代历史文化的研究，考古学家主要通过出土文物和遗址的发掘与考察，历史学家主要通过历史文献记载，但是既不见诸出土材料，又不见诸文字者，即成为空白悬案。然而由于特殊的历史、地理原因，在中国广大地区，特别是在那些曾经出现过光辉灿烂的古代文化，而后来由于长期交通封闭以致形成文化封闭的地区，在民间艺术与民间风俗中仍然保存了极其古老的文化遗存。它们是对出土文物、遗址和历史文献的补充，有如活化石，从一个侧面，折射出那个时代的辉煌。这在世界历史上是罕见的，这是幅员辽阔的、具有延续了数千年古老历史文化传统的中国的独特优势。家乡周原，就是这样一个独特的地方。所以又被称为"民间美术之乡"。如宝鸡社火，是一种大型的祭祀活动，它来源于先民们对"火神"炎帝的崇拜，意在祈年、祈福、祈寿、辟邪、驱鬼。从史前、商周及巴蜀文化中都可以找到它的渊源。由于上述原因，宝鸡社火保留了最古老的祭祀形式，经过几千年的演变，发展成为今天溶各种杂戏、鼓乐为一体的综合民俗艺术。每年正月十五前后，在各乡村社火会的组织下，化妆起来的表演人物在震天的鼓乐、炮铳声中表演各种传统戏创新节目。又如凤翔木板年画，也是宝鸡地区最有特色的民间工艺美术之一，它的产地集中在凤翔县的南肖里村、北肖里村及陈村镇三地，其中以南肖里村历史最为悠久。该村邰姓人家经营画业可以上溯至明代中期以前，有据可查的年代也达五百年之久。其用色造型具有鲜明的西府特点。而距这个村子不远的六营村，则家家户户都会在农闲时制作一种当地人叫做"耍货"的泥塑玩具，在众多的造型中，虎头挂片的形象和在这附近出土的西周文物虎头铜泡造型非常接近，至于岐山等地的皮影、刺绣、剪纸等等，其历史渊源更加久远。尤其是岐山农村用来驱鬼的剪纸手拉手小人的造型竟然和青海出土的齐家文化彩陶盆上的舞蹈纹图案有着惊人的相似！对于这种文化的感受，我曾在 1982 年学士学位论文《童年、母亲、故乡》一文中，详细论述过。为完成这个论文，我曾利用寒暑假步行考察了宝鸡、凤翔、岐山、扶风几个县的大部分地区，走访了许多考古工作者、民间老艺人，记录了一些珍贵的史料，如凤翔木版年画正宗传人邰怡先生的谈话（他于 1983 年去世）。我与周原博物馆馆长罗西章先生的友谊，也始于那个时候，我在那篇论文中所提到的有些观点，竟然和靳之林先生七年后出版的书中所论述的不谋而合！正因为我在这块土地上度过了童年，亲身体验了这里的民风民俗，才使得我对这个古老文化的活化石情有独钟。

 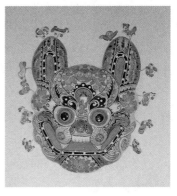

图 3　宝鸡民间刺绣　　　　图 4　宝鸡凤翔民间泥塑

三

选择这个命题的第三个原因，还在于我所供职的陕西历史博物馆收藏和展出的数十万件文物，是这个传统的最具体、最典型的结晶和载体！难怪一位蜚声中外的艺术大师在这里流连忘返后惊叹："这是一部足可以令整个世界都感到震惊的艺术史！"作为这所艺术殿堂里的一位美术工作者，我有幸成为这些文物珍品的第一批观众，参与了建馆陈列设计、布展的全过程，并接触了大量的第一手资料，对我印象最深、最令我激动不已的是魏晋以前的文物造型和纹饰，可以说，它们是华夏美术传统中最独特、最具有艺术魅力的一部分。这些纹饰和造型，将原始彩陶的生命激情、商周青铜的神秘狞厉、秦汉砖瓦的凝重浪漫，独立、完整而又淋漓尽致地展现出来，它们是中国最纯正的本土文化！面对这些，我常常感到一种创作的冲动，觉得有责任将我对它们的感受，通过我的作品表现给我们博物馆的观众，使之成为沟通博物馆文物与观众之间的桥梁。

四

　　基于这个思考，我惊喜地发现，出土文物和民间美术艺术之美的共同之处，从总体上说，就在于它们都是写"情"写"意"的，虽然其中不乏写实的精品。而这种"情"和"意"永远是人类永恒的创作主题。它们之所以具有强大的生命力，是因为它在哲学上是以"人本主义"而区别于西方的"神本主义"，艺术思维是表现华夏文化天人合一的精神气度。它们从远古走来，它们又非常现代，它们因神秘而充满魅力，它们又因亲切而充满活力。它们一定会走向未来。

　　我的画、我的设计和我的文物研究，就是在这种思考基础上的一种尝试和反思。

　　作为陈列设计的延续，我将我的文物题材画定名为"寻源系列"。这是因为马家窑文化彩陶蛙纹图案给予我寻源最早的启示，从彩陶图案蛙纹那双眼睛里我仿佛看到了现代艺术的源头，原始艺术、民间艺术和现代艺术，这三者通过对生命本能的讴歌、对母性的崇拜，汇聚成一体。我的第一张文物题材画就命名为《寻源》。后来重画时，我将背景明确地处理为新月形状，题款时突然想起，新月不就是既生霸吗？对此，我曾专门考证过，并写过一篇随想散文，提到周人铸鼎作器大都是在这月之上弦，无疑是取其具有上升的进取的吉祥含义。而这个既字，在金文中就有蛙和兔的形象，因此将这张画题为《既生霸》是最确切不过的了。我的其他作品创作过程大致也是先考证文物图案的内涵，然后将我对它的感受表现在画面上，力图有所创新。而在色彩运用和构图形式上，则吸取西府民间艺术大红大绿多用原色及构图饱满的特点，加上揉纸的技法，通过斑驳的肌理效果表现出我对青铜艺术的特殊感受。以下摘录几幅作品的附文和题款，是为例。

《毛氏三千年祭》

毛公鼎，周宣王时器，清道光末年出土于陕西岐山，历尽沧桑，现藏台北故宫博物院。器腹内有大篆铭文 497 字，为我国出土西周铜器铭文字数之最，被晚清金石学家誉为四大国宝之一。

铭文内容主要记载周王对毛公厝的册命辞，首先是周王追述文王、武王创业的功绩，接着讲到当时王朝遇到的祸乱（即厉王晚年国人起义、厉王奔彘以来的史实），然后是对毛公的策命辞，最后详记国王对毛公厝的各种赏赐以及毛公作器经过。据考证，作器者毛公厝乃宣王叔父，职官卿士。

又据清乾隆二年修书的韶山《毛氏族谱》记载："吾姓系出周姬文王子毛伯郑之后，世为国卿，因国为氏。"考毛伯郑封邑在今岐山扶风交界处之周原，与毛公鼎出土之地相吻，故有毛泽东是陕西人之"新说"。至于毛泽东二十世祖毛太华是否为《左传·卷十·昭公二十六年》记："王子朝及召之旅，毛伯得，尹氏固，南宫嚚奉周之典籍以奔楚。"中所指的毛伯后裔，尚待考证。但鼎由炊具变为一种带有神圣色彩的祭祀用宗庙重器，却是始于商周的。笔者作毛公鼎图并题为"毛氏三千年祭"，主要是表达毛泽东作为一代历史伟人，他的出现，离不开中国文化之沃土这样一种理性思考，是希望将毛泽东现象放到中华民族数千年文明发展的历史长河中去理解、研究和纪念。

《西周巨鼎出土暨改革开放二十周年铭》

饕餮纹鼎，1979 年出土于陕西淳化，为西周铜器体量之最。商周以降，鼎为佑社稷昌国运之重器，汉武帝时视周鼎出土为国运盛昌之兆，曾改年号以志。联合国五十周年，我国政府尚以世纪宝鼎贺赠，以昭对世界和平与发展的祈福。又识饕餮纹鼎出土之时适值中国改革开放之始，鼎出盛世天时人合，吉哉幸哉，此乃趣话也。

《家和万事兴》

中华文化源远流长，而汉字便是源中之泉，当你拂去数千年一切说教、理念的蒙尘之后，发现原来答案竟是那样简单，小屋里面一张床，男欢女爱上面躺，中间是个小儿郎，屋外有田禾苗壮。这便是和的全部含义！家和万事兴，已为世人之共识。余近年研读金文每遇困惑便试图将其当成画读则，屡得要领。故涂鸦之。

《飨源》

陕北绥德出土鬼方文化铜器戚之上铭文为两个人形组合，你看那主人从鼎中捞出一块羊腿盛情款待远方来客，来宾则恭敬不如从命，赶紧将双手在膝上蹭净，鼻子却先探了过去，这一瞬间便凝固在青铜器上，成为代表招待款待宴飨故乡的文字原形，而这个符号出现在古代仪仗队用的兵器"戚"上，休戚与共的含义是显而易见的。

（举例作品图见文物彩墨画篇）

（原载《陕西历史博物馆馆刊》第8辑，三秦出版社，2001年）

包装装潢的设计要素与理念创新

　　包装装潢设计是现代设计艺术中的一个重要科目。近二十年来，随着世界范围内各种产品的不断更新，国内外消费水平的不断提高，销售方式不断变化，包装工艺与材料极大地丰富，促使包装装潢设计日新月异。

　　现代包装装潢设计包括容器造型设计、画面装饰设计、文字构思、字体造型设计及材料选择设计等。

　　包装装潢设计人员不仅要有广泛的艺术修养，还要有严密的科学思维，掌握造型、色彩、书法、力学知识及市场学、人体工程学、材料学知识等方面的基本功。

　　设计时，首先要确定包装商品的设计定位。设计定位即商品品名的含义，商品的性能、用途、质量、花色，商品形态、原料成分、制作原理、生产工艺及消费者的性别、年龄、文化与经济水平、消费心理，商品消费的场合、环境、方式等。还要对同类商品竞争对手的包装设计现状、优缺点及发展趋势等等做到心中有数。经过反复比较和思考，从中找到一个理想的出发点，确定包装的造型，并引申出理想的主体形象、构图色彩和文字绘写形式等。好的设计定位，是构思深化的基点，是设计成功的关键，是包装设计得以增加商品竞争力的一个内在的重要因素。

　　由于现代产品几经更新换代，在用材、加工、造型、结构装饰及功能与属性方面日见科学化，其制作建立在机械化大生产基础上，形态出现标准化、精确化特点，同时许多产品又具有微型化倾向，在属性上出现专业化、多用化、电子化、自动化等发展特点。这就要求包装设计在用材、加工、造型、装潢等方面充分体现产品外观与内质的时代感，力求简洁中含丰富，单纯中求变化，尽善尽美地表现产品。

在实用需求上，现代生活快节奏的紧张感，要求更加方便于生活的多样性和实用功能的包装，如快餐式、野餐式包装及组合配套，复用、多用或自动式包装形式等。由于人们的需求范围与接受水平不断发展，已注意到环境的装饰，比如一件优美的包装盒或装容器的摆挂，都可以提供一种视觉的满足与乐趣，使人获得美的熏陶。随着生活水平与文化水平的提高，也促使了包装设计与画面格调不断地创新。

与此同时，由于生态环保的需要，绿色包装的概念显得尤为重要，这就对包装装潢设计在可回收、简约化方面提出新的要求。反对包装脱离功能追求奢华的过分包装，是包装设计师的尤为重要的道德素质。

国外香水瓶化妆品，考虑了适用于室内喷雾用来调节空气的功能，这种系列化的设计，色彩雅致大方，造型美观，开启方便。

传统形式的包装，能反映商品的地方性和悠久性，以增加顾客的信任感和购买欲。

抽象设计的包装注重形式感，讲究图案简洁鲜明而富有个性，除给人以美感外，还应正确表达包装的主题，引起人们对某种物态心理上、逻辑上的联想。

这种可从四个方向拉出小盒的火柴包装，纸盒结构设计独特，充满情趣，对于追求新颖、变异情趣的消费者颇有吸引力。

以变异化、个性化文字构成形象的包装，也能给人以强烈的视觉冲击力。

现代科学技术的发展为包装装潢的设计手法多样化提供了有利的条件，出现了利用暗室技法，特别是用电子计算机进行设计，再加上新材料、新工艺的推广应用，从而使包装风格日益见新。

商品容器造型往往针对消费者多有怀旧心理，对非机械化生产的商品有偏爱而设计的。欧洲至少有四个国家的酒杯是旧式酒作坊酿酒的大木桶型的玻璃瓶或陶瓶。这些设计也往往与消费者的历史传统文化渊源有联系，如威士忌酒的特殊瓶型和中世纪的战炮，会引起法国人对过去历史的一种自豪，也会唤起其他国家消费者的好奇心和浓厚的兴趣。在人们心中，这是名贵酒的某种象征。

包装装潢画面上的文字包括商标牌名、品名、规格、数量、成分、产地、用途、使用方法等，具有说明商品的作用，而且具有表现能力，是宣传美化商品的能动因素。现代装潢设计重视字母造型的气势，来表现商品以吸引人们的注意力，使顾客了解商品，并对其发生兴趣。

由于无售货员的超级市场已逐渐成为重要的销售方式，顾客选购商品，在很大程度上要借助于商品包装的宣传。这种要求商品装潢具有较强的视觉效果，产生货架冲击力。由于包装是多面立体型，当许多商品紧凑地堆叠在货架上，人们的视线就集中在一个面上。主要展销面就成为能否吸引住消费者的关键，接着就需要进一步了解该商品的品名、牌号、特性、档次、用途等，而决定是否购买，这就需要包装装潢具有易识性，能准确、迅速、生动地传达商品的信息。右图这几组包装，就是利用多面体特性，充分考虑商品连续陈列时的整体效果，以简洁明快的形与色的构成，增加了展销面，巧妙地处理了主要展销面和次要展销面的关系，将商品的全部信息迅速地传达给顾客，便于顾客直观鉴定选购。

化妆品，特别是高档的化妆品，在材料的选择和工艺制作上特别讲究。精美、素雅的肌理和造型简洁以表现商品的现代感，造型小巧和艳丽的色彩以表现女性用品。庄重大方则表现男性用品，这也是名牌化妆品一般采取的系列包装形式。

在科学技术迅猛发展的今天，现代包装装潢设计以其技术与艺术，实用与审美密切结合的独特风貌，已跻身于当今国际上热门学科之列。它既属于物质文化，同时又属于精神文化和艺术文化；它一方面体现出现代科学技术、社会物质文明发展水平的一个侧面，另一方面反映出一个时代、一个国家、一个民族的美学思想和修养水平，是精神文明的一个重要标志，同时，它还能积极地影响人们的审美趣味和观念，提高人们的鉴赏水平，起着重要的社会美育的作用。随着新的技术革命的兴起和信息时代的来临。现代设计艺术与现代社会各方面的密切关系将会更加显露出来。在我国，当前已进入全面开创社会主义现代化建设的新局面的历史时期，对外开放、对内搞活经济的改革浪潮正汹涌澎湃地冲击着人们生活的各个方面。在这种态势下，面向世界，结合我国的具体国情和现实实际生活，大胆对包括装潢设计在内的现代设计艺术进行引进与开发，为产品或商品的生产，流通服务。以最大限度地满足整个社会主义社会广大人民群众不断增长的物质和文化需要，推进社会主义物质文明和精神文明的建设，是摆在我国设计工作者、艺术工作者和美学工作者面前的一个重要课题。探索、研究这个课题，是时代赋予我们的重任。

近年来，包装设计在我国已日益受到了人们的重视，设计水平也有了很大改观。然而与世界先进国家相比，我们仍有相当一段差距。这其中虽有特定材料、工艺技术水平的限制，但正如一些专家所指出的，关键问题还在于人的审美素质不够，人的主观能动性不够。因此，提高设计者的艺术素质，是我国设计艺术面向世界、走向未来的一个当务之急。

设计艺术活动本质上是一种创造，是一种独立的"思考"，但这种创造的前提应该是积累、借鉴与融化。在现代设计艺术正在向国际化、标准化、系列化的完整体系阶段发展的今天，必须面向世界，融百家之长，才有可能创出我们的一代之新来。为了适应我国现代社会物质文明和精神文明建设的需要，为了使我国的设计艺术能带着自己独特的民族风采尽早进入世界先进之行列，对现代包装装潢设计要素的梳理和理念创新就显得十分重要。

（原内文插图略去，只选书籍封面）

《现代设计艺术》封面

（原载王晓勇、蔡昌林等人合著《现代设计艺术》

陕西人民出版社，1988 年）

何正璜

——20 世纪中国文博界的杰出女性

作为西北艺术文物考察团唯一女性，何正璜以从敌国挥泪返国门的传奇经历，痛切地感受到自己所肩负的文化责任，以殉道者的虔诚，为自己的艺术理想燃烧激情，奉献生命和才华。在 20 世纪 40 年代，她用自己的爱情，支持和成就了王子云的梦想。又用自己细腻、清丽而优美的文字，记录了西北艺术文物考察团鲜为人知的艰苦历程，描述了西部独特的文化遗存和人文状况，是西部文化最早的传播者。从 20 世纪 50 年代直到 90 年代，作为新中国文博事业的拓荒者，何正璜不仅从无到有地完成了西安碑林和石刻馆的陈列，而且用自己渊博的学识，凝结成生动活泼、意趣横生的语言和文字，成就

图 1　何正璜先生

了一座沟通文博界与美术界的艺术小桥，点燃了一支照耀博物馆文物与观众心灵美感的不灭的烛光。然而，由于政治气候的影响和种种偏见、狭隘、妒忌的陋俗，这位女性的伟大并未在其生前得到应有的肯定。这不能不是中国文博界一件憾事和悲哀（图1）！

本文作者曾有幸聆听过王子云教授退休前最后一期美术史讲座，

也作为何正璜先生的忘年同事，亲身感受大家风范，希冀通过策划出版《何正璜文集》，来表达和了却对前辈们事业与精神的崇敬之情和弘扬心愿。

当中国海峡两岸的两大政党终于结束了长达六十年的敌对状态，为着中华民族的美好未来重新握手言欢时，我们迎来了抗战胜利六十周年纪

图 2　何正璜与王子云在考察途中　1941 年摄

念日。缅怀那些在抗战中肩负文化责任、不畏艰难，在艰苦的岁月里，辗转川、陕、豫、甘、青五省，为抢救、保护和整理西部文化做出了开创之功的先驱者。重新认识和肯定他们的历史功绩，同样是我们这一代人的不可推卸的文化责任。对于张大千、常书鸿等人，美术界早有盛誉，而由于历史的原因，对于当年西北艺术文物考察的发起人——团长王子云的功绩，并未得到应有的肯定，使其大半生一直背上沉重的政治包袱，这也必然也影响了何正璜的一生。

何正璜先生祖籍湖北汉川，1914 年生于日本东京，1934 毕业于武昌艺专，1937 年毕业于东京多摩川美术学院，抗战爆发后即回国，辗转流亡巴东。1940 年在重庆参加教育部艺术文物考察团，随后和著名美术史论家王子云先生结为伉俪，开始了长达多半个世纪的美术考古和文物研究生涯。从学习美术开始而转入美术考古，新中国成立后从事博物馆工作。

不同于常书鸿法国妻子受不了艰苦而从敦煌离去，何正璜不仅在最需要的时候，投身到艰苦的事业之中，而且将自己的爱情献给了西北艺术文物考察团团长王子云。作为考察团中唯一的女性，她以自己对祖国、对艺术、对文化遗产的挚爱，以特有的勇敢和勇气，

以自己独特的视觉，用生动优美文字，详细地记录了考察团的足迹，为我们留下了弥足珍贵的文史资料（图2）。

2003年春，当建议出版《何正璜文集》的报告终于得到陕西历史博物馆学术委员会批准后，在接下来协助王蔷、王倩两位师姐编辑整理何老遗稿的过程中，我又一次系统地拜读了先生跨度长达七十年的各种文稿，包括青少年时期的诗文、散记、日记、札记，以及建国后所写的文物研究与评介、画册说明，还有电视片解说词等等。这种浏览，弥补了对20世纪80年代以前何正璜个人资料了解的不足，而且透过那激情秀美的文字，使我再一次走进老人的内心世界，进一步体会到老一代文博工作者强烈的民族自尊心和历史责任感，看到她们不计个人荣辱得失，在任何条件下都能自觉地、执著地、满腔热忱地为国家、为民族、为事业燃烧的激情。心灵被震撼的同时，发现的兴奋和由衷的敬佩一直贯穿始终……

《敦煌莫高窟现存佛洞概况之调查》一文，曾发表在40年代《说文月刊》上，被敦煌学史研究者认为"是我国第一份'莫高窟内容总录'"。"当时到敦煌实地考察千佛洞，利用第一手资料进行研究，成绩显著者首推何正璜"[1]。这个结论，李松先生曾在他的一篇怀念文章《长明的烛光》中提及，他认为这是为敦煌艺术研究做出的开创性的贡献！《中国敦煌学史》一书这样评价此文："作为中国学者实地考察研究敦煌石窟后写成的第一篇较系统全面的研究文章，其历史价值是很重要的。这主要表现在：

第一，此文第一次把敦煌石窟立体地介绍……

第二，在敦煌艺术的风格研究上，作者首次提出敦煌早期艺术之作风倾向，'系以东方装饰之趣味，混以西方写实之技巧，而另成一种风格'.'其内容与形式均足以代表东西交流之特征.'而唐代艺术则吸收融合外来艺术，'显出优秀的民族形式'的观点，较之'西

---

〔1〕　林家平、宁强、罗华庆：《中国敦煌学史》，北京语言学院出版社，1995年，第154页。

来说'无疑在认识上前进了一步。"[2]

从何正璜临摹的一系列敦煌壁画及题款上，证实了她对这个领域研究的前瞻性。对此，敦煌研究院前院长段文杰先生也给予了肯定[3]。

《咸阳考古细录》和《唐陵考察日记》是这次整理先生遗稿时才发现的。《细录》是何先生1941年前后同王子云先生所领导的西北文物考察团，从咸阳西行，经兴平、武功、扶风至岐山、凤翔，考察西府古代遗存的详细手记，它翔实地记录了关中西部地面文物古迹的保存现状，而当时尚在的许多古建筑、

图3 1944年在唐顺陵天禄前

古遗址、壁画和石刻文物，历经半个世纪的风雨沧桑，现已荡然无存，特别是提到当时岐山已有一股破坏文物风气，并作了文化人理所当然的斥责和反应。时至今日，读来仍让人扼腕叹息！值得欣慰的是，正是因为当年他们的大声疾呼，使得包括像茂陵霍去病墓前石刻等珍贵艺术品得以保护而流传至今；而文中提到的许多古文化遗存，对于在西部大开发中，关中各县旅游资源的开发，仍有着极其重要的参考价值。这种学术价值同样体现在她的其他散文游记中。有趣的是，作为日记体的细录中，也提到返回时途经虢镇车站时，遭遇日寇飞机空袭警报的细节。这使我们看到了，西北文物考察团为抢救收集尚未被敌军占领地区各种相关古代艺术文物资料，以应

---

[2] 林家平、宁强、罗华庆：《中国敦煌学史》，北京语言学院出版社，1995年，第154页。

[3] 段文杰：《临摹是一种学问》，《国画家》1997年第1期。

对随时发生的侵略战争的侵袭与破坏的战略远见！细录只有月日，而无年份，经与王子云先生收藏的集邮戳对照此文应是为 1941 年所为。

《唐陵考察日记》是整理先生遗著进行到最后时，王蔷、王茜师姐的重要发现，由于当时何老行草手写原稿字迹难以辨认，经过王蔷仔细推敲重新誊清，才得以打印，而这篇日记堪称陕西当代考古史上最为珍贵的史料之一，它记录了西北艺术文物考察团，第一次用现代美术考古方法，运用摄影、速写、临摹、拓印、复制、测绘、记录等较为完备的资料收集方式，对关中唐陵所进行的科学考察和实际踏勘，不仅详细地记述了陵区文物的形状及时代背景、残损情况，并且附上经实测绘制的陵区文物分布详图，使我们不仅知道 40 年代渭北唐陵墓地面文物的现存状况，同时透过那不经意记载"朝行荆棘丛中，夜宿山村猎户炕头"，和"从早上到下午滴水未沾，手躯冻僵而失去知觉"的细节描写中，看到前辈们为保护民族文化遗产所经历的艰辛劳动。读来让人感慨万千！

图 4　1945 年在秦阿房宫遗址北朝石佛残像前

作为 20 世纪我国最具才华的卓越女性之一，何正璜先生的旅游考古文化散文，是其艺术才华的具体体现，是奠定何正璜作为一代文博大家的基础，其特色足以使她在中国当代文学界应有一席之地。此次收录的，除了 1943～1953 年发表在《旅行杂志》上的二十三篇外，还有后来所写的《古墓临画记》和《西安碑林宝石花》等。这些散文，是先生从赴日留学、回国流离到在西北艺术文物考察团期间以亲身经历和真实感受，用自然、隽永、秀逸、新颖、明丽、鲜活的情感表达和洗练、清纯、准确、明快的细节描写，展示了其博大精深的艺术境界。《伊东拾零》篇，记叙先生早年在东京研习美术时对异国风情的感受及中日两国人民之间友好情感的追忆。而《挥泪返国门》篇则细腻地表述了七七事变后，即将在东京多摩川美术学院毕业的何正璜先生等旅日青年，为投奔祖国怀抱，迫切离开敌国的经历和心态。爱国之情，跃然纸上，催人泪下！而其他多篇陕甘青游记更是文笔清丽、优美动人！如在《美丽的临潼》中，对当年名胜、古迹的描写，透过历史烟云，跨越时空隧道。写骊山老母传说、温泉、长生殿遗址，表达的是中华文化源远流长的灿烂；写始皇陵、鸿门宴遗址，是站在国家、民族、人类的高度发出清新的历史识见。如《吟鞭指霸桥》篇、《咸阳访古》篇、《黄帝陵展祭》和其他诸篇，将黄帝陵、秦庄襄王墓、汉陈阿娇墓、唐杨贵妃墓等历陈眼前，展现出一幅历史长卷。那毛驴、白雪、晨曦朦胧、咸阳古道、落日余晖，如诗如画如歌如赋。而《青海之恋》、《东方的梵蒂冈——拉卜楞寺》的神秘，令人心向神往！正如学者评论"独到的艺术感受，渊博的历史考古知识，深厚的古典诗词修养，坚实的美术功底，诗人的感兴，学者的丰盈，智者的聪慧，仁者的关爱，给了她散文、游记、随笔卓然超群的境界和气度。在这里，诗思与史思水乳交融在一起，成为她散文的质的根性"。评论家认为"她的文化品位之高，是中国当代散文发展史上不可多得的典范"〔4〕。

何正璜的其他文章，如中学时代作品、和友人来往的书信以及后来的文物介绍、艺术评介、诗词札记、博物馆学研究，甚至连为大型电视片《长安》所写的解说词等，无不透射出一股感人至深的艺术魅力！从中亦可看出这位学富五车、禀赋极高的江汉才女的文章道德功底。

----

〔4〕　常智奇：《大情怀、大境界、大气象——何正璜先生散文的艺术追求》，《艺术界》2002年第3期。

何正璜的这些文章，和她从事了几乎多半辈子的博物馆陈列、宣教工作实践，使她成为一个照亮无数人心灵之美的"蜡烛"，使她成为连通文博界、美术界、工艺美术界，也连通着中国与世界的"小桥"。

我是20世纪70年代在西安美院上学参观碑林时认识何先生的，当时我们刚刚听完王子云先生讲授的中国美术史史前至隋唐部分的课程，王先生用自己亲自考察的第一手资料，包括手绘的敦煌莫高窟长卷，整整挂满了兴国寺"二十一间楼"上那个大教室，带我们踏进学习祖国传统优秀文化的大门；而何正璜先生带我们参观"周秦汉唐文物陈列"和"石刻陈列馆"时，她对文物那深入浅出的美学分析以及那不时穿插的历史佳话，激起我研习古代文物精华的强烈兴趣。这也成为我后来从事文物研究和博物馆工作的起因。在那个枯燥单一，以政治需要诠释历史的年代里，何老的讲解有如一汪清泉，滋润着我们干渴的心田，给我们播下了挚爱传统文化的种子。原来文物的后面，有着如此悠久的历史，有着如此美丽的传说；原来这些在我们幼年时期就一直被视为革命对象的"四旧"，被当成废铜烂铁不断砸烂的文物，竟凝结了中华民族真善美的艺术结晶和劳动者的伟大创造！在那个年代，这个观念的渗透力，其意义之深远，在当时是无法估量的。和所有曾听过何老讲解的莘莘学子一样，我们记住了她，在陕西省博物馆，有一位能将文物讲活的老太太。这成为一个共识，美术界许多人的回忆中，都提到这一点。

当1987年我终于调入筹建中的陕西历史博物馆，从事开馆陈列形式设计工作时，何先生已经离休在家，她当时也参加了对《陕西古代史陈列大纲》方案的多次审定，每次讲话，都带给我们美的享受，因为她的讲话，出于对陈列内容的深刻理解，融进了历史研究、艺术考古与美术设计，表达得到位、准确又有可操作性，令各方面敬佩。陕历博开馆后，先生的工作关系由碑林转到新馆陈列部，虽然这时她已患癌症，做过手术后仍在家工作，好在翠华路干休所离馆里很近，馆里发放的办公用品及给她的信函，我们常常乐于送去。这多次来往中，使我进一步了解到她的渊博知识，崇高情操以及有关的逸闻趣事。

图5　王鸿森手抄本函与封面　　图6　王鸿森手抄本局部

　　这期间曾发生过上海劳动局退休干部王鸿森，将先生40年代发表的游记十多篇，用蝇头小楷手抄于宣纸并装帧成函，千里相送的文坛趣事。我曾为此写过一篇新闻报道，刊发于《西安晚报》，也曾从先生家借来那上、下两册手抄本仔细欣赏，且不说抄书人那漂亮的小楷书法，就连那每篇文章的标题治印，和那按传统手法的装帧，也令人钦佩不已（图5、6）。而集子所收的文章内容，更深深地吸引了我。用了两天的时间，几乎是一口气读完。我不忍如此美文只限于手抄，曾建议先生将其出版，但我知道，为出版王子云先生的《从长安到雅典——中外美术考古游记》一书，两位老人已倾其全部积蓄，仍未能在王先生有生之年看到其书的发行。而出版之后稿费仅仅是几十本书！难怪先生提此便黯然神伤。她显然已经不起折腾，唯有以淡泊随缘而自慰。我也只能发发无可奈何的感慨。

　　我馆于1991年开馆后，我曾应先生的要求用自行车将她推到馆里一睹前来参观的日本天皇的尊容，我能做的也只能是这些。我清楚地记得1994年9月先生逝世前我最后一次探望她时，她说自己"这一生是在别人的羡慕和嫉妒中度过的"话时的悲怆神情。尽管她自己有着"人间万事皆随缘，天上仙姑本姓何"的从容。然而先生一生的心血之作，如此珍贵的史料，如此隽秀的美文不能面世，不能不是她的子女和所有喜欢先生文章的人们心头的一件憾事。

图7 1993年6月，本文作者与何正璜先生

　　正应了那句老话"是金子总会发光"。时间跨入21世纪，先是《艺术界》杂志主编慧眼识珠，陆续刊发何正璜文化散文一组，引起强烈反响。而我馆科研处将前筹建处主任杨德泉先生的文集，列入陕西历史博物馆专家文库终于出版的事实，燃起了我心中的梦想之焰，虽然张铭洽处长并不熟悉何正璜先生，但当我将《艺术界》杂志刊发的何正璜先生旅游考古文化散文送他阅读，并附上一份建议编辑出版何正璜先生文集的报告后，张处长一拍即合，他说，我们博物馆不仅收藏的珍贵文物为世所瞩目，更重要的是有一大批痴情不改，献身于文博事业的专家学者，他们的道德文章更弥足珍贵。何况，他也被何老的渊博知识和文采深深打动，立即慨然允诺倾其全力，促成文集出版，以告慰为文博事业奋斗终生的前辈，也为馆里保存一份史料。当即要我与何先生家属联系，我将消息告诉王蔷、王倩师姐，她们积极响应，立即进入整理、打印、校对等初编工作，在众多有识之士的支持下，这个出版计划得到馆学术委员会批准！并委托我着手负责该文集的编辑工作。尽管其间经历"非典"，馆里经济形势急转直下，但热心人初衷不改，正在鼎力促成。其间，李宪基先生不仅在《艺术界》刊发消

息，并亲自联系北京李松先生为文集作序，而李松先生更是热心，不但很快完成，同时对文集编辑工作提出了宝贵的建议。记得何老逝世后，我曾以《魂兮归去》为题，写过一篇怀念文章，发表于《西安晚报》，用这个标题，包含了几分为她那寄托着灵魂和梦想的美文无法面世而产生的哀怨，而如今，在何老师逝世十年之后，能有这么多的人聚集在一起，评说着西北艺术文物考察团的历史功绩，举办这样一个大型展览，我们又能将何先生的文化散文先行印出，令大家先睹为快，使得魂兮归来。实在是对何先生等为西部美术考古事业奉献终生的前辈们最好的告慰！和他们相比，作为后来人，我们所付出的一切，都显得微不足道。他们的精神，将成为我们为事业奋斗的动力！

何正璜先生主要著述：

1. 《敦煌莫高窟现存佛窟概况之调查》1942 年发表于《说文月刊》三卷四期，是我国最早的一份"莫高窟内容总录"，这份重要的早期文献，为中国的敦煌学奠定了基础。

2. 《唐陵考察日记》（与王子云合著）1943 年，是唐代 18 座帝陵最原始的考察记录，成为珍贵的文献资料。

3. 《博物馆与博物馆学》、《陕西石刻》、《西安碑林宝石花》、《秦俑摭言》、《唐代的战马》等 60 余篇文博研究论文和文物介绍类文章，发表在各类著作、报刊、杂志上。

4. 大型画册《古都西安》、电视专题片《长安》的全部撰文。

5. 另有《美丽的临潼》、《咸阳访古》、《东方的梵蒂冈——拉卜楞寺》等各类考古散文 23 篇，发表于 1943～1953 年的《旅行家》等刊物上。

6. 《何正璜文集》由陕西历史博物馆编撰，陕西人民出版社，2006 年。

7. 《何正璜考古游记》，人民美术出版社，2010 年。

2005 年 5 月于寻源斋

（原载《抗战中的文化责任——西北艺术文物考察团

60 周年纪念》学术研讨会论文集，又载

《美术观察》2010 年 5 月号，总第 177 期）

王子云

——20世纪中国美术考古事业的拓荒者

　　王子云先生是20世纪学贯中西的大师级学者之一，由于他的持续一生的艰辛努力，在其长达四十多年的美术考古、考察的基础上，开创出了系统的、全面的中国美术考古学的建立与发展的局面，产生了一系列的著作成果，奠定了其在中国现代美术史中的崇高地位。

图1　王子云先生

一　学贯中西的丰富履历

　　王子云，原名王青露，字子云。1897年3月1日生于安徽萧县守备庄。在家乡读完私塾、小学，1912年考入（徐州）江苏省立第七师范学校，1916年考入刘海粟主办的上海西门图画学校（后改为上海美专）学习西画。1917年回萧县官立小学堂任美术教师。期间发现并指导颇具美术天分的学生刘开渠，并力荐其考入国立北京美术学校（中专）。

1921年国立北京美术学校设大专部，王子云考入该校第一届高级师范专科学习。1922年参加由国立北京美术学校西画系教授李毅士、吴法鼎为首组织的"五四"以后北京第一个美术团体"阿波罗学会"，并任干事，负责会务工作。1923～1925年，阿波罗学会曾举办三届美术作品展。期间，王子云由学会推荐到著名历史学家陈垣创办的私立平民中学任美术教师，又由陈垣推荐到由蔡元培、李石曾创办的北京中法大学附属孔德学校教美术，并自学油画专业。此时因故宫筹建博物院，王子云被聘为故宫接收委员会成员。1926年，王子云应邀到南京第四中山大学民众教育馆艺术部任主任。1928年，受林风眠之邀参加筹建杭州国立西湖艺术院，任教务处注册科长兼水彩画讲师，并负责学校对外的美术宣传。西湖艺术院成立不久，又与林风眠、李朴园三人负责成立以校内教师为主的"艺术运动社"，成员有林文静、吴法鼎、潘天寿、李超士、李金发等，院外社员有齐白石、李有行等。

1930年春，与林风眠、潘天寿、李树化、李凤白等人组成的西湖艺术院代表团赴日本参加美术展览会（林风眠任团长）。冬，以学校"驻欧代表"名义赴法国留学。1932年春，经过一年的法语学习后，进入法国国立巴黎高级美术学校雕塑系学习雕塑。

图2　王子云油画《杭州之雨》

1933 年 1 月，和曾竹韶、王临乙、常书鸿、郑可等二十余人，在巴黎发起成立留法艺术学会。

从到巴黎第一年开始的以后五年中，以街景油画、雕塑作品多次参加巴黎每年一度的"春季沙龙"、"秋季沙龙"、"独立沙龙"等大型美术展览会，其油画《杭州之雨》（图 2）、《巴黎协和广场》、雕塑习作《少女》等作品博得媒体一致好评。个人生平及作品入选 1935 年在巴黎出版的《现代美术家辞典》一书，中国籍美术家仅其一人。这是当时巴黎美术家的最高荣誉，并加入巴黎美术家俱乐部。（图 2）

二　从雅典到长安的美术考古实践

王子云的美术考察实践分为三个阶段四个部分：

第一阶段，欧洲留学时期：1935 年冬，由王子云、常书鸿、吕霞光、王临乙、曾竹韶等 25 人参加的"中国留法艺术学会赴英伦参观团"到英国参观。除参观大英博物馆外，还参观了在伦敦皇家艺术院举办的"中国古代艺术国际展览会"。该展览会展出的 3500 多件中国文物精品对其影响至深，前后参观两次，这是王子云接触中国古代文物的开始。其以后事业转向美术考古与此次参观不无关系。

1936 年，王子云以驻欧代表名义游览参观欧洲自古就重视美术的英国、比利时、荷兰、德国、瑞士、意大利、希腊等国，遍览各国美术遗迹。1937 年，王子云回到国内，原为探亲，顺便建议国民政府参加"巴黎国际艺术博览会"。不料日本侵略中国的"七七事变"发生，他毅然决定留在祖国，共赴国难，尽一个文化人的责任。同年，回杭州艺专（即西湖艺术院）任教。因战事紧急，随学校一路西迁，学校又与迁来的北京艺专合并，成立国立艺术专科学校，滕固继任校长，王子云任中专部主任兼迁校委员。

第二阶段，抗战时期：1939 年，离开国立艺术专科学校赴重庆，接受重庆市政府委托设计"抗日英雄纪念碑"，后因日机轰炸重庆而停工。同年，建议国民政府教育部成立"西北艺术文物考察团"，为抢救、保护大西北文物古迹收集资料，建议被接受并被任命为团长。

是年秋，考察团成立并前往成都培训。全团 11 人，其中唯一女性是何正璜（次年与王子云结为伉俪）。冬，率考察团出发。

图3　西北文物考察团全体合影，左起为何正璜、王子云

1940 年至 1945 年，率团在陕西关中地区、河南洛阳地区、甘肃敦煌、青海等地考察，历时五年，行程近十万里，收集大量文物古迹资料（图3）。期间建议国民政府成立了"敦煌艺术研究所"（今敦煌研究院前身）。考察成果于 1941 年、1942 年、1943 年分别在西安、重庆、兰州等地举办西北文物展览。主要内容包括汉唐陵墓古代建筑绘图雕刻品模铸，民俗工艺绘画、拓印、摄影，史迹考察记述以及敦煌壁画和龙门石刻、南阳汉画像石等。其中以石膏模铸复制的汉茂陵石刻及唐昭陵六骏中的四骏，其形貌几乎与原物无异，为当时国内首创（图4）。王子云还奉命筹备参加印度孟买国际文化展览

图4　王子云在建陵石刻前考察

会，精选考察团在西北采集的西北史迹文物资料运往美国举办展览，以配合在美国举行的联合国大会。

第三阶段，建国后"反右"以前时期和文革后期：1953 年，王子云参加西北局文化部组织的新疆文物考古队赴新疆考察文物古迹。历时三个月，走遍新疆南北，重点考察吐鲁番、焉耆、库车、拜城、新和、温宿等地的石窟群和古城址。1955 年，为搜集美术教材资料，又到河南、河北、山西、山东等地考察了龙门、云冈、天龙山等。考察河北南北响堂山，山东长清、济南，江苏徐州，河南巩县等地寺院、石窟和宋陵。1973 年春，得到陕西省文化局的支持，又进行了一次历时一年多的美术考察活动。遍历四川、广西、安徽、浙江、上海、江苏、北京、天津、广东、河北、山东、山西、辽宁、江西等地，对各地的石窟、陵墓、寺庙等各类古代艺术遗迹进行考察，收集到极为丰富的第一手资料。1974 年 9 月完成考察，返回西安，1975 年，再次赴陕北考察东汉画像石。

三　矢志不渝的治学精神

图 5　画毛泽东、斯大林两幅油画像

抗战胜利后，西北艺术文物考察团并入西北大学。王子云作为教授创建西北文物研究室并兼任主任。从此时开始至 1948 年底，是王子云一生第一个写作高峰期，相继完成了《秦汉瓦当艺术》、《汉代陵墓图考》、《中国历代应用艺术图纲》、《唐十八陵踏查记》等的编写工作，继而收集整理出《中国线刻艺术》、《画砖》、《碑的艺术》、《伊阙龙门》等书稿的资料工作。1948 年，王子云应邀赴成都艺术专科学校任教，任油画教师兼教外国美术史，1950年，受西南军区文化部之托，塑制解放军解放临汾、太原攻城模型，受军区嘉奖。受川西军区之托为名山县无名英雄纪念堂塑无名英雄纪念大立像一座。受到奖励，游玩大渡河泸定桥，顺便考察雅安汉高颐阙和几座东汉墓石棺石兽雕刻。1951年，受西北局文化部之托，塑制革命圣地延安模型图，送陕西省博物馆展览，画毛泽东、斯大林两幅油画像（图5）。1952年，王子云调西北艺术专科学校（西安美术学院前身）任教授，教中国美术史和油画。至1956年，进入第二个写作高峰期，连续完成《中国美术史教材》、《中国古代画论》的编写工作，并着手写作《中国美术简史》。出版了《唐代雕塑选集》。1957年，《中国古代石刻画选集》出版。完成了《中国美术简史》的编写工作，因在"反右"中被打为"右派"，出版计划被取消，稿子被退回。自此直至1972年，其中包括"文化大革命"，是王子云一生最为灰暗时期，工作权利被剥夺、作品（包括绘画作品）被焚烧。但是，其强烈的事业心仍矢志不渝。

1973年春，为美院学生作中国美术史讲座，随后继续开始美术考察，收集第一手资料，1976年，开始埋头写作，从而进入其第三次写作高峰期，重写《中国雕塑艺术史》，开始写作《中外美术考古游记》、《中国古代雕塑百图》等著作。并计划编写《世界美术简史》、《欧洲名画选集》、《欧洲雕塑史》、《古埃及与美索不达米亚雕塑选》、《世界著名雕塑作品选》、以及整理出版以前业已完成的《中国历代应用艺术图纲》、《汉代陵墓图考》、《中国美术简史》（图6）等，可惜天不假时，未能全部如愿。1979年王子云的右派错案得以彻底平反改正，1980年，参加全国第四届文代会，当选为陕西美术家协会副主席。《中国古代雕塑百图》由人民美术出版社出版。1983年，陕西省美术家协会联合西安美术学院为其举办"王子云从事美术活动六十六年庆祝大会"（1917～1983年），文化部门、党政领导及美术界同仁数百人参加。在陕西省第二次文代会上当选为省文联顾问。1984年，当选陕西省美术家协会名誉主席，被聘为陕西国画院及陕西雕塑院顾问。1985 年，中国美术家协会第四次代表大会在济南召开，王子云当选为中国美术家协会顾问。1986 年，王子云先生以 89 岁高龄，被西安美院返聘担任该校中国美术史硕士研究生导师，1987 年，陕西省美协、陕西人民美术出版社、西安美术学院联合举办王子云教授从事艺术教育七十年纪念活动。1988 年，《中国雕塑艺术史》由人民美术出版社出版。同年，获陕西省政府"老有所为精英奖"。1989 年，继续编写《欧洲雕塑艺术史》、《古埃及美索不达米亚雕塑选》。

图 6　王子云高龄写作

1990 年 8 月 16 日，王子云带着他未竟的事业在书案前溘然长逝。

综上所述，我们可看出，王子云先生自少年时代即景慕司马迁、李白、徐霞客等先贤仗剑去国、壮游天下的壮举。"辞亲远游"是他人生中的重要情结，于是，他由家乡安徽萧县—上海—北京—杭州—欧洲走遍中国，在长达近一个世纪的生命旅程中，他似乎一直是在行动中用眼睛在看、用心灵在悟、用笔在记属于人类美术的所有。王子云先生对祖国艺术文物的热爱之情，源自他 1935 年于英国所看到的中国艺术展览会，当他得知 1937 年巴黎将举办"世界艺术博览会"时，便以书生意气，归国游说国民政府，欲以中国古代艺术珍品参展，但却因国内正值日寇铁蹄践踏半壁河山之际，参展之事终成泡影，而他却踏上了国中难民逃避战火的流离之途。几年间他随杭州艺专流亡西南各地，1939 年终于到了重庆。当民族存亡到了生死关头，人们越发生出保护传统文化艺术的心念。于是，王子云先生向当时的国民政府教育部陈言进谏：组建西北艺术文物考察团。以复制、临摹、绘画、拍照、调查、踏勘的手段，赴陕、甘、青等省区，进行美术考古活动。于是长达四年之久的"西北艺术文物考察活动"拉开帷幕。王子云先生对中国古代的艺术文物的考古活动，实际在时间跨度上持续了近半个世纪。谓其艺术考察活动是持续一生的重要内容并不为过。在中国现代美术史中，王子云先生是中国艺术考古事业的开拓者、先行者与实践者。正是由于王子云先生学贯中西的艺术履历与踏遍中西地域的艺术实践，使他的艺术视野始终处在宏观的、更符合比较学意义上的研究与考察的历史高度。

由于王子云先生是由一名美术实践者而逐步走上了艺术文物考古领域的美术考古学家，所以，在其考察的过程中，始终能够保持一种审美感受的状态，能够以丰富的创作者的经验与心态，去感知那些在以往的时代中以同样的心态创作出这些作品的作者们的心灵感受和情感价值，从而使他的考察过程成为了一种对关于艺术美的解读过程。在他与作品之间不存任何的隔膜与陌生，所有的只是艺术感受方面的共鸣。这是他所坚持的"美术考古"的独树一帜的最大特点。

笔者是 1973 年春天有幸听过王子云先生中国美术史讲座的学生之一，那整整挂满教室三面墙壁由先生亲手绘制的《敦煌莫高窟长卷》、《唐十八陵长卷》、《麦积山石窟示意图》等图表拓片和先生讲到唐代艺术时背诵并板书杜甫诗句"忆昔开元全盛日，小邑犹藏万家室。稻米流脂粟米白，公私仓廪俱丰实"的神情，令人终生难忘！王先生的精神，是我们永远学习的榜样。

王子云先生主要著述：

《唐代雕刻选》，人民美术出版社，1956 年。

《中国古代石刻画选集》，中国古典艺术出版社，1957 年。

《陕西古代雕塑百图》，人民美术出版社，1980 年。

《陕西古代石雕刻（1）》，陕西人民美术出版社，1985 年。

《中国雕塑艺术史》，人民美术出版社，1988 年。

《从长安到雅典——中外美术考古游记》，陕西人民美术出版社，1992 年。

《中国历代应用艺术图纲》，太白文艺出版社，2007 年。

《汉唐陵墓图考》，太白文艺出版社，2007 年。

参考文献：

1. 李廷华著：《王子云评传》，太白文艺出版社，2005 年。

2. 王蔷、任之恭：《王子云年表》，载王子云著《汉代陵墓图考》，太白文艺出版社，2007 年。

（原载《美术观察》2010 年 6 月号，总第 178 期）

周礼之乡说"德""和"

接岐山县委常委、政法委书记付乃璋先生电话和电邮，知其策划的"周文化与平安文化建设研讨会"将在家乡召开，并嘱为其撰文，欣喜地看到约稿函中这段话"岐山县作为炎帝生息、周室肇基之地，以'德'、'和'为核心的周文化映射出的巨大精神魅力，至今影响并熏陶着47万西岐儿女。全面贯彻中央和省市平安建设的一系列精神，传承千年周文化的'德''和'价值，构筑平安文化体系，是创建平安岐山的最佳落脚点"。反映了家乡父母官员的清醒认识，相对于前不久发生在贵州瓮安的恶性事件，更感到这种平安文化建设的必要，这种文化从本质上讲，一方面对民众进行优秀传统文化的精神熏陶和法制教育，另一方面对官员的德行也提出要求，不仅要有人民公仆的责任意识，也要具有与时俱进的创新意识。

在我们这个民风淳朴的周礼之乡，几千年来留下了深厚的文化积淀，和谐平安的文化观念渗透到民俗民艺的各个角落，继承发掘中国优秀的文化传统中的精华，也是保护非物质文化遗产，具有紧迫的现实意义。就此谈几点感言：就从"德"与"和"这两个字说起。

"德"，是一个会意字。甲骨文"䘺"字中的"彳"形符号，表示道路，"𣉷"则表示用眼睛直视前望。两形会意，表示目不斜视，双脚不偏离道路，直达目标。在西周金文中，""字在直下又添加了一个心的象形，强调了不仅要按目光直视，走通行大路的准则去行，而且必须这样去想。这就是周人对"德"的发展，从而使"德"的字面中，含有正直、公开以及去行、去想四层意义。《易·乾卦》曰："君子进德修业。"唐孔颖达注："德，谓德行；业，谓功业。"由此可知，"德"的本意就是恪守道德规范者的"操守"、"品行"。如"功德、品德、德才兼备、德行"等。从"德"字的构型来分析，这里已包含有禁忌：要遵从一定的思想和行为规范。

"德"用作动词，则指恩惠，如《左传·成公三年》："然则德我乎？"现代汉语中，则有"感恩戴德"、"德被四海"等。

"德"，也是一个人或社会好的内在的品格和价值观。老子说"圣人常无心，以百姓心为心。善者吾善之，不善者吾亦善之，德善。信者吾信之，不信者吾亦信之，德信"[1]。

"德"指内心的情感或者信念，用于人伦，则指人的本性、品德。儒家认为，"德"包括忠、孝、仁、义、温良、恭敬、谦让等。

由此可见，在作为西周文化的重要内涵的"礼乐文明"中，"德"是核心。美国芝加哥大学讲座教授何炳棣先生来西安讲学时曾将周人的优秀品德归纳为"勤朴古健、果义敢为、居安思危、善始善终"。这是对德的最好总结。孔子当年之所以念念不忘"克己复礼"就是因为以德为核心的西周之礼是儒家思想最为推崇的道德标准，而"厚德载物"仍然是中国传统文化中的优秀精神遗产，是我们构建平安和谐文化的准绳。

再看看西周金文"和"字，"龢"由两部分组成，字像编管之乐器，即《说文》之字。

---

〔1〕 引自《道德经·四十九卷》原文为"圣人无常心，以百姓心为心。善者吾善之，不善者吾亦善之，德善矣；信者吾信之，不信者吾亦信之，德信矣。圣人之在天下，歙歙乎为天下。浑其心，百姓皆注其耳目，圣人皆孩之"。

卜辞用为祭名。⊞　　⊞　　　⊞　字像一束简策之形，是册字。先秦没有纸张，符命文书写在简牍之上。《书·多士》："惟殷先人，有册有典。"甲骨文中有册之象形字，说明殷商时代确有《典册·卜辞》所云"再册"，意为奉举命册封。

另有学者从西周微氏家族器物的徽饰图形上解释此原意是在房屋下有羊圈，汉字经过几千年的发展演化，"龢"已被"和"替代，但依然保留了西周农耕文化的因子。从这个字的组合即可看出，代表"食"的"禾"与有女性含义的"口"就是和谐的基础[2]。

从说文解字中对作为民生之本的"禾"字大篇幅的解释中，我们可窥出粮食在国计民生中的位置，同样印证了和谐文化的要素。

我曾在一幅画中将这个字用民俗语言戏说为：小屋下面一张床，男欢女爱上边躺，中间有个小儿郎，屋外有田禾苗壮。这便是和的全部含义，与中国人"三十亩地一头牛，老婆娃娃热炕头"的小康理念相吻合。故名"家和万事兴"！近年研读金文，每遇困惑便试图将其当成画读则屡得要领，故涂鸦之，此为一例。

其实，只要我们将视点改变一下，就会发现，在我们这个历史上曾经出现过非常辉煌的西岐故地，虽然近千年衰落下来，但那个时代的文化并没有衰落。它们凝结在文物上，渗透在民俗民艺中，作为一种伟大的传统，获得了永恒。作为后来者，我们应立足传统、面向未来，凭借创造新文化的激情去重新发现它、破译它、开发它、激活它，使之焕发出新时代鲜活的光彩，为我们构建一种和谐平安的小康社会做出贡献。

（原载岐山县"周文化与平安文化建设研讨会"论文集）

---

〔2〕 参阅尹盛平主编《西周微氏家族青铜器群研究》史墙盘铭文，文物出版社，1992 年 6 月。

皇家的"高仿"

　　"高仿"本来指对艺术品惟妙惟肖的仿制，我们这里所谈的话题是指青铜器的高仿。

　　上月中，有朋友黄新力和焦海民分别来我处，提起《华夏地理》高级编辑艾绍强先生正策划一期关于高仿青铜器的专题，黄新力还热心介绍艾先生与我联系约稿事宜。我虽然对青铜艺术情有独钟，自入文物系统后也多次去发掘现场和青铜器之乡的周原采风撷英，但对"高仿"话题作文，却感到学养有限，不知从何说起。好在我的办公室斜对我们陕西历史博物馆文物库房入口，保管部同志入库常从此经过。一日遇见主管青铜器库房的副部长贺达昕先生谈起"高仿"话题，才知在我馆青铜器库房里，就收藏着这样一件高仿青铜器，相对于馆藏的一万多件青铜器精品，这件文物因其"高仿"身份，既不能上展线陈列，也不被研究者关注，甚至文物数据库登录账目中也未将其列入。但它却是中国历史上由政府出面进行的最大规模高仿青铜器行为的实证，这就是宋代的"大晟铜钟"。不仅如此，我馆还收藏有清代高仿的几件青铜器皿。真是踏破铁鞋无觅处，得来全不费工夫。我立即按照程序办好手续，由库管员王西梅女士调出文物清单数据和编号，并获准入库提取拍照。于是就有了以下这些照片，也使得这篇拙文不至于言之无物。

　　这件宋代的"大晟铜钟"，高28厘米，口宽18厘米，重7186克，系陕西历史博物馆征集。由于其特殊的皇家身份而定为一级文物。钟钮由两条相对的龙纹透雕组成，钟身饰云雷纹及乳钉纹，每面有乳钉十八颗，每组三颗，分六组横排。钲部两面俱阴刻篆书，一为"大晟"，一为"黄钟清"。整个纹饰精工繁丽，与春秋时期铜器风格相近（图1、2）。

图1　宋代"大晟铜钟"　　　图2　宋"大晟铜钟"局部

与这件铜器相关背景是，宋徽宗崇宁三年（1104年），在曾是春秋宗地的睢阳（今河南商丘）出土了春秋时期6件"宋公戎钟"，当消息传到宫廷，酷爱艺术并有音乐素养的宋徽宗认为这是天赐大宋兴旺的祥瑞之兆，宋徽宗有感于当时全国音律不齐的混乱现状，下令设立"大晟府"，即宫廷乐府，重新制乐，专门命工匠铸成几十套"大晟钟"，每套钟基准音高都是黄钟宫，发送全国各个州府，作为标准音律定音，真正实现了全国"音同高"，大晟编钟就是大晟乐府的乐器之一。据记载，该钟是以出土的"宋公戎钟"为式样铸成，计12编，每编28只（正声12，中声12，清声4），共336件。宋钦宗靖康二年（1127年），金兵攻占东京后，虏徽、钦二帝北上，北宋灭亡。大晟乐府的乐器和许多其他文物也被洗劫一空，后因"晟"字犯金太宗讳，金世宗将"大晟"刮去，改刻"大和"款，也有些因失散或淹没于地下而保留原款。现在所知大晟或大和的编钟流传于世的也有十余件，其中北京故宫博物院有三枚，辽宁省博物馆藏有一枚，开封市博物馆藏有三枚，日本和加拿大各有一枚……从其律名来说有黄钟、夹钟、夷则、无射、应钟、南吕等，是研究北宋宫廷音乐、乐制的宝贵资料。至今散存在海内外的大晟钟，共有25枚。我馆所藏的应是其中的"清声黄钟"之一。

"黄钟"即庙堂所用之打击乐器。唐张说《大唐祀封禅颂》中有"撞黄钟，歌大吕，开闾阖，与天语"句，反映了唐人所追求的一种气度和时尚，也折射出自西周开始的礼乐文化经久不衰的魅力所在。

商代至西周直到春秋战国，人们对青铜器文化的敬畏和追逐，不仅因为钟鸣鼎食是一种身份和等级，也不仅因为器上那充满诡异造型的纹饰和动物形象，其铭文记录的重大事件，最主要的原因是青铜鼎代表了王权，它就是沟通上帝与人间的传媒，你看看三星堆巨型青铜巫师头像，你看看淳化大鼎、后母戊大鼎的体量，就不难理解古人对青铜重器与国运昌盛紧密联系的看重，就不难理解"国之大事，唯祀与戎"这句话的分量！

商周青铜器以其等级森严的礼乐用途、神秘诡异的造型纹饰折射了中国历史上第一个辉煌时期的政治制度、文化和艺术，这种自西周开始的礼乐文化对中国儒家文化的形成产生了巨大的影响。到了春秋战国时期，儒家文化的创始人孔子仍念念不忘的就是恢复周礼，而觊觎王权的野心家也屡屡"问鼎"。从下面这段史实里，我们可看出最高统治者对青铜重器推崇、敬畏以至于高仿的端倪。

公元前116年，西汉王朝在汉武帝的文治武功下，出现了辉煌的时期，也恰恰是在这一年，在距长安不远的汾阴（今山西万荣）县汾水和黄河交汇处，出土了西周铜鼎，很快运到长安，汉武帝观后大喜过望，认为这是国运昌盛的吉兆，将其置于甘泉宫皇家宗庙，遂大赦天下，欢宴五日，不仅重奖了相关人员，还下诏将年号改为元鼎。《汉书》卷六十四《吾丘寿王传》中还记载了这件事的一个细节"及汾阴得宝鼎，武帝嘉之，荐见宗庙，臧于甘泉宫。群臣皆上寿贺曰：'陛下得周鼎。'寿王独曰非周鼎。上闻之，召而问之，曰：'今朕得周鼎，群臣皆以为然，寿王独以为非，何也？有说则可，无说则死。'寿王对曰：'臣安敢无说！臣闻周德始乎后稷，长于公刘，大于大王，成于文、武，显于周公，德泽上昭，天下漏泉，无所不通。上天报应，鼎为周出，故名曰周鼎。今汉自高祖继周，亦昭德显行，布恩施惠，六合和同。至于陛下，恢廓祖业，功德愈盛，天瑞并至，珍祥毕见。昔秦始皇亲出鼎于彭城而不能得，天祚有德而宝鼎自出，此天之所以与汉，乃汉宝，非周宝也。'上曰：'善。'群臣皆称万岁。是日，赐寿王黄金十斤。"看来，这位寿王之所以会说话，就是善于将青铜彝器和周礼之德联系起来，所言正中武帝下怀，所以得到重赏便是必然的事（虽然汉书中说他后因犯法被诛）。他讲到"秦始皇亲出鼎于彭城而不能得"的传说，就是司马迁在《史记·始皇本纪》中所言："始皇还，过彭城，斋戒祷祠，欲出周鼎泗水。使千人没水求之，弗得"；以及郦道元在《水经注》中的记述："（秦始皇）使数千人没水求之，弗锝，所谓'鼎伏'也。亦云系而行之，未出，龙啮断其系。"这个故事在山东嘉祥武氏祠汉画石"泗水捞鼎"的图像中也有形象表现。正是因为西周青铜鼎代表的儒家文化对汉王朝兴盛所起的作用，汉武帝才"罢黜百家、独尊儒术"，这样一来，鼎与国运便紧紧地联系在一起，国家行为的高仿复制也必然产生。尽管是否能够拥有九鼎和王权，是"在德不在鼎"，但历代制礼作乐均依周制，政府或私人为了举行祭祀等礼仪活动的需要，不断仿照商周时期的青铜礼器而铸造新的青铜器，这就是仿制品。它是对于古代文化的尊重与仿效。其特点是在器物上大多标明仿制的时间、用途及仿制者等。从这个角度看，实际上从西周以后，春秋战国至汉代乃至后世直到现代的青铜器，都可以称为高仿。

宋代以后，青铜器的仿制随着金石学的不被重视而衰落下来，但到了明代宣德三年（1428年），随着一大批宣德铜香炉的铸造，将青铜器的高仿再次推向一个高度。这种造型古朴庄重，做工精致，铸造技术先进的铜器成为继商周青铜器之后我国铸造工艺中的极端。

至清代康乾年间以后，出于对儒家文化的推崇，亦有不断仿制青铜器的现象，我馆收藏的这两件实物即是例证。其一为"清仿分档大兽面纹鼎"（图3），系陕西蒲城县正西街李寿实先生20世纪50年代捐赠；其二为"清仿夔龙纹盘"（图4），由陕西泾阳县文化馆拨交我馆。

图3 清　仿分档大兽面纹鼎　　　图4 清　仿夔龙纹盘

它们是清代高仿铜器中的精品。明清以后随着青铜器的商业价值剧增，就出现了许多以营利为目的的青铜赝品，它们虽与高仿的青铜器有某些相同之处，但却是目的和用途完全不同的两种理念，也就不在我们的话题之中。

下面引用百度百科中一段关于"中华和钟"的概述，作为对本文话题延续："中华和钟是为了迎接新千年的到来，以2400年前的曾侯乙编钟为原型进行设计，1999年11月制作完成的青铜编钟，安放在享殿正中，成为太庙馆藏文物，由江泽民主席于2000年1月1日上午首先鸣响。中华和钟架高38米，宽21米，三层共108个。上层34个钮钟，代表我国31个省、自治区、直辖市和台湾、香港、澳门；中层56个甬钟代表我国56个民族；下层18个镈钟，中间16个代表中华民族的16个历史时期，两侧两个象征当今世界的主旋律

'和平'与'发展'。重达 320 公斤的中央镈钟上，镌刻着江泽民主席题写的'中华和钟，万年永保'的鎏金铭文。朱红描金的雕漆钟架上有 1.2 万个表现生命科学、宇宙星空、电子芯片的现代纹饰，钟的两侧各立大红建鼓和石磬、玉磬。中华和钟音域宽广，既可和多种民族乐器配合，又可接轨大型管弦乐队，是世界上最大的舞台演奏双音编钟，已被列入吉尼斯世界之最。"

（原载《华夏地理》2010 年 5 月号）

凝固在地下的李唐历史

17岁的公主和她19岁的哥哥、20来岁的丈夫同年同月同日而死在一个堪称太平盛世的朝代……走进去年6月20日正式开幕的陕西历史博物馆的唐代壁画珍品馆，你一定会听到这个发生在唐朝武周时代的悲惨故事，或许这正是生于帝王家的不幸。尽管《新唐书》、《资治通鉴》等史书上记载的很清楚："九月壬申，杀邵王重润及永泰郡主、主婿武延基"、"九月壬申，太后皆逼令自杀"……但是，更多波诡云谲的真相还隐藏在那些精美的壁画后面……

故事要从公元701年说起。那一年，历史上的大唐帝国还处于武周时代。正月初三日，成州府奏报有人看到了佛的足迹，于是77岁高龄的武则天将周的年号由前一年的"久视"改为"大足"以示吉祥，是为大足元年。然而，吉祥的年号对于太子李显一家来说并不吉祥。

就在前一年，也就是久视元年九月，李显16岁的女儿永泰郡主李仙蕙与武延基（魏王武承嗣之子）缔结良缘，成百年之好。李、武两家本是皇亲国戚，当时朝里专权的却是武则天的两个男宠张易之、张昌宗，武延基和李仙蕙的哥哥邵王李重润都不到二十岁，年轻人在一起难免对家国之事说三道四，《旧唐书·张易之传》上记"邵王、郡主（即永泰公主）等私议二张"。张易之、张昌宗兄弟由于武则天的宠爱，几乎把持了大唐的朝政，大臣们甚至连太子等皇室成员见了也畏惧三分，哪能容得几个皇孙们说闲话。得到密报的张氏兄弟，在武则天面前加油加醋，汇报邵王、郡主和魏王三人阴居一处，诽谤朝廷，意图谋反。此时的武后对这两个"面首"宠爱有加，兼之最听不得的就是"谋反"二字，盛怒之下的"圣神皇帝"对三个年轻人的处置是"皆逼令自杀"——武周大足元年（701年）的九月初三，成了李显一家血雨腥风的日子，19岁的李重润、17岁的李仙蕙和她的丈夫武延基都死了。

但是，1960年以来，随着一座座唐代墓葬的发掘，故事的主人公之一永泰公主李仙蕙的死因、死期却又变得扑朔迷离。

1950年代末，考古工作者对乾陵的17座陪葬墓进行调查时，一座被当地人称为"方冢"的陵墓引起了他们特别的注意，根据实地勘查资料和百姓提供的线索，大家一致认为此墓内埋葬的是武则天次子章怀太子李贤。不仅因为此墓距离乾陵最近，而且墓前石刻数量众多，保存相当完整，其中一对石蹲狮的造型精美度与乾陵御道前的石狮不相上下，墓的封土又高又大。鉴于史籍记载乾陵陪葬的17位死者中，似乎只有李贤才能拥有如此精美的石刻和广阔的陵园。

1960年8月，考古工作者开始对"方冢"进行发掘清理。9月，墓志铭出土，志盖中间篆书"大唐故永泰公主墓志铭"赫然在目——"方冢"不是李贤的墓，而是永泰公主的！

更让历史学家震惊的是，永泰公主墓铭记载，公主去世日期为九月初四，比史书记载的九月初三晚了一天！另外，由于墓志铭中有"珠胎毁月"的记载，加上对墓葬内遗骸骨片的还原，人们发现永泰公主的骨盆比正常女性窄小，因此也有人据此认定，永泰公主并没有随夫兄一起被逼自杀，而是怀孕待产，但因先天骨盆窄小，又受了夫、兄双双惨死的刺激，于其夫、兄去世次日，死于难产。

1971年夏天开始，由陕西省文管会和乾县教育局的考古工作者组成的两个联合工作队，分别对位于乾陵东南约3公里的乾陵公社红星大队杨家寨生产队北面高地上的另外两座陪葬墓进行了发掘，这才发现其中一座是章怀太子李贤墓，另一座是懿德太子李重润墓。

千百年来，人们对章怀太子的死因也始终莫衷一是，两唐书分别载："文明元年，则天临朝，令左金吾将军丘神绩往巴州检校贤宅，以备外虞。神绩遂闭于别室，逼令自杀"，"诏左金吾将军丘神绩检卫贤第，迫令自杀"，言语间暗示太子是被武后杀害。而章怀太子墓出土的墓志铭则影射太子是被冤杀，但未明言直接死因。对此，郭沫若曾提出自己的看法，认为章怀之死与武后无关，而是当时的宰相为夺权所为。

永泰公主墓墓冢为覆斗形，墓道全长 87.5 米，宽 3.9 米，墓室深 16.7 米。全墓由墓道、5 个过洞、6 个天井、甬道、8 个便房、前后墓室组成。墓道两则有巨大的青龙、白虎和身穿战袍、腰配贴金宝剑的武士组成的仪仗队。天井两侧的便房内放着各种三彩俑群和陶瓷器皿等随葬品。章怀太子李贤墓的地面形制和内部结构与永泰公主墓基本相同，但规模要小一些。墓由长斜坡形墓道、4 个天井、4 个过洞、6 个便房、砖砌甬道和前后墓室组成。墓道全长 71 米，宽 3.3 米，深 7 米。

图 1　李重润墓剖面图

而懿德太子李重润墓，地表有双层覆斗形封土，周围设围墙，南面有土阙、石狮、石小人、华表等。地下由斜坡墓道、6 个过洞、7 个天井、四对小龛、前后甬道和方形前后砖室组成，全长 100.8 米。葬具置于后室，为庑殿式石椁，外壁雕饰头戴凤冠的女官线刻图，墓壁满绘壁画。墓道两壁以楼阙城墙为背景绘太子出行仪仗，过洞绘驯豹、架鹰、宫女、内侍等。第一、二天井绘列戟，为天子之制。墓内壁画题材有仪仗队、青龙、白虎、城墙、阙楼、乐伎、男仆、宫女等，而且壁画规制也不同，如仪仗队中，永泰公主有12载，章怀太子有14载，而李重润则有24载，属帝王一级，这些都显示出李重润显赫的地位和特殊的身份（图1）。

永泰公主墓和懿德太子墓是两座典型的"号墓为陵"墓葬，"号墓为陵"的墓葬，无论是地面还是地下，其规模、随葬品数量、葬具规格等都比同时期同等地位身份的墓葬高得多。人们不由发问，为什么毫无政绩可言的永泰公主和懿德太子能够在死后享有"号墓为陵"的殊荣？

这可以说是他们的父亲李显对儿女英年早逝的一种补偿。对于李显来说，亲族间自相残杀不是第一次见识，早在高宗永隆一年（680年），武后宠臣明崇俨为盗所杀，怀疑是太子李贤所为，首先抓了李贤的家奴赵道生，以双方有狎昵的同性恋行为作为突破口，逼其承认受李贤命作案，随后派人搜查太子府第，得皂甲三百余副，太子遂以谋逆罪被捕下狱。高宗下令三司会审太子谋逆案，太子最终未能洗脱罪名，被废为庶人，流放巴州（现四川省巴中市）。

公元684年，高宗李治驾崩，李显（中宗）继位不久就被武后废黜为庐陵王，贬出长安，另立幼子李旦（睿宗），22岁的李旦柔弱如傀儡，武后自此完全把持了唐朝皇政。在大唐的历史上，这一年居然有三个年号。李旦即位初，武后派人前去校检废太子李贤的宅第，二月二十七日李贤就在流放地自尽。

李显被贬后，先后被软禁于均

图2　永泰公主墓壁画　宫女图

州、房州达14年之久，身边只有妃子韦氏陪伴，期间他们生下了后来的永泰公主李仙蕙，李仙蕙在偏僻的均州、房州度过了她的童年。公元699年，李显被武则天召回京城，重立为太子。为了与母亲搞好关系，李显先将永泰公主嫁给了武则天的侄孙武延基，成了魏王武承嗣的儿媳（图2）；又将幼女安乐公主嫁给了武则天的另一位侄孙武崇训，成了梁王武三思的儿媳。李显与武家结亲，无疑是想借此稳固自己的地位，没想到儿女、女婿还是被母亲给杀了。

不管怎么遮掩，这个惨案还是再一次震惊了朝野，也为张氏兄弟的覆灭埋下了伏笔，李唐宗室包括武氏家族对其恨之入骨，终于在不到四年后爆发了。

公元705年2月21日，宰相张柬之联合五位郡王乘武则天生病，发动宫廷政变，杀掉张易之、张昌宗兄弟。第二天，已经81岁的武则天迫于压力，下诏令太子李显监国，复国号为唐，中宗即位，年号神龙。武则天在叱咤风云半个多世纪后，终于走到了权利的尽头。退位之前，她为自己作出的最后一个重大决定，就是将来要让自己以李唐媳妇的身份，归乾陵与高宗合葬。有人说，那是武则天最后的忏悔，对于李唐，对于一生挚爱她的高宗，她亏欠得太多。也有人说，那是武则天又一个聪明的选择，为了夺取最高政权，她几乎使李唐王朝不复存在，如果另选陵寝，难免有被掘坟鞭尸的危险。

重新上台后的中宗李显，面临着多重的压力和选择，一是他必须代表李唐王室的正统力量，拨乱反正，为那些前几年遭到诬陷和迫害冤死的王子兄长和自己的骨肉儿女平反，另一方面，武则天毕竟是自己的亲生母亲，投鼠忌器，许多事情还不能太露骨地去做。还有，对于为大唐帝国的强盛做出重大贡献的母亲，他也必须尽忠尽孝，完成其合葬乾陵的遗愿。虽然乾陵的修建是在高宗登基后就开始的，而要保持大唐的国际形象，就必须使乾陵的建筑、装饰和形制与大唐国力相匹配。

在几种势力的较量中，这个难题让这位几起几落的皇帝寝食不安，于是在经历了一个个不眠之夜后，他想起一个人，这就是前几年为躲避武则天朝执政杀戮李唐宗室，辞掉江都令职务隐居藏匿的李思训。说起来，李思训还是李显的族叔，其祖父长平王李叔良，是唐高祖李渊的堂弟。武德元年（618 年），叔良官拜刑部侍郎，并晋爵为王；李思训的父亲李孝斌，也官至原州都督府长史。李思训的仕途因为武周时期迫害李氏宗室而中断，但却使他有了更多时间从事绘画，其艺术修养和绘画技巧在李唐宗亲中首屈一指。中宗要把为乾陵做最后的修建和为自己的兄长及儿女建造一个像样的阴宅的事情交给一个自己信得过的人去管理，于是，在他复位的头一年，李思训就被秘密召回京城，任命为宗正卿，官至三品。也就在这个年底，公元 705 年 12 月 16 日，武则天驾崩于上阳宫，一代女皇终于走到生命的尽头。忠厚仁孝的中宗，不顾部分大臣的反对，坚持按照母亲的遗愿，要将武则天以皇后的身份与 684 年入葬乾陵的高宗合葬（图 3）。

图 3　1945 年拍摄的陕西梁山乾陵全景

李显其实对母亲的残忍有所不满，因此他同时也做出了重新礼葬李贤和李仙蕙、李重润的决定。他将女儿和儿子的墓葬的规格提升为陵，由当年草草埋葬的洛阳，迁葬回长安，同时将哥哥李贤的墓也由巴州迁回长安，都成为乾陵的陪葬墓，使他们享受生前没能得到的荣耀与恩惠，一方面赎回他当年的软弱和无情，另一方面也取得心理平衡和慰藉。

一个为三位冤魂重新建造与其身份相应的阴宅的国家工程就此启动。于是，一个秘密的班子组成了，毕竟时间要求太紧了，那位李唐本家，以山水闻名朝野的画家李思训自然成了这个团队的总指挥。五十多岁的李思训正年富力强，个人的遭遇、政治情感和家族大义，于私于公使李思训都义不容辞要将这项工程做到最优，他首先要挑选一批能够胜任这项有着重大政治意义工程的设计师和画家。一是这些画家必须熟悉宫廷生活、二是其绘画水平必须是一流，其中自然少不了阎立本的弟子，虽然阎立本被贬官后于高宗时客死于江西玉山，但长安城中有不少受教于他的弟子，那位敢于标新立异，在墓道壁画不起眼地方悄悄留下姓名的杨玡也在其中。而当时虽然没有名气，但绘画技巧，特别是画壁画很有灵气的不到 20 岁的吴道子也被作为小工加入其中。他小时候就失去双亲，生活贫困，为了生计向民间画工和雕匠学习，由于刻苦好学，才华出众，特别是此次在为皇室绘制壁画中，因不用起稿，直接就画出了一幅幅生活气息非常浓郁的宫廷人物画，其线条和运笔让李思训欣赏不已。正是由于此，开元年间，吴道子被唐玄宗召入宫中担任宫廷画师，为他改名道玄，此为后话。为了使这项工程代表大唐的水准，李思训还请当时年事已高，但绘画技巧炉火纯青的少数民族画家尉迟乙僧做顾问。尉迟乙僧父亲尉迟跋质那，为于阗国著名画家，善画宗教故事、异族人物、飞禽走兽等，隋朝进入中原地区，因画艺超众而闻名于时，到了唐朝仍享誉画坛，人称大尉迟。尉迟乙僧在绘画艺术上受其父影响，20 岁左右以其较高的画艺，被推荐到都城长安，颇受重视。贞观初年被授为宿卫官，后又被袭封为郡公。仪凤二年（677 年）在长安宝光寺东菩提院画《降魔变》等壁画。长安二年（702）前后，在长安慈恩寺塔下南门画《千钵文殊》、《功德人物》和《湿耳狮子》等壁画，被誉为"精妙之状，不可名焉"。神龙元年（705 年）后，又在长安罔极寺（又名兴唐寺）绘制过壁画。由于历代皇室对陵墓工程的保密需要，所有地下配给统统称作东园秘

器，对参与为皇族修建阴宅的事情也决不能载入史料，更不准自己
说出去。所以这几位名画家对参与这个工程守口如瓶。但从翌年尉
迟乙僧在长安的住宅被敕建为奉恩寺，其将于阗王族的供养像画在
寺内这件事看，他肯定是因为这三大国家工程出力而受到褒奖。

距离入葬的时间一天天逼近，从大总管到每个画师谁也不敢怠
慢，他们有时集体创作，分段完成，有时互相配合，你起稿，我勾
线，他染色。这些画家和设计师，除了生存的需要必须干好这件事
情之外，对三位墓主命运的同情，对权贵和奸臣宦官的蔑视，对艺
术的真诚，在他们的笔下得到充分的体现。也正是因为唐代艺术家
这种执着的正气，使我们从这三大墓葬的壁画里，看到了唐代宫廷
的千姿百态（图4）。

图4　李贤墓壁画客使图

终于到了交工的日子，尽管有一两幅画面还未完成，但选定的
时辰不能改变，于是在史书中，在墓志铭上，有了以下记载：公元
706年6月8日，懿德太子入葬，7月2日，永泰公主入葬，8月13
日，李贤入葬。中宗李显完成了自己对儿女和兄长的心灵慰藉，也

为李唐王室交了一份答卷。可是四年后重新上台的睿宗李旦还是不满意中宗的安排，继续为自己的哥哥彻底平反，不仅追赐为太子，还再次厚葬李贤，并将其夫人房氏与其陪葬在一起。于是我们又看到了李贤墓两次入葬的痕迹，看到了壁画的绘画步骤。

事死如事生的厚葬，并没有带给死者永久的安宁，却使无数个贪财的盗墓贼频频觊觎，永泰公主墓发掘时，在第六天井附近发现一个盗洞，洞口有一副骨架，骨架旁边有一把铁斧，四周还散落金、玉饰器。估计是一伙盗贼为了能多分得赃物，就毫不留情地把仍在洞内的最后一个同伙砍死。

尽管三座墓都被盗过，但三大墓葬的出土文物还是足以构成对1400年前那段大唐历史的凝固，而琳琅满目、技巧娴熟的壁画，成为陕西历史博物馆唐墓壁画馆最重要的珍宝，犹如一个唐代辉煌的地下绘画展览，向我们讲述着大唐宫廷里发生的一幕幕错综迷离的诡异故事。

（原载《华夏地理》2012年4月号）

大唐遗宝后面的神秘话题

1970 年 10 月 5 日上午，西安市南郊何家村陕西省公安厅下属的某收容所，管理人员正指挥着一帮被收容的人为所里盖房挖地基，当挖到距地表 0.8 米处时，突然发现了一个高 0.65 米，腹径 0.6 米的陶瓮（图 1），其西侧还有一个高 0.3 米，腹径 0.25 的银罐（图 2）。瓮和罐都有盖，人们不经意敲碎瓮盖，立即被里面的东西惊呆了！瓮中放着满满的金银器，罐内也盛着满满的金银器！挖出文物了！管理人员不敢怠慢，赶紧电话报告到位于西安碑林的陕西省博物馆，接到报告，博物馆马上派韩伟、雒忠如、杭德州、王玉清等先生前往清理。考古专家们根据陶瓮和银罐都埋藏在活土中，出土的有些器物不能成套等现象，经反复研究，认为地下可能还有文物埋藏。同时，为了搞清出土文物的遗址范围，决定从 10 月 7 日起开始对周围进行钻探。10 月 11 日，洛阳铲在距离第一个陶瓮北边约 1 米处，探到了第二个陶瓮，直接打到金银器上（图 3）。立即发掘，发现里面也装满了金银器物。第二个陶瓮同第一个陶瓮形制、大小基本相同，唯瓮口系用圆饼形银渣块覆盖。考古钻探还证明，现在的何家村应在唐长安城的兴化坊内。

这是 20 世纪中国考古令人震撼的巨大发现！

这两瓮一罐内共出文物 1000 余件。其中就有金银器皿 271 件，银铤 8 件，银饼 22 件，银板 60 件，金银铜钱币 466 枚，玛瑙器 3 件，琉璃器 1 件，水晶器 1 件，白玉九环蹀躞带 1 副，玉带銙 9 副，玉镯 2 副，金饰品 13 件。另有金箔、麸金、玉材、宝石及朱砂、石

图1　挖出的陶瓮

图2　银罐

图3　洛阳铲探出的陶瓮

英、琥珀、石乳等药物。金器总重量达唐大两（唐一大两合今45克）298两，银器总重量为唐大两3900两。唐代银价不见记载，它与黄金的兑换率大约是五换一或六换一，即五、六两白银相当一两黄金。那么，这批金银器物可折合黄金900～1000两。按当时价格，一千两黄金可折唐钱八百三十万钱。一副玉带铐值钱三千贯，每贯当一千钱，十副玉带铐当值三千万钱。若依此计算，仅黄金、白银的本身价值和玉带铐就值三千八百三十万钱。据《新唐书·食货志》记载：天宝五载，"斗米之价，钱十三。"三千八百三十万钱可购米近三百万斗，相当约十五万男丁一年向唐朝政府交纳的租粟。请注意，这里既未计算制作金银器的劳动日，也不包括这些金银器的艺术价值，而仅仅是金银材料的价值，更未计算各种宝石和药物昂贵的价值（当然这种来自考古报告的计算本身就像"文化大革命"中，将青铜器只作为废铜的价格计算一样）。后来，在国家文物局组织专家认定的陕西历史博物馆的十八件国宝级文物中，这批文物就占有四件，分别是：鎏金舞马衔杯银壶、鸳鸯莲瓣纹金碗、鎏金鹦鹉纹提梁银罐和镶金兽首玛瑙杯，其中，镶金兽首玛瑙杯可以说是镇馆之宝之一。何家村出土文物的价值如此巨大，可以想象拥有这批珍宝的主人是多么的富有，想象当年的大唐长安城是多么的奢华（图4～7）！

那么，拥有这批珍宝的主人究竟是谁呢？这批文物为什么竟能在地下沉睡一千三百多年呢？它到底是什么年代因何种原因埋藏到

图4　金器上的图案

图5　金镶玉手镯

图6　舞马衔杯鎏金银壶

图7　镶金兽首玛瑙杯

地下的呢？这是自何家村文物出土后三十多年来历史、考古学界一直讨论不休，也是海内外所有文物收藏爱好者津津乐道的话题。

直到目前，学术界似乎仍然没有形成统一的定论，归纳起来，有三种观点：

当年的发掘简报认为：经勘测，遗宝发现地点系唐长安城兴化坊，根据唐人韦述《两京新记》兴化坊条"西门之北，今邠王守礼宅，宅南隔街有邠王府"的记载，初步认为，遗宝出土地点是邠王府附近，埋藏时代在盛唐时期（公元 8 世纪末）。认为唐高宗孙子、章怀太子李贤的儿子邠王李守礼，有可能是这批文物的主人。而郭沫若在《出土文物二三事》一文中，肯定了这批文物"为唐玄宗李隆基天宝十五年（公元 756 年）六月，因安禄山之乱逃奔四川时，邠王李守礼后人所窖藏"。他认为这批窖藏文物是邠王府中的财物，可能是在"安史之乱"时仓促埋下而后来未能挖出，所以才保留到现代。

到 20 世纪 80 年代，中国社科院考古研究所研究员段鹏琦对已有"何家村遗宝的埋藏年代"的结论提出怀疑，在其文章中提出，讨论何家村金银器的年代，自然要涉及两个问题：一是这批金银器本身的编年；二是这批金银的埋藏年代。要解决这两个问题，靠该窖藏的地层关系不行，与金银器伴出的银饼铭文和中外货币，也不能作为确切的断代标准，只能通过对金银器本身器形及装饰花纹的对比研究，才能得出较为满意的结论。据此段鹏琦先生认为，埋藏年代为唐德宗时期（780～805 年），遗宝出土地点不是邠王府，遗宝主人是达官贵族，但具体是谁，还待进一步探索。

而北京大学文博学院教授齐东方先生，于 2003 年在《考古与文物》第 2 期杂志发表了《何家村窖藏的埋藏地点和年代》一文，他在以前学者讨论的基础上，结合文献《两京城坊考》中对兴化坊住户"租庸使刘震宅"后的一段引《刘无双传》的注文，认为，何家村窖藏与租庸使刘震有关，他依据考古资料和文献，在排除了何家村遗宝所在地"唐长安兴化坊"的其他住户后，认为只有租庸使刘震的住宅与何家村遗宝出土地点基本吻合，而且刘震作为租庸使，有条件管理官府财务，正是他，在德宗建中四年（783 年），"泾原兵变"时，将准备运出城外受阻而随身携带的财宝埋藏起来，后来由于受伪官被杀，所以这批遗宝便无人知晓了。尽管随后有中国社科院历史研究所学者黄正建先生对此发表文章质疑商榷，认为齐先生引用的全部论据是根据唐代晚期小说《无双传》中的记载，故不足取证。但我们仍愿意接受齐先生的推断，因为原见于《太平广记》卷四八六，唐人薛调所作的《无双传》，讲述了一个类似"罗密欧与朱丽叶"的凄美生死恋情：租庸使刘震的外甥王仙客倾慕刘震女儿无双，欲与其结婚，后逢泾原兵变，刘震夫妇因受伪命被杀，无双没入宫中，后被送到富平为先帝守陵，王仙客历尽周折，托古生用奇术救出无双，二人并归襄邓，夫妇携老。而在去年，陕西 82 岁的老作家韦昕先生，将这段故事写成了一部电影文学脚本《大唐生死恋》刚刚杀青，只是没有将何家村遗宝的事写进去，我想，如果哪位电影投资商有眼光，将这个脚本重新改编，加进刘震埋藏何家村遗宝这个情节，那么这将是一部多么震撼而有巨大票房价值的影片呀！

亲爱的读者朋友，你要是想看看这些遗宝，想发发思古之幽，想为寻找遗宝主人提出新的线索，那么，你到西安时，一定不要错过去陕西历史博物馆，看看陈列于西展北厅的《大唐遗宝——何家村窖藏文物特展》。

注

本文写作时参阅了以下文章：

陕西省博物馆、文管会：《西安南郊何家村发现唐代窖藏文物》，《文物》1972 年第 1 期。

陕西省博物馆、文管会：《唐长安兴化坊遗址钻探简报》，《文物》1972 年第 1 期。

段鹏琦：《西安南郊何家村唐代金银器小议》，《考古》1980 年第 6 期。

齐东方：《何家村遗宝的埋藏地点和年代》，《考古与文物》2003 年第 2 期。

黄正建：《何家村遗宝和刘震有关吗——与齐东方先生商榷》，《考古与文物》2003 年第 4 期。

韦　昕：《大唐生死恋》，《秦岭》2011 年冬之卷、2012 年春之卷。

（原载《华夏地理》2013 年 4 月号）

唐凌烟阁功臣篇

写在前石的话

贾平凹

大唐芙蓉园紫云楼回廊上，刻绘了一组大唐开国二十四功臣图，这是蔡昌林的作品。

二十四功臣图成于唐贞观十七年，唐太宗为褒彰长孙无忌、魏微、尉迟敬德等，亲自作赞，诏令褚遂良绘图。由阎立本绘制于长安城凌烟阁。但由于凌烟阁毁于战乱，再无图案可稽考。大唐芙蓉园建成后，紫云楼回廊要重刻二十四功臣图，任务交给了蔡昌林。这是一项大工程，当蔡昌林在翻查资料的时候，意外地发现自己的生日，正好是唐太宗下达图功臣像于凌烟阁诏令的那一天，他认作这是天意。

蔡昌林当年在西安历史博物馆工作，精于绘了，尤其以文物钉补品著名国内外。受命重刻二十四功臣图后，在两年多时间里，他考阅了大量的文献史料和文物图像，走访和考察了与之相关的古迹遗存，即传承了前人同类作品的神采，又融注了他对唐代历史人物的研究考证成果，使二十四的幅画像生动、准确，达到了很高的艺术水准。创作

二十四功臣图刻绘于大唐芙蓉园，让世人了解了大唐开国的历史，也了解了当代的画家蔡昌林。

05. 10. 8

贾平凹先生手稿

凌烟阁功臣图的考证与复原

凌烟阁功臣图系唐太宗贞观十七年（643 年），为褒彰开国元勋，太宗自己作赞，褚遂良题阁，命阎立本绘长孙无忌、杜如晦、魏征、尉迟敬德等二十四人于长安皇城凌烟阁内。此事新旧《唐书》均有记载，刘肃《大唐新语·褒锡》亦记，杜甫诗《丹青吟赠曹将军霸》中"凌烟阁"句，使此事流传千古，妇孺皆知。而画家阎立本更是无人不晓。由于凌烟阁毁于战乱，二十四功臣图亦只见于史料文字记载，而无具体图像可稽，现存仅有宋人游师雄刻石拓像残片四幅，也已无法辨识，成为中国美术史上一大憾事。

2003 年秋，笔者参加了正在建设中的大唐芙蓉园景观及装修项目的概念设计论证。在和刘蔚中、周天游先生讨论该园主体建筑紫云楼装饰内容时，提出了在回廊中复原大唐开国二十四功臣图的方案。

有趣的是，由张锦秋院士主持设计的紫云楼建筑在回廊预留的壁画位置 26 块，而凌烟阁功臣图 24 位功臣加上唐太宗赞和褚遂良题正好是 26 个。

这个创意提出后，首先受到张锦秋院士和韩冀先生的首肯，不久也得到芙蓉园建设决策层的认可和肯定。一种非我莫属的使命感和责任心使作者开始了这个项目的前期考证、实地考察、传记撰稿、复原设计和创作工作。

一

首先从确定二十四功臣到底是那些人开始，而最直接最权威的资料就是唐太宗的诏书了，此文不长，照录如下：

自古皇王，褒崇勋德，既勒铭於钟鼎，又图形於丹青。是以甘露良佐，麟阁著其美；建武功臣，云台纪其跡。司徒、赵国公无忌，故司空、扬州都督、河间元王孝恭，故司空、莱国成公如晦，故司空、相州都督、太子太师、郑国文贞公征，司空、梁国公玄龄，开府仪同三司、尚书右仆射、申国公士廉，开府仪同三司、鄂国公敬德，特进、卫国公靖，特进、宋国公瑀，故辅国大将军、扬州都督、褒忠壮公志玄，辅国大将军、夔国公弘基，故尚书左仆射、蒋忠公通，故陕东道行台右仆射、郧节公开山，故荆州都督、谯襄公柴绍，故荆州都督、邳襄公顺德，洛州都督、郧国公张亮，光禄大夫、吏部尚书、陈国公侯君集，故左骁卫大将军、郯襄公张公谨，左领军大将军、卢国公程知节，故礼部尚书、永兴文懿公虞世南，故户部尚书、渝襄公刘政会，光禄大夫、户部尚书、莒国公唐俭，光禄大夫、兵部尚书、英国公勣，故徐州都督、胡壮公秦叔宝等，或材推栋梁，谋猷经远，绸缪帷帐，经纶霸图；或学综经籍，德范光茂，隐犯同致，忠谠日闻；或竭力义旗，委质藩邸，一心表节，百战标奇；或受脤庙堂，阃土方面，重氛载廓，王略遐宣。并契阔屯夷，劬劳师旅。赞景业於草昧，翼淳化於隆平。茂绩殊勋，冠冕列辟；昌言直道，牢笼搢绅。宜酌故实，弘兹令典，可併图画於凌烟阁。庶念功之怀，无谢於前载；旌贤之义，永贻於后昆。

按：此文《旧唐书·列传·长孙无忌》和《全唐文》均有记

载，时在贞观十七年（643 年）。宋代宋敏求编《唐大诏令集》亦收入，几种版本基本一致，只是赞语部分略有不同。《全唐文》中更将日期具体到二月二十八日。

"勒铭于钟鼎"的例子，从出土西周文物《多友鼎》、《毛公鼎》和《商卣》的铭文上已得到印证，由此可见"褒崇勋德"的传统始于商周。

"甘露良佐"指公元前 51 年，汉宣帝命将西汉霍光等 11 位功臣画在麒麟阁事，《汉书·苏武传》中有"上思股肱之美，乃图画其人于麒麟阁上"句。从记载看麒麟阁位于长安未央宫[1]。

而"建武功臣"则是指协助东汉汉光武帝刘秀重兴汉氏江山的二十八员大将。后来在民间传说中是天上二十八星宿下凡转世[2]。

李世民这位开创了梦幻般王朝大唐帝国的一代君王的雄才大略和文治武功，从这篇诏令中即可略见一斑。这个行动，绝不是一时的心血来潮，而是出于维护大唐王朝政治大团结的需要。

从唐太宗钦定的名单中，有十二位文臣，十二位武将，而当时已逝世和活着的也恰好都是十二位，此时，魏征刚刚去世，而到底要不要废掉太子李承乾也是令李世民头疼的问题，已有迹象表明，在玄武门之变中立下汗马功劳的侯君集很有可能也和太子搅到一起，这些都是李世民制定这个名单时考虑的因素。他要为大唐王朝的长

---

[1] 《汉书·苏武传》中对此记载的原文为"甘露三年，单于始入朝。上思股肱之美，乃图画其人于麒麟阁，法其形貌，署其官爵、姓名。唯霍光不名，曰大司马大将军博陆侯姓霍氏，次曰卫将军富平侯张安世，次曰车骑将军龙额侯韩增，次曰后将军营平侯赵充国，次曰丞相高平侯魏相，次曰丞相博阳侯丙吉，次曰御史大夫建平侯杜延年，次曰宗正阳城侯刘德，次曰少府梁丘贺，次曰太子太傅萧望之，次曰典属国苏武。皆有功德，知名当世，是以表而扬之。"

[2] 云台二十八将以邓禹为首，其次为马成、吴汉、王梁、贾复、陈俊、耿弇、杜茂、寇恂、傅俊、岑彭、坚镡、冯异、王霸、朱佑、任光、祭遵、李忠、景丹、万脩、盖延、邳彤、铫期、刘植、耿纯、臧宫、马武、刘隆等 28 人（后又加上王常、李通、窦融、卓茂、马援），是东汉初期追随刘秀立功最大的 28 人。

治久安作出一个念功旌贤的开明典范。这个举动，显然是经过深思熟虑的。这个事件也是唐代历史上的一件大事，并且唐代后来的君王在此基础上有所继承和发展。

二

凌烟阁史料中记载颇多，它位于西京皇宫内东北角的三清殿旁，《唐两京城坊考》卷一西京·宫城段有"神龙之北曰功臣阁、凌烟阁"句，其下有一段注，照录如下：德通鉴引《阁本太极宫图》：延嘉殿之东为功臣阁，功臣阁之东为凌烟阁。与《大典》所载《阁本图》合。贞观十八年画功臣像于此阁。段志玄碑：贞观十六年，图形于戢武阁。未知即凌烟阁否。又唐俭碑有凌烟阁字，叙于陷贼庭前，其事在高祖时，则阁之建也旧矣。后唐应顺元年（934 年）修凌烟阁奏云：阁在西内三清殿侧，画像皆北面。阁中有隔，隔内北面写"功高宰辅"，南面写"功高诸侯王"。隔外面次第画功臣题赞[3]。从这段话以及对照两《唐书》中有关记载，我们似乎可以认定，唐高祖武德年间，就已有专门图功臣像的表彰行为，也就是说，就已经有了陈列这些图像的建筑，唐太宗贞观十七年的这次图功臣像，其规模和影响是最为显著的。尽管唐高宗时期也有增补和调整，但都陈列在凌烟阁则是没有异议的。

刘肃在《大唐新语》卷十一《褒锡》第二十四中对这个事件记叙得更具体：贞观十七年，太宗图画太原倡义及秦府功臣赵公长孙无忌、河间王孝恭、蔡公杜如晦、郑公魏征、梁公房玄龄、申公高士廉、鄂公尉迟敬德、郧公张亮、陈公侯君集、卢公程知节、永兴公虞世南、渝公刘政会、莒公唐俭、英公李勣、胡公秦叔宝等二十四人于凌烟阁。太宗亲为之赞，褚遂良题阁，阎立本画。及侯君集

---

〔3〕 引自：〔清〕徐松撰，张穆校补，方严点校《唐两京城坊考》卷一，中华书局 1983 年，第 5 页。

谋反伏诛，太宗与之诀，流涕谓之曰："吾为卿不复上凌烟阁矣！"

三

　　图像的考证是凌烟阁功臣图复原工作的重点，功臣图作者阎立本，雍州万年（今陕西省西安临潼县）人，出身贵族。其父阎毗北周时为驸马，因为阎擅长工艺，多巧思，工篆隶书，对绘画、建筑都很擅长，隋文帝和隋炀帝均爱其才艺。入隋后官至朝散大夫、将作少监。兄阎立德亦长书画、工艺及建筑工程。父子三人并以工艺、绘画驰名隋唐之际。阎立本的绘画艺术，先承家学，后师张僧繇、郑法士。据传他在荆州见到张僧繇绘的壁画，在画下留宿十余日，坐卧观赏，舍不得离去。后人说他师法僧繇，人物、车马、台阁都达到很高水平，连昭陵六骏的造型，也出自阎立本之手。阎立本除了擅长绘画外，而且还颇有政治才干，在唐高祖武德年间即在秦王（李世民）府任库直，太宗贞观时任主爵郎中、刑部侍郎。高宗显庆元年（656年）阎立德殁，他由将作大将迁升为工部尚书，总章元年（668年）擢升为右相，封博陵县男。当时姜恪以战功擢任左相，因而时人有"左相宣威沙漠，右相驰誉丹青"之说。这种才能使得他在初唐画坛上具有无人能比的地位，由他来担当这个项目责无旁贷。况且，在此之前，他曾成功地完成过为李世民的幕僚画像的任务，《十八学士图》深受唐太宗赞许，那么由他来完成这个念功旌贤的国家艺术工程自然是情理之中的事了。在中国美术史中所有能查到关于阎立本的介绍中，几乎都提到他创作凌烟阁功臣图的事，但图像均引自宋人游师雄根据唐摹本的刻石，遗憾的是，这批刻石现在只剩下两块四人，保存在陕西麟游县博物馆（图1、2）。当笔者根据文献线索找到麟游县博物馆考证时，才得知其中一块已于1991年陕西历史博物馆开馆时征调到我馆收藏（图3）。

图1　麟游县博物馆藏宋游师雄刻凌烟阁功臣图拓片

图2　宋游师雄刻凌烟阁功臣图早期拓片

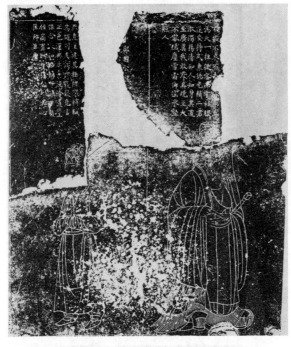

图3　陕西历史博物馆藏宋游师雄刻石拓片

　　关于这两通刻石，《文物》1962年第10期刊发的金维诺先生文《"步辇图"与"凌烟阁功臣图"》以及1987年第3期刊发的王麟昌先生文《宋刻唐代功臣赞像及游师雄题诗碑》，已经对此作了介绍和基本研究，笔者更赞同金维诺先生的研究观点，这个刻石的造型风格与出土的唐墓壁画还有和阎立本的《步辇图》比较，应该是最接近唐风的摹本。

　　但当年由阎立本绘制的二十四功臣图到底有没有留存下来呢？我从各方面试图寻找线索，通过网上搜索，找到清人刘源所绘的版画《凌烟阁功臣图》（图4、5），尽管刘源继承了明末大家陈洪绶的画风，在人物造型和线条上有相当功力，但从服饰和造型风格上却没有依据，纯粹是明代的服饰加上个人对这些功臣的理解，距唐风相差甚远，不是我们所要的。

图4　清　刘源　凌烟阁功臣图　唐俭

图5　清　刘源　凌烟阁功臣图　魏征

这时，我还意外地发现了一条线索，是在互联网上检索的，一个华人网站上写到，有一位住在纽约叫林辑光的华侨，收藏一套"由唐太宗亲自作赞、褚遂良题字，阎立本画的 24 功臣图"，当时我发现了这个消息后，非常震惊，想要是把这一套图像复原出来，那应该是最权威最准确的《凌烟阁功臣图》了，况且，如此图不谬，则中国美术史将应改写。于是开始寻找，从 2004 年的 7 月份开始一共发了七十多封电子邮件，但都是泥牛入海无消息。时不我待，芙蓉园开园在即，我只好在参考阎立本其他人物画造型的基础上，从唐墓壁画中去寻找相关人物造型依据，这应该是最直接最准确的参考。我所供职的陕西历史博物馆里，就收藏着包括初唐李寿墓、懿德太子李重润墓、章怀太子李贤墓以及永泰公主李仙蕙墓等几十座唐墓揭取的几百块唐墓壁画原作，可以仔细地观看揣摩，这对我是近水楼台，如确定唐俭的形象时，李贤墓壁画《礼宾图》中那个鸿胪寺的官员，从造型、着装到神情直接可用来参考。

快到年底的一天，我又下意识地翻动自己的书架，突然，一本叫《纽约闲话》的书映入眼帘，里面竟有一篇介绍林辑光先生的文章，而且，这本书是我在西安曾经接待过的一位美籍华人叫做易水寒的作者题赠的。我立即和易先生联系，峰回路转，到了这个时候，事情终于有了眉目。易水寒先生的助手说，林辑光先生和易先生是非常好的朋友，而且我要问的那个凌烟阁功臣图，他们在他家也看见过，只是不知是否是我所找的。易先生答应帮我联系，并告诉了我林先生的电子邮箱，那幅千呼万唤的唐代阎立本的《凌烟阁功臣图》或者它的摹本，就这样会出现在世人的面前吗？当我找到林先生的时候，我突然觉得，这个事情是不是真的，有没有这个事情已经不重要了，而在这种寻找过程中那种"为伊消得人憔悴，蓦然回首，那人却在灯火阑珊处"的感觉给人带来的兴奋，才是最为深刻的感觉。这个过程已经取代了我的结果，我甚至不敢知道结果。当我接到他亲自打来的国际长途，通话近一小时后，我不无遗憾地告诉他，他收藏的这几幅可能不是。后来又收到他传来的图片后，更确定了这个认识。事实上，阔别中国文化氛围多年的林辑光先生对历史上这件记述简单、语焉不详的《凌烟阁功臣图》产生了某种错觉，他收藏的那组画并不是阎立本作品的摹本，而是宋元以后才出现的《历代先贤图》（图6、7）。虽然结论是残酷的，但林先生不远万里帮助后学的精神让我震惊，而且他从容接受事实真相、坦然面对结果的大家风范更令人钦佩。

图6　林辑光藏历代先贤图之房玄龄像

图7　林辑光藏历代先贤图之尉迟敬德像

至此时，图像的复原工作已快接近尾声，这是因为大唐芙蓉园要在 2005 年 4 月开园，而紫云楼回廊的壁画必须在春节前完成，根据去昭陵和有关初唐文物景点考察的印象，除了从有关文物上寻找造型依据外，再从有关典籍中找出与主人公相适应的唐代人物图形，同时对刘源画过的功臣像中部分比较成功的造型加以改造而采用。所有图形按照原大百分之六十的比例在熟宣纸上勾出白描稿，再扫描成电子文件存档。经与人物传记文本以及边饰合成后用工程打印机出成原大图纸，提供给石工过稿錾刻于镜面花岗岩上。

四

题阁书法家褚遂良，字登善，钱塘（今浙江杭州）人，隋开皇十六年（596 年）生于长安。史载此人博涉文史，尤工书法。唐太宗曾经说："虞世南死后，无人再与我论书法。"魏征便推荐褚遂良，说"遂良下笔遒劲，甚得王逸少体"。酷爱王羲之书艺并在书法上有很高造诣的唐太宗，看了褚遂良的书法，大为赞赏，遂召到身边，令其侍书，历任起居郎、谏议大夫，累官至中书令。并封河南郡公，世称"褚河南"。贞观二十三年（649 年）与长孙无忌同受太宗遗诏辅政。后因反对唐高宗立武则天为后，屡被贬职而死。他的书法初学欧阳询，继学虞世南，后取法王羲之，融会汉隶。其特点是：正书丰艳，自成一家，行草婉畅多姿，变化多端，与欧阳询、虞世南、薛稷并称初唐四大书家。颜真卿亦受其影响。《唐人书评》称褚书"字里金生，行间玉润，法则温雅，美丽多方"。传世碑刻有《同州三藏圣教序碑》、《伊阙佛龛记》、《孟法师碑》等。

唐太宗选择褚遂良为凌烟阁功臣题阁，不仅由于他的政治地位，更是因为他是当时书法艺术修养最高的书法家。由他来为这样一个国家工程题字应该是最佳的选择。

如果将褚遂良的字体用于新复原的二十四功臣图中，既能还原历史的真实，又彰显了褚体书艺，必然为这个复原增加文化含量。

这正是我们的艺术良心所追求的目标。

集字的历史古已有之，大雁塔下的《圣教序碑》，就是当年唐太宗命褚遂良用王羲之的字体集成，也因此有了千金求一字的典故。

二十四功臣的传记每人一百多字，加上诏令和前言，四千多字全部用褚体集成，工作量是相当大的。开始考虑过请对褚体有造诣的书法家完成，但后来担心一是现代少有具唐楷功力的书家，二是因当下稍有成就或名气的书法家润格不菲，无法支付此项经费而放弃。集字难点在于，一般现成的电脑字体设计基本上依据视觉等大的原则，而书法艺术的整体布局因作者的书写习惯和即兴发挥，其大小结体各异，直接用来组词显然是不行的。

综合考虑，采用电脑集字办法完成。西安美院 2002 级装潢班学生尧明侃、李娟、胡丽君等十多位同学的积极参与，使我下了最后的决心，这些学生对电脑设计图像处理软件的熟悉，使集字过程提高了效率，经过分工，一部分人负责从各种字帖里找字，几个人专事扫描输入，再由专人用 ps 编辑修正，使之达到锐度，不仅要在原始单字存档时做到大小一致，更要在整句排列时，按照褚体结字规律，做到视觉统一，需要揣摩唐人书艺布局行文习惯，找出其中意蕴，不能按物理大小简单处理造成生硬而失去唐风。好在 coreldraw 软件的强大功能提供了这种调节的方便，我让学生先把图中需要的版式行距字距制成格子模板编辑时衬为底图层，然后按内容逐一填充文字，由于每一个字系一个 ps 过的 photoshop（psd；pdd）格式独立的文件，背景透明且大小可调，就为进一步调整提供了方便，经过反复比较调整直到满意后，去掉底层格子，一篇章法、布局、结字优美的传记文本由此产生。

这种利用现代电脑设计技术复原古代书法艺术的尝试，使得过去敢想不敢做的事变为现实，其中难点在于既有繁重的体力劳动，又有复杂的脑力劳动，由于繁简字的问题，常常为确定用哪一个字而费力费神，有时还得求教专家才能肯定，如魏征的"征"，唐代有"征""徵"之分，皇后的"后"与后来的"後"，还有唐代你字的写法也和现代有异，为求准确，只能细致再细致，推敲再推敲，考证再考证。对有个别实在找不出的字，则利用褚体偏旁造字完成。

五

二十四功臣的传记考证，是这个考证和复原中耗时最长的一项工作，因为从麟游县博物馆和我馆收藏的宋人游师雄命以唐摹本刻石的拓本看，每个功臣图的题字内容是以赞语出现的，而现在我们要复原的功臣图，就画面构图形式与内容并且考虑到观众需要而言，应用小传来取代赞语。原以为这历史上早有定论的二十四个人物传记搜集整理起来应该是轻而易举的事，但具体工作时，才发现在权威的《辞海》中，只收有长孙无忌等十一人，而且对这些人物的记录有相当一半多人语焉不详，甚至错漏。怎么办？只能找来新旧《唐书》，寻找归纳，先将所有资料和传记汇编起来，再略缩成统一体量、文白兼用的语言形式，此项工作的难点一是古籍中的几种版本对有些功臣的生卒年岁记载不一致，还有古今地名不一致等等，自己先根据唐代其他史料和有关辞书、出土的墓志铭，以及当代学者相关著述决定取舍，并逐一验算，还真的发现了问题，比如程知节的生卒，《中国历史大辞典》的《隋唐五代卷》中"程知节"词条记其生卒年代是（？~655 年），而陕西师大历史系牛致功教授认为公元 655 年是永徽六年，这一年，程知节肯定健在。牛教授根据新出土的《程知节墓志铭》云：程知节"以麟德二年二月七日，遘疾薨于怀德里第，春秋七十又七"。推断卒年应是 665 年，和新旧唐书记载相吻，纠正了大辞典的错误。但牛先生标注程知节的生年时，却定为 593 年[4]，实际按此推算，生年应是 589 年。如不是牛先生算错了，则应该是该书印刷校对之误，二者必居其一。关于古今地名不一致的问题，通过查找有关资料，和请教专家解决。为了保证

---

〔4〕 见牛致功著：《唐代碑石与文化研究》，三秦出版社，2002 年，第 88 页。

刻在花岗岩上的这些功臣的传记准确，我必须尽量做到准确，所以反复修改、订正，再请历史学家校点、把关，西北大学唐史研究所杨希义教授、韩伟教授及本馆研究唐代历史的王世平教授、杨东晨教授等都对文稿提出了很好的修改意见，特别是杨希义教授四次审稿，亲自动笔修改，第五稿时终于敲定。用杨教授的话，这个稿子，已经应用了并且达到目前学术界对这些功臣研究的先进水平。

图8　大唐芙蓉园紫云楼回廊　新复原的大唐开国二十四功臣图

图9　大唐芙蓉园紫云楼回廊　新复原的大唐开国二十四功臣图

乙酉年农历三月三日（公元2005年4月1I日）傍晚，大唐芙蓉园开园仪式举世瞩目，在芙蓉园西大门的庆典现场，当西安市市长宣布大唐芙蓉园开园时，被云层遮住了一整天的西方天上，恰好露出了一块的湛蓝湛蓝的晴空，而西斜的太阳正好从中透出一缕灿烂阳光，就像是专门设计好的，照亮了开幕式的现场，照耀着金碧辉煌的紫云楼。著名主持人朱军即兴随口说出：这是唐太宗李世民在天显灵！这是西安人民重振大唐雄风的壮举感动了上苍！参加开幕式的所有人见证了这一瞬间。这个梦幻般的场景为我们的工作画了一个圆满的句号。

（原载《陕西历史博物馆馆刊》第16辑，三秦出版社，2009年）

长孙无忌

司徒、赵国公

长孙无忌（约 597~659 年）

　　字辅机，河南洛阳人，太宗皇后长孙氏之兄。早与太宗友善。唐初曾任行军典签、比部郎中，功封上党县公。主谋玄武门之变，助太宗夺取帝位，终身受其信任。历任尚书右仆射、司空、司徒等职，封赵国公。曾与房玄龄等修订唐律。贞观二十三年受命辅立高宗，任太尉、同中书门下三品。后因反对册立武后，被诬谋反遭贬，不久自尽于贬所。

长孙无忌像

长孙无忌的先祖，出自北魏皇族拓跋氏，因有殊功，改姓长孙氏。长孙氏是北魏以来的士族高门，属于军事贵族。但长孙无忌本人，在军事方面虽有一定谋略，但并不善于统兵打仗，他的父亲去世较早，他和妹妹一同在舅父高士廉家中长大。高士廉本人"少有器局，颇涉文史"，很有才华和名望。在这样一个文化素养较高的家庭中，长孙氏兄妹受到很好的文化教育。无忌"好学，该博文史"，妹妹也是"少好读书，造次必循礼则"。高士廉慧眼识人，早在李渊父子太原起兵之前，就发现李世民是个非凡之人，把长孙无忌的妹妹聘予李世民。后来李世民做皇帝，册封长孙氏为皇后。长孙无忌的年龄与李世民相仿，二人从小就有交往，妹妹嫁给李世民后，两人关系更加亲密。

从李渊父子在隋末晋阳（今山西太原）起兵，到建立唐朝，再到统一天下，长孙无忌一直跟随李世民东征西讨，甚有贡献。唐朝建立后，李渊集团内部发生分裂，最突出的矛盾是太子李建成和秦王李世民之间争夺皇位继承权。李世民的才能、威望和接踵而至的显赫军功，尤其是唐高祖为夺取天下而多次许愿废太子建成、立世民为太子，引起了太子李建成的恐惧和不安。开始是李建成在其弟齐王元吉谋划下想对李世民下毒手，但没成功。《新唐书·太宗本纪》云："太宗功益高，而高祖屡许以为太子。太子建成惧废，与齐王元吉谋害太宗，未发。"李世民召集心腹商量对策，房玄龄、杜如晦、长孙无忌同劝李世民先发制人，认为只有如此才能转危为安。

此时太子李建成与齐王李元吉也在加紧活动，用重金收买李世民部将尉迟敬德，遭拒绝后，又对李世民行刺，仍未得逞。又向李渊谗毁房玄龄、杜如晦二人，将之逐出秦王府。这样李世民最为心腹之人只有长孙无忌仍在府中。长孙无忌坚决支持房玄龄政变的动议，与舅父高士廉和秦王部将侯君集、尉迟敬德等人日夜劝李世民诛杀太子与齐王。李世民仍犹豫不决，与灵州（治所在今宁夏灵武西南）都督李靖商议，征求行军总管李勣（本名徐世勣，字懋功。高祖赐姓李，避太宗讳，曰李勣）的意见，二人都表示不愿意干。

正在此时，突厥南下侵犯，按惯例应由李世民督军征伐，但此次在李建成的推荐下，由李元吉代李世民督军北征，并调秦王府将领尉迟敬德等同行。他们的目的很明显，想借机抽空秦王府的精兵猛将，并计划在为李元吉饯行时杀掉李世民。李世民得知，立即与长孙无忌等商量，又派长孙无忌秘密召回房玄龄、杜如晦，共同谋划了"玄武门之变"。六月四日，李世民亲率长孙无忌等十人，在玄武门成功地伏杀了李建成、李元吉。

在李世民夺取皇位继承权的兵变中，长孙无忌称得上是首功之人。在酝酿政变时，他态度坚决，竭诚劝谏；在准备政变时，他日夜奔波，内外联络；在政变之时，他不惧危难，亲至玄武门内。所以唐太宗至死不忘长孙无忌的佐命之功，临死前仍对大臣们说："我有天下，多是此人之力。"

李世民成了皇太子后，长孙无忌被任命为太子左庶子。不久李渊把帝位让给了李世民，长孙无忌升为左武侯大将军，后任吏部尚书，晋封齐国公，实封1300户。唐太宗几次要任命长孙无忌为宰相，但长孙皇后一再说："妾备位椒房，家之贵宠极矣，诚不愿兄弟复执国政。"她提醒太宗要吸取汉朝吕氏、霍氏等外戚专权的教训，长孙无忌自己也要求逊职，但太宗不听，拜长孙无忌为宰相，任命他为尚书右仆射。为唐太宗夺取皇位，长孙无忌确实立有殊功，但担任宰相，他的才能似乎还不够。不能说长孙无忌不喜欢权势，但他为人谨慎小心，注意避免嫌疑，不像历史上许多外戚，依恃女儿或姐妹"椒房之宠"，肆无忌惮地攫取权力。他以盈满为戒，恳请太宗批准他辞去宰相要职，长孙皇后也为之请求，太宗不得已，让他辞去了尚书右仆射，而拜开府仪同三司。这一年，唐太宗在文武大臣的陪护下，亲至长安西郊祭祀，起驾返回时，特令长孙无忌与司空裴寂二人升用金辂以示宠幸。贞观五年（631年），长孙无忌与房玄龄、杜如晦、尉迟敬德四人，以元勋封每人一子为郡公。贞观七年（633年），太宗册书，任命长孙无忌为司空，无忌坚决推辞不受，太宗不准，还特意写了一篇《威凤赋》，赐给长孙无忌，追思创帝业之艰难和长孙无忌的佐命之功。

　　唐太宗认为把朝廷要职授予长孙无忌，不是因为他是皇后的哥哥，而是鉴于他的才干。长孙无忌在"玄武门之变"中表现出不凡的才能与胆识，太宗即帝位后，在一些重大事务上也发挥了重要的作用。如贞观元年（627 年）时，突厥因天灾人祸，内部矛盾激化，多部反叛，势力大衰，朝廷中许多大臣请求乘机出兵攻打突厥，但唐与突厥不久前刚订立盟约，太宗有些犹豫。长孙无忌说："虏（突厥）不犯塞而弃信劳民，非王者之师也。"认为"今国家务在戢兵，待其寇边，方可讨击。彼既已弱，必不能来。若深入虏廷，臣未见其可。且按甲存信，臣以为宜"。唐太宗采纳了他的意见，放弃了马上出兵的打算。又如，唐太宗十分仰慕周代的分封制，不顾许多大臣（如魏征、李百药、颜师古等）的反对；贞观十一年（637 年），诏令以荆州都督荆王元景为首的 21 名亲王为世袭刺史，以赵州刺史长孙无忌为首的 14 名功臣为世袭刺史。唐太宗正式下诏，一般大臣不敢再谏，但侍御史马周和太子左庶子于志宁仍冒死谏诤，唐太宗根本不听。最后，是以长孙无忌为首的被封功臣呈递了抗封的表文，长孙无忌又通过自己的儿媳长乐公主再三向唐太宗请求，说："臣披荆棘事陛下，今海内宁一，奈何弃之外州，与迁徙何异！"唐太宗才不得不"诏停世袭刺史"。可见，长孙无忌是有一定胆识和才能的。

　　贞观后期，唐太宗心骄志满，魏征多次提出批评劝告，唐太宗口头接受，行动难改，许多大臣都阿谀奉承，歌功颂德，这些人中也包括长孙无忌。贞观十八年（644 年）四月，唐太宗幸临太平官，对侍从的大臣们说："人臣顺旨者多，犯颜者少，今朕欲自闻其失，诸公其直言无隐。"这应该是劝谏唐太宗的良机，但长孙无忌等人却违心地说："陛下无失。"当时，只有刘洎和马周谈了太宗的过失。同年八月，太宗对长孙无忌说："人苦不自知其过，卿可为朕明言之。"又一次令长孙无忌谈自己的过失。长孙无忌说："陛下武功文德，臣等将顺之不暇，又何过之可言。"唐太宗当即就指出这是"曲相谀悦"。唐太宗晚年不好直言，难得征求大臣们意见，长孙无忌却以阿谀代替忠谏，这是他作为名臣良佐的不足。

晚年，唐太宗最烦心的是太子问题。贞观十七年（643 年）四月，李承乾被废，之后，最有资格被立为太子的，是长孙皇后的另外两个儿子：魏王李泰和晋王李治。两人相比，李泰的条件更为优越，首先他是长孙皇后的次子，比李治年长九岁，唐太宗对他恩宠逾制，令其在王府中置文学馆，听任其招揽贤人学士，赏赐甚至超过太子，还不时在言谈中暗示要立李泰为太子，待承乾被废之后，又"阴许立泰"。李治是长孙皇后的三子，唐太宗的九子，不论从年龄还是父子感情看，均处于劣势，但舅父长孙无忌却大力支持，"固请立晋王治"。李泰、李治都是长孙无忌的外甥，长孙无忌为什么弃太宗所宠，而要立李治呢？这并非私人感情，而是有重要政治背景的。

唐太宗统治后期，长孙无忌在朝臣中权重无比，为了在太宗之后仍维持这种局面，长孙无忌希望未来的皇帝，即今日的太子，应该由一个仁孝听话的外甥充当，这样，自己会得到尊重，权势会得到保障。因晋王李治生性懦弱，成为他极力支持的对象。而魏王李泰则不同，从小聪明绝伦，稍长善作诗文，成人后喜好经籍、舆地之学，从贞观十一年（637 年）开始置文学馆收纳士人，文武官员也纷纷投其门下，形成一股政治势力。李泰恃才不恭，上品官员不放在眼里不说，关键是不去争取舅父对自己的支持。长孙无忌知道，如果李泰做皇帝，依靠重用的必定是他自己的党羽，绝不是他这个舅父，所以不愿李泰立为太子。

两子争立，一边是才华出众的李泰，一边是懦弱少能的李治，按理说，立李泰是自然的，但唐太宗不能。李泰集团的主要成员是功臣子弟，他们靠祖上资荫，身处高官，奢侈放纵，希望通过李泰当皇帝，达到驱逐元老，自己掌权的目的。李治的支持者则是以长孙无忌为首的元老重臣，其中包括李勣、褚遂良等。长孙无忌既是唐朝的开国元勋，又是唐太宗的佐命大臣，是贞观政治的忠实执行者。唐太宗希望自己死后，贞观政治依然坚持下去，只能靠长孙无忌等元老重臣的辅佐，而绝不是李泰手下的那帮纨绔子弟。为此，他不得不舍爱立李治为太子。由于李治仁弱，不像自己，唐太宗在立了李治后，思想仍在动摇反复，一度又向长孙无忌提出想改立"有英武才"、"英果"似己的三子吴王李恪，被长孙无忌挡了回去，说："晋王仁厚，守文之良王，且举棋不定则败，况储君乎?"唐太宗当时已无力左右形势，当面就说无忌有私心："你是怕恪不是亲外甥吧，恪儿为帝，你可永富贵，治儿为帝，怕未必。"无忌不语。太宗临终前，将辅佐李治的重任托与长孙无忌和褚遂良。

　　长孙无忌以回天之力促成李治继立，是为唐高宗。高宗即位后，立即拜长孙无忌为太尉，兼检校中书令，知尚书、门下二省事，长孙无忌辞去了知尚书省事，但仍任太尉、同中书门下三品。唐高宗即位初年，实际执政的是长孙无忌。长孙无忌忠实执行唐太宗的遗训，继续推行贞观政治：贯彻均田令，社会经济进一步繁荣发展；贯彻以诗赋取士，增加进士科人选，扩大统治基础；亲自组织编写《唐律疏义》，并将之颁行全国，进一步完善了贞观法制；又平定了西突厥的叛乱，有力地维护了大唐王朝的统一；特别是恢复执行唐太宗晚年曾一度中断了的休养生息政策，终结了长期对高丽的战争，顺民情，得民心。高宗统治初年，即永徽年间（650～655年），唐朝在政治、经济、文化、法律、军事各方面都比贞观时期有所发展，被封建史家誉为"永徽之治"，常与"贞观之治"相提并论。但当时的政治形势已发生变化，庶族地主跃跃欲试，欲登上政治舞台，对武德以来的关陇、山东贵族把持朝政极为不满。

　　高宗朝重大的政治事件，一是所谓房遗爱（房玄龄二子，妻子是太宗最宠爱的高阳公主）谋反事件。长孙无忌出于私心，冤杀遗爱，逼公主自杀，又株连吴王李恪（隋炀帝女儿所生之子）等太宗诸子，引起王室憎恨，高宗感到威胁。从此埋下无忌难以立足朝中的祸根。二是废立皇后之争，这不是单纯的妻妾之斗、后宫争宠，而是庶族地主与关陇山东士族两大集团的斗争，长孙无忌是后者的总代表。这场斗争的结果，使他及其家族的命运发生了彻底的转变，从某种意义上说，是无忌晚年独断专横而自取其亡。最有才能和魄力保住大唐江山的吴王李恪被无忌判为死刑，临刑时就含冤怒呼："苍天若有眼，必诛灭无忌全家！"

永徽元年（650年），唐高宗立妃王氏为皇后，但王皇后无子无宠，萧淑妃不但生有一子，而且天资聪慧，深得高宗喜爱，为此，王皇后十分憎恨萧淑妃。高宗为太子时，太宗卧病，太子入侍，结识了太宗的才人武氏（武则天），很喜欢她。太宗去世后，武才人随众宫女到感业寺（今西安感业寺小学处）做了尼姑，太宗祭日时，高宗去感业寺行香，遇到了武氏，二人相对而泣。王皇后闻知此事，暗中让武氏蓄发，劝高宗将其纳入后宫，想用武氏离间萧淑妃之宠。不久，武氏便备受宠幸，被封为昭仪，又为高宗生下一子，王皇后与萧淑妃同时失宠。武则天并不以昭仪之位为满足，还想当皇后，不惜掐死自己刚生下的女儿，以嫁祸于王皇后，迫使高宗废王皇后，立自己为后。高宗要废王立武，在朝中引起轩然大波；以长孙无忌、褚遂良为代表的元老重臣们极力反对，以许敬宗、李义府为代表的一批臣僚则全力拥护，在元老重臣中只有李勣一人称病而不表态，经高宗再次询问，则以"此陛下家事，何必更问外人"的回答，给了实际上的支持。但长孙无忌是高宗的舅父，太宗顾托掌权之臣，所以，他的意见特别重要。开始，武则天幻想争取长孙无忌的同意和支持，但使尽种种伎俩拉拢，均遭严辞拒绝，这才丢掉争取元老重臣支持的想法，下决心与这些"老臣"进行一场生死搏斗。学术界认为：实质上是庶族地主与关陇山东贵族集团之间的争权斗争。武则天是庶族地主的代表人物。武则天依赖庶族地主官员为自己说话、造舆论，许敬宗、李义府、崔义玄、袁公瑜等庶族地主出身的人自然就成了武则天的心腹。

永徽六年（655年），唐高宗终于不顾大臣们的冒死极谏，诏废王皇后和萧淑妃，册立武则天为皇后。因谏净，褚遂良等人被远贬蛮荒，武则天最忌恨长孙无忌，但他不同于褚遂良等，不但是佐命元勋，更是高宗的元舅，要将之搞垮，需要时机。显庆四年（659

年），在武则天的授意下，由许敬宗费尽心机，把长孙无忌编织进一桩朋党案，进行恶毒陷害。许敬宗借处理太子洗马韦季方和监察御史李巢朋党案之机，诬奏韦季方与长孙无忌构陷忠臣近戚，要使权归无忌，伺机谋反。唐高宗先是吃惊不信，继而伤心怀疑，命许敬宗再察，然后面对许敬宗足未出户编造的关于韦季方交代与长孙无忌谋反的供词，哭泣道："舅若果尔，朕决不忍杀之，天下将谓朕何，后世将谓朕何！"许敬宗举汉文帝杀舅父薄昭，天下以为明主之例宽慰高宗，又引"当断不断，反受其乱"的古训，催促其下决心。唐高宗懦弱昏庸，竟然不与长孙无忌对质，就下诏削去了长孙无忌的太尉官职和封邑，流徙黔州（今四川彭水县），但准许按一品官供给饮食，算是对元舅的照顾，对当年为其争得帝位的报答。长孙无忌的儿子及宗族全被株连，或流放或诛杀。三个月后，高宗又令许敬宗等人复查此案，许敬宗派大理正袁公瑜前往黔州，逼迫长孙无忌自杀。史实证明太宗临终前对无忌的警告是正确而有先见之明的。

长孙无忌死保王皇后，反对立武则天，主要原因就是一个：王皇后出身名门（是西魏大将王思政的孙女），而武则天出身低微。不论王皇后，还是长孙无忌，都是一个多世纪以来掌握国家大权的关陇门阀士族的代表，他们关注的是关陇门阀的私利。长孙无忌在辅佐唐高宗时提拔了六名宰相，全部是周、隋大臣之后，关陇门阀成员。这种自魏晋以来门阀政治的残余状态与大唐帝国的繁荣发展是相牾的。到唐高宗上元元年（674 年），追复长孙无忌官爵，令其孙长孙元翼袭封，唐文宗开成三年（838 年）诏其裔孙钧为猗氏（今山西临猗县）令。靠"浩荡皇恩"才得以为令，这与长孙无忌于唐初的显赫，怎可同日而语。故长孙氏虽然得到平反，但终究是衰落了。长孙家族的兴衰，是与中国中古时期社会历史的发展大势相合的。

李孝恭

司空、扬州都督、河间王
李孝恭（591~640 年）

高祖李渊族侄，陇西成纪（今甘肃秦安）人。武德初，封赵郡王招降巴蜀三十余州。又任荆襄道行军总管，击降萧铣，并遣李靖等招降岭南各地。武德七年，任行军元帅，率诸将击灭辅公祏，平定江南。拜扬州大都督。贞观初任礼部尚书，改封河间郡王。

李孝恭像

李孝恭的祖父李蔚，就是北朝西魏柱国大将军，西魏八大柱国之一李虎的第七个儿子（李世民的祖父李昺是李虎第三子）。（北魏、西魏均置柱国将军、上柱国大将军等，以统领府兵。北周以柱国为最高荣誉，共置八柱国，均以皇帝的心腹亲信当之。每一柱国统大将军二员，专掌国家禁兵精锐。隋代设上柱国及柱国，分别为从一品、正二品，藉以酬功勋之臣）

大唐开国之初立功最多的，除了李世民，就是李孝恭了。如果说李世民一直是在北方对抗劲敌，那么李孝恭则是在南方平定反王。

大业十三年（617 年）十一月，李渊攻克京师后，拜李孝恭为左光禄大夫，不久又任其为山南道（治所再进陕西汉中）招慰大使，带军直入巴蜀，降下三十余州。由于李孝恭对降附之人怀之以礼，抚慰有加，往往书檄到处兵不血刃，保全了许多性命，可称得上"仁德"二字。《旧唐书》中说他：进击朱粲，破之，俘其众，诸将曰："粲徒食人，挚贼也，请坑之。"孝恭曰："不然，今列城皆吾寇，若获之则杀，后渠有降者乎？"悉纵之。"繇是腾檄所至辄下"。显然，之所以对食人成性的朱粲匪徒网开一面，也说明了他所具有的战略眼光。

高祖武德三年（620 年），李孝恭又献计进攻萧铣的割据政权，李渊非常欣赏他的计策，晋爵为王，并改信州为夔州（治所在今重庆奉节县东），拜孝恭为总管，命他广造大船，教习士兵水战，准备进攻萧铣。

萧铣是后梁宣帝曾孙。当年北周趁梁国内乱入境大掠，象征性地保留了梁国。隋文帝时萧铣的爷爷萧岩叛隋入陈。陈国灭亡后，隋文帝杀掉了萧岩。萧铣自幼丧父，家里很穷，靠卖字作书挣钱养活母亲，为人十分孝顺。由于族内的萧氏成为隋炀帝皇后，萧铣沾光被授以罗川令的官职。隋炀帝大业十三年（公元617 年），天下纷叛，岳州上下文武官员也趁势想起军叛隋，众人本来要推校尉董景珍为主，这位武人倒有自知之明，他对众人说："我家世寒贱，起事以我为名没有号召力。罗川令萧铣是梁国王孙，宽仁大度，有梁武帝之风。我还听说帝王龙兴，都有符名吉兆，隋朝的冠带都叫'起梁'这个称呼，冥冥之中预示着萧家梁国该中兴啊。现在请萧铣为主，不正是应天顺人吗。"大家找到萧铣一说，果然帝王贵胄，没有一般书生畏怯怕事之意，马上大悦应承，即日自称梁公，改易服色，建立梁国旗帜。不久，附近义军和起义官军纷纷来投，隋朝派军来攻都纷纷败走。萧铣于是称帝，署置百官。隋炀帝被弑江都（今江苏扬州），一时间天下无主，岭表诸州纷纷归降萧铣，九江、南郡也相继为梁国所据，当时东至三硖、南尽交趾、北据汉川，全都成了萧铣梁国的地盘，胜兵 40 余万，成为南方雄国。唐高祖武德元年（618 年），萧铣迁都江陵（今湖北江陵市），开始与刚刚建唐的李家有了遭遇战。由于萧铣属下将领多横恣杀戮，他就以罢兵为名把诸将召回，想趁机剥夺这些将帅的权力。已经当了梁国大司马的董景珍等人相继怨恨叛乱，纷纷被杀，以至于萧铣的故旧边将各自心怀疑惧，实力大减。

武德四年（621 年），李孝恭率大军，统水陆十二总管，大兵直逼江陵。萧铣的江州总管盖彦举是个懦夫，乖乖献上五州之地投降，门户大开。梁将文士弘等人率兵拒战，但哪里是李孝恭王爷和李靖将军的敌手，立时军溃。萧铣刚刚为了换将而遣散兵士，身边只有几千人的宿卫之士守城。唐军忽至，他急忙下诏追还遣散至各地的军队，但梁国疆土辽阔，山河纵横，众军急忙往江陵赶也赶不及。李孝恭纵兵布长围把江陵围得铁桶一般，很快就攻克了水城，俘获舟船数千艘，梁国的交州（治所在今越南河内）总管丘和（祖籍山西迁居于今陕西眉县）、长史高士廉等人本来是带人来拜谒萧铣的，听说梁国兵败，新主对自己又无恩宠，就都转头到李靖军门投诚。萧铣秉承梁家一贯的"仁义道德"，自度救兵难于急至，就对属下说："天不助梁，数次亡国。如果战至力屈而降，唐军必因军士死伤而大杀城内百姓。怎能因为一人之故而使百姓遭殃呢。现在城池还未被攻破，我先出降，可能会保全民众。众人失我，何患无君！"于是他亲自巡城下令投降，守城军士都号哭不已。萧铣祭拜太庙后，

124

率官吏赴李孝恭军门请降："当死者唯有我萧铣，百姓无罪，请勿杀掠。"李孝恭把萧铣用囚车送至京师。李渊见了萧铣，当面大骂这位玉面王孙的"罪过"，萧铣一脸凛然，对答说："隋失其鹿，英雄竞逐。铣无天命，故至于此。亦犹田横南面，非负汉朝。若以为罪，甘从鼎镬。"李渊竟下令斩萧铣于都市，时年39岁，称帝5年。萧铣言语不卑不亢，字字有理，与李家唐朝又没有深仇大恨，竟不免身死，可见李渊此人小气得很。此外，另一个仁德的大英雄窦建德，也是在兵锋正盛之时忽然被擒，也被李渊下令杀于都市，似乎不得不让人相信"天命"这两个字。《旧唐书》对这段史实是这样记载的"当是时，萧铣据江陵，孝恭数进策图铣，帝嘉纳。进王赵郡，以信州为夔州。乃大治舟舰，肆水战。会李靖使江南，孝恭倚其谋，遂图江陵，尽召巴蜀首领子弟收用之，外示引擢而内实质也。俄进荆湘道总管，统水陆十二军发夷陵，破铣二镇，纵战舰放江中。诸将曰："得舟当济吾用，弃之反资贼，奈何？"孝恭曰："铣之境，南际岭，左薄洞庭，地险士众，若城未拔而援至，我且有内外忧，舟虽多，何所用之？今铣濒江镇戍，见舻舳蔽江下，必谓铣已败，不即进兵，觇候往返，以引救期，则吾既拔江陵矣。"已而，救兵到巴陵，见船，疑不进。铣内外阻绝，遂降。帝悦，迁荆州大总管，诏图破铣状以进。

孝恭治荆，为置屯田，立铜冶，百姓利之。迁襄州道行台左仆射。时岭表未平，乃分遣使者，绥辑安慰，其款附者四十有九州，朝廷号令畅南海矣。李孝恭平灭萧铣后，被拜为荆州（治所在今湖北江陵）大总管，岭南49州皆望风而降。

武德七年（624年），李孝恭又率兵击败江东辅公祏的反叛，平定江南，拜扬州大都督，江淮及岭南诸州都归他所统摄。旧唐书对这件事的记载中提到"未几，辅公祏反，寇寿阳，诏孝恭为行军元帅讨之。引兵趋九江，李靖、李勣、黄君汉、张镇州、卢祖尚皆禀节度。将发，大飨士，杯水变为血，坐皆失色，孝恭自如，徐曰：'祸福无基，唯所召尔！顾我不负于物，无重诸君忧。公祏祸恶贯盈，今仗威灵以问罪，杯中血，乃贼臣授首之祥乎！'尽饮罢，众心为安。公祐将冯惠亮等据险邀战，孝恭坚壁不出，遣奇兵绝饷道，贼饥，夜薄营，孝恭卧不动。明日，使羸兵扣贼垒挑之，祖尚选精骑阵以待。俄而兵却，贼追北且嚣，遇祖尚军，薄战，遂大败。惠亮退保梁山，孝恭乘胜破其别镇，贼赴水死者数千计。公祐穷，弃丹杨走，骑穷追，生禽之，江南平。玺书褒美，赐甲第一区、女乐二部、奴婢七百口、宝玩不赀。进授东南道（治所在今江苏省苏州）行台左仆射。行台废，更为扬州（今属江苏）大都督。孝恭再破巨贼，北自淮，东包江，度岭而南，尽统之。欲以威重夸远俗，乃筑第石头城，陈庐徹自卫。或诬其反，召还，颇为宪司镌诘，既无状，赦为宗正卿。赐实封千二百户。历凉州都督、晋州刺史。贞观初，为礼部尚书，改王河间"。

隋灭乱起，李氏家族除李世民带兵横行天下外，宗室中只有李孝恭一人能独当一面，并立有击破梁国的大功。然而，李孝恭本性宽恕退让，没有骄矜自得之色，只是以享乐而无他念，故而李渊、李世民都对他十分亲待。功成名就之后，这位王爷不喜反悲，对左右说："我住的大宅子真是太宏丽了些，应该卖掉再买座小院子，能住就可以了。我死之后，诸子有才，守此足矣。如果这些犬子不才，也免得这么好的大宅子便宜了别人。"由此足见其政治上的聪明。贞观十四年（640 年），李孝恭得急病暴毙，时年仅 50 岁，正当壮年。李世民亲自举哀，哭之甚恸。赠司空、扬州都督及谥，陪葬于高祖的献陵。

杜如晦

司空、莱国公

杜如晦（585~630 年）

　　字克明，京兆杜陵（今陕西长安）人。李渊攻克长安后，入秦王世民幕府，任兵曹参军。初封建平县男兼文学馆学士。因策划玄武门事变之功，历任兵部尚书、尚书右仆射等。与房玄龄共掌朝政，并称"良相"。进封莱国公，食邑千三百户。

杜如晦像

杜如晦自少聪悟，好谈文史，是个典型的彬彬书生。其祖父杜果官至隋朝工部尚书，其父杜咤为隋朝昌州（治所在今山西蒲县）长史。隋炀帝大业年间，杜如晦作为候补官员，只补个滏阳（今属河北）尉的小官，不久就弃官回家。

唐武德元年（618年）秦王李世民平定京城时，杜如晦被李世民引为秦王府属官。任兵曹参军。如晦常从征伐，参与机要、军国之事，剖断如流。又迁陕东道大行台司勋郎中，并以本官入文学馆为十八学士之首。

武德四年（621年），李世民建天策府，以如晦为从事郎中。不久，当时的太子李建成恐怕秦王府内英才云集，日后于己不利，就以朝廷名义把许多李世民的手下文武包括杜如晦从秦王府中调去外地任职。房玄龄当时对李世民讲："府僚去者虽多，不足惜也。杜如晦聪明识达，王佐之才。大王您如果想经营天下，非此人不可！"李世民大惊，忙把已经调离的杜如晦追回。在平定薛仁杲、刘武周、王世充、窦建德的战争过程中，杜如晦作为李世民高参，对军旅戎事剖断如流，深为时人敬服。其时李世民与李建成弟兄间皇位继承的争夺十分激烈，太子建成企图翦除世民羽翼，在唐高祖李渊前谮毁李世民的幕僚，因此如晦和房玄龄同被斥逐。

武德九年（626年），受命潜入秦王府与房玄龄、长孙无忌等谋划玄武门之变，以功擢拜太子左庶子。太宗即位，如晦迁兵部尚书，进封蔡国公，贞观二年（628年），以本官检校侍中，摄吏部尚书，仍总监东宫兵马事。三年，任尚书右仆射，仍领选事。

如晦为相时，正值唐新建不久。他与房玄龄共掌朝政，典章制度皆两人所定。时称如晦长于断，玄龄善于谋，两人配合默契，同心辅佐太宗，后世论唐代良相，首推房、杜。

贞观四年，杜如晦病重，李世民亲自去他家中探望，抚之流泪，在他咽气前超升其子杜构为尚舍奉御。即使皇帝如此贵重其人，杜如晦仍旧抗不过疾病之侵，死时年仅46岁。太宗哭之甚恸，赠司空，徙封莱国公，谥曰成，并手诏为制碑文。后来有一次唐太宗在吃西域进贡美味的香瓜时，忽然忆起杜如晦，怆然泪下，遣人以所食之半奠于这位文臣的灵牌前，不时送御馔祭奠。在杜如晦的每年忌日，太宗都派人到他家里慰问其夫人儿子，一直保持其公府的官吏僚佐职位。"终始恩遇，未之有焉"。《旧唐书·房玄龄杜如晦传论》有："世传太宗尝与文昭图事，则曰：'非如晦莫能筹之。'及如晦至焉，竟从玄龄之策也。盖房知杜之能断大事，杜知房之善建嘉谋。"

杜如晦二儿子是尚城阳公主的驸马，后来因牵涉进太子李承乾谋反案中被斩。袭爵的长子杜构本来官为慈州刺史，因弟弟一案也坐贬岭南，死于边野。不知晚年的李世民，是否因为三子争太子位而伤透了心神，再也顾及不到这位功臣的后人了。名相房玄龄、杜如晦家族后人的遭冷落，均与外戚长孙无忌晚年大权在握后不器重他们的子孙有着直接联系。

魏征

司空、太子太师、郑国文贞公

魏征（580～643年）

　　字玄成，魏州曲城（今河北魏县）人。初为瓦岗军李密谋臣，降唐后隶太子建成麾下。贞观后被太宗擢为谏议大夫，历任尚书右丞、秘书监侍中等，参掌朝政。因感知遇之恩，前后陈谏言二百余事，以敢于犯颜直谏著称，为一代名臣，被太宗誉为"人镜"。

魏征像

魏征从小丧失父母，家境贫寒，但喜爱读书，不理家业，曾出家当过道士。隋大业末年，魏征被隋武阳（治所在今河北大名东北）郡丞元宝藏任为书记。元宝藏举郡归降李密后，他又被李密任为元帅府文学参军，专掌文书卷宗。

唐高祖武德元年（618年），李密失败后，魏征随其入关降唐，但久不见用。次年，魏征自己要求去安抚河北，诏准后，乘驿驰至黎阳（今河南浚县），劝李密的黎阳守将徐世勣归降唐朝。不久，窦建德攻占黎阳，魏征被俘。窦建德失败后，魏征又回到长安，被太子李建成引用为东宫僚属。魏征看到太子与秦王李世民的冲突日益加深，多次劝建成要先发制人，及早动手。

"玄武门之变"后，李世民由于早就器重魏征的胆识才能，非但没有怪罪他，而且还让他担谏官之职，并经常引入内廷，询问政事得失。魏征喜逢知己之主，竭诚辅佐，知无不言，言无不尽。加之性格耿直，往往据理抗争，从不委曲求全。有一次，唐太宗曾问魏征道："何谓明君、暗君？"魏征回答说："君之所以明者，兼听也，君之所以暗者，偏信也。以前秦二世居住深宫，不见大臣，只是偏信宦官赵高，直到天下大乱以后，自己还被蒙在鼓里；隋炀帝偏信虞世基，天下郡县多已失守，自己也不得而知。"太宗对这番话深表赞同。

贞观元年（627年），魏征被升任尚书左丞。这时，有人奏告他私自提拔亲戚做官，唐太宗立即派御史大夫温彦博调查此事。结果，查无证据，纯属诬告。但唐太宗仍派人转告魏征说："今后要远避嫌疑，不要再惹出这样的麻烦。"魏征当即面奏说："我听说君臣之间，相互协助，义同一体。如果不讲秉公办事，只讲远避嫌疑，那么国家兴亡，或未可知。"并请求太宗要使自己作良臣而不要作忠臣。太宗询问忠臣和良臣有何区别，魏征答道："使自己身获美名，使君主成为明君，子孙相继，福禄无疆，是为良臣；使自己身受杀戮，使君主沦为暴君，家国并丧，空有其名，是为忠臣。以此而言，二者相去甚远。"太宗点头称是。

贞观二年（628年），魏征被授秘书监，并参掌朝政。不久，长孙皇后听说一位姓郑的官员有一位年仅十六七岁的女儿，才貌出众，四海之内，绝无仅有。便告诉了太宗，请求将其纳入宫中，备为嫔妃。太宗便下诏将这一女子聘为妃子。魏征听说这位女子已经许配陆家，便立即入宫进谏："陛下为人父母，抚爱百姓，当忧其所忧，乐其所乐。居住在宫室台榭之中，要想到百姓都有屋宇之安；吃着山珍海味，要想到百姓无饥寒之患；嫔妃满院，要想到百姓有室家之欢。现在郑氏之女，早已许配陆家，陛下未加详细查问，便将她纳入宫中，如果传闻出去，难道是为民父母的道理吗？"太宗听后大惊，当即深表内疚，并决定收回成命。但房玄龄等人却认为郑氏许人之事，子虚乌有，坚持诏令有效。陆家也派人递上表章，声明以前虽有资财往来，并无订亲之事。这时，唐太宗半信半疑，又召来魏征询问。魏征直截了当地说："陆家其所以否认此事，是害怕陛下以后借此加害于他。其中缘故十分清楚。不足为怪。"太宗这才恍然大悟，便坚决地收回了诏令。

由于魏征能够犯颜直谏，即使太宗在大怒之际，他也敢面折廷争，从不退让，所以，唐太宗有时对他也会产生敬畏之心。有一次，唐太宗想要去秦岭山中打猎取乐，行装都已准备妥当，但却迟迟未能成行。后来，魏征问及此事，太宗笑着答道："当初确有这个想法，但害怕你又要直言进谏，所以很快又打消了这个念头。"还有一次太宗得到了一只上好的鹞鹰，把它放在自己的肩膀上，很是得意。但当他看见魏征远远地向他走来时，便赶紧把鸟藏在怀中。魏征故意奏事很久，致使鹞子闷死在怀中。

贞观六年（632年），群臣都请求太宗去泰山封禅。借以炫耀功德和国家富强，只有魏征表示反对。唐太宗觉得奇怪，便向魏征问道："你不主张进行封禅，是不是认为我的功劳不高、德行不尊、中国未安、四夷未服、年谷未丰、祥瑞未至吗？"魏征回答说："陛下虽有以上六德，但自从隋末天下大乱以来，直到现在，户口并未恢复，仓库尚为空虚，而车驾东巡，千骑万乘，耗费巨大，沿途百姓承受不了。况且陛下封禅，必然万国咸集，远夷君长也要扈从。而如今中原一带，人烟稀少，灌木丛生，万国使者和远夷君长看到中国如此虚弱，岂不产生轻视之心？如果赏赐不周，就不会满足这些人的欲望；免除赋役，也远远不能报偿百姓的破费。如此仅图虚名而受实害的事，陛下为甚么要干呢？"不久，正逢中原数州暴发了洪水，封禅之事从此停止。

贞观七年（633年），魏征代王珪为侍中。同年底，中牟（今属河南）县丞皇甫德参向太宗上书说："修建洛阳宫，劳弊百姓；收取地租，数量太多；妇女喜梳高髻，宫中所化。"太宗接书大怒，对宰相们说："德参想让国家不役一人，不收地租，富人无发，才符合他的心意。"想治皇甫德参诽谤之罪。魏征谏道："自古上书不偏激，不能触动人主之心。所谓狂夫之言，圣人择善而从。请陛下想想这个道理。"最后还强调说："陛下最近不爱听直言，虽勉强包涵，已不像从前那样豁达自然。"唐太宗觉得魏征说得入情入理，便转怒为喜，不但没有对皇甫德参治罪，还把他提升为监察御史。

贞观十年（636年），魏征奉命主持编写的《隋书》、《周书》、《陈书》、《陕书》、《齐书》（时称五代史）等，历时七年，至此完稿。其中《隋书》的序论、《梁书》、《陈书》和《齐书》的总论都是魏征所撰，时称良史。同年六月，魏征因患眼疾，请求解除侍中之职。唐太宗虽将其任为特进这一散职，但仍让其主管门下省事务，其俸禄、赏赐等一切待遇都与侍中完全相同。

贞观十二年（638年），魏征看到唐太宗逐渐怠惰，懒于政事，追求奢靡，便奏上著名的《十渐不克终疏》，列举了唐太宗执政初到当前为政态度的十个变化。他还向太宗上了"十思"，即"见可欲则思知足，将兴缮则思知止，处高危则思谦降，临满盈则思挹损，遇逸乐则思撙节，在宴安则思后患，防拥蔽则思延纳，疾谗邪则思正己，行爵赏则思因喜而僭，施刑罚则思因怒而滥"。

贞观十六年（642年），魏征染病卧床，唐太宗所遣探视的中使道路相望。魏征一生节俭，家无正寝，唐太宗立即下令把为自己修建小殿的材料，全部为魏征营构大屋。贞观十七年（643 年）正月，魏征病情恶化，太宗命一中郎将住在他家中，及时通报病情，所赐药膳无数。太宗与太子两次亲临病榻看望，并且许将衡山公主下嫁给魏征的儿子叔玉。十七日，魏征病卒。时年 64 岁。赠司空、相州都督，谥曰文贞，陪葬昭陵。安葬时，其妻裴氏遵照魏征的凤愿，以布车载着灵柩。太宗悲恸之极，登苑西楼望丧痛哭，还诏令百官送丧至郊外。并亲自撰写并手书碑文。他思念魏征不已，对侍臣说："人以铜为镜，可以正衣冠，以古为镜，可以见兴替，以人为镜，可以知得失。魏征殁，朕亡一镜矣！"不久，太宗论定功臣，魏征得以图像于凌烟阁。他望着魏征画像思绪万千，遂吟诗曰："劲条逢霜摧美质，台星失位夭良臣。唯当掩泣云台上，空对余形无复人。"

魏征死后半年，因魏征曾经举荐过此后因谋反被黜戮的中书侍郎杜正伦和吏部尚书侯君集，称赞他们有宰相之才，李世民便怀疑魏征私结朋党。加之又有传闻，说魏征生前曾自录下给皇帝的谏词，给当时记录历史的官员褚遂良观看，更令太宗火冒三丈。他不仅取消了衡山公主许配魏征长子魏叔玉的婚约，而且下令推倒了魏征的墓碑。

贞观十八年（644 年）初，李世民君臣在商议是否对高丽用兵时，再次提到已经去世一年多的魏征。李世民自负地说，魏征生前劝他不要东征高丽是个错误，过后很快就后悔了。之所以没有再提这件事，主要是怕堵塞良谋。贞观十九年（645），唐太宗亲征高丽，战士死伤数千人，战马损失十分之七八，东征高丽失败后，他深深悔恨这一举动，对群臣说出了"如果魏征在，决不会让我有今天"的反省话，一边承认错误，一边又下令重修了魏征墓，为其重新立碑。并且让魏征的儿子承袭了国公的爵位。

留有《魏郑公文集》与《魏郑公诗集》，《全唐诗》录存其诗一卷。

魏征陵墓位于唐太宗昭陵陵区的凤凰山，以山为墓，规格明显高于其他陪葬功臣，与太宗陵墓所在的九嵕山山头相望，互为呼应，按制臣子的坟茔只能称墓，但当地一直将此山称为"魏陵"，并且延续着每年清明时节自发祭奠的习俗。

房玄龄

司空、梁国公

房玄龄 （579～649 年）

字乔，齐州临淄（今山东淄博）人。晋阳起兵后经温彦博荐入秦王幕府任行军记室参军，封临淄侯。运筹帷幄，策无遗算，功居第一。唐太宗贞观年间历任中书令、尚书左仆射等，位极人臣，明达吏事，恪尽职守，时称"良相"。

房玄龄像

135

　　房玄龄生于淄博（今属山东）书香之家，自幼聪敏，博览经史，工草隶、善属文。玄龄少年时代随父亲去京师，当时隋文帝当国，天下宁晏，一片太平景象，但弱冠之年的房玄龄已经对世事有精到的分析，私下对父亲讲："隋帝本无功德，只知诳惑百姓。而且他不为国家长久之计，诸子嫡庶不分，竞相淫侈，最终会互相诛夷倾轧。现在国家康平，但灭亡之日翘足可待。"他18岁时，本州举进士，获封羽骑尉。由于父亲常年卧榻重病，房玄龄一直侍奉左右，为人极其孝顺。李世民领兵过渭北，房玄龄谒于军门投靠。两人一见，便如平生旧识，马上任其为记室参军。房玄龄为报李世民知遇之恩，竭尽心力筹谋军政事务。每攻灭一方割据势力，军中诸人都全力搜求珍宝异物，唯独房玄龄四处访寻英杰人物，并把他们荐于秦王李世民。因此府中的谋臣猛将，心中都十分感念房玄龄推荐之恩，尽死力报效。

　　房玄龄在李世民秦王府中十多年，一直掌管军谋大事，而且于军书表奏，驻马立成，文约理全，不用草稿。高祖李渊也对房玄龄深加叹赏，对侍臣讲："此人深识机宜，足堪委任。每为我儿（世民）陈事，必会人心，千里之外，犹对面语耳。"后来太子李建成斥逐秦王府宫属，房玄龄与杜如晦一并被驱斥于外任。"玄武门之变"前夕，李世民密召二人化装成道士入阁秘计，最终赞画计成。贞观元年（627年），官拜中书令。论功行赏，太宗以房玄龄、长孙无忌、杜如晦、尉迟敬德、候君集五人功为一等，晋爵邢国公。李世民的堂叔李神通不服，说："义兵初起，臣率兵先至。现在房玄龄、杜如晦等刀笔之吏，反而功居一等，臣心不服。"李世民也不客气，当庭驳斥道："义旗初兴，人各有心。叔父您虽率兵前来，也是因为惧祸怕被株连杀掉，而且从未亲自上阵打过仗。与窦建德交手，您全军陷没；后来刘黑闼起兵，您又望风败逃。如今论功行赏，玄龄等人运筹帷幄，安定社稷，功比萧何，虽无汗马之劳，但能以大计居功一等。叔父您是国家至亲，朕并不吝惜封赏，但不能因私情滥于功臣同受奖励！"一席话，讲得这位常败皇叔惭愧退下，好没面子。

　　贞观二年（628年），房玄龄改封魏国公，为尚书左仆射，监修国史。房玄龄尽心竭诚，夙兴夜寐。加之他明达吏事，法令宽平，任人唯贤，不分卑贱，论者皆称之为良相。他任宰相15年，女为韩王妃，儿子房遗爱尚高阳公主，显贵至极，但常常深自卑损，不敢炫人傲物。贞观十八年（644年），李世民亲征辽东高丽，命房玄龄留守京城。贞观二十三年（649年），房玄龄旧疾复发，当时李世民在玉华宫，闻讯命人用自己的卧榻把房玄龄抬入御座前，两人相见，感怀流泪，哽咽不能言。太宗命太医疗治，每日以御膳供房玄龄食用。听说他病有好转，太宗就喜形于色；听见病情加重，太宗马上愁容顿现。临终之时，房玄龄对诸子说："当今天下清平，只是皇上东讨高丽不止，正为国患。主上含怒意决，臣下莫敢犯颜。我知而不言，就会含恨而死啊。"于是抗表进谏，请求太宗以天下苍生为重，罢军止伐高丽。太宗见表，感动地对房玄龄儿媳高阳公主说："此人病危将死，还能忧我国家，真是太难得了。"临终之际，李世民亲至其病床前握手诀别，立授其子房遗爱为右卫中郎将，房遗则为中散大夫，使其在生时能看见二子显贵。房玄龄受遇如此，死时定当含笑。享年70岁。太宗为之废朝三日，赠太尉，谥曰文昭，陪葬昭陵。著名的书法家褚遂良，于唐永徽三年（652年），为房玄龄墓亲书《房玄龄碑》，碑文二千余字，其中最为知名的一句话是："道光守器长琴振音，方嗣虞风仙管流声。"

房玄龄一直告诫儿子们不要以第望凌人，切勿骄奢沉溺，并集汇古今圣贤家戒，亲书于屏风上，分给各房子嗣，说："如能留意上面的内容，足以保身成名。"长子房遗直嗣爵，高宗初年做到礼部尚书。次子房遗爱在太宗活着的时候，由于妻子高阳公主特受宠爱，他作驸马时与皇室别的女婿也大不相同，礼赐恩宠异于诸婿。高阳公主骄恣成性。高宗继位后，她想自己郎君承袭房遗直的公爵爵位，就诬告房遗直对自己无礼。高宗护其妹，让长孙无忌处理此案，本意是让舅父一问了事。不料无忌产生私心，欲借此株连与遗爱关系密切的吴王李恪，竟向太宗说高阳公主和房遗爱两人想要"谋反"，应诛。高宗不忍心，无忌不听。结果，公主赐自尽，房遗爱伏诛，诸子都作为刑徒流配岭南。房遗直因父亲之功，总算保得不死，除名为庶人。无忌乘机又冤杀了吴王李恪等，震惊了朝野。高宗内心对舅父的跋扈产生不满。长孙无忌诛或流放名相房玄龄与在王室中威望甚高的吴王登家族后，自己家族的末日也就要到来了。

后世史学家在评论唐代宰相时，无不首推房玄龄，总是说：唐代贤相，前有房杜，后有姚宋。唐人柳芳叹道："房玄龄佐太宗定天下，及终相位，凡三十二年，天下号为贤相。然无迹可寻，德亦至矣。故太宗定祸乱而房玄龄不言己功；王珪、魏征善谏，房玄龄赞其贤；李勣、李靖善将兵，房玄龄行其道；使天下能者共辅太宗，理致太平，善归人主，真贤相也！房玄龄身处要职，然不跋扈，善始善终，此所以有贤相之令名也！"柳芳的评论可谓恰如其分，司马光、欧阳修后来写有关这段历史评论时，都全文抄录。而明弘治十一年（1498 年）所刻《历代古人像赞》中在玄龄公画像左上角所题对联一副："辅相文皇功居第一，遗表之谏精忠贯日。"也是很好的注解。

民间传说的"醋坛子"一词，就是根据房玄龄和其夫人的故事来的。高祖李渊、太宗李世民起兵前久居晋阳，"醋"也成为唐宫必不可少的调味品，且因皇上喜吃，皇宫储存极多。据说，唐太宗年间，宰相房玄龄惧内是有了名的。其妻虽然霸道，但对房玄龄衣食住行十分精心，从来都是一手料理，容不得别人插手。一日，唐太宗请开国元勋赴御宴，酒足饭饱之际，房玄龄经不得同僚的挑逗，吹了几句并不惧内的牛皮，已有几分酒意的唐太宗乘着酒兴，便赐给了房玄龄两个美人。房玄龄不料酒后吹牛被皇上当了真，收了两位美人，想到霸道且精心的妻子，愁得不知怎么才好。还是尉迟敬德给打了气，说夫人再凶，也不敢把皇上赐的美人怎么样，房玄龄才小心翼翼地将两个美人领回家。不料，房玄龄的夫人却不管皇上不皇上，一见房玄龄带回两个年轻、漂亮的小妾，大发雷霆，指着房玄龄大吵大骂，并操起鸡毛掸子大打出手，赶两个"美人"出府。房玄龄见不对头，只好将美人送出府，此事马上便被唐太宗知道了。李世民想压一压宰相夫人的横气，便立即召宰相房玄龄和夫人问罪。房玄龄夫人也知此祸不小，勉勉强强地跟随房玄龄来见唐太宗。唐太宗见他们来到，指着两位美

房玄龄墓现状　2005 年摄

女和一坛"毒酒"说："我也不追究你违旨之罪，这里有两条路任你选择，一条是领回二位美女，和和美美过日子，另一条是吃了这坛'毒酒'省得妒忌旁人了。"房玄龄知夫人性烈，怕夫人喝"毒酒"，急跪地求情。李世民怒道："汝身为当朝宰相，违旨抗命，还敢多言！"房夫人见事已至此，看了看二女容颜，知自己年老色衰，一旦这二女进府，自己迟早要走违旨抗命这条路，与其受气而死，不如喝了这坛"毒酒"痛快。尚未待唐太宗再催，房夫人举起坛子，"咕咕咚咚"的已将一坛"毒酒"喝光。房玄龄急得老泪纵横，抱着夫人抽泣，众臣子却一起大笑，原来那坛装的并非毒酒而是晋阳清源的食醋，根本无毒。唐太宗见房夫人这样的脾气，叹了口气道："房夫人，莫怨朕用这法子逼你，你妒心也太大了。不过念你宁死也恋着丈夫，朕收回成命。"房夫人料不到自己冒死喝"毒酒"得了这么个结果，虽酸得伸头抖肘，但心中高兴万分。房玄龄也破涕为笑。从此，"吃醋"这个词便成了女人间妒忌的代名词。

　　房玄龄墓位于陕西礼泉县昭陵陵区南端（附图），因多次被盗，封土中间已有塌陷。房玄龄碑现藏昭陵博物馆。

唐凌烟阁功臣篇

高士廉

开府仪同三司、尚书右仆射、申国公
高士廉（577~647年）

名俭，以字行，渤海蓚（今河北景县）人，北齐清河王高岳之孙，长孙皇后舅父。因参与玄武门之变，有预立之功，贞观初任侍中，封义兴郡公。后出为益州大都督府长史，治蜀有绩，进吏部尚书，封许国公。精吏治，长文学。累迁至尚书右仆射，摄太傅。卒后赠司徒、并州都督，谥曰文献。

高士廉像

　　高士廉的祖父高岳是北齐神武帝高欢的堂弟，封清河王，官至左仆射、太尉。其父高劢，北齐乐安王，也曾任左仆射。北齐之后入周，因北齐皇室高氏几遭北周诛尽，不知何故竟没被周武帝与齐后主高纬一起杀掉。故后世渤海高氏以高劢一系最为兴盛。高士廉就生于北齐亡国的那一年，即承光元年（577年）。

　　高士廉仪表堂堂，一表人才，自幼聪慧过人，读书一览成诵，长于占对，为人宽宏大量。士廉因出自北齐宗室，不愿和隋朝官吏交往，隐居于终南山下。在吏部侍郎高孝基极力劝说下，于仁寿年间（601～604年）得中文才甲科，大业年间（605～618年）补任治礼郎。大业九年（613年），隋炀帝杨广亲征高丽，司徒杨素之子、礼部尚书杨玄感和武贲郎将杨玄纵趁机起兵谋反。失败后，兵部侍郎斛斯政因参与谋划，畏罪逃往高丽。高士廉因与他友善受到株连，被贬为交趾（治所在今越南河内）朱鸢县主簿。士廉因母亲年迈力衰，不能适应南方热带气候，就把妻子鲜于氏留下侍奉，自己单身南行，担任交趾行军司马，协助太守丘和击退了钦州俚人的侵扰。此时隋朝已灭亡，由于路途遥远，消息还没能传到交趾。

　　唐武德五年（622年），高祖李渊遣使来交趾招降，高士廉代表丘和至长安上表归附。这时，太宗李世民正担任雍州（治所在今西安市西北）牧（地方长官），就推荐士廉担任雍州治中。早在隋未亡时，士廉把寄养在家中，年方十三的外甥女长孙氏许配给李世民，加上士廉的才学声望，因而此时世民对士廉极为敬重。隋炀帝大业年间，高士廉的妹妹嫁给右骁卫将军长孙晟，生子长孙无忌和一个女儿。长孙晟死后，高士廉把妹妹接回自己家中，并非常厚待自己的外甥和外甥女。当时他发现年轻的贵族子弟李世民异于常人，就把外甥女嫁给他，这位长孙氏就是后来的文德皇后。隋炀帝时，由于和高士廉逃亡到高丽的兵部尚书斛斯政关系密切，隋廷把他流放至交趾。萧铣称帝时，交趾太守丘和附梁，高士廉也随之降梁。萧铣被唐朝平灭后，高祖李渊因亲戚关系，命高士廉巡按岭南诸州。而当时他的外甥女婿李世民为雍州牧，就推荐士廉担任雍州治中。

武德九年（626年），太子李建成和其弟齐王李元吉因妒忌秦王李世民的军功和声望，阴谋加以毒害，同时，对秦王属下臣僚或加以利诱拉拢，或加以打击迫害，双方关系形同水火。李世民妻长孙氏的兄长、比部郎中长孙无忌和尉迟恭、程知节、张公谨、侯君集等秦王臣属极力主张先发制人，诛杀太子和齐王。高士廉和后来的宰相房玄龄、杜如晦等都参与了策划。六月四日，长孙无忌率尉迟恭、侯君集、张公谨、刘师立、公孙武达、独孤彦云、杜君绰、郑仁泰、李孟尝九人随世民埋伏在玄武门旁，待建成和元吉到来时，一齐冲出，世民手刃建成，尉迟恭追上发箭射死元吉。建成、元吉的部将率兵来攻玄武门，程知节、秦叔宝则率秦王的部属来增援。高士廉也领兵打开牢门，武装起囚犯，一同赶到芳林门和世民等相呼应。此时，尉迟恭把建成和元吉的头拿来示众，二人的部属见大势已去，一哄而散。尉迟恭披甲提枪去宫中向正在划船的高祖李渊汇报事变的经过。三天后，高祖立世民为太子。这就是著名的历史事件"玄武门之变"。事变后，李世民论功行赏，长孙无忌、高士廉分别被任命为左、右庶子。八月九日，高祖宣布退位，世民继承皇位，是为唐太宗。长孙氏则成为文德皇后。十月，太宗对功臣大加封赏，高士廉和秦叔宝、程知节、宇文化及四人同为食七百户。贞观元年（公元627年），又封士廉九百户，授侍中（宰相）之职，封义兴郡公。后受株连出京任安州（治所在今湖北安陆）都督，不久改任贵州大都督府长史。士廉在川中任职期间，为当地百姓做了不少好事。当地迷信严重，以至父母病危，子女不能亲手服侍，只能把食物挑在棍子上，递给父母。士廉极力加以诱导，终于革除了这种陋俗。秦代李冰创建都江堰，使当地人民世代受益，但水边良田全被豪富之家占有。士廉采取措施，发动百姓在主渠道外增挖多种渠道，使更广大的民众受益。士廉还极力扶持文教，一时学校大兴。由于政绩甚佳，士廉于贞观五年（631年）被召回京担任吏部尚书，晋封为许国公。太上皇李渊去世后，士廉担任司空，负责修建陵墓，完工后被加授特进、上柱国之衔。

　　唐太宗为巩固李氏王朝，开始计划如何削弱自两晋以来一直位居高位、拥有强大社会基础的山东（指太行山以东的今河南、河北、山东一带）世家望族集团，特别是其中的代表，所谓"四姓"——崔、卢、王、谢。这些世家大族为了保持其优越的社会地位，标榜自己的"纯正"炎黄血统，严格实行集团内部通婚，把以李唐皇室为代表，混有鲜卑、匈奴等异族血统的西部关陇集团排斥在外。于是，太宗于贞观六年（632年）命高士廉领衔负责与黄门侍郎韦挺、礼部侍郎令狐德棻、中书侍郎岑文本编纂当时显要家族谱系的汇集《士族志》。贞观十二年（638年），百卷《贞观氏族志》编纂完成，书中把皇族和当代最高级官员的姓氏宗族列为第一等，高祖和太宗母系亲戚列为第二等，山东望族崔氏等列为第三等。从而降低了山东士族的地位，把当时的职位高低和社会地位统一了起来。太宗为表彰高士廉的贡献，赏赐绢千段，升为同中书门下三品（宰相）。以其佐命之功授申国公，拜尚书右仆射。唐太宗称他"涉猎古今，心术明达，临难不改节，当官无朋党；所乏者骨鲠规谏。"高士廉为人谨慎缜密，表奏皇帝的草稿一概焚毁，不使左右知晓。

　　贞观二十一年（647年），高士廉病逝于长安崇仁里私宅，享年72岁。士廉患病期间，太宗两度亲临高府探视，共同回忆生平往事，以至太宗泪流满面。士廉亡后，太宗要亲去吊丧，司空房玄龄认为太宗龙体欠安，正在服药治疗，不宜亲往，苦苦劝阻。太宗说："我不只是为君臣之礼，还有故旧情深、姻戚义重，你不要再多讲了。"坚持在数百骑士护卫下，由兴安门出宫，行至延喜门，侍中长孙无忌跪拜在马前，说亡舅高士廉曾有遗言，要劝阻太宗亲来吊唁。太宗仍不听，长孙无忌号啕痛哭，跪伏不起，太宗才转回宫中，仍面向南哭泣，下诏赠授士廉司徒、并州都督之职，谥号"文献"，准予陪葬昭陵（太宗为自己预设的陵园）。出殡之日，灵柩经过横桥时，太宗又登上宫城西北楼痛哭目送。二十三年，太宗逝世，太子李治即位，也就是高宗，追赠士廉为太尉，和房玄龄、屈突通同附祀于太宗庙堂。

　　高士廉有一子高真行。一家三代仆射（宰相），子为尚书、驸马，外甥为太尉，外甥女为皇后，一时无两。相对于北齐皇族中那些年不过 40 岁就暴死的高家堂叔、堂兄弟们，高士廉一支可谓是下场最好的。即使日后长孙无忌被诛，其子高履行也仅仅受牵连贬官而已。

　　《高士廉碑》系由唐书法家赵模所书，现藏陕西礼泉昭陵博物馆。

尉迟敬德

开府仪同三司、鄂国公
尉迟敬德（585~658 年）

名恭，朔州善阳（今山西朔州）人。初为刘武周部将，降唐后深得秦王世民重用，先后从平王世充、窦建德、刘黑闼等，累立战功，以骁勇著称。玄武门之变时射杀齐王，以功授右武卫大将军，封吴国公，食邑千三百户。后因恃功自傲，出为外州刺史，改封鄂国公。

尉迟敬德像

尉迟敬德，朔州善阳（今山西朔州）人。行伍出身，隋炀帝大业末年，以官军身份四处讨"贼"，由于他勇武过人，获朝散大夫封号。刘武周河间起事后，以尉迟敬德为偏将，和宋金刚一起南侵，与唐朝争夺天下。尉迟敬德一军深入关中，在夏县（今属山西）大破永安王李孝基军队，生俘李渊的重臣唐俭和独孤皇后的侄子独孤怀恩等一帮猛将亲戚，吓得唐高祖李渊不仅命李世民勒军前往，他自己也亲自到蒲津关督战。武德三年（620年），秦王李世民大败宋金则和尉迟敬德于介休（今属山西），宋金刚亡命突厥，尉迟敬德率残兵固守城池。李世民派任城王李道宗和宇文士及前往城内劝降。隋末内乱，英雄各思良主，尉迟敬德确实是"知命"之人，便举城投降。李世民见这么赫赫有名的大将归降，大喜过望，宴席欢饮之间，封敬德为右一府统军，带着他进击割据东都洛阳的王世充。

由于战事胶着，互有胜负，"世上英雄本无主"的刘武周昔日降将纷纷叛逃，给唐军在心理上打击很大。没获李世民同意，唐军诸将就把尉迟敬德捆起来囚禁，他们怀疑这位猛将肯定会和其他人一样叛逸而去。李世民帐下屈突通、殷开山两位高级助手又劝言："敬德初归国家，情意未附。此人勇健非常，又被囚禁，必生怨望，留之肯定生祸，请即杀之！"李世民答言："我和你们想的完全不同。"马上派人把尉迟敬德放了，引入卧内，拿出一大包财宝说："丈夫以意气相期，勿以小疑见意。我绝不会听信谗言杀害忠良。如果您真想离开，今以此物相资，以表我们一时共事之情。"李世民一番话语出自肺腑，尉迟敬德武人直肠，从此跟定秦王。当天，李世民一帮人在榆窠打猎，忽遇王世充率数万步骑，帐下骁将单雄信率一队骑兵直冲李世民，说时迟那时快，眼巴巴看着快马名将单雄信一丈八多长的大槊就要刺到。危急关头，尉迟敬德跃马大呼，横刺单雄信坠马，其徒众见领将滚落，冲势稍减。尉迟敬德把李世民挡于身后，缓缓地撤出包围圈。待李世民等人进入唐军人多的安全地带，尉迟敬德又率一队骑兵与王世充军队交战，打斗数合，王世充军大败，尉迟敬德生擒其大将一名，获排槊兵六千多人。李世民面对意气高扬归来的尉迟敬德，感慨言道："上午我身边众人都说您肯定要叛逃，天诱我意，独保明之，所谓福善有征，只是没想到您报答得这么快！"特赐尉迟敬德一大柜金银。自此，恩遇日隆。

尉迟敬德武艺极其高强，特别善于两将相战对合之际躲避对方槊刺。他常常在两军对阵间，单人独骑直接冲入敌阵，即使敌方众人举槊齐刺，都伤不了他，最奇的是他还能在左闪右避之间夺取敌人的长槊，返刺对方。李世民的弟弟、太子李建成的心腹齐王李元吉也非常善于马上击槊，听说秦王李世民帐下尉迟敬德也有这方面的技艺，心中很是不服，就到营中亲自比试，一来炫耀一下自己的武艺，二来挫一挫秦府兵将的锐气。兄弟相见坐下，招来尉迟敬德。齐王李元吉命尉迟敬德把两根长槊去掉金槊尖刃，只以木杆相击，比试一下武艺。尉迟敬德很恭谨地禀报："请大王您用有尖刃的槊，肯定伤不了我。我自己把我的槊尖去掉就是。"李元吉心中暗气，心想我今天就成全你。上马疾驰，槊尖直贯尉迟敬德三路要害处。相合数次，尉迟敬德俯仰左右，齐王的槊尖终不能及。秦王李世民在旁心中暗喜，为了更加打击这位暴戾兄弟的气焰，他故意问尉迟敬德："夺槊和避槊，哪个更难？"敬德回答："夺槊难。"世民就命敬德夺李元吉的槊。这位一直以为槊马天下第一的齐王已经气得七窍生烟，跃马执槊，朝着对面空手而来要夺槊的尉迟敬德狠命刺去，想置之死地而后快。"敬德俄顷三夺其槊"。最后，这位齐王不得不服，嘴上大声赞叹敬德神勇异常，心中的耻愤却不知有多大。钢牙咬碎，也只能叹服其能了。

尉迟敬德艺高人胆大，总能在万马军中干出令人喝彩叹绝的事情。唐军攻打王世充的洛阳城，背后窦建德的救兵数万前来救援夹击。王世充的侄子王琬当时出使于窦建德营内，胯下骑着当初隋炀帝的亲乘御马，铠甲鲜明，浑身上下打扮齐整，金玉镶嵌，在两军阵间来回奔驰，夸耀于军。李世民是识马之人，用鞭指着王琬的乘马，说"这真是匹无双的良马。"尉迟敬德一听，马上请命说要过去夺马。李世民连忙阻止，"怎能以匹马之故而丧勇将！"尉迟敬德摇摇手，说了句"无妨"，策马直去，身后仅高甑生、梁建方两人跟随。众目睽睽之下，在双方对阵数万军将眼皮底下，三骑直入窦建德阵。敬德抓小鸡一样把身穿价值连城铠甲的王琬生擒，牵着隋炀帝的御马，从容还营。"贼众无敢当者"。可以想见，那种昂然意气，成竹于胸的大将英雄气魄，无论敌我，都会心悦诚服。

尉迟敬德从李世民征战多年，不仅破王世充、窦建德，后来又打败刘黑闼、徐圆朗等人，战功卓著，为秦王府中数一数二的大将。

太子李建成也素知尉迟敬德英勇，暗地派人赠以一大车金银器物，并卑辞下意地表示要和敬德达成"布衣之交"。敬德婉言谢绝，表示自己"身逢隋亡，窜身无所，幸逢秦王饶以不死，又为属下将官，惟当以身报恩，不敢有二心。"太子李建成大怒，就不再与敬德交往。齐王李元吉深忌其骁勇，屡次派人行刺尉迟敬德。尉迟敬德提前知道些风声，睡觉时干脆重门洞开，自己在帐中安然大睡，刺客多次都已悄入庭院之中，但见这阵势都心中狐疑，以为敬德有什么防备或更深的计诱，最终没有一个人敢下手。

"玄武门之变"前夕，尉迟敬德也知晓太子李建成很快要动手，就和长孙无忌一起劝李世民先下手。如此大事，涉及太子和齐王以及自身的生死，李世民还很犹豫。尉迟敬德以言语相激道："人情畏死，众人以死拥奉大王您，此是天授啊。如果天与不取，必受其咎。大王您存仁爱小情，忘社稷之大计，诚非明计。您如果不行事，那请容许我敬德先逃命，不能等事发时束手被杀。长孙无忌也和我一起跑掉。"李世民听此言心中发悚，尉迟敬德又说："大王您现在处事犹豫不决，非智非勇。而且我已经召集了八百壮士披甲持弓，其势不得不发！"侯君集和长孙无忌等也一旁死劝，李世民最终下定决心。

唐高祖武德九年（626年）六月四日，"玄武门之变"，李世民亲自发箭射死太子大哥李建成。齐王李元吉张弓射李世民，三发不中。李世民胯下马惊，跳跃狂奔中把李世民甩下地，狼狈之中，狠戾的齐王李元吉飞马赶到，翻身落地，用弓弦勒住刚刚爬起身还未站稳的李世民脖子。万分危急关头，又是尉迟敬德跃马大喝赶到。马疾手快，一箭把这位齐王射死在当地。然后，他手里拿着李建成、李元吉的两颗血淋淋人头，赶到正在玄武门混战的太子、齐王府军与秦王府军前，大呼示意。东宫及齐王属兵见到主人人头，全都死心，顿时溃散。

唐高祖李渊当时正和一帮宠妃侍臣在宫内海池上泛舟游玩。李世民命敬德"侍卫"高祖，尉迟敬德全身披挂手持长矛，突然出现，李渊惊问："今日是谁作乱？爱卿你因何而来？"敬德回禀："太子、齐王作乱，秦王已举兵诛之，特派遣为臣来宿卫。"当时宫外还有些太子、齐王的兵马在各处与秦王府兵交战，尉迟敬德"奏请降手敕"，高祖只好手谕各军统归李世民掌管。"于是内外遂定"。

论功行赏之际，尉迟敬德居功甚伟，获赐绢万匹，而且李世民把齐王李元吉的府邸全部封存，全部赏赐给这位大功臣。贞观元年，尉迟敬德拜右武侯大将军，赐爵吴国公。突厥寇边，敬德以泾州（治所在今甘肃泾川）道行军总管的身份前往迎击，在泾川阵前故伎重演，单骑挑战，立斩突厥名将，大胜而归。

尉迟敬德毕竟是武人出身，又自负功大，多次和长孙无忌、房玄龄、杜如晦等文臣廷上争执，不久被这些文臣合伙排挤出京师，到襄州和同州等地任地方官。一次大臣们与皇帝同宴庆善宫，有人坐在尉迟敬德上列，大英雄刚从地方外任回来，一肚子鸟气，趁酒劲大骂："你有什么功劳，能坐在我的上列？"坐于其下的任城王李道宗好心起身解劝，敬德更是勃然大怒，回手一记老拳，把这位亲王几乎打瞎。居于主座的太宗李世民此时非常恼怒，宣布罢宴。他把尉迟敬德唤至近前，说："朕览汉史，见刘邦手下功臣没几个有好下场的，对此常常怪罪这位汉高祖。自从朕当皇帝以来，一直想保全功臣，但爱卿你居官屡犯法度，在国宴上当着朕面又来这个，我才知道韩信和彭越被杀，也不尽是汉高祖的过错。国家大事，只有赏罚两种，非分之恩，不可能数行。希望你好好反省，以免有后悔之时。"一席话很有分量，尉迟敬德也忽悟自己过分猖狂了。从此他深自谦抑，不再张扬招摇。

贞观十一年（637 年），太宗大封功臣，册封敬德宣州刺史，改封鄂国公。贞观十三年（639），唐太宗曾对敬德说："朕欲以女妻卿，何如？"敬德叩头谢恩道："臣妻虽鄙陋，相与共贫贱久矣。臣虽不学，闻古人富不易妻，此非臣所愿也。"太宗称道敬德的人品，又收回了自己的意见。贞观十七年（643 年），敬德上表乞骸骨（要求退休）。唐太军征伐高丽，尉迟敬德上表进谏，太宗不纳，并命这位老将跟随自己以左一马军总管身份进军，大破高丽于驻跸山。还军后，照例退休。晚年在家的尉迟敬德崇信道教，和道士们一起炼丹服药，又吃大量云母粉养生。而且他闭门谢客，不与外人交通，远离政治，在家里穿池筑台，奏清商乐自娱自乐，长达十六年之久。

尉迟敬德作为唐初大将，自归附李世民后，凭借高超的武艺，多次冒险救李世民于危难之中，立下不世之功。尤其在"玄武门之变"中，不但杀死李元吉，救了李世民之命，还请高祖下令，令诸军皆属李世民指挥，内外遂定，可谓力挽狂澜。尉迟敬德同时还有远见的卓识，如"玄武门之变"后，对太子的党羽主张释而不杀，这一举措迅速缓和了内部矛盾，同时还为李世民保留了魏征那样的大批栋梁之才。在某种程度上甚至可以这样说：没有尉迟敬德，也就没有李世民，也就没有后来的大唐盛世。在性格上，尉迟敬德纯朴忠厚，自归李世民之后，从无二心，为其赴汤蹈火，在所不辞；在拒绝娶公主一事上，更显示出高贵的品质。虽说居功自负是尉迟敬德的不足之处，但从另一方面也说明了他的纯朴，做事毫无心计。正因如此，后人才将他作为门神，画图流传至今（参阅秦叔宝篇相关内容）。

高宗显庆三年（658 年），敬德善终于家，享年 74 岁。册赠司徒，谥曰忠武，陪葬昭陵。尉迟恭墓位于陕西礼泉县烟霞乡，紧邻关中环线，保护现状堪忧。保护家家户户千年平安吉祥的门神，却不能保护住自己的墓地，实在是一件令人感到尴尬的事情。

尉迟敬德碑，唐显庆四年（659 年）刻。1971 年冬出土于陕西

尉迟敬德墓志铭盖

礼泉县烟霞乡烟霞新村尉迟敬德墓前，1975 年移入昭陵博物馆。螭首，身首高 442 厘米，下宽 150 厘米，厚 53 厘米。额篆书"大唐故司徒并州都督鄂国忠武公之碑"。许敬宗撰，碑文楷书，41 行，行87 字。碑下截字尚可辨，上截了无只字。此碑无书者姓名，但书法挺秀恭谨，光明俊伟。碑文收入《文苑英华》，二者对照，既可补碑文之缺，亦可知旧录之讹。在同地，还出土了尉迟敬德及夫人苏氏墓志铭，尉迟敬德墓志铭盖以飞白体书就，苏氏墓志铭盖以篆体书成，这两通墓志铭盖装饰华美，刻工尤精，是不可多得的唐代艺术精品。墓碑和墓志铭现均陈列于昭陵博物馆。

李靖

特进、卫国公
李靖（571~649 年）

　　字药师，京兆三原（今陕西三原东北）人，隋时名将韩擒虎外甥。唐初曾以行军长史之职协助李孝恭平定后梁帝萧铣，不久又镇压了辅公祏叛乱，受到高祖称赞。太宗即位后，率部平定东突厥汗国，又多次击败吐谷浑。封卫国公，加授特进，历任兵部尚书、检校中书令等。相传曾撰《李卫公兵法》一书，今佚。

李靖像

史载李靖"姿貌魁伟，少有文武才略"，累世为将，祖父李崇义是后魏殷州（治所在今河南安阳）刺史，父李诠是隋朝赵郡（治所在今河北邯郸）郡守。其舅韩擒虎是隋朝名将，常常与这个未经战阵的外甥论兵，每次都啧啧称奇。李靖青年时就声名通显，也常常是左仆射杨素和吏部尚书牛弘的座上客。杨素曾有次拍着自己的坐床（椅子）对李靖说："卿终当坐此"。但不知为何，李靖官一直也没做大，到隋炀帝大业末年也只当个马邑郡丞。当时李渊奉隋廷诏命勒兵在塞外进击突厥，李靖已经得知这位唐公有不臣之意，就暗中潜逃前往炀帝所在的江都（今江苏扬州）方向，想密报李渊要造反的消息。当时天下已经大乱，李靖跑到长安就过不去了。不久，李渊攻克长安，马上把李靖抓起来亲自监斩。李靖临刑大呼："唐公您兴义兵，本是为天下除暴乱，难到要为报私仇而斩壮士吗？"李渊闻言壮之，李世民一旁又数次恳请放掉李靖，最终李靖得以免斩，被秦王李世民延入幕府，在讨伐王世充过程中，以军功授开府。当时南方多事，萧铣坐大，唐高祖就派李靖率军前去征伐，在硖州（今湖北宜昌）被萧铣军队阻挡，迟留许多天，李渊闻讯觉得李靖是故意迟留观变，密令硖州都督许绍斩杀李靖。许绍爱惜李靖才能，为李靖请命，使李靖免过一死。这时正赶上李孝恭讨开州（治所在今四川开县）土蛮冉肇则兵败，李靖将兵八百奇袭，临阵斩肇则，俘虏五千多人。高祖李渊大喜，对旁人讲："朕闻使功不如使过，李靖果展其效。"马上亲降玺书慰问李靖，手敕告诉这位应死了两回的将军："既往不咎，旧事吾久忘之矣。"在其后攻伐萧铣的战斗中，李靖首出奇兵，击败萧铣大将文士弘，兵围江陵（今属湖北），迫使萧铣投降，以军功获封为岭南道抚慰大使。其后，又率军平灭江南辅公祏，并带江淮兵一万人赴太原前拒突厥。当时诸军皆败，惟李靖一军独胜。唐高祖李渊对李靖大为叹赏，常说："李靖打萧铣、辅公祏，手到擒来，数数古代名将如韩信、白起、卫青、霍去病，恐怕都赶不上他。"

太宗李世民继位后，拜李靖为刑部尚书。贞观三年（629年），封兵部尚书。当时，突厥诸部离叛，唐朝方盛，正想报昔日委曲求和之怨，就派李靖为代州（今山西代县）道行军总管，乘间讨伐。李靖仅率三千骑兵，自马邑（今山西朔县）飞奔至恶阳岭，突厥突利可汗大骇，望着忽然出现的三千唐军，说："唐兵如果不是倾国大军随后，李靖断不敢孤军而至！"李靖立营，也不马上进击，和突利可汗打心理战。突利"一日数惊"，吓得寝食不安。李靖摸清突利可汗底细后，又暗中离间可汗左右，逼使突利亲信大将康苏密来降。贞观四年（630年），李靖进击定襄（治所在今内蒙古和林格尔西北土城子），获隋齐王杨暕的儿子杨正道和陷入突厥多年的炀帝皇后萧氏。突利可汗大败，仅以身免。太宗李世民大喜，进封李靖为代国公，并对凯旋的李靖夸道："从前李陵将五千兵入塞北，不免身降匈奴，但尚能因勇武而青史留名。爱卿你以三千轻骑深入虏庭，克复定襄，威震北狄，真是古今未有之奇迹。"自高祖武德四年（621年）起，突厥颉利可汗就不断攻伐中国（处罗可汗死，其弟为颉利可汗，突利可汗是处罗可汗之子，颉利可汗之侄），太宗李世民从武德五年（622年）起多次与两可汗交战，时战时和，从无大胜。唐太宗新登基不久，颉利可汗自率十多万骑兵入寇，与突利可汗称二可汗总兵百万来战，害得刚刚坐上帝位还没热乎的太宗以天子之尊亲自披甲上阵，隔渭水与颉利交语，晓以利害，颉利见所属各部落酋师见太宗都恭敬罗拜，知道没有胜算，就做个顺水人情请和。而后，就赶上突利可汗被李靖打败，颉利可汗闻讯后大惧，忙率军退保铁山，遣使入朝谢罪。

太宗李世民任李靖为定襄道行军总管，率军迎降颉利。颉利实际上根本不想投降，只是找借口趁机喘息重整旗鼓。太宗不放心，又派出鸿胪卿唐俭和将军安修仁带国书前往尉谕。

李靖对当时突厥内部的情势知道得一清二楚，对将军张公瑾说："诏使到颉利处，他肯定一时心安，不再准备逃逸。马上精选一万骑兵，备二十天粮食，引兵奇袭，肯定大胜。"张公瑾有些为难："皇上已答应他投降，又有使臣在颉利处，好像不该此时进击啊。"李靖不以为然，断然道："此兵机也，时不可失，正是韩信破齐的良机。"马上下令发兵，督师疾进，行至阴山，俘获突厥边哨千余帐，用绳子拴上随军。颉利可汗见唐帝使者来，大悦，根本没想到李靖一军突然杀来，直到唐兵距于帐十五里，突厥人才发觉，颉利急逃，部众大溃，李靖军斩万余级，俘虏男女十余万，并杀掉一直和唐朝作对的隋朝义成公主（处罗可汗之妻）。颉利可汗跑到半道被人抓住，捆送京师。突利可汗听说叔父败讯，自知不是"天可汗"的对手，也忙派人内附称臣。此役大获全胜，唐俭也平安回朝。太宗听说李靖大破颉利，喜出望外，对侍臣说："朕闻主忧臣辱，主辱臣死。往年国家草创之际，太上皇不得已向突厥称臣，朕未尝不痛心疾首，志灭匈奴，坐不安席，食不甘味。现在李靖将一偏师，无往不捷，单于附款，往年大耻，一朝而雪！"于是大赦天下。

李靖虽建此殊勋，仍为文吏御史大夫温彦博弹劾，说他军无纲纪，纵兵抢掠突厥宝物。太宗闻言大怒，召李靖斥责，大将军伏地道歉。过了几天，太宗又把李靖召来，说："有人说你坏话，我现在忽然明白过来，爱卿不要介怀。"赐绢2000匹，拜尚书右仆射。虽官至宰相，李靖为人谦恭至极，朝会之上总是"恂恂若不能言"，太宗深叹其为"真是一代楷模"！

贞观九年（635年），吐谷浑侵犯边塞，太宗对侍臣说："如果请李靖为元帅，胜其应不难啊。"已经退休在家的李靖与房玄龄说："靖虽年老，固堪一行。"太宗闻之大悦，遂以李靖为西海道行军大总管，统摄兵部尚书任城王李道宗、凉州都督李大亮、利州刺史高甑生三总管前往征伐吐谷浑。吐谷浑为慕容氏别部，鲜卑种，听闻李靖率师前来，坚壁清野，烧掉野草，退保大非川（今青海共和县）。唐朝诸将都认为春草未生，马匹无草羸弱，不能打仗。李靖一言九鼎，决计进击，唐军逾积石山，前后与吐谷浑大战数十合，杀伤甚众，大破其国。最后吐谷浑贵族被迫无奈，杀掉可汗前来归降，唐军扶立听话的慕容顺为王，振旅而还。贞观十一年（637年），诏改封李靖为卫国公。贞观十四年（640年），李靖结发妻病死，按例夫妻同葬，先营坟茔，太宗下诏，命有司为李靖营坟，依据汉朝卫青、霍去病故，在昭陵筑阙像突厥铁山、吐谷浑积石山的形状，以表彰他的赫赫战功。

太宗亲帅军队伐高丽前，把李靖召入阁内，对他说："公南平吴，北破突厥，西定吐谷浑，唯高丽未服，亦有意乎？"这位年过七旬的老将虽染病在身，仍表示愿意从行，对太宗说："往凭天威，得效尺寸功。今疾虽衰，陛下诚不弃，病且瘳矣。"太宗见他实在年老体衰，未同意他远征。

李靖虽未从征高丽，但对前线的战事颇为关注。唐太宗进至驻跸山（今辽宁辽阳南）时，高丽兵倾国出动，内部空虚，李道宗曾请求率精兵五千，奇袭平壤，太宗未答应。事后回京，太宗询问李靖说："吾以天下之众，困于蕞尔之夷，何也？"素以出奇制胜的李靖以为太宗未能听从李道宗的计谋，便说："此道宗所解。"太宗询问李道宗，他说明了当时的建议未被采纳，太宗听后怅然说："当时忽遽不忆也。"李靖明察事件，善于见微而知著。唐太宗要他教给侯君集兵法，后来侯君集上奏太宗，说李靖将反，因为每到精微之处，李靖则不教授。太宗听后责备李靖，李靖却回答说："此君集反耳。今中夏乂安，臣之所教，足以安制四夷矣。今君集求尽臣之术者，是将有异志焉。"此时，君集尚未有任何反迹，太宗似不相信。一次，朝后回尚书省，君集骑马越过省门数步尚未发觉。李靖见到这种情况，便对人说："君集意不在人，必将反矣。"至贞观十七年（643年）四月，侯君集果然与太子承乾谋反，事情败露后被杀，证明了李靖的预见准确无误。

在李靖的戎马生涯中，他指挥了几次大的战役，取得了重大的胜利，这不仅因为他勇敢善战，更因为他有着卓越的军事思想与理论。他根据一生的实践经验，写出了优秀的军事著作，仅见于《旧唐书·经籍志》、《新唐书·艺文志》所著录的有《六军镜》三卷，《阴符机》一卷，《玉帐经》一卷，《霸国箴》一卷，《宋史·艺文志》著录的还有《韬钤秘书》一卷，《韬钤总要》三卷，《卫国公手记》一卷，《兵钤新书》一卷和《弓诀》等，可惜后世都失传了。今传世的《唐太宗李卫公问对》（或称《李卫公问对》）系宋人所撰，盗用李靖之名，不足为据。但从散见于杜佑《通典·兵典》及《太平御览·兵部》中的《卫公兵法》，犹能管中窥豹，有关李靖的治军、行军作战、扎营斥候等都有所记载。

贞观二十三年（649 年），李靖病情恶化，唐太宗亲临病榻慰问。他见李靖病危，涕泪俱下，十分难过地对李靖说："公乃朕生平故人，于国有劳。今疾若此，为公忧之。"这年四月二十三日，李靖溘然逝去。享年79 岁。唐太宗册赠司徒、并州都督，给班剑、羽葆、鼓吹，陪葬昭陵。谥曰景武。坟墓如同卫青、霍去病故事，筑坟形如同突厥内燕然山、吐谷浑内积石二山形状，"以旌殊绩"。上元元年（760 年），唐肃宗把李靖列为历史上十大名将之一，并配享于武成王（姜太公）庙。

李靖碑现藏昭陵博物馆（图1）。

李靖故居，唐时称李氏园，始建于唐贞观年间，位于陕西三原县城北4 公里处的鲁桥镇东里堡，曾毁于火灾，后世历代均有修葺，1918 年，园主人家业衰败，将此园售予靖国军，此园一度改名为"靖国公园"。靖国军总部设在三原县城，但因此园风光迷人，靖国军总司令于右任常来此园运筹帷幄，制定方略。1930 年，杨虎城将军主持陕政，为维护此园，曾拨专款修葺，增建前门楼和后西楼。李靖故居的建筑多为宋及明清建筑，后经多次修复。园内有一些珍奇树种，如紫藤抱杨、槠柳、红豆杉、线柏等，令人大开眼界，为这一古老园林增色不少（图2）。

图 1　李靖墓碑

图 2　位于三原县的李靖故居

萧瑀

特進、宋国公
萧瑀（575～648 年）

字时文，祖籍兰陵（今江苏武进），隋炀帝萧后之弟。仕隋至内
史侍郎、河池郡守。李渊攻克长安后，瑀以郡归降。唐武德初任内
史令，深受高祖信赖。贞观后历任尚书左仆射等职，进位特进，封
宋国公。性格偏执，多与执政不合，但因忠直，而被太宗深信不疑。

萧瑀像

159

萧瑀出身皇族，有着非常高贵的血统。他的高祖是梁武帝萧衍，曾祖是昭明太子萧统，祖父是后梁的开创者宣帝萧詧，父亲是后梁明帝萧岿。他天资聪明，九岁就被封为新安王。以孝行闻名，爱经术，善属文，性格却"鲠急"。他还"鄙远浮华"，笃姓佛教，对佛学亦有研究。后梁被灭后，他去了隋朝，因为他的亲姐姐是隋炀帝杨广的妻子萧皇后。

隋炀帝登基后，因为萧瑀与皇后的关系，非常器重他，提拔他为尚衣奉御、校检左翊卫鹰扬郎将。后来又提拔他为银青光禄大夫、内史侍郎，因为是自己的内弟，杨广把许多最重要的机密事务都委托他去办。但萧瑀耿直的秉性使得他不断地对杨广的诏书评头论足，渐渐地让杨广讨厌，就对他采取了疏远的态度，不再让他参与机要事务的处理。

隋炀帝大业十一年（615年）八月，突厥始毕可汗借打猎为名，率数十万骑兵，突然包围了雁门关；而此时隋炀帝正好在雁门关，这明显是冲他来的，情况万分危机。萧瑀对隋炀帝说："突厥的风俗，可汗的妻子可以参与军机，调动军队；陛下的女儿义成公主正好可以帮忙，如果派遣一个使者秘密地告诉公主，即使达不到退兵的目的，也没有什么损失。另外，现在的将士们都担心一旦这次打垮了突厥，您还要征讨高丽，所以大家心里都不是很安定，您如果下一个诏书，就说不再打高丽了，专打突厥，大家就会安下心来，各自奋勇作战了。"隋炀帝想不出别的办法，只好下诏停止了辽东的战役，并且派秘史去向在突厥的义成公主告急。巧合的是，义成公主也知道了突厥可汗的真正用意，也在想方法帮助自己的父亲，几乎是在隋炀帝特使出发的同时，也派出特使向突厥可汗告急，伪称"北面有急"。突厥可汗接到告急文书后，马上就撤兵了。因为隋军抓获了一个突厥的间谍而知道了这件事的真实情况。因为萧的妙计没有起到作用，也因为杨广一直要把对高丽的战争进行到底；而不再攻击高丽的诏书是在萧瑀的要求下他不得已而下的，这就使隋炀帝对萧瑀非常恼火，当天就给了他一个河池（治所在今甘肃徽县）

郡守的官职，把他贬离京城。

被踢出大隋政治中心的萧瑀，远离了是非之地，这对他耿直的品性来说，却是好事，当时他的管辖范围内有一股山贼，一万多人，声势浩大，他们纵横驰骋，破坏力很强，给地方治安造成了严重的影响。萧瑀秘密的招募猛士，准备充分后，出奇计一举将其击溃，并且招降了这支队伍。他把缴获来的财物全部奖励给了有功的士卒，赢得了士卒们的爱戴，他的队伍成了一支保境安民的劲旅。并在后来击败了薛举数万人的犯境，而这个薛举就是后来让李世民唯一一次打了败仗的叛军首领，虽然李最终取得了胜利。

李渊攻占长安，于 618 年建立唐朝后，派人招降萧瑀，他就带着这个完整的郡归附了大唐，被授予光禄大夫，封宋国公，又被拜民部尚书。也就是在这个时候，他加入了秦王李世民的政治群体，当李世民领右元帅攻打洛阳时，萧瑀是他的府司马。李世民被委任为雍州牧的时候，又把萧瑀要去做了他的州都督。当初他归顺李渊时，把自己在关内的田宅全部送给了那些有功劳的人，现在，大家看到他又回来了，便纷纷又送还了他。萧瑀看到无法拒绝，便转手又送给了自己的其他亲戚，自己只留下一个家庙，用来祭祀自己的祖先。武德元年（618 年），他也受到了李渊的重用，被升为内史令，掌管中枢机密，内外百务，全部交给他处理。因为萧瑀娶的是独孤氏的女子，与李渊的母亲独孤氏同宗，使他们感情上非常亲切。史载，每次李渊听政，一定要特准萧瑀坐在御榻上，每次都呼唤他为"萧郎"，二人关系非常融洽。

当时大唐刚刚建国，因为萧瑀对隋代的礼仪制度很熟悉，所以这些个国典朝议的制定全部交给他办。他干事兢兢业业，非常勤勉。有时一次就奏"便宜"数十条，差不多全被采用，因为他对一些大臣的过错不留情面，所以很多人都怕他。李渊对萧瑀的才干很是欣赏，曾亲自下手诏表扬他，并且赏给他"黄金一函"。

有一次，李渊对他下的诏书，中书没有及时下发出去而大为恼火，要追查失职者的责任。这时，萧瑀对他说："我原来在隋朝的时候，看到过内史宣读皇帝的诏书，有时候，前后的内容是矛盾的，下面的人执行的时候，不知道按照哪个命令去做，这种事情很多，使下面的官吏无所适从。现在大唐初立，好多事情都要慎重，以免引起不必要的麻烦。当您的一道命令下达后，我一定会对照检查以前的命令，看看有没有矛盾的地方，对一个附属国的政策前后有没有对立的地方，然后，才敢宣行发布。这些都需要时间啊，之所为推迟了下发的日期，就是这个原因。"李渊对他的这个解释很满意，赞赏道："你能够这样的用心，我还有什么可担忧的呢？"

平定王世充后，他被任命为尚书右仆射（宰相），内外的大事，全部委任他来做。因为他耿直的性格，使得他处理官员间的关系时，偏于严厉，"持法稍严"，引起一部分官员的不满，联合起来到李渊那里告他的状。他感到很麻烦，便请求"避位"，谁知李渊不但不允许，不久就把他升为左仆射，从这件事就可以看到他在李渊心中的地位。

唐太宗贞观年间，萧瑀曾三次被罢官，又三次复官。唐太宗即位（627年）后，迁萧瑀为尚书左仆射，被萧瑀推荐的封德彝为尚书右仆射。封德彝非常狡猾，他知道萧瑀耿直的性格总是搞得太宗不痛快，更是让群臣很害怕，因此，他每次上朝前都要事先与萧瑀商量好说哪些事、怎么说，以便统一意见。可当在朝堂上向李世民陈述时，每当萧瑀按照他们商量好的说完后，封德彝总是先看一下李世民的脸色，然后再决定自己怎么说，总是与萧瑀说的相反。这把萧瑀搞得很郁闷，可又没有办法。

因此，这两个宰相，让皇帝不高兴的总是萧瑀，而让皇帝高兴的总是封德彝。也就是李世民非常了解萧瑀，知道他的一片忠心，所以在以后的君臣交往中，尽管萧瑀由于个性的原因闹的很不像话，李世民也总是都宽容对待，太宗之所以如此，另一用意是要向朝野表明自己对武德、贞观之臣是一视同仁的。

贞观初，萧瑀在朝堂上与大臣陈叔达发生争执，声色甚厉，以在御前不恭被免官。不久，他被重新起用，任御史大夫。萧瑀论议明晰，但有时偏驳不通，持法稍深，房玄龄、魏征、温彦博等唐太宗依赖的知名大臣有微过，萧瑀便加以痛劾。久之，他被罢免御史大夫，改任太子少傅，不复预闻朝政。几年后，唐太宗又重新起用他，复令参与朝政。但是，萧瑀固执介直，每当面见皇帝，总是无休止地说"玄龄辈朋党盗权"，还认为皇帝偏袒，唐太宗心里不快，但终以其忠贞居多而未废。恰巧在这时，萧瑀信佛，要求出家，唐太宗顺水推舟地批准了他的请求。没想到萧瑀转而又反悔，此事激恼了唐太宗，唐太宗下诏夺萧瑀爵位，降其为商州（治所在今陕西商州市）刺史。

贞观二十一年（647年），萧瑀再次被征入京，授金紫光禄大夫，重新恢复了他宋国公的封号。就在这一年的六月癸酉，他被李世民招入玉华宫（在今陕西铜川市印台区玉华镇）畅谈，突遇急病，死于宫中，活到了74岁的高龄。正在吃饭的李世民知道后，再也吃不下去了，他命令太子李治亲自为萧瑀举哀发丧，派遣使者到他的家里吊唁。

萧瑀始终忠贞耿介，唐太宗曾经感慨地对房玄龄说："此人（萧瑀）不可以厚利诱之，不可以刑戮惧之，真社稷臣也。"唐太宗还专门赐给他一首诗，以"疾风知劲草，板荡识诚臣"，给予他高度评价。唐太宗征伐高丽时，任命萧瑀为洛阳宫守，把守护老家的任务委托于他，显示了对他的高度信任。萧瑀这个人好就好在他不会伪装自己，心里有什么事、有什么话，总是照直说；如果换了有心计的人，是绝不会那么做的。但他是以直道事君，尽管经常搞的帝王很不痛快，也经常说错话，却毕竟是一份真实。这种心胸的狭隘有时就表现为猜疑，比如他猜疑房玄龄谋反，一般的人都会感到很荒唐，但他却说出来了；他甚至没有任何证据就信口说出来了。李世民看到的更多是一种真性情的流露，一种毫无遮掩虽微瑕却是玉质的真诚。因此"秋风知劲草，板荡识诚臣"，他是非常了解这一点的，也希望大臣们都这么做，做一个光明磊落的人，哪怕是一个有着明显缺点的人。

关于他的谥号（古人死后依其生前事迹而为之所立的称号），朝廷的两个部门出现了分歧，太常商议的结果是谥号"德"，尚书商议的是"肃"。李世民说："谥号呀，是一个人一生的行状，应该与他的一生相符合，就谥他为'贞褊公'吧。"他死后被册赠为司空、荆州都督，李世民还特别赏赐了东园秘器，把他安葬在自己的昭陵旁边。

萧瑀一生为官清廉，临终留下遗言："生而必死，理之常分。气绝后可著单服一通，以充小敛。棺内施单席而已，冀其速朽，不得加一物。"他死后，他的孩子们就按照他的遗志，"敛葬俭薄"，一代名臣就这样安静地消失在唐朝的历史里。

段志玄

辅国大将军、扬州都督、褒忠壮公
段志玄（598～642 年）

齐州临淄（今山东淄博）人。初率千人投李渊，授右领军大都督府军头。后在攻克长安及讨平王世充、窦建德时，屡立战功。又因参与"玄武门之变"，官至左骁卫大将军。治军严谨，太宗誉其"周亚夫无以加焉"。历任右卫大将军、镇军大将军等职，封褒国公。卒后赠辅国大将军、扬州都督，谥曰忠壮。

段志玄像

165

段志玄生于齐州临淄。隋大业末年，跟随父亲客居太原（今属山西），其父段偃师为太原书佐，是李渊的部下，李渊起兵时，段偃师积极追随，加入起义队伍，官至郢州（治所在今湖北江陵）刺史。少年段志玄姿质伟岸，虽然长得一表人才，但自小顽皮捣蛋，我行我素，屡屡违犯法度，并且时有绑票治豪行为，使得太原城中那些豪门恶少见他都畏惧三分，而段志玄的这种行为得到李渊之子李世民的赏识，因此二人关系相当亲密。到了李渊父子太原起兵时，段志玄也拉起一支千人的队伍积极响应，被授予右领大都督府军头。此后，在下霍邑、绛郡（均在今晋南），攻永丰仓（在今陕西华阴）等一系列战役中，段志玄总是冲锋陷阵的急先锋，多次荣立战功，被授予乐游府骠骑将军。

在潼关（今属陕西）与刘文静协同抵拒隋将屈突通时，刘文静被屈突通大将桑显和击溃，关键时刻，段志玄率二十骑飞奔进击，杀数十人而还。当时他脚上中了一支流箭，怕属下知道自己受伤，动摇军心，就忍痛不言，多次往返冲入敌阵。桑显和军阵大乱，唐军趁机复振，转败为胜，最终大败隋军。屈突通败走，与诸将蹑获于稠桑（今河南灵宝东北）。不久，段志玄跟随李世民讨伐王世充，他冲入敌阵时马倒被俘，被两个敌将挟持，一人抓住他的一边头发骑马拖着，将过洛水时，志玄努力一挣，忽腾而上，将两个敌将坠落水中，乘机夺马驰还，后面追者有百余骑，都不敢近逼，最终安全回营。

破窦建德，平东都，段志玄再立战功，迁秦王府右二护军，赏物二千段。显而易见，担任李世民的卫队头目的段志玄，实际上已成为李世民集团的重要成员之一。而后太子李建成为了制约李世民，以金银财宝和帛丝利诱贿赂段志玄，志玄不纳，并秘密告知秦王李世民，在"玄武门之变"中，段志玄积极参加战斗。太宗继位，累迁左骁卫大将军，封樊国公，实封九百户。

贞观初年，吐谷浑乘唐国力不济，不断侵扰边境，对大唐不恭，李世民依鄯州（治所在今青海乐都）刺史李玄运之言："吐谷浑良马悉牧青海，轻兵掩之，可致大利。"遣左骁卫大将军段志玄为西海道行军总管，率边兵及契苾、党项之众以击之。去青海三十里，志玄与左骁卫将军梁洛仁一时犹豫，顿军迟留不进，致使吐谷浑遂驱青海牧马而逃遁。亚将李君羡率精骑别路，及贼于青海之南悬水镇，击破之，虏牛羊二万余头而还。由于此役差点贻误战机，为此，段志玄被免去职务，但过了不久，又复职。

贞观十年（636年）冬，文德皇后丧礼期间，段志玄与宇文士及分统兵马出章肃门，太宗在夜间派宫使至二将军处，宇文士及马上开门卫迎纳使者，段志玄闭门不纳，说："军门不可夜开。"宫使说："有皇帝手敕。"志玄说："夜中不辨真伪。"竟让皇帝宫使等到天明才放进。太宗闻后赞叹："真将军也。周亚夫也比不了呵。"改封褒国公，历镇军大将军。

贞观十六年（642年），段志玄患重病期间，唐太宗前往宅邸探视，流着泪对段志玄说："你放心，我即赐你儿子五品官。"段志玄顿首谢恩，请太宗将此任命赐予同胞兄弟，于是太宗拜段的兄弟段志感为左卫郎将。不久，段志玄就病逝了。太宗哭之甚恸。赠辅国大将军、扬州都督，陪葬昭陵，谥曰壮肃。

昭陵博物馆收藏有《段志玄碑》，此碑立于段志玄下葬的贞观十六年（642年），以其精美的书法艺术，曾被宋代金石学家赵明诚收入其所编的巨著《金石录》中。根据此碑宋拓本的记载，补充了两《唐书》中对段志玄有关史料记载的不足。

刘弘基

辅国大将军、夔国公

刘弘基（582～650年）

雍州池阳（今陕西泾阳）人。隋末因逃避兵役获罪，出狱后逃至太原。因参与晋阳起兵，深受李渊父子信赖，于攻克京师及平定薛举、刘武周诸役中，皆有战功。贞观年间历任卫尉卿、辅国大将军，封夔国公。后从太宗征高丽，战驻踔山有功，累加封户至千一百。

刘弘基像

168

刘弘基的父亲刘升，曾在隋朝时任河州（治所在今甘肃临夏东北）刺史。出生在这样的官宦人家，刘弘基少年时就落拓不羁，常与一些纨绔子弟和江湖游侠交往，也不愿打理自家的田产和生意，但毕竟有父亲做官的背景，还是当了一名小小的右勋侍。

隋大业末年，隋炀帝连年发动征讨高丽的战争，强令全国青年按时服兵役，并且规定服役的兵员一律自备戎装。此时刘弘基家庭已经相当败落，连从军用的衣履也买不起，因此没有随部队出发，而是单独行动追赶队伍。当他走到汾阳（今山西静乐县西）时，合计到辽东指定的地点还很遥远，无论怎样赶路也无法按时赶到，军法规定迟到当斩。他实在想不出别的办法，便与同行的一个人合伙偷杀了一头耕牛，自己却悄悄地去见县吏投案，于是被捕，囚禁在当地的监狱里，犯小法以躲过大罪，一年后竟花钱赎了出来。从此生计无着，有时以盗马为生，到处流浪，亡命天涯。

当刘弘基来到太原之时，正遇上李渊父子在此招兵买马，于是他便主动投到李渊门下。看到李世民气度不凡，待人接物的言行间处处流露出雄心壮志，使他感到由衷的钦佩和向往，于是主动接近李世民，向其敞开肺腑，以真心相交，因此深受李世民的欣赏和看重，成为挚友，出门时两人并排骑马。回府中则同睡同起。李渊举兵起义时，刘弘基招募回两千多人参与。当时隋朝派驻太原的官员王威、高君雅准备除掉李渊，李世民便与幕僚商议由刘政会在太原府当堂向李渊状告王威、高君雅图谋勾结突厥罪，请刘弘基与长孙顺德埋伏于官厅的屏风后面，设计将王、高二人擒拿斩首。为晋阳起兵扫清了障碍。此后刘弘基跟随李世民，攻克西河（今山西汾阳）。起义军到达贾胡堡时，与隋将宋老生交锋，击退宋老生之后又进攻霍邑（今山西霍州市）。这时宋老生率军出城抗拒。双方摆开阵势，拿出决战的勇气，一经接触便是凶狠的拼杀。李世民亲自出阵，刘弘基紧随左右，几个回合之后，宋老生招架不住，拨马回头便走，刘弘基穷追不舍，把宋老生追到断崖边上，宋老生滚鞍落马，最终因无路可逃而跳崖欲自尽。刘弘基亲斩其首级，声名大振，唐军顺利进占霍邑。

起义军打到河东（今山西永济蒲州镇）时，刘弘基带领一千人先渡黄河，攻克冯翊（今陕西大荔朝邑镇），被任为渭北道大使，授权他主持所在地区的军事。他抓住战机，主动进攻，以殷开山为副将，向西扩展，占据了扶风一带，兵员增至六万人，于是南下渡过渭水，屯兵于长安老城，对隋都长安造成直接的威胁，因此声威大振。刘弘基在金光门编整队伍，以其雄壮的军威展示于天下。隋将卫文升遣兵来战，刘弘基予以迎头痛击，生擒了一千多人并获战马数百匹。这时候李渊还在别的战场，而刘弘基所率领的军队先挺进隋都，首战告捷。李渊十分高兴，赐马 20 匹。攻克长安以后，他功记第一。

大唐建国初年，国内既有隋朝统治阶层的残余势力，又有称霸一方的武装割据，还有农民起义军。他们都拥兵据城，不少首领都自称皇帝，努力对外扩张，至少也力图保守原有的辖地。这种局面正为英雄豪杰提供了用武之地。胸怀一统天下大志的李世民亲自带兵，四出征伐。刘弘基作为李世民的左右手，马不停蹄，身不离鞍，始终追随。先在扶风一带攻打薛举，初战取得胜利后，一直将其追击赶到陇山（今陕西陇县西北）才返回来。刘弘基拜加领都督，封为河间郡公。其后又随李世民向东进攻洛阳，在璎珞门外与敌军展开激战，获胜后全军凯旋，刘弘基殿后。隋大将段达、张志率兵在三王陵列阵挑战，刘弘基一面派人与前队联络，一面组织兵力予以反击，打败了段、张队伍而获胜。

武德元年（618 年），拜为右骁卫大将军，并宣布以元老功臣的资格，今后如果犯法免其一次死罪。而后挥军西进，再次加兵于薛举，这时李世民因病留在高墌城，刘弘基与刘文静等领兵在浅水原（今陕西长武县）与薛举交锋，结果官军失利，八大总管都吃了败仗。尤其是刘弘基的部队，苦战恶斗，直到矢尽无援，全军覆没，刘弘基本人也被俘。李渊对他临难不屈、临危不惧的精神表示嘉奖，赐给他家里许多粮食、布帛。后来官军终于平定薛举（其子仁杲继位）的割据势力，刘弘基才从狱中被放出来，李渊便恢复了他原先的官爵。

当时山西一带仍有较大的对抗势力。宋金刚攻陷了太原之后，大有与唐王朝分庭抗礼、平分天下之心。李渊为失却起兵之地而焦急，于是派刘弘基领兵出征，与在太原一带的裴寂等将领联合征讨宋金刚。当刘弘基进驻晋州（今山西临汾）时，裴寂刚刚被宋金刚打败，一时间军心慌乱。宋金刚以得胜之兵围攻晋州，刘弘基寡不敌众，城陷敌手。刘弘基辗转逃回长安，李渊表示抚慰，授左一总管。而后便随李世民再战宋金刚。这一次采取步步为营的策略，先屯兵于柏壁（今山西新泽县），了解敌人的动向之后，刘弘基率领两千兵卒从隰州（今山西隰县）到达西河（今山西汾阳），截断敌人的退路。这时敌军士气旺盛，想一举吃掉刘弘基，连日向他挑战，但他坚壁高垒，拒不应战。宋金刚无可奈何，迫于粮草不继，只好引军退去。这时刘弘基却率骑兵出城追击，在介休城（今山西介休县东）外与李世民的军队相会，一起攻打宋金刚，大破其军。刘弘基得封任国公。此后又跟随李世民在洺州（今河北永宁县东南）讨伐刘黑闼，回朝后授予井钺将军。适逢突厥入侵北部边境，刘弘基席不暇暖，又率步骑一万人出征，在豳州（今陕西彬县）北界，东起子午岭西接临泾一线抗拒突厥，他与副将淮安王李神通一起，督率兵勇民工修营设障，加强国防设施，并且长期屯驻于边疆。武德九年（626 年）李渊以其佐命功臣，封食邑九百户。

李世民登基（627 年）之后，对刘弘基特别照顾，但他却在李孝常与长孙安的谋反事件中受到牵连，被撤职除名，一年之后又启用为易州（治所在今河北易县）刺史，恢复了爵位。贞观九年（635 年）改封为夔国公。后以年老为由申请退休，授辅国大将军，每月初一、十五上朝，其俸禄及赏赐一如在朝人员。李世民出征东辽时，又启用刘弘基，请他担任前军大总管，在驻跸山打击高延寿。弘基虽已霜染两鬓，但披甲戴盔立熙阵前，依然威风凛凛，及至出战，不减当年勇，又以力战建功，因而太宗李世民屡屡给予慰劳。

到永徽元年（650 年），刘弘基的食邑又加至一千一百户，当年病卒，享年 69 岁。高宗李治为他举哀，停上三日早朝，赠开府仪同三司、并州都督，陪葬昭陵，谥号襄，又为之立碑。

刘弘基留有遗嘱，对亲人们说："子孙如果是贤能之人，原本就不依赖过多的资财；如果不是贤能，只要守住这些资产，也可以不受冻饿了。"他分给每个儿子奴婢十五人，良田五顷，其余的家产仆役都施舍于众。由此仍可见其青年时代的豪爽之气。

屈突通

尚书左仆射、蒋忠公
屈突通（557～628年）

雍州长安（今西安）人。原为隋将，历仕文帝、炀帝，战功显赫，奉公正直。归唐后即授兵部尚书，封蒋国公。从平王世充功居第一，进陕东道大行台右仆射，镇守洛阳。历任刑部和工部尚书等职。

尚书左仆射 蒋忠公屈突通一五五七～六二八一

雍州长安一今属西安一人 原为隋将 历仕文帝、炀帝 战功颇赫 奉公正直 归唐后即授兵部尚书 封蒋国公 从平王世充功居第一 进陕东道大行台右仆射 镇守洛阳 历任刑部和工部尚书等职

屈突通像

173

屈突通的父亲屈突长卿是北周邛州（治所在今四川省邛崃）刺史。屈突通禀性忠毅，好武略，善骑射。隋文帝开皇年间，屈突通已担任亲卫大都督，属于御林军高官，深得文帝喜爱。有一次文帝派屈突通去陇西检校军马，查出陇西有隐瞒未报的马匹两万多头，杨坚大怒，要把对此负责的太仆卿慕容悉达和一千五百多监官都杀掉。屈突通跪地极谏："人命至重，陛下岂能以马匹之故杀掉千人？"文帝大睁双眼叱责，屈突通再谏，表示愿以已之命，换那将要斩杀的一千五百多人性命。杨坚毕竟不是昏君，不久转过神来，说："朕之不明，以至于此。"由此更加委信屈突通，升为右武候车骑将军。

屈突通正直无私，即使自己亲戚犯法也无所宽贷。当时他弟弟屈突盖当长安令，也以清正严肃知名。当时坊间传有这样一则顺口溜："宁食三斗艾，不见屈突盖；宁服三斗葱，不逢屈突通。"可见兄弟俩的肃然为官之气。

隋炀帝初即位，他升任左骁卫大将军，曾只身前往造反的汉王杨谅军中征招其回，事后竟得以安全返京。隋末农民起义爆发后，他为关内讨捕大使，为隋朝剿灭了不少反叛。

隋炀帝巡幸江都（今江苏扬州）后，命屈突通镇守长安。李渊从太原起兵，向长安进军时，代王侑命他进驻河东（今山西永济西）。屈突通听说永丰仓为义军所破，大惧奔还，想自武关趋蓝田返长安，在潼关与唐军刘文静相遇，其大将军桑显和与唐军大战，在马上要获胜之时，桑显和因为隋兵饥疲命令炊事兵送饭上阵地，就一顿饭的工夫，让刘文静复整旗鼓，唐军大奋夹击，隋兵大败。

在隋已朝不保夕这样的大趋势下，屈突通常有必死之心，抚勉将士，他常常自抚其脖颈说："要当为国家受人一刀耳！"慷慨流涕，当时人对他非常敬重。不久唐军攻克长安，大将桑显和投降，并与唐将段志玄带着俘获的屈突通儿子屈突子寿一起追击屈突通。双方结阵相持，唐军让屈突子寿劝父投降，屈突通大叫："昔与汝为父子，今与汝为仇敌！"命左右军士朝儿子射箭。桑显和在对面劝说隋兵："京师已陷，你们都是关西人，能跑到哪里去呢？"隋兵闻言都放下兵仗准备投降。屈突通自知不免于败，下马向南再拜号泣道："臣力屈兵败，不负陛下！"众军涌上，擒送长安。

唐高祖李渊亲见屈突通，言相见恨晚。屈突通泣道："我不能尽人臣之节，力屈而至，为本朝之辱！"高祖由此更加敬重，感叹屈突通是真忠臣，力劝其为大唐效力，大业十三年（617 年）十二月，屈突通降唐后，李渊命其为秦王行军元帅长史，从李世民攻伐薛举，又参与讨伐王世充的战争。当时屈突通有两个儿子在洛阳没跑出来，为王世充所羁押，李渊就问："您有二子在洛阳，您又参与攻伐，这怎么办呢？"屈突通回答道："至尊您对老朽臣亲加恩礼，粉身难报，此命终归国家所有，为臣我做前驱攻伐王世充，两儿若死，自是其命，我绝不会以私害义！"高祖闻言叹息不已。平定王世充后，屈突通功居第一，拜陕右大行台右仆射。此后，随李世民参加玄武门事变，复任检校行台仆射，驰镇东都洛阳。

贞观二年（628 年）病卒，享年 72 岁。太宗痛惜久之，赠尚书右仆射，谥曰忠。后与房玄龄配飨太宗庙庭，陪葬昭陵。对屈突通，新《旧唐书》的作者都有如下评价："或问屈突通尽忠于隋而功立于唐，事两国而名愈彰，何也？"答云："若立纯诚，遇明主，一心可事百君，宁限于两国尔！"

殷开山

陕东道大行台、尚书右仆射、郧节公
殷开山（？~622年）

名峤，以字行，世居江南，后徙京兆鄠县（今陕西户县北），李渊旧部。攻长安破魏文升有功，赐爵陈郡公。平薛举浅水原之战兵败削职，旋从平薛仁杲，以复爵位，拜陕东道行台兵部尚书。从讨王世充，晋爵国公，征刘黑闼时病卒。诏赠右仆射，谥曰节。

殷开山像

作为唐代开国功臣的殷开山，他的祖父殷不害为南朝陈（治所在今河南淮阳）司农卿、光禄大夫，本居陈郡，陈亡后，徙关中雍州鄠县（今陕西户县）。父殷僧首为隋朝秘书丞，在当时很有名气。殷开山年轻时以学问和才俊知名，尤善写作和书法，在隋代已出仕任太谷长，有治理之方而名于世。李渊在晋阳起兵后，被冠以大将军名，殷开山遂被召补为大将军府掾，成为佐助李氏父子的一名干员，参预谋略，当做心腹，以军功拜光禄大夫。在李世民担任渭北道元帅，随隐太子李建成攻克西河（今山西汾阳）时。又将殷开山引为长史，当时关中群盗聚结，流民各自为阵。李世民命殷开山前往招抚，他以其才智将这些流民改造成起义军所用力量，很有成效。李渊又命殷开山与统军刘弘基分兵西略扶风，率兵六万南渡渭水，屯长安故城，隋将卫孝节自金光门出战，殷开山与刘弘基将其击破。攻克隋京城长安后，殷开山被赐爵陈郡公，迁丞相府掾。不久，授吏部侍郎。

唐武德元年（618年），为元帅府司马，跟随李世民征讨薛举，双方对峙于高墌城（今陕西长武县城北2.5公里的浅水原）时，李世民不巧患病。就将指挥作战的事宜委托于刘文静，并告诫说："薛举远道而来，利在急战，士气高涨，我们不容易打赢，应该打持久战，等他们粮食吃得差不多了，士兵不耐烦的时候，我们可一举破敌，现在应该坚守不出。"但是刘文静二人认为唐军人多势众，殷开山也对刘文静说："秦王担心你没有胜算的把握，才这样交代。但薛举老贼如果知道秦王有疾，必然轻视我等，所以宜炫耀武力以威镇之。"于是将兵营陈于高墌城西南，列阵示威，甚至"恃众不设备"，没有防御。薛举发现后暗中调集军队，以精锐铁骑背后抄袭唐军，七月九日浅水原战斗打响，唐军八总管皆败，唐军士卒死者过半，李世民慌忙引兵退还长安。薛举遂占领高墌。仗打输了总要追究责任，于是刘文静和殷开山被免职。后薛举病死，薛仁杲忙于治丧，李世民亲任元帅，再率大军征讨，迫使薛仁杲率众投降。这次大战为唐王朝立足关陇清除了外患，殷开山因战功又被复职。

在八月唐军攻占霍邑（今山西霍州市）的战斗中，唐军用计谋诱使隋将宋老生出城迎战，由李建成、李世民等数十骑兵马正面对敌，待宋老生出城后，李渊命殷开山迅速召来步兵从后面冲杀入宋老生阵中，出其背，李世民手杀数十人，两刀皆缺，流血满袖，洒之复战。唐兵复振，因传呼曰："已获老生矣！"宋老生兵大败，唐军迅速占领并关闭城门，断了隋军的退路，宋老生下马投堑，刘弘基就地斩之。僵尸数里，残阳如血，日已近暮，李渊即命登城，虽然当时没有攻城的战具，将士们叠罗汉肉搏而登，遂克之。

武德二年（619 年），殷开山升任陕东道（治所在今河南陕县东）大行台兵部尚书，迁吏部尚书。跟从李世民讨平王世充，以战功晋爵郧国公。

武德五年（622 年），在征讨刘黑闼途中，殷开山病逝。李世民临丧痛哭，赠陕东道大行台右仆射，谥曰"节"。贞观四年（630年），诏以佐命之功配飨唐高祖庙庭，贞观十七年（643 年），又与长孙无忌、唐俭、长孙顺德、刘弘基、刘政会、柴绍等，绘肖像供于凌烟阁。成为大唐开国二十四功臣之一。永徽五年（654 年），追赠司空。

柴绍

荆州都督、谯襄公
柴绍（？～638年）

字嗣昌，晋州临汾（今属山西）人，李渊之婿，尚平阳公主。晋阳起兵，自长安奔太原，授右领军大都督府长史。唐平京师，功封临汾郡公。高祖即位，累从征讨，进封霍国公、迁右骁卫大将军。贞观初，平梁师都，转左骁卫大将军。出为华州刺史，改封谯国公。卒后赠荆州都督，谥曰襄。

柴绍像

柴绍的祖父柴烈曾是北周骠骑大将军，历任遂、梁二州刺史，封冠军县公；父亲柴慎，为隋太子右内率，封钜鹿郡公。柴绍出身于将门，自幼便"矫捷有勇力"，以抑强扶弱而闻名于世，少年时便当了隋朝元德太子（隋炀帝长子）的千牛备身（陪伴）。唐国公李渊也将三女儿（即后来的平阳公主）嫁给了柴绍。

此时，隋末农民起义烽火已燃遍全国各地，逐渐形成以李密、窦建德、杜伏威为首的三支农民起义军，分别活动在今河南、河北、山东和江淮一带，瓦解着隋王朝的统治，使隋统治集团及其军队主力分隔于江都（今江苏扬州）、洛阳、长安三处，陷入四分五裂的状态。一些隋贵族和地方官吏见大势已去，也乘机而起，占据郡县，建立割据政权，称王称帝。在这种形势下，早就心怀异志的太原留守李渊父子也开始做起兵的准备。

隋义宁元年（617 年）四月，李渊见时机成熟，开始征太原、西河（治隰城，今山西汾阳）、雁门（治雁门，今山西代县）、马邑（治善阳、今山西朔县州市）四郡 20～50 岁的男子为兵征高丽，以激怒人民起来反隋。李渊还秘密派人召李建成、李元吉和柴绍到晋阳（今山西太原市西南）。当时柴绍夫妇都在长安，二人接信后，便商议如何脱身，同去则怕引起朝廷怀疑，独行又恐罹后患，李氏知情况紧急，便对柴绍说："君宜速去。我一妇人，临时易可藏隐，当别自为计矣。"于是柴绍自长安启程赶往晋阳。路遇自河东出发的李建成、李元吉二人，李建成对柴绍说："追书甚急，恐已起事。隋郡县连城千有余里，中间偷路，势必不全，今欲且投小贼，权以自济。"柴绍则果断地说："不可。追既急，宜速去，虽稍辛苦，终当获全。若投小贼，知君唐公之子，执以为功，徒然死耳。"李建成听从了柴绍的话，加速赶路，行至雀鼠谷（今山西介休西南、霍州以北汾河河谷）时，听说李渊已于五月十五日晨宣告起兵，三人相互庆贺，佩服柴绍有主意。

李渊太原起兵后，于六月建大将军府，授柴绍右领军大都督府长史之职。七月初五，李渊统甲士三万于晋阳誓师出发，柴绍兼领马军总管。李渊军将至霍邑（今山西霍州）时，柴绍于城下侦察了隋将守宋老生的布防，回来后对众将领说："老生有匹夫之勇，我师若到，必来出战，战则成擒矣。"八月初三，李渊计诱宋老生出城，两路夹击，大败隋军，柴绍力战有功。霍邑之战的胜利，为李渊军进军关中打开了通道。

李渊军攻取霍邑后，沿汾水南下，乘胜破临汾，拔绛郡（治正平，今山西新绛），柴绍勇敢，每战都当先登城破阵，因功又授右光禄大夫。十五日李渊军进至龙门（今山西河津西北）。九月初，隋左武候大将军屈突通派虎牙郎将桑显和率数千名士卒，乘夜袭击左统军王长谐等军，王长谐等初战不利。孙华率精锐渡河增援，柴绍则与史大奈率轻骑从侧后袭击桑显和军，桑显和大败，撤回河东郡（今山西永济西南）。

柴绍离开长安后，李氏从长安避居鄠县（今陕西户县），散家财，招引山中亡命，得数百人，以此响应父亲的起义。又遣家奴马三宝招降地主武装何潘仁，合兵攻下鄠县城。马三宝又招降反隋的李仲文、向善志、丘师利等部，李氏部众达七万人。他们相继攻下盩厔（今陕西周至）、武功（今陕西武功西北武功镇）、始平（今陕西兴平东南）等县。李氏派人报告她的父亲，李渊喜出望外，便派柴绍率军渡过黄河去占领华阴，依傍南山接应其妻。这时李氏引精兵一万多人在渭河北岸与李世民会师，而后与柴绍别后重逢。于是依带兵将军的惯例，各自设置幕府，一齐包围长安。军中称其军为"娘子军"。李氏的起兵，牵制了隋军力量，为李渊西进关中夺取长安扫除了障碍（李渊进居长安后，即封她为平阳公主，以其独特的功劳，赏赐重于他人）。十月二十七日，李渊命李建成从东、南两面，李世民从西、北两面，同时向长安城发起进攻。十一月初九，遂克长安。李渊入城后，拥杨侑即位。柴绍进右光禄大夫，封临汾郡公。

唐武德元年（618 年）五月，李渊在长安称帝，建立唐朝，是为唐高祖，柴绍拜左翊卫大将军。此后柴绍随秦王李世民参加统一战争。平薛举父子（浅水原之战），破宋金刚，败王世充，擒获窦建德。洛阳、虎牢之战，屡立战功，因此封为霍国公，赐食邑一千二百户，并转为右骁卫大将军。

武德六年（623 年）四月，吐谷浑侵扰芳州（今甘肃迭部东南），唐芳州刺史房当树逃奔松州（今四川松潘）。二十一日，吐谷浑军进扰洮（今甘肃临潭）、岷（今甘肃岷县）二州。五月初五，柴绍奉命率兵前去救援。六月，柴绍军进至岷州。二十九日，柴绍与吐谷浑战，被困一山谷中。吐谷浑军居高临下射击、箭如雨下、形势危急，唐军将士皆失色。柴绍则临危不惧，安然而坐，让人弹奏胡琵琶，使二美貌女子翩翩对舞。吐谷浑士卒非常奇怪，都放下弓矢驻足观瞧。柴绍见吐谷浑军阵容不整，乘其无备，暗遣精骑绕到其阵背后，突然袭击，大败吐谷浑军，斩首 500 余级。八月，吐谷浑归附唐朝。同年，柴绍的妻子平阳公主去世。

自武德七年（624 年）三月起，突厥军不断入侵唐边境。八月十二日，秦王李世民率军在五陇坂（今陕西凤翔西）计退突厥军。为配合李世民军，柴绍于二十三日率军在杜阳谷（今陕西麟游西北）击败了突厥军。武德八年（625 年），突厥军又多次南下攻扰唐边境，十月十七日，突厥军侵扰鄯州（今青海乐都），柴绍奉命前去救援，武德九年（626 年）五月，柴绍（时为平道将军）率军兵攻打胡人。

六月，秦王李世民率部（长安太极宫北面正门）发动"玄武门之变"，伏杀太子李建成、齐王李元吉，夺取了皇位继承权。初七，李渊立李世民为皇太子。柴绍拜右卫大将军。

同年，突厥军仍然多次骚扰唐边。四月二十五日，突厥侵扰西会州（治会宁镇，今甘肃靖远）。五月十一日，侵扰秦州（治上邽，今甘肃天水）。同月侵扰兰州。六月，突厥侵扰陇州（治沂源，今陕西陇县）。十五日，突厥侵扰渭州（治襄武，今甘肃陇西东南）。面对突厥的不断入侵，柴绍又奉命率军出击，七月初三柴绍在秦州打败突厥，斩杀突厥特勒（官名）一名及将士一千余，凯旋。

八月初八，唐高祖李渊退位。初九，李世民即皇帝位，是为唐太宗。十月，唐太宗大封功臣，柴绍实封一千二百户。

在隋义宁元年（617 年）二月时，朔方鹰扬郎将梁师都据朔方郡（今陕西靖边东北白城子），起兵反隋。后称帝，国号梁。唐朝建立后，梁师都依附突厥，经常引突厥军南下侵扰。唐军虽多次击败梁师都军，但因其受突厥保护，一直未将其歼灭。贞观二年（628年），突厥内部争斗，政局混乱，无力继续庇护梁师都。唐太宗李世民乘机用书信劝其归降，梁师都不从。太宗乃命夏州都督长史刘旻、司马刘兰成伺机出击。刘旻等数次遣轻骑践其禾稼，又使反间计，离间其君臣，梁师都国势渐衰，降唐者接踵而至。梁师都名将李正宝等企图抓获梁师都投唐，事情败露后，降唐。从此，梁国上下更加互相猜忌，刘旻等见时机成熟，上表请求出兵。

唐太宗即命柴绍与殿中少监薛万均率军攻打梁师都，同时又遣刘旻等进屯朔方东城进逼。梁师都引突厥兵至城下，唐将刘兰成偃旗息鼓，按兵不动，待梁师都夜间退兵时，出兵追击，大败其军。突厥发兵救援梁师都，柴绍军在离朔方数十里处与其遭遇，奋勇出击，大破突厥军，乘胜包围朔方城。突厥不敢救援，城中食尽。四月二十六日，梁师都堂弟梁洛仁杀梁师都，举城投降。唐以其地置夏州。唐军击灭梁师都，占领朔方重镇，为反击突厥准备了前沿基地。柴绍转左骁卫大将军，又为华州（治所在今陕西华县）刺史。

贞观三年（629 年）十一月，突厥军进扰河西，唐太宗于二十三日诏命各路军马开唐灭东突厥之战；并州都督李勣为通汉道行军总管，兵部尚书李靖为定襄道行军总管，任城王李道宗为大同道行军总管，检校幽州都督卫孝杰为恒安道行军总管，灵州大都督薛万彻为畅武道行军总管，柴绍则为金河道行军总管，与上述 5 路共同出击。唐军共计十余万，皆受李靖节度，于贞观四年（630 年）出征，最终灭掉了东突厥。

贞观七年（633 年）柴绍加镇军大将军，行右骁卫大将军，改封谯国公。贞观十二年（638 年）柴绍病重，唐太宗亲自前去探望。不久，柴绍去世，赠荆州都督，谥号襄。

长孙顺德

荆州都督、邳襄公

长孙顺德

　　太宗长孙皇后之族叔，早年依附李渊。晋阳起兵时招募有功，拜统军。攻长安任先锋，擒隋主将屈突通。高祖即位，拜左骁卫大将军，封薛国公。贞观初，以玄武门之变有功，食邑千二百户。后坐事除名，复爵后折节为政，时称良牧。卒后赠荆州都督，谥曰襄。

长孙顺德像

　　长孙顺德是唐太宗文德顺圣皇后之族叔。其祖父长孙澄，曾是北周秦州（治所在今甘肃天水）刺史。父长孙恺，隋时期官至开府。长孙顺德在隋末时虽然也曾担任过一名小官右勋卫，但也不能幸免被征去参加攻打高丽的战争，为了躲避辽东之役，长孙顺德逃匿于太原，由于本族侄女已成为李世民的结发妻子，长孙顺德被时为太原留守的李渊及李世民所收留成为门客。当时群盗并起，郡县各自募兵为备。不久因马邑校尉刘武周据汾阳宫举兵反叛，李渊见时机成熟，遂命李世民、刘文静以及长孙顺德与刘弘基以讨伐反贼为名，各自招募兵员，旬月之间，就招来兵众万余人，结营于城郭之下，接着长孙顺德参与诛杀王威、高君雅等隋朝的亲信。晋阳起兵后，李渊建大将军府，并置三军，分为左右。以世子建成为陇西公、左领大都督，左统军隶焉；李世民为敦煌公、右领大都督，右统军隶焉。长孙顺德被拜为李世民麾下的右统军。开仓库以赈穷乏，远近响应。在跟随李氏父子从平霍邑，破临汾，下绛郡等一系列战役中，长孙顺德俱有战功。最突出的战例是，在与刘文静一起进击当时还是隋将的屈突通于潼关时，每战摧锋。等到屈突通将要逃回洛阳时，长孙顺德追及于桃林（今河南灵宝东北），将屈突通俘虏押解到长安，交由李渊招降，乃略定陕县。高祖即位，拜长孙顺德为左骁卫大将军，封薛国公。并与刘弘基、唐俭等十四人以首义之功免死一次。在武德四年至五年期间，长孙顺德曾受命出使突厥被扣，后突厥又因慑于唐廷的恩威而放还。

　　武德九年（626年），长孙顺德与秦叔宝等参加"玄武门之变"，讨灭李建成余党。为李世民夺取帝位立下大功。唐太宗登基后论功行赏，长孙顺德食邑一千二百户，还特赐以宫女，并且享有可以每宿内省的特殊待遇。

　　贞观元年（627年），长孙顺德监奴受人馈绢事发后，太宗对近臣说："顺德地居外戚，功即元勋，位高爵厚，足称富贵。若能勤览古今，以自鉴诫，弘益我国家者，朕当与之同有府库耳。何乃不遵名节，而贪冒发闻乎！"很为其贪小利而忘大义而叹息，然惜其功，不忍加罪，遂决定用一个别出心裁的办法，于殿庭之上又赐绢数十匹，以愧其心。大理少卿胡演觉得奇怪问："顺德枉法受财，罪不可恕，奈何又赐之绢？"太宗回答："人生性灵，得绢甚于刑戮；如不知愧，一禽兽耳，杀之何益！"但时隔不久，顺德又因与犯罪的李孝常有交往受牵连，被撤职除去名分。一年后，唐太宗阅首义功臣图，见顺德之像，悯然怜之，遣宇文士及视其所为，见长孙顺德颓然而醉，论者以为达命。召拜泽州（治所在今山西晋城西北）刺史，复其爵邑。

长孙顺德素多放纵，不遵法度，此次虽京官外放，及此折节为政，号为明肃。在任内做了一些很有影响的好事，先是当地的长吏多受百姓馈饷，长孙顺德纠摘，一无所容，称为良牧。还有前刺史张长贵、赵士达并占境内膏腴之田数十顷，长孙顺德并劾而追夺，分给贫户。一时传为佳话。但不久他自己又卷入一起犯法之事被连带免职，还因不检点生了病，太宗闻而鄙之，对房玄龄说："顺德无慷慨之节，多儿女之情，今有此疾，何足问也！"没过多久，长孙顺德就病逝了。唐太宗为之罢朝，遣使吊祭，赠荆州都督，谥曰襄。贞观十三年，追改封为邳国公。贞观十七年，诏令图功臣像于凌烟阁，在二十四功臣中排名十五。永徽五年（654年），重赠开府仪同三司。

张亮

洛州都督、郧国公
张亮（？ ~646 年）

郑州荥阳人。隋末兵起，为李密部下，后随李世勣降唐，经房玄龄荐入秦王府。"玄武门之变"有参预之功，太宗即位，封长平郡公。累迁御史大夫，进封郧国公。后改郧国公，拜工部尚书。复以奏告侯君集反、平高丽之功进刑部尚书。贞观二十年，因谋反被诛。

张亮像

张亮出身寒贱，曾以务农为业。史载，张亮"倜傥有大节，外敦厚而内怀诡诈"。隋炀帝大业年间，投李密瓦岗军，开始未被重用，后因军中有人谋反，张亮知道后告于李密，从而获得信任，升为骠骑将军。隶属于徐世勣之下，当徐世勣准备以黎阳城归附唐高祖时，张亮积极赞成响应，在徐世勣投唐过程中起到重要作用。乃授郑州刺史。后来与王世充交战时，郑州陷，张亮以孤军无援不敢进入，遂亡命于共城山泽。不久担任检校定州别驾，后来，李世勣奉高祖命讨伐刘黑闼，命张亮守相州（今河南安阳），因贼方强盛，张亮弃城遁回。

后房玄龄、李勣以张亮倜傥有智谋，荐之于太宗，引为秦王府车骑将军。逐渐大受宠任。李世民与太子、齐王争位时，派张亮统左右千人到洛阳一带，悄悄地为秦王招降纳叛，并广结山东豪杰以待时变。多出金帛，恣其所用。被齐王李元吉觉察，向李渊告发张亮图谋不轨，因此他被唐廷逮捕，严刑拷打，拒不招认，只好释放，使还洛阳。"玄武门之变"后，太宗登基，封张亮为长平郡公，授怀州（治所在今河南泌阳县）总管。

自贞观五年（631 年）起，张亮被召回朝，历任御史大夫、金紫光禄大夫，贞观十一年（637 年）改封勋国公。张亮为人有明察之能，又常常暗遣手下侦知治下善恶细隐，动若有神，抑豪强而恤贫弱，颇有政声。

但后来他弃掉结发原配，另娶妻子李氏，这个李氏本来就不守妇道，淫荡剽悍，骄妒特甚，而张亮却因其貌宠而惧之。后至相州（今河南安阳），有邺县（今河北临漳县）小儿，以卖笔为业，善歌舞，李氏见而悦之，遂与私通，并言此人是张亮先与其母野合所生，骗张亮收为儿子，名曰慎几。张亮前妻之子张慎微每每质疑致谏其父，张亮竟只信妇人而不听。李氏尤好巫蛊左道，装神弄鬼，所至巫觋（男巫）盈门，又干预政事，渐渐张亮的名声就被这妇人所败坏。

贞观十四年（640 年），张亮入为工部尚书。次年，迁太子詹事，出为洛州（治所在今河南洛阳市东北）都督时，正遇到平西归来却因私取宝物获罪而满腹牢骚的侯君集，侯自以有功而下吏，怨望有异志。看到张亮离京城出为洛州，遂说风凉话："被谁排挤了？"张亮回答："还不是你呀！"侯君集闻言激起心中之怨说："我平一国归来，天子训我眼珠子瞪得斗大，还能排挤你！你反不反！我和你一起反！"张亮将此话密告于唐太宗，太宗对其说"卿与君集皆功臣，语时旁无他人，若下吏，君集必不服。如此，事未可知，卿且勿言。"待君集如故。

贞观十七年（643年）八月，侯君集参与李承乾谋反被诛后，因张亮有"先见之明"，迁为刑部尚书，参预朝政。太宗伐高丽时，张亮随军，为沧海道行军大总管，管理军船事宜。屯兵于建安（今辽宁辽阳县）城下时，张亮士兵多出去打柴找吃食，营垒未固。忽然高丽一大队人马杀到，军中士兵张皇失措。张亮本性怯懦，真正冲阵临敌的场面几乎没有经历过，"无计策，但踞胡床，直视而无所言"，吓得目瞪口呆，连逃跑都想不起来。他手下将士见到这情形，反误以为张总管临危不惧，胆气冲天，都稳下心神挺身斗敌，其副手又及时赶到，鸣鼓奋击，竟大破敌军。过后此事传到太宗那里，李世民也知张亮没有将帅才能，并未责备于他。

张亮当初在相州时，曾私下招来亲信方术之人程公颖，对他说："相州形胜之地，人言不出数年有王者起，公以为何如？"程公颖知其有异志，因言亮卧似龙形，必当大贵。又有一位叫公孙常的，颇擅文辞，经常和张亮交往。自言有黄老之术，亮谓曰："我曾听说过图谶'有弓长之君当别都'，虽有此言，实不愿闻之。"公孙常又言张亮名应图谶，张亮大悦。

贞观二十年（646年），有人将这件事告发，说张亮讲过"有弓长之君当别都"的谶语，加上他有义子500人，有谋反之嫌。唐太宗命马周等察按其事，张亮不服。太宗对张亮畜养500壮士之事极其愤恨，认为："张亮养此辈何为？还不是想谋反！"于是让百官讨论该定何罪，皆言亮反，当诛。独有将作少匠李道裕有不同意见：

"张亮反形未具，罪不当死。"太宗仍下诏处斩，遣长孙无忌、房玄龄就狱与亮诀别道："法者天下之平，与公共之。公自不谨，与凶人往还，陷入于法，今将奈何！公一路走好吧。"己丑这天，将张亮与程公颖一起斩于西市，籍没其家。

　　一年后，刑部侍郎出缺，太宗命执政妙择其人，拟数人，皆不能定夺，最后太宗说："我想要这个人，去年李道裕议张亮狱时说过'反形未具'，此言当矣，朕虽不从，至今悔之。"遂以李道裕为刑部侍郎。

侯君集

光禄大夫、吏部尚书、陈国公
侯君集（？～643年）

幽州三水（今陕西旬邑）人，以才称雄，少事秦王幕府，从征有功，累擢左虞侯、车骑将军，封全椒县子。"玄武门之变"主谋之一。太宗即位，拜左卫将军，进封潞国公，食邑千户。后迁兵部尚书、检校吏部尚书。曾辅李靖击败吐谷浑。又统兵灭高昌。后因与太子承乾谋反被诛。

侯君集像

史载侯君集："性骄饰，好矜夸，玩弓矢而不能成其艺，乃以武勇自称。"又说他："以才称雄。少事秦王幕府，从征讨有功，擢累左虞侯、车骑将军，封全椒县子。预诛隐太子尤力。王即位，拜左卫将军，进封潞国公，邑千户。贞观四年，迁兵部尚书，检校吏部尚书，参议朝政。"可见，侯君集一直是唐太宗李世民最得力的干将之一。为李世民和大唐开国立下了汗马功劳。

李靖伐吐谷浑，侯君集与任城王李道宗为副手。一路上侯君集进献不少奇计，都为李靖采纳，大破敌军于库山，又与李道宗自为一军，从南路挺进，历破逻真谷（今青海都兰东南），逾汉哭山（估计是当地人起的名字，从前汉军肯定于此战死不少），经途二千余里，盛夏降霜，山多积雪，转战过星宿川，一路上数次与敌大战，每战必胜，获牛马无算，斩获颇丰。一直行军，直到北望积玉山，观黄河源头，然后凯旋，与李靖一军会于大非川（今青海共和县西南），平定吐谷浑。贞观十一年（637年），改封陈国公。转年，拜吏部尚书。侯君集行伍出身，入秦王府后才开始读书，聪颖异常，竟能典选举，定考课，出则为将，入则参政，为时人所叹美。

侯君集一生最光辉的事迹，当属他独担重任，率唐军平灭高昌的壮举。高昌，就是汉朝时候的车师。距长安以西四千三百里（从唐书），有三十一城，先都交河，后移至高昌（在今新疆吐鲁番），是西域大国，胜兵万人，土壤肥沃，麦果丰饶，以葡萄酒知名。隋朝进入贡，封其王麴伯雅为车师大守，弁国公。高祖武德三年，伯雅死，其子麴文泰嗣位，遣使告哀，高祖派使臣前去祭吊，正式承认了其藩贡国地位。麴文泰开始还很"孝敬"，经常贡献奇珍异兽白玉盘什么的，又上贡一对大狼狗，能曳马衔烛。贞观四年（630年），麴文泰还亲身入朝，回去时获赏赐甚厚，大打秋风而回，其妻还被赐姓李，封常乐公主。按理说麴文泰亲朝天子，又获巨赏，应该安心臣服才是。但此人在朝贡时经过唐朝西边久经战争之地，见人民稀少，城邑空虚，就心中升起轻唐之念。渐渐地，麴文泰把西域诸国经过高昌前往唐朝的商人和贡使都扣押起来，又暗中和突厥人勾结，攻打唐朝另外的西域属国伊吾。不久，竟胆大妄为，和突厥连兵进攻唐朝另一属国焉耆，拔克三城，尽掳男女而去。焉耆王上表告状，太宗大怒，说："高昌数年无状，没有尽藩臣之礼；其国中模仿我大唐，设置官号；今年岁首，万国来朝，文泰独不至。高昌还不断拘押西域来使，离间邻好，所谓恶而不诛，何以劝善！"贞观十四年（640年），太宗命侯君集为交河道大总管，率左屯卫大将军薛万均等人将突厥等西域归附军数万人征讨。当时，唐朝众大臣都以为行经沙漠，用兵万里，恐难取胜，而高昌界处绝域，得之难守，不如不伐。太宗坚执不从，侯君集身负皇命，浩荡而来。麹文泰做梦也想不到唐朝会真的出兵，他常对左右讲："我先前去唐朝贡，见秦、陇之北，城邑萧条。假使唐兵攻伐，军队人数多，路上不能有足够的军需供给，如果兵发三万以下，我高昌力能制之。加之沙漠艰险，唐军即使能来也疲惫至极，我以逸待劳，不用忧虑啊。"等到听说唐军已到达碛口，这位西域名王惶骇无计，未见唐兵，竟活活吓死。其子麹智盛嗣立。

　　侯君集率军至柳谷，侦察兵报告说麹文泰这几天就要下葬，其时高昌国人毕集。诸将要求趁发丧时起兵突袭。侯君集独表异议："天子以高昌骄慢无礼，使吾辈恭行天罚。如果我们趁人发丧时偷袭，非问罪大国之师所为！"于是全军整装，鼓行而进，光明正大地进击。高昌大兵汇集于田地城，城坚墙厚，高昌人起初还固城自守。侯君集军队携带了威力巨大的撞城车和抛石机，巨石飞空，尖车推城，很快就一攻而入，俘获男女七千多口。接着，大军前行，直逼都城高昌。麹智盛无奈，来信乞怜，表示"有罪于天子者乃先王，今已无罚丧身，我本无罪，望侯尚书哀怜。"侯君集回书："如能悔过，应束手投降！"麹智盛还不肯出降，侯君集命人填其城壕，又大发抛石机，并树十丈高楼，于楼顶指挥抛石机落点，巨石纷下，高昌守兵顿成肉泥。早先答应和高昌里外为援的西突厥兵此时连影子都没有，向已西逃千余里，哪里还顾得上邻家。计穷之下，麹智盛出城门投降。侯君集马上分派兵马，一时攻灭其余城池，平灭高昌，带着俘虏的高昌国王及将士、刻石勒功而还。此次远征，下高昌三郡、五县、二十二城，得人口三万七千七百，马四千三百，其国东西八百里，南北五百里。非常值得人玩味的是，侯君集军到之前高昌国内有童谣流唱："高昌兵马如霜雪，汉家兵马如日月。日月照霜雪，回手自消灭。"麴文泰当时让人搜捕初唱者，最终也未抓获，不知是何人所为。唐太宗以高昌故地为西州，置安西都护府，留遣兵马镇守。

虽立此平国大功，侯君集仍不免前辈平灭西域将领犯下的过错——私取宝物。他属下战胜的将士得悉总管大拿高昌宝物，也纷纷效仿，竟来盗窃。侯君集上梁不正，也不敢阻挡，怕他们把自己也连带告出来，以致高昌一国宝物被掠一空。大军回京，御史们早把弹劾奏章报上，功劳再大，赏罚应分，迎接侯君集的不是红地毯和凯旋乐曲，而是国家大狱。还是中书侍郎岑文本有远见，认为功臣大将不能轻加屈辱，上书列举汉朝李广利、陈汤，晋朝王浚以及隋朝韩擒虎等大将事迹，并以黄石公兵法内容作为补充，言《军势》一书中讲，使智、使勇、使贪、使愚。故智者乐立其功，勇者好行其志，贪者邀趋其利，愚者不计其死，希望太宗以帝王之德，含弘为美，弃人之短，收人之长，使侯君集能悔过报效。奏上，太宗觉得有理，下诏把侯君集放出。

侯君集立此殊勋，回京就被关进大狱，虽然日后放出，仍然终日快快不快。贞观十六年（642年），多年一起共事的老哥们张亮出任洛州地方官，与侯君集道别，侯君集乘机激怒他说："怎么，被排挤出京城了？"张亮不乐，答道："当然是你背后排挤我，还能怨别人吗？"侯君集闻言激起心中积恨："我功平一国，回来就被天子谴怒，哪还有机会背后挤对你！这种日子我过不下去了，你敢造反吗？我和你一起反了吧！"张亮为人外忠内诈，一转身就把侯君集的话密告太宗。李世民毕竟是大度君王，对张亮说："你和侯君集都是唐朝功臣，刚才的话只有你和他两个人知道，如果审验成狱，你们都不会承认有谋反之语。"就把此事压下，对待侯君集如初，于次年命人图君集等二十四人像于凌烟阁。当时，太子李承乾怕被李世民废掉，暗中准备谋反，又知道侯君集心怀怨望，就通过侯君集的女婿贺兰楚石（当时为东宫属官）与他牵线，两人数次密谋。侯君集深知李承乾气量劣弱不能成大事，但仍想借机旁图，就答应与李承乾一起干，举手对太子说："此好手，当为殿下用之！"虽如此，毕竟谋反事大，侯君集常常夜中惊醒，一醒就再也睡不着觉，四转叹息。他的妻子很奇怪，劝他说："您是国家大臣，怎么会这样？如有辜负国家之事，还是自首的好，肯定能保全性命。"侯君集也不应声。平心而论，太子承乾的所谓"谋反"，深层次的原因是太宗晚年意志衰退，疑心太重，二子李泰的府吏乘机活动，诬告太子。结果两败俱伤，无能的少子李治得以坐收其利，封为太子。从而导致李氏王朝宗室数千人丧命。史家为之十分惋惜。侯君集有殊功于大唐，太宗赏赐不公，怨恨而掳掠财宝过分，导致亡家，功高而违犯法度，亦令后人惋惜而引以为戒。

不久，太子李承乾谋反事发，牵连侯君集。他那作为牵线人的女婿贺兰楚石为了活命，又诣阙上告岳父谋反的实情。对这么一个共事几十年的老功臣，太宗亲自审问，说："我不欲令刀笔吏辱公，自己亲自问你案情。"侯君集最初还狡辩，但太子、贺兰楚石等人证及书信等等物证俱在，最终辞穷服罪。太宗临朝，对百官讲，君集于国家未安之时有大功，我想活其一命。但谋反是封建社会不可饶恕的大罪，群臣争进，都讲："君集之罪，天地所不容，必诛之以明大法。"太宗又回到私室，对跪伏于地的侯君集讲："与公永别了，从今而后，以君之故，我不忍复上凌烟阁！"言毕，皇帝唏嘘泣下，痛哭不止。君集也自投于地，泣不能起。按刑法，侯君集被斩于四达通衢。这位大将临刑之时，容色不改，对监刑将军说："君集我怎能真反呢，是蹉跌至此啊！念我为唐家大将破灭二国（高昌国以及与李靖一起灭的吐谷浑），还是有微功可陈。为我对陛下讲一声，留下我一个儿子活着以守祭祀。"（谋反应诛满门）监斩官驰奏，特诏原其妻及一子，徙于岭南。但凌烟阁上的侯君集画像，仍然保存了很久。

张公谨

左骁卫大将军、郯襄公
张公谨（583～631 年）

字弘慎，魏州繁水（今河南濮阳）人。初仕王世充，降唐后经李勣荐入秦王幕府。"玄武门之变"，因功授左武候将军，封定远郡公，实封千户。后佐李靖经略突厥，击败颉利，建定襄之绩，进封郯国公。卒后赠左骁卫大将军，谥曰襄，追封郯国公。

张公谨像

武德九年（626年），建国不久的唐王朝内部出现了前所未有的政治危机，由于在唐初的一系列统一战争中，秦王李世民屡立战功，在他的周围，形成了一股强大的政治和军事实力，这一切引起当时已确立为接班人的太子李建成的极大不安，开始设法削弱并试图除掉李世民，五月底，太子李建成以反击突厥侵犯为名，欲乘机调出秦王府精兵猛将，并与齐王元吉谋杀秦王。形势十分危急，以长孙无忌为首的干将极力劝说秦王先下手为强，杀掉太子。六月三日，秦王命长孙无忌等将房玄龄、杜如晦召入王府，共商对策。虽然经过筹划后，决定先发制人。但此时李世民又唤来巫师准备以占卜来看看吉凶如何来决定是否立即行动，这时，一位时为玄武门（皇宫北门正门，臣将朝见都由该门进出）守将的将军匆匆自外而至，一把夺过巫师手中的龟甲，随手丢到角落，并斩钉截铁地对秦王说："凡卜以定犹豫，决嫌疑。今事无疑，何卜之为？卜而不吉，其可已乎？"（占卜是为了在干和不干中选择，今天这事，已必干无疑，为何还要占卜？如果卜相不吉，难道我们就不干了？）秦王突然醒悟，连声称善，拍板次日立即行动。这位促使李世民下定决心的将领，就是张公谨。

早年，张公谨曾在王世充手下任洧州长史，后来与刺史崔枢挈城投归于高祖李渊，授检校邹州别驾，迁累右武侯长史，那时没有多大名气。经李勣、尉迟敬德数次向秦王推荐，李世民乃将其引入到秦王府任职。关键时刻，显露出智勇双全的英雄本色，深得李世民信任。

武德九年（626年）六月四日，"玄武门之变"成功，当隐太子李建成被李世民杀死后，其部下进攻玄武门，战斗相当激烈，张公谨奋力独自关闭城门，坚守拒之。直到秦王府诸将力斩李元吉，铲除太子死党，秦王获得全胜。张公谨以功授左武侯将军，封定远郡公，实封一千户。

贞观初，张公谨为代州都督，置屯田以省馈运，颇有政绩。数言时政得失，多为唐太宗所采纳。后作为李靖的副将经略突厥，向

唐凌烟阁功臣篇

太宗上书可取状中写道："颉利纵欲肆凶，诛害善良，昵近小人，此主昏于上，可取一也。别部同罗、仆骨、回纥、延陀之属，皆自立君长，图为反噬，此众叛于下，可取二也。突利被疑，以轻骑免，拓设出讨，众败无余，欲谷丧师，无托足之地，此兵挫将败，可取三也。北方霜旱，禀粮乏绝，可取四也。颉利疏突厥，亲诸胡，胡性翻覆，大军临之，内必生变，可取五也。华人在北者甚众，比闻屯聚，保据山险，王师之出，当有应者，可取六也。"太宗看后深以为然，肯定所谋策略。及击破定襄，大败颉利，太宗玺诏慰劳，进封邹国公，改任襄州（治所在今湖北襄阳）都督，张公谨爱民好与，柔质慈民，以惠政闻名。贞观五年（631年），张公谨病卒于任上，年仅49岁。唐太宗闻讯痛哭失声，掌管选择良辰吉日的有司官正好在旁，马上制止说："今是辰日（日月交会的日子），皇上哭啼是不吉利的。"唐太宗说："君臣如同父子，感情发自肺腑，怎能避讳那么多！"遂哭祭如常。诏赠左骁卫大将军，谥曰襄。陪葬昭陵。十三年，追改郯国公。永徽中，加赠荆州都督。

后世评说："公谨投龟定义，志助储君，皆所谓猛将谋臣，知机识变，有唐之盛，斯实赖焉。"

《张公谨碑》今佚。

程知节

左领军大将军、卢国公
程知节（589～665 年）

本名咬金，济州东阿（今山东东阿）人。原为瓦岗军勇将，李密败亡，与秦叔宝投秦王帐下，以平宋老生、窦建德、王世充功封宿国公。"玄武门之变"有功，迁右武卫大将军，实封七百户。贞观中，历泸州都督，改卢国公。高宗时出征贺鲁，因屠城罢官。卒后赠骠骑大将军、益州大都督。

程知节像

程知节是程咬金成为唐朝官员以后的名字，其曾祖父程兴，是北齐兖州（今属山东）司马，其祖名程哲，是北齐晋州司马，其父名程娄，是北齐济州（治所在今山东荏平西南）大中正，唐又赠使持节瀛州诸军事、瀛州刺史。由此可见，程知节应是世家大族之后，绝非寒门出身。

隋末四海鼎沸，大乱之中，程咬金聚数百徒众，捍卫乡里。他青年时就骁勇异常，善于马上击槊。李密起兵反隋，他前去投靠参加瓦岗军，署为内军骠骑，成为李密左右的重要人物。当时李密拣选八千名勇敢异于常人的兵士，以四骠骑统领，号为内军，程咬金即四骠骑之一。李密常对人讲，"此八千人可当百万军"。李密与王世充交战时，程咬金领内马军与李密在北邙山指挥。王世充率众猛攻单雄信统领的外马军，李密见状就命程咬金与裴行俨前去支援。裴行俨也是勇猛骑将，先行冲阵，行到中间被流矢所中，滚落马下。程咬金挺身而出，一骑先行，击杀敌人，王世充那些争前想斩大将人头的兵士望之披靡。程咬金下马把受重伤的裴行俨抱上马，两个人骑一匹马往回走。王世充又派骑兵追击，由于马上还有裴行俨这名伤员，程咬金的动作不如平时灵活，一根尖槊洞穿其身，这位大英雄牙关紧咬，回身生生把槊把折断，顺手一带把追刺他的兵士拉至近前，刀斩其头，后面追骑大骇，谁都不敢再近前，最终两个人平安归营（裴行俨就是《隋唐演义》中第三条好汉裴元庆的原型。正史中，他勇猛善战，号"万人敌"，降于王世充后，心有不甘，想行刺未成，被王世充所杀）。

李密与王世充大小近百战，胜多败少，但洛水之战，由于王世充事先索得一个貌似李密的人，他把此人推向阵前，声言已捉得李密，瓦岗军误以为李密真的被俘，遂军心动摇，阵势混乱，结果大败，程咬金、单雄信、秦叔宝等人不得已，归于王世充。王世充这位隋炀帝宠臣、西域胡人出身的枭雄对这几位大将"接遇甚厚"，很希望他们帮助自己扫平天下。相处没多久，程咬金就对秦叔宝说："王世充器量浅狭，平时胡乱妄语，喜欢诅咒发誓，迷信神怪，简直就是个跳大神的老娘们儿，根本不是拨乱济世之主!"不久，王世充与李世民战于九曲，程咬金等人列于战阵，忽然与秦叔宝等人拨转马头，面向王世充说："蒙您接待，极欲报恩。但您性多猜疑，身边又多小人，不敢在您身边久留，今谨奉辞!"言毕，与左右数十人跃马而奔唐军，投奔李世民。王世充身后数万兵马，但因惧怕程咬金等人的勇武，只得眼睁睁望着他们离去，无一人敢蹑追其后。

归唐后，程知节"每阵先登"，随李世民破宋金刚，擒窦建德，降王世充，以军功封宿国公。高祖武德七年，太子李建成为了翦除秦王李世民左右羽翼，把程知节外调为康州刺史。情急之下，武人出身的程知节对李世民以言相激："大王手臂今并翦除，身必不久。我冒死不走，请大王您也速下决心!""玄武门之变"后，升为右武卫大将军。贞观年间，改封卢国公，是唐太宗自始至终的忠臣之一。

唐高宗显庆元年（656年），程知节任葱山道（在今新疆西）行军大总管讨伐西突厥，击其歌逻、处月二部落，斩首千余级。十二月，程知节引军至鹰娑川，遇突厥强兵四万骑，其前军总管苏定方师五百骑驰迎冲击，西突厥大败，追奔二十里，杀获一千五百多人，缴获的战马及器械，漫山遍野，不可胜计。副大总管王文度非常嫉妒苏定方的大功，对程知节说："现在虽说是获胜，但官军也有死伤，千万不要急追敌寇，应自结方阵，慢慢谨慎前行，敌则战，万全之策。"更出格的是，王文度还对人讲皇上有密旨给他自己，让程知节及全军归他指挥，并下令军队不许深入追敌。可怜远道万里的唐军士卒终日骑行马上，严冬朔风，身披重甲缓缓而行，粮草不继，人马相继冻病而死。苏定方劝程知节："我们出师目的是为了歼敌，现在反而坐困自守，敌来必败，如此怯懦，何以立功! 皇上以您为大将，怎么可能又密诏副手发号施令，其中肯定有诈。请下令把王文度抓起来，飞表上奏皇上弄个清楚。"英雄老矣，此时程知节全无青壮年时代的锐气，摇头不从。

唐军至恒笃城，有胡人数千归降。王文度说："这些人等我们离开，肯定又会反叛，不如全部杀掉，还能得大笔资财。"苏定方切谏："这样干我们自己倒成贼了，怎能称得上是为国伐叛！"程知节默许王文度。几千胡人被杀得干净，王文度"分其财，独定方不受"，史书虽未明讲程大将军也贪财宝，但"独定方不受"，已表明程老自己肯定也分了一大份儿。回师以后，事情败露，王文度因矫诏当死，特除名免职。程知节因逗留不进及不努力追敌，减死免官。大英雄晚节不保，杀降利财，贪生怕死，令人遗憾。虽然不久又被朝廷起用为岐州刺史，毕竟气短，程知节上表退休。高宗麟德二年（665 年），程知节善终于家。赠骠骑大将军，赔葬昭陵。

程知节墓位于陕西礼泉县烟霞乡上营村西，关中环线路南。历尽盗劫，考古工作者曾进行过清理，出土《程知节墓志铭》和

程知节墓现状　摄于 2005 年

《程知节碑》，现存昭陵博物馆。根据这些出土文物，文史工作者考证清楚了程知节的生卒年月和其出身，弥补了以往史料记载的不足，也还原了历史上真实的程知节。（附图：程知节墓）

而在以《说唐》为代表的系列话本及历史演义小说中，程知节被演义成使一柄八卦宣花斧、性格直爽、粗中有细的福将，而且特别长寿，活了一百多岁，直至武则天政权垮台。程咬金也是《隋唐演义》中赫赫有名的人物，其绝技就是梦中学会的三板斧，外号"混世魔王"，人如其名，干的混事数不胜数，以贩卖私盐起家，和秦琼是姑表兄弟，曾为瓦岗寨大魔国国王，后投降李唐。据此改编的戏曲影视中，程咬金也是一个重要而可爱的角色。各种版本常有出入，但"半路杀出个程咬金"、"程咬金的三板斧"这两句俗谚，中国人耳熟能详。这就是通俗演义小说的民间力量，尽管历史人物的本来面目已经被演义或涂改，却使程咬金的名字妇孺皆知。

虞世南

礼部尚书、永兴文懿公
虞世南（558～638年）

　　字伯施，越州余姚（今浙江余姚）人，幼以文章著称。历事宇文化及、窦建德，后入秦王幕府。贞观间拜员外散骑侍郎、弘文馆学士。倾力辅佐太宗，以德行、忠直、博学、文辞、书翰五绝，被誉为一代名臣。封永兴县子，进封县公，加银青光禄大夫。卒后赠礼部尚书，谥曰文懿。

虞世南像

虞世南生于陈武帝永定二年（558年）。他是隋朝内史侍郎虞世基之弟。祖虞检，萧梁时，任始兴王府咨议，父虞荔，陈朝时，任太子中庶子，均为知名之士。他继承家学，少年时，同兄长虞世基受业于吴郡名儒顾野王名下，勤奋好学，精思不倦，对经学、文学都有较深的造诣。在文学上仿效当时名家徐陵，徐陵称赞他的文风深得自己的旨趣，由此知名。同郡人智永禅师，继承其先祖王羲之书法，在当时负有盛名，虞世南又拜他为师，得到他的真传，并有所创新，擅长书法之名更超过了文学。陈文帝天嘉年间，征召虞世南为建安王法曹参军，后主至德年间，转调西阳王友。

陈朝灭亡（589年）后，虞世南、虞世基兄弟从建康（今南京）到了长安，都以擅长文学获得声誉，当时人把他们比作西晋时代的二陆。那时隋炀帝杨广为晋王，听说虞氏兄弟很有才学，同他的兄弟秦王杨俊争着聘任他们为王府属官，结果晋王依仗权势把他们招致门下。炀帝大业年间，任用虞世南为秘书郎，后转起居舍人。炀帝虽然爱重他的才学，但由于他为人正直，不善于奉迎，所以不被重用，十年之久仍然是七品官。虞世基却因善于阿谀奉承，得到宠信，官至内史侍郎，颇有权势。虞世南素来勤俭清廉，过着清贫生活。隋末，虞世基随同炀帝被宇文化及所杀，虞世南则随宇文化及到聊城（今山东聊城西北）。后他被窦建德擒获，任用为黄门侍郎。

窦建德所建农民政权覆灭后，虞世南归唐，被任用为秦王府参军，不久，转任记室，授弘文馆学士，与房玄龄同掌秦府文书。秦王为太子后，升任他为太子中舍人。太宗即位后，转著作郎，仍兼弘文馆学士。虞世南以年老，多次请求致仕，太宗不许，升迁为太子右庶子，辞谢不就，转秘书省少监，贞观七年（633年），升任秘书监，赐爵永兴县子。贞观八年（634年），晋爵县公。太宗器重虞世南学识的广博，每逢处理政事后有闲暇时间，便同他共观经史，互相议论。他虽是一个体弱多病、容貌儒雅的文人，但是秉性刚正不挠，每当太宗向他询问时事，或同他议论古代帝王政事的得失时，他都能直言敢谏，因势利导，提出一些兴利除弊的意见。同年，陇右地区山崩，各地多次出现大蛇，山东和长江、淮河流域相继发生水灾，太宗感到忧虑不安，向虞世南征求意见。世南举出历史上一些山崩地震，洪水泛滥，大蛇出现的例子。说明深山大泽是龙蛇所居，出现大蛇，不足为怪；山崩、洪水等自然灾害，只要实行德政，“施惠于天下”，“修德可以销变”，太宗采纳他的意见，派使者到各地赈济灾民，平反冤狱，从而减轻了人民的疾苦。

太宗喜好宫体诗，写了一首命虞世南唱和。虞世南进谏说：“圣作虽工，体制非雅，上之所好，下必随之。此文一行，恐致风靡，而今而后，请不奉诏。”太宗嘉奖他的直谏，赐绢50匹。太宗颇好畋猎，虞世南多次规谏，都被采纳，史称其“有犯无隐，多类此也”。

虞世南的直言规谏，深受唐太宗的器重，史书记载“太宗尝谓侍士曰：‘朕固暇日与虞世南商略古今，有一言之失，未尝不怅恨，其恳诚若此，朕用嘉焉，群臣皆若世南，天下何忧不理。’”“帝每称其五绝：一曰德行，二曰忠直，三曰博学，四曰文词，五曰书翰。”唐人《隋唐嘉话》亦称“兼是五善，一人而已”。他的直言敢谏，为官清正，对于促成“贞观之治”是有影响的，不仅是书法、文学见长而已。

虞世南在陈、隋、唐三朝都以博学文采著名当世。据《隋唐嘉话》记载：“太宗将致樱桃于酅公，称奉则以尊，言赐则以卑，乃问之虞监，曰：‘昔梁武帝遗齐巴陵王称饷’，遂从之。太宗常出行，有司请副书以从，上曰：‘不须，虞世南在此，行秘书也。’”“太宗令虞监写烈女传，以装屏风，未及求本，乃暗书之，一字无失。”

虞世南的生平著作，除有文集30卷外，尚有《北堂书钞》。据《大唐新语》所载：“太宗顾见前代帝王事得失，以为鉴戒。魏征乃以虞世南、褚遂良、萧德言等采经史百家之内嘉言善语，明王暗君之列，为五十卷，号《群书理要》。"可惜他的著作大部散失。

贞观十二年（638年），虞世南因年老多病再次请求辞职，得到朝廷准许，不久病逝，享年81岁。虞世南逝世后，太宗对他十分悼念，赠礼部尚书，谥文懿，陪葬昭陵。贞观十七年（643年），太宗下诏图画功臣二十四人于凌烟阁，虞世南即其中之一。他的儿子虞昶，官至工部侍郎。

虞世南书法渊源于王羲之父子，幼年从智永禅师学书。智永笔法又来自家传，故唐人《云仙杂记》称："虞世南书冠当时，人谓其有（王）羲之鬼。"宋人《宣和书谱》谓："释智永善书，得王羲之法，世南往师焉。于是专心不懈，妙得其体，晚年正书遂与王羲之相后先。"虞世南作品之佳者可同王羲之相比。清人梁某所著《承晋斋积闻录·名人书法论》对虞世南书法艺术也有很高评价："唐虞世南、欧阳询、褚遂良、颜真卿、柳公权、李邕、徐浩，皆第一等书也。"虞世南在中国书学史上占有极其重要的地位。虞出自王氏嫡传，欧阳询则从王氏脱体另树风格；欧擅长各种书体，比虞全面，虞则专精正行草书，较欧严谨；虞书内含刚柔，欧书筋骨外露，各具特色。在唐太宗君臣珍惜王氏父子书法的影响下，出自王氏嫡传的虞氏当然更受重视，因而唐代书法评论家自张怀瓘开始以欧书外露筋骨，虞书内含刚柔为名，引用"君子藏器"的说法。

虞世南在书法理论方面的论述，主要有唐人张彦远所辑《法书要录》中所录《书旨述》，清人冯武编著的《法书正传》中辑录的《虞永兴笔髓》。其中《笔髓》一篇影响较大。

虞世南书法真迹保存至今的为数不多，其中最受推崇也较可信的代表作当为《孔子庙堂碑》，凡四十行，三千余字，碑成于贞观七年（632年），为虞氏晚年作品。"用笔俊朗圆腴，外柔内刚，字形稍狭长而尤显秀丽。横平竖直，笔势舒展，一派平和中正之气象。然端观之，其中每一波法，无不一过而三折；每一浮鹅，无不调锋而再三；其一纵一横，无不平铺而直过者；乃至每一点划无不精思俯会，如见其血脉之流动"。除《孔子庙堂碑》外，其他尚有《昭仁寺碑》、《破邪论序》、《汝南公主墓志》以及散见于刻帖的《大运帖》、《用笔赋》、《书指述》、《演连珠》、《景纬成象》、《孔有新制帖》、《积时帖》、《朝会帖》、《瘦朽帖》、《临乐毅论帖》、《潘六帖》、《世南伏奉三日疏》、《醒滞帖》等。这些碑帖中，有些是伪作，有些是集碑文勾摹而成，可信的为数甚少。

刘政会

户部尚书、渝襄公
刘政会（？ ~635 年）

　　滑州胙城（今河南延津）人，高祖李渊旧部，首义功臣。武德初，授卫尉少卿留守太原，刘武周攻城时被擒，忠贞不屈，并伺机刺探敌情密报于唐，及刘武周被平，得以归唐，复进光禄大夫，封邢国公。贞观初，转洪州都督。卒后赠民部尚书，谥曰襄。

刘政会像

刘政会隋时是太原留守李渊的旧部,隋末大业年间(605~617年)中期,为太原鹰扬府司马,以兵隶属李渊麾下。当时农民起义遍及全国,隋朝政权摇摇欲坠。大业九年(613年)隋征高丽之役时,李渊督运于怀远镇,路过涿郡,与宇文士及深夜密论时事,开始有起兵反隋夺取天下之志。大业十二年(616年)李渊奉炀帝诏成为太原留守,炀帝亦派遣王威、高君雅为副留守。太原是军事重镇,兵源充足,粮饷丰沛,可以"食支十年"。李渊认为这是天赐良机,于是将长子建成留在河东,命其"潜结英俊";携次子世民至太原,命其"密招豪友",积极准备起兵。大业十三年(617年)初,李渊使刘文静伪造敕书,说炀帝要征太原、马邑等几郡 20 岁以上 50 岁以下的民众全部当兵,年底集中涿郡,将去攻打高丽。于是群情激愤,马邑刘武周乘机起兵,引突厥攻占汾阳宫。李渊借机募集新兵,并密召长子建成、四子元吉等急赴晋阳。是年五月,炀帝派遣监视李渊的副留守王威、高君雅,虽迫于非常形势同意李渊自行募兵,但眼看上万新兵云集,怀疑李渊有异志,便暗中策划晋祠祈雨大会,想把李渊父子诱骗至晋祠后,伏兵杀害。晋阳乡长刘世龙得知此事,因感李渊不以其出身低微,以礼相待,立即将此事报告李渊。李渊父子得知此情报后,李世民认为事关急迫,应在起事之前将王威、高君雅诛之,因而遣刘政会连夜准备一份急变之书,去留守府告王威等二人谋反。次日清晨,李渊和王威、高君雅同坐视事时,刘文静引鹰扬府司马刘政会进来,说有密状告人谋反。李渊故意示意王威取状先看。刘政会说:"所告乃副留守事,唯唐公才能视之。"李渊看状,上面写着:"王威、高君雅私下勾结突厥,准备引突厥进攻晋阳。"李渊怒斥二人,高君雅发现已陷入对方圈套,大呼:"此乃反者欲杀我耳。"刘文静和刘弘基等人立即将王威、高君雅二人拿下入狱。由李世民部署伏兵于晋阳宫城外清除二人死党。恰巧突厥数万人侵扰晋阳,众人以为是王威、高君雅所勾引,李渊于是斩王威、高君雅,铲除障碍,公开起兵。刘政会因此成为首义功臣。为表彰这些功臣,后来唐高祖曾有诏以太原元谋立功,尚书令、秦王李世民，尚书左仆射裴寂及刘文静三人，免死两次。左骁卫大将军长孙顺德、右骁卫大将军刘弘基、右屯卫大将军柴绍、内史侍郎唐俭、吏部侍郎殷开山、鸿胪卿刘世龙、卫尉少卿刘政会、都水监赵文恪、库部郎中武士彟、骠骑将军张平高、李思行、李高迁，左屯卫府长史许世绪等十四人，均免一死。

李渊遂建大将军府，并置三军，分为左右，以世子李建成为陇西公、左领大都督，左统军隶属其指挥；李世民为敦煌公、右领大都督，右统军隶隶属其指挥。裴寂为大将军府长史，刘文静为司马，石艾县长殷开山为掾，刘政会为属，长孙顺德、刘弘基、窦琮等分为左右统军。义军打开粮仓，赈济穷苦百姓，得到远近响应。刘政会时为户曹参军，又迁丞相府掾。武德初，授卫尉少卿，留守太原。刘政会对内整训团结军士，对外与戎狄保持友好，远近莫不悦服。不久刘武周进逼并州，晋阳豪右薛深等以城应贼，刘政会为刘武周所擒，但仍对唐忠心耿耿，于贼营中秘密观察刘武周的兵力部署等敌情派人密报于唐。讨平刘武周后，复其官爵。历任刑部尚书、光禄卿，封邢国公。贞观初，累转洪州都督，赐实封三百户。贞观九年（635年）卒，唐太宗李世民手诏："政会昔预义举，有殊功，葬宜异等。"于是赠民部尚书，谥曰襄。贞观十四年（640年），又赠户部尚书徙渝襄公，配飨高祖庙庭。

唐俭

光禄大夫、户部尚书、莒国公
唐俭（579~656年）

　　字茂约，并州晋阳（今山西太原西）人，与李渊有世交之谊。高祖初定京师，封为晋昌郡公。武德初，因察孤独怀恩谋反、平刘武周，进礼部尚书，封莒国公，后为益州都督，食绵州六百户。贞观初，出使并处理突厥事务，迁民部尚书，加特进。卒后赠开府仪同三司、并州都督，谥曰襄。

唐俭像

唐俭是李渊从太原起兵建立唐朝的直接参与者之一，对唐朝的建立和统一全国起了重要作用。祖父唐邕，是北齐尚书左仆射。其父唐鉴是隋戎州刺史，与李渊算是同僚，曾经共同管理过隋朝北部边境的军事和防卫。所以唐俭与李世民也成为少年好友，经常一起游玩，唐俭待人爽快，思维敏捷，办事并不循规蹈矩，但对父母非常尊敬，以孝顺闻名乡里。隋朝末年，政治腐败，朝纲混乱，看到隋炀帝政权摇摇欲坠，唐俭便常常与李世民谈天说地，讨论改朝换代的方略大计，每每高人一筹。李渊听说后，亲自召见倾听其对时局的分析，唐俭从容地对高祖说："我观明公额骨中央隆起像太阳，有帝王之相，而李姓又和前段朝野传遍李氏当为天子的方士谶语，还有'桃李子，洪水绕杨山'的童谣相一致，所以由您来改朝换代，应该是众望所归。如果您打开库府以赈济，并且南啸豪杰，北招戎狄，东收燕、赵，长驱济河，以据秦、雍，海内之权，指麾可取。愿弘达节，以顺群望，则汤、武之业不远。"尽管李渊改朝换代的行动和唐俭的建议基本一致，李渊还是以愿意考虑的语气说："汤、武之事，非所庶几。今天下已乱，言私则图存，语公则拯溺。卿宜自爱，吾将思之。"但实际上内心非常赞同唐俭的建议。

所以在李氏父子太原起事之初，唐俭就极力赞成并积极参与谋划。李渊对唐俭也非常看重，好像汉时刘邦看张良一样。拜唐俭为大将军府记室，加正议大夫，接着升任渭北道元帅司马。在太原起兵后大军进到贾胡堡（今山西霍州市西北）遇到天雨，粮草不济时，唐俭与李建成、李世民一道力劝李渊勇往直前，攻取霍邑（今山西霍州市），并一直跟随李氏父子平定京师长安。为大唐王朝的建立立下了卓著的功勋，拜为相国府记室，晋昌郡公。

武德初年，唐俭除内史舍人，迁中书侍郎、特加授散骑常侍。唐初之时，天下割据政权还有不少，王行本所守的蒲州（今山西永济）城也未降唐，李渊敕令工部尚书独孤怀恩率兵屯于其东以经略之。不久又发生夏县人吕崇茂以城背叛李渊，降于军阀刘武周的事变。高祖李渊遣永安王李孝基、工部尚书独孤怀恩、陕州总管于筠等率兵讨伐。当时唐俭也受命使至军所，正赶上刘武周遣兵增援吕崇茂，唐俭与李孝基、于筠等一同被刘武周俘获。此前，独孤怀恩兵据蒲州附近时，就与其属下元君宝想反叛李渊。刘武周大军忽至，元君宝也被俘虏，和唐俭关押在一起，私下对唐俭抱怨："独孤尚书如果早掌事，今天被俘之事也不会发生。"而独孤怀恩趁乱从刘武周乱军中跑出，李渊还不知他先前曾想谋反，仍让他驻守蒲州。唐俭虽身陷敌营，仍对唐朝忠心耿耿，从元君宝口中知道孤独怀恩阴谋造反的情报后，密切注意敌人诸将的动向，当他发现尉迟敬德是有用而且可以争取的对象以后，就立即展开攻势，对其示之以安危，告之以成败，使尉迟敬德涣如冰释，翻然改图。同意放唐俭亲信刘世让回唐说和，唐俭遂将独孤怀恩有谋反之心的密奏送出敌营，提请李渊小心提防。

这时坚守蒲州的隋将王行本以蒲州城降唐，高祖已乘船准备亲往蒲州与独孤怀恩相会，一起入州受降。船行到中路，唐俭密奏到，高祖一看大惊："好险，真是天命啊！"忙下命返航，派人抓捕独孤怀恩按验，怀恩畏惧上吊自杀。如果没有唐俭，李渊很可能以皇帝之尊被怀恩劫持，唐室必亡。李世民击破刘武周时，唐俭出狱内应，立即封刘武周府库，收其兵甲，以待太宗兵至。唐俭还朝后，高祖嘉唐俭身没虏庭，心存朝阙，复旧官，并把抄没独孤怀恩的全部财产赐给唐俭。仍为并州道安抚大使，以便宜从事，在从平刘黑闼的战役中，唐俭亲赴敌城下，"以陈利害"，以至于"不劳飞箭，便下聊城"。使命完成后，拜礼部尚书，授天策府长史，兼检校黄门侍郎，封莒国公，与功臣等元勋恕一死，仍除遂州都督，食绵州实封六百户，图形凌烟阁（可见高祖时已有这样的表彰形式）。

贞观初年，唐俭作为鸿胪卿负责处理突厥事务，太宗一面派唐俭为使说降匈奴，一面派李靖进军。大将军李靖乘唐俭作为使者正在匈奴处，匈奴麻痹大意的时候，抓住战机，奇袭突厥，生擒颉利可汗。唐俭命大，竟趁乱脱身。回朝后，授民部尚书。

有一次他随太宗打猎。太宗神勇如初，发四箭连杀四只大野猪，有只大公猪张着獠牙直冲御马，已至马镫，唐俭滚身下马上前搏击，太宗拔箭斩杀野猪，笑对唐俭说："天策长史，你没见过我当上将击贼的样子吗，干吗这样害怕？"唐俭回答："汉祖以马上得之，不以马上治之；陛下以神武定四方，岂复逞雄心于一兽？"这种劝谏，使太宗顿悟，遂纳谏罢猎而归。此后，太宗下诏将豫章公主下嫁给唐俭的儿子善识。

晚年，唐俭因终日与宾客纵酒为乐，对于所负的职务也不完全尽责，还有曾托盐州（治所在今宁夏盐池县）刺史张臣合收其私羊一事，被御史弹劾，因为对唐王朝有旧恩而获免罪，贬授光禄大夫。永徽初，又致仕，加特进。高宗显庆元年（656年），唐俭卒于家，享年78岁。高宗为之举哀，罢朝三日，赠开府仪同三司、并州都督，赐布帛一千段、粟一千石，赐东园秘器，陪葬昭陵，谥曰襄，官方为其立碑。

1978年，在陕西礼泉县昭陵陵区，出土了《唐俭墓志铭》，系唐高宗显庆年间由许敬宗所撰，其内容远较两《唐书》本传更为丰富，《唐俭墓志铭》不仅纠正了以往所见史料中对唐初史实记载的偏颇，如太原起兵时李渊的历史作用，从中可看出唐俭是李渊太原起兵时极其重要的出谋划策者。还有在起兵攻取霍邑之战时唐俭的贡献，都有了较为可信的记载。同时，《唐俭墓志铭》还补充了两《唐书》记载不足的事，如唐俭在被刘武周俘虏，关在狱中知道孤独怀恩准备谋反的情报后，为什么尉迟敬德会私自释放唐俭的亲信刘世让回唐的细节。还有唐俭在打败刘黑闼战役中的辅佐之功，从而再现了一个鲜活的莒国公唐俭。

李勣

光禄大夫、兵部尚书、英国公
李勣（584~669 年）

本姓徐，名世勣，字懋功，曹州离狐（今山东东明）人。隋末从翟让起义，封东海郡公。瓦岗军败后，以所据李密旧境归唐，任右武侯大将军，封曹国公。赐姓李，因避太宗讳，单名勣。后从李世民平窦建德、刘黑闼等。贞观初，率部讨击突厥，以积石山战功封英国公。再辅高宗，统大军征灭高丽。卒后赠太尉、扬州大都督，谥曰武。

李勣像

李勣，本姓徐，名世勣。高宗永徽年间，为避太宗李世民名讳，改单名勣。徐世勣年轻时家本豪富，隋末徙居滑州（今河南滑县）。史称其"家多僮仆，积粟数千钟"，与其父徐盖都是乐善好施之人，拯救贫乏，不问亲疏。隋炀帝大业（605～618年）末年，徐世勣才17岁，见天下大乱，就近参加了翟让的军队。他劝说翟让："附近是您与我的家乡，乡里乡亲，不宜侵扰，宋、郑两州地近御河，商旅众多，去那里劫掠官私钱物非常方便。"翟让称善，于是在运河上劫取公私财物无算。不久兵众大振。隋朝遣名将张须陀讨伐，翟让吓得要跑，徐世勣止之，与隋军两万多人交战，竟于阵中斩张须陀，大败官军。

当时，蒲山公李密参与杨玄感反叛，兵败逃亡。徐世勣与浚仪人王伯当知道李密乃天下英雄，一同劝说翟让奉李密为主，以收买人心，扩大影响。隋朝令王世充讨伐李密，徐世勣以奇计在洛水两岸几次大败王世充，李密因此封他为东海郡公。当时河南、山东大水，饥民遍地，隋朝赈给不周，每天饿死数万人。徐世勣向李密进计，带5000人武装泗渡黄河掩袭黎阳仓隋朝守军，当日攻克，开仓招民众随便领粮，十天之间，就招募到兵士二十多万人。

一年多后，宇文化及江都弑隋炀帝，越王杨侗即位于东京洛阳，赦免李密诸人，封魏国公，拜太尉。隋廷又授徐世勣右武侯大将军，命他们一同讨伐宇文化及。徐世勣守黎阳仓城，宇文化及率军四面攻城，形势危急，徐世勣从城中向外挖地道，忽然现身城外，大败宇文化及，解围而去。

后来李密与翟让之间产生矛盾，翟让为人简单粗暴，其兄翟宽与属下又数次侮辱李密手下兵士，逐渐结怨。李密最后在众人劝说下决定除去翟让，趁宴请机会斩杀翟氏兄弟。由于徐世勣当时是翟让属下，也被乱兵刀砍剑劈，遭受重创，李密见到后马上制止士兵的杀戮，徐世勣免于一死。翟让另外的大将单雄信等人叩首求命，李密都释而不杀。李密后来又多次打败隋军，最盛时有众三十余万，各地割据的首领都派使请他称帝，连李渊也不得不上书推戴，称"天生蒸民，必有司牧，当今为牧，非子而谁？老夫年余知命，愿不及此，欣戴大弟，攀鳞附翼……"屡战屡胜之际，李密军士有粮而无饷银，军士渐怨，几次反败于王世充。其间李密手下有人谋叛王世充，李密本想将计就计，趁王世充半渡洛水时出兵一举击灭。岂料天意弄人，王世充发军时，李密的侦察兵都没有发觉，等整军将战时，王世充已经全军渡河上岸。李密见大势已去，不得不率小股人马逃遁。本来李密想去黎阳徐世勣处，有人劝他："杀翟让之时，徐世勣被乱兵砍伤差点死掉，他能不记仇吗？现在投奔他，靠得住吗？"最后，不得已之下，李密与王伯当投靠李渊。当时徐世勣全统李密旧境，东至于大海，南至于长江，西至汝州，东至魏郡，一时间未有所属。不过徐世勣是真义士，他对长史郭孝恪说："魏公（李密）已归大唐，如果我自己上表向唐主献地，是自邀功劳而彰主公败绩，还是把土地人口军人数目造册，总启魏公，让魏公自献。"于是派使臣上表。唐高祖李渊听说徐世勣有使人来忙召见，一见只有给李密的信，很感奇怪。使人详细道明原委，高祖大喜，认为徐世勣"感德推功，实纯臣也"，马上下诏封徐世勣黎阳总管、莱国公，不久又加右武侯大将军，赐姓李氏，并封其父徐盖为王，为徐盖固辞，于是封为舒国公。从此徐世勣更姓曰李世勣。高祖下诏遣李世勣部统河南、山东之兵以拒王世充。

李密归唐后，从前在信中对自己亲热过分的李渊却相待甚薄，只拜光禄卿的散官。不久，唐朝听说李密降于王世充的旧将纷纷离心，就派李密前往黎阳（今河南浚县）招降旧部。心怀怨望的李密行至稠桑驿（今河南灵宝），高祖李渊又派人召还他，疑惧之下，李密决定反唐。王伯当一直劝他不要反唐，但见李密意决，就横下心，说："义士之立世，不以存亡易心。我一直受您厚恩，期待以性命相投。您不听我劝告，我肯定会和您一道起事，生死以之，但是恐怕结果也不会好啊。"李密挑选勇士数十人，着女装，刀藏于裙内，扮为婢妾，跟随李密、伯当，入桃林驿（今灵宝东北），变戎装而出，占据城池，掠马匹，奔入南山（秦岭），沿武关（今陕西商洛）道东逃，驰告张善相以兵接应。行至陆浑县（今属河南）时，唐将史万宝、盛彦师早有准备，伏兵山谷，横击李密及王伯当等人，众人皆被杀。李密死时年仅 37 岁。虽然旧《唐书》称他"狂哉李密，始乱终逆"，但字里行间也不得不佩服此人的倜傥奇才和爱人下士的仁德大度。

李世勣听说李密被诛，上表请唐朝容许他收葬故主，唐廷诏许。李世勣服重孝，与从前僚属旧臣将士隆重地把李密安葬于黎山之南，坟高七丈，以君礼之葬，朝野闻讯都赞叹他的忠义。

其间，还有一个插曲可述。单雄信投王世充后，极受宠遇，也很卖命。李世民攻洛阳时，有一次与单雄信相遇，雄信号为"飞将"，艺高胆大，援枪直刺李世民，好几次差点追刺秦王于马下。王世充投降后，李世民把与唐军苦战的十几名大将列入处决名单，李世勣泣请，以自己家财爵位换这位老哥一命，由于先前差点被单雄信杀掉，李世民坚执不允。李世勣无奈，与单雄信诀于大狱。单雄信埋怨他："我固知汝不办事。"李世勣大哭，用刀从腿上割下一块肉给单雄信吃掉，说："本来想随仁兄一起死，但谁来照顾你的家人呢。此肉随兄入地下，以表我拳拳真情。"单雄信死后，李世勣如家人般照顾他的妻子儿女，确是千古义气的典范。

贞观十五年（641 年），拜李勣（避太宗讳称李勣）为兵部尚书，还未赴京上任，薛延陀部又侵扰李思摩部落。李勣获唐廷委任为朔州（今属山西）行军总管，率轻骑三千追薛延陀于青山，大败敌师，斩名王一人，俘五万多人（薛延陀部为匈奴别种，为铁勒族，对唐朝时叛时附）。回朝后，李勣遇暴疾，药方上讲治此病胡须灰可以做药引。唐太宗听说后，毫不犹豫地剪下自己的胡子送交入药为李勣疗病。

贞观十八年（644 年），李勣跟从太宗伐高丽，攻破辽东、白崖等数城。贞观二十年（646 年），又率军大破薛延陀部，平定碛北。贞观二十三年（649年），太宗李世民病重，临崩前对太子说："汝于李勣无恩，我现在把他责出外贬。我死后，你再以新皇名义授他仆射（宰相）之职，受汝恩遇，李勣必致死力。"于是，诏出李勣为叠州（今甘肃迭部）都督。

高宗即位后，立拜李勣为尚书左仆射。永徽四年（653年），册拜司空。李勣为人深沉谨慎，在是否册立武后一事上，对于皇帝家事一概不过问，表现实为中允。因此，武后对他非常尊重，对待李勣的老姐还亲自临问，赐以衣服，家人一般。

高宗乾封元年（666年），高丽权臣（官号莫离支）盖苏文病死，其子男生继掌国事，另外两个儿子男建、男产发难，驱逐男生。男生奔唐朝，恳求唐朝发兵相助。高宗任李勣为辽东道行军大总管，率军征高丽。乾封二年二月，李勣大军渡辽水，攻拔高丽重城新城。李勣一路连捷，直抵平壤城南扎下大营，男建不断派兵迎战，皆大败而还。不久，城内人投降唐军为内应，大开城门，唐兵四面纵火，烧毁城门，男建窘急，自杀未死。平壤城最终被攻下，唐朝共获一百七十六城，六十九万七千户。至此高丽国灭，分其地置九个都督府，四十一州，一百县，设安东都护府统管整个高丽旧地。

自隋文帝以来，屡伐高丽，无一成功。隋炀帝四次伐辽，因此亡国。英明神武如唐太宗，御驾亲征，也因天寒少粮而无功罢兵。高宗继位，前后派兵部尚书任雅相、左武卫大将军苏定方、左骁卫大将军契苾何力多次征讨，皆无功而返。直到李勣老将出马，乘高丽内乱，加之指挥有方，一举讨灭东边这个多年难拔的"钉子"。李勣回国后不久，因征伐劳累而病重，卒，年76岁。高宗亲为举哀，辍朝七日，赠太尉，谥曰贞武，陪葬昭陵。

李勣一生，经战阵无数，所得赏物，大都分赐手下将士。大功成就，常推功于别人，故而人尽死力。重病后，只服皇帝送来的御药，家里人延请的大夫一律不见。临终之时，李勣忽然让其弟李弼置酒宴乐，堂下子孙满排而立。他对李弼说："我自知必死，怕你悲哭，所以假装病情转好为此宴乐。你现在脑子清醒，听我讲话。我亲见房玄龄、杜如晦、高士廉等人辛苦建立门户，都被后辈破家亡人。我这些不肖儿孙，现在都交付给你，应细加防察，如有操行不伦、结交非类，马上打杀，然后奏之，以免倾覆家族……"虽如此，李勣的忧恐最终成为现实。唐高宗崩后，武后临朝，随意废杀儿皇帝，大戮李唐宗室，武氏家族高官重权，天下人情怨愤。恰巧李勣孙子李敬业与两个兄弟都因受赃贬官，在扬州又遇见同遭贬斥的唐之奇、骆宾王等人，几个人趁机起事于扬州，旬日之间，竟有胜兵十多万。然而李敬业终属志大才疏之辈，也并非真的想力复唐室，纯属有个人野心的半吊子阴谋家。武则天派三十万大军，很快捕诛众人。此次起事唯能影响后世的，是骆宾王那篇千古流传的《讨武盟檄》。

平定李敬业后，武则天下诏追削李敬业祖、父官爵，刨坟斫棺，复本性徐氏。李勣直系子孙诛戮无遗，偶然有旁支逃脱的，"皆窜迹胡越"。

李勣死后，唐高宗为其起冢象阴山、铁山、乌德鞬山。三个高约六丈的锥形土堆下部合在一起，上部分开，形成倒"品"字形的三个山头。墓前有一通石碑，高5.6米，碑座为高1.2米的巨龟，碑首雕刻六螭，碑文由高宗李治亲自撰书（图1）。武则天称帝，其孙徐敬业起兵反对，武则天削其爵位，平其墓冢。中宗复位后，复其官爵，下令"起坟"，即现存的李勣墓。位于九嵕山南的平原上，1978年，昭陵博物馆在此地建立开馆。墓前有石人一对，左侧石羊，右侧石虎各三对。李勣墓出土的"三梁进德冠"，是中国目前发现的最古的一顶进德冠（图2）。

该馆现存唐墓壁画500平方米。其中李勣墓的《歌舞图》，是研究唐代舞蹈的极为珍贵的资料。诸多陪葬墓出土的神态各异的唐三彩及彩绘陶俑，反映了初唐时期政治、经济、军事以及丝绸之路的盛况，体现着初唐时期中国各民族的大融合。唐高宗李治御制御书的《李勣碑》和其他陪葬昭陵文臣武将的石碑和墓志，也藏于其内，使其又有"昭陵碑林"的称号。

图 1　李勣墓碑碑头

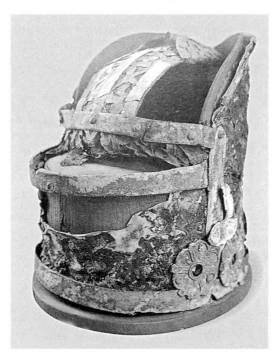

图 2　三梁进德冠

秦叔宝

徐州都督、胡壮公

秦叔宝（？～638年）

名琼，以字行，齐州历城（今山东历城）人。初为隋将，后降瓦岗军。李密败后，辗转归唐入秦王帐下，任右三统军，拜上柱国。从征王世充、窦建德、刘黑闼，以战功封翼国公。"玄武门之变"力佐秦王，拜左武卫大将军，实封七百户。卒后赠徐州都督，改封胡国公。

秦叔宝像

223

秦琼之父曾任北齐时期的咸阳王录事参军。隋大业年间，秦琼效力于隋将来护儿帐下，因其志向高远和勇猛强悍，深得器重。秦母去世后，来护儿曾派员专程到秦琼家吊唁，全军上下大为惊异。

隋末乱世，义军群起，秦琼投归隋将齐郡郡丞张须陀，在下邳（今江睢宁北）与义军首领卢明月交战。当时，双方力量悬殊，张须陀部队仅一万来人，义军则有十多万人，相持十多天后，须陀已是人困粮绝。就是在这急于撤退而又怕被敌追赶的紧要关头，秦琼与罗士信挺身而出，愿带领一千人偷袭对方军营，以掩护大队人马安全后撤。秦琼与罗士信凭借自己的智勇，使突袭获得成功。张须陀则乘机回师追击，取得了脱逃后的胜利。仅此一仗，秦琼的勇猛多智便很快扬名于军中。

在之后的作战中，秦琼因为有功而被任命为建节尉。后在对义军李密进击时，张须陀战败而亡。秦琼率残兵败将归依了裴仁基，而后又随同裴仁基投降了义军首领瓦岗寨李密。李密得到秦琼非常高兴，加以重用让他作骠骑将军。在跟随李密作战中，有一次李密被流矢射中，坠于马下，昏迷不省人事，此时左右随从四散，追兵就要赶到，情况十分危急，多亏秦琼拼死护卫，并重整队伍，这才击退了追兵，从而使李密大难不死。后来李密失败，秦琼又为隋将王世充收得，被任命为龙骧大将军。后因不满王世充的狡诈，遂与程咬金等人脱离王世充投向李渊并在秦王李世民手下干事，因其勇猛过人，被委任为马军总管。此后，秦琼跟随秦王李世民，先后镇压了王世充、窦建德、刘黑闼等多路义军，为唐王朝的创建立下了汗马功劳，李渊曾派使者赐予金瓶以示褒奖。之后，又因战功，多次受到奖赏，先后拜为秦王右统军，加授上柱国。后又晋封为翼国公，深得秦王李世民的信任。

秦琼不仅在唐王朝创建伊始立下了赫赫战功，而且在唐王朝内部斗争的"玄武门之变"中，坚决站在秦王李世民一边，一起诛杀了太子建成和齐王元吉，为李世民当太子夺皇位扫清了道路。秦琼因有功，拜为左武卫大将军，赐给七百户的封邑。后来，秦琼多病缠身，自谓：自幼戎马转战，身经大战二百余次，光流的血也足足有几十斗之多，元气大伤，怎能不病？到贞观十二年（638 年）终于因病去世。死后赠徐州都督，改封胡国公，并陪葬昭陵。唐太宗特令所司就其茔内立石人石马，以旌战阵之功。

秦琼的传奇人生后被演义进了戏剧以及说唱文学之中，并且被人们誉为"山东好汉"。济南一地也附会出了不少关于秦琼的遗迹，像秦琼卖马槐、秦琼府、秦琼墓等等。至今在济南王龙潭仍留有"唐左武卫大将军胡国公秦叔宝故宅"的石碑。

小说《西游记》里记载了秦琼变成门神的故事：长安附近的泾河老龙王与一个算命先生打赌，犯了天条，玉皇大帝派魏征在午时三刻监斩老龙。老龙于前一天恳求唐太宗为他说情，唐太宗满口答应。第二天，唐太宗宣魏征入朝，并把魏征留下来，同他下围棋。不料正值午时三刻，魏征打起了瞌睡，梦斩老龙。老龙怨恨唐太宗言而无信，阴魂不散，天天到宫里来闹，闹得唐太宗六神不安。魏征知道皇上受惊，就派了秦琼、尉迟恭这两员大将，守在宫门保驾，果然，老龙就不敢来闹了。唐太宗体念他们夜晚守门辛苦，就叫画家画了两人之像贴在宫门口，结果照样管用。于是，此举也开始在民间流传，秦琼与尉迟恭便成了门神。（附图）

门神的前身是桃符，又称"桃板"。古人认为桃木是五木之精，能克百鬼，故从汉代起即有用桃作辟邪之具的风习，以桃木作桃人、桃印、桃板、桃符等辟邪。门神，传说是能捉鬼的神荼、郁垒。东汉应劭的《风俗通》中引《黄帝书》说：上古的时候，有神荼、郁垒俩兄弟，他们住在度朔山上。山上有一棵桃树，树阴如盖。每天早上，他们便在这树下检阅百鬼。如果有恶鬼为害人间，便将其绑了喂老虎。

后来，人们便用两块桃木板画上神荼、郁垒的画像，挂在门的两边用来驱鬼避邪。然而，真正史书记载的门神，却不是神荼、郁垒，而是古代的一个勇士叫做成庆的。在班固的《汉书·广川王传》中记载，广川王（去疾）的殿门上曾画有古勇士成庆的画像，短衣大裤长剑。到了唐代以后，门神的位置便被秦叔宝和尉迟敬德所取代。

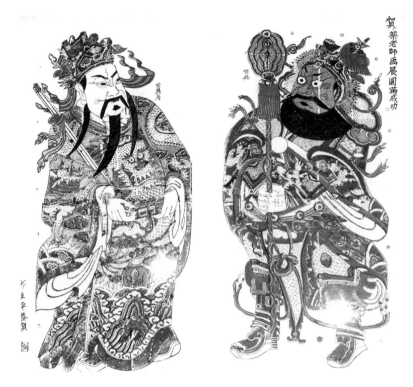

凤翔木版年画中的门神

注：

以上二十四人传记原载于由陈忠实先生主编、蔡昌林著《陕西历史文化百部丛书·唐开国二十四功臣》（三秦出版社，2009 年），在写作过程中查阅了《新唐书》、《旧唐书》、《唐大诏令》、《唐会典》、《两京城坊考》等文献，蒙杨希义教授、杨东晨研究馆员及李毓秦先生斧正，在此一并致谢！考虑到读者群，未在每篇文后加注，特此说明。

文物彩墨篇

痴人说梦

——"周秦汉唐梦——蔡昌林画展"后记

我爱做梦，是因为小时候多病，发烧时，睡梦中常常出现越变越大的混沌，恐怖到从梦中惊醒。那阵我父亲虽是中医，但我却很少近水楼台。倒是母亲总要剪上一串手拉手的七个小纸人压我枕下，再用几根筷子蘸上放在炕边碗里的清水，来回向我身上洒，嘴里还念念有词。然后一边把手中的筷子立在碗中，一边问着是哪一个先人的鬼魂。如筷子立住，便一把打出，并厉声责怪，将小人焚烧在水中，将水端到屋外泼掉，再喊着我的名字回来。这样一来，症状果然就会减轻。后来读唐诗，杜甫诗中有"剪纸招我魂"

图1 1984年作者在刘文西老师家合影

句。大概就是指这个民俗，而青海出土的史前彩陶盆上手拉手的舞蹈人图案，和我母亲的剪纸竟如此相似，使我有理由相信，这大概也是周礼的一部分，实际上是演绎了一个"招魂"的全过程。

图 2　2006 年画展展标

图 3　画展展室一角

　　刚上学就赶上学雷锋，老梦想当英雄，当了大队委，管校图书馆，意外发现钥匙可开工会供教师借阅的书柜，就偷看了许多长篇小说，知道了白洋淀、吕梁山、夹皮沟和延河畔。还有牛氓和保尔·柯察金。理想的火焰越烧越旺。

　　"文革"刚开始时，村上来了军宣队，一位空军政委谆谆告诫我，好好听毛主席的话，长大当贫宣队，去台湾解放水深火热的同胞，去世界解放三分之二的受苦大众。于是我又梦到阿里山、梦见毛泽东。

1966年，我才12岁，看到老三届的哥哥姐姐们神气地周游全国，便与伙伴蔡志敏扒货车从蔡家坡到三桥，沿铁路步行经北门、钟楼到兴庆公园，再去大雁塔。第一次来西安的印象，到现在留下最深刻的只是城墙、钟楼、大雁塔以及雁塔路两旁那高高的长满荆棘的墙。对于成为这座古城里居民，只是个梦。

走上绘画道路，最初是受兄长蔡科昌影响，他画毛主席巨幅油画，我就在一边看，也学着用方格放大画英雄人物，后来又去附近工厂美术组跟李金和学素描。其目的是为学校办墙报，没有做画家的梦。

图4　赵荣、李广瑞等领导在半坡博物馆举办的蔡昌林
画展开幕式上参观展览

几年后，一份艺术院校的录取通知书，使刚刚高中毕业的我来到西安。在小寨住了不到一学期，学校就搬回原址长安县东南的兴国寺，虽然随着美院一大批著名教授、讲师重新回到教学岗位，使我能够在当时政治气候的干扰下奠定了扎实的专业基础，但对西安的了解，还只是有限的几处文物古迹。毕业时，带着那个时代青年

特有的幼稚和激情，丢弃了做城里人的梦，自愿到了商洛山，分在最穷的柞水县，只有在每年出差回家和参加省上美展时才有机会来到西安。学会了吃苦，看到最贫困地区的生活现状和最下层人民的淳朴，就是那三年的最大收获。有了这一点，当 1978 年重新回到美院上学，并在四年后工作、成家，成为真正意义上的西安人之后，才体会到作为西安市民的不易。也就是在这时，面对着这积淀了几千年文化传统的都市里的每一处古迹、每一件文物，都产生了一种抑制不住的探求究竟的欲望。住到西安后，也曾去青岛写生，去敦煌探幽，去北京觅故，去江南寻芳。但回过头来，觉得最古老、最伟大、最悠久的艺术传统还是在我们脚下的这块土地上。

图 5　半坡博物馆蔡昌林画展展室

上学时最崇拜的莫过于现代艺术，最敬仰的莫过于毕加索、梵高和米勒。然而快毕业时却发现我那没有读过几天书，却又熟知历史典故的母亲用她那灵巧双手制作的民间工艺品，竟同马蒂斯的剪纸、毕加索的造型、米罗的色彩有着惊人的相似。而这些又与生我养我的故乡周原有着某种联系。当我和那些地下出土的甲骨、金文、画像砖相互映照超越时空地进行着对话时，当我意识到这一点时，

图6　东莞展览馆蔡昌林画展开幕式

当我终于成为陕西历史博物馆的一名陈列设计师，亲手将从数十万计的馆藏文物珍品中选择出来的几千件精品陈列在这座艺术殿堂的展柜时，我才真正感到作为西安人的骄傲，才真正有了"西安就是我的家"的感觉。当我漫步在展室时，那原始彩陶的热烈奔放，商周青铜的凝厉神秘，秦砖汉瓦的凝重浪漫，还有那陶俑、壁画透射出来的唐华风尚，无不在撞击着我的心扉。我恍若梦中，常常感受到一种创作的冲动，觉得有责任将我对它们的感受，通过我的画表现出来。唯愿我的画和我的陈列设计一样，成为沟通博物馆文物与观众的一座桥梁。十多年了，这个梦越来越圆，竟积了一百多幅作品。

说起办个展，1992年文化艺术报发了我的一版作品和同学延鸿飞的文章后，就有朋友劝。但在我看简直是天方夜谭。几年后到日本访问，到台湾参展，越来越感到梦的偏颇，看到梦与现实的反差。记得在台湾时朋友们在车载电视中放了一部台湾20世纪五六十年代的老影片，其中也有教育少年儿童要听总统的话，长大后光复大陆，解救水深火热的同胞的对白，让两岸朋友忍俊不禁。看看人家的收入，再看看我们的工资，尽管刘文西老师已给我写了画展和画集的贺词，对办个人画展，仍然也停留在梦中。第二次去台湾，朋友本想通过卖些画，为我筹个展，但开幕第二天，就遇上了九·二一大地震。我们命大，躲过灾难，但血浓于水，同胞情深。笔会改成义卖，我们13人20多天100多万画款全部赈灾。只因为我们代表着大

图7 作者给东莞市委宣传部部长讲解作品

陆同胞，我们的形象代表着大陆画家。那年虽然贾平凹先生也给我写了画展前言，但个展再次停留在梦想阶段。

图8 2007年北方民族大学举办蔡昌林画展

到了新世纪，我馆为画家张鸿修等老师免场租费办个展的事实，再一次燃起了我梦想的火焰。前年准备启动时，却又因大唐芙蓉园紫云楼回廊要绘大唐开国二十四功臣图的策划和创作，使我又一次将展览计划推迟。但这一次我是心甘情愿的，因为这个策划、创作过程，使我对这个梦幻般的王朝实现了一次真正意义上的精神对接，将我面对传统的梦圆到了周秦汉唐。

这次展出的作品就是我研读文物的一种尝试，二十多年积累下来，竟成系列，将其命名为周秦汉唐梦，是因为在陕西文物古迹中，渗透着一种充满上升、积极、进取的蓬蓬勃勃的文化精神，而这种精神又是海内外华人魂牵梦萦的一个文化情结，我为之深深感动。

图9　2009年成都川音美院举办蔡昌林画展，作者为马一平院长等讲解

　　在我两次美院学习生涯中，在我从事博物馆工作中，我不属于聪明的，常常是愚不可及。但我背过"老三篇"，读过《资本论》，相信愚公移山的故事，记住了但丁的话，天天挖山不止，真还感动了上帝，所到之处，似有神助。杨晓阳院长老同学立刻题词，孙达人、李广瑞、肖云儒、刘文西、贾平凹、石兴邦、韩伟、王崇人、孙建喜、方英文、孙宜生、程征、苗重安、赵振川、肖焕、吴三大、薛铸、张化州、柏雨果、范炳南、罗西章、胡智生、土蒙等老帅热情鼓励并祝贺，陈绍华、张立柱、陈云岗、傅强、郭线庐、侯文忠、王家民、王安泉、庞永红、张佳维、马骅、张小琴、成文正、张宇联、张宏斌、李耀华、李西岐、王志平同学鼎力相帮，刘宽忍副厅长、刘云辉副局长、冯庚武书记、李炳武、成建正、李杰民馆长、马振智、王彬、程旭副馆长、安远远处长、李丛朴主任、赵峰部长、权大龙主任、王建玲、杨振友、高伟，好朋友秦宗维、王勇、李建森、刘兵、刘蔚中、田志军、张俊峰、杨黎旭、牟柏苍、李志杰、冯积岐、王宝亮、耿强、焦海民、李逸文、刘君、徐作为、王泽林、

梁有平、任之恭、张莉、刘静伟及海外朋友赵善灿、姚柏青、吴敦义、张豫生、欧豪年、林正立、沈智慧、张克晋等大力支持，让我看到春光明媚、鸟语花香；还有曾经教过我的老师张醒理、龚继来、何正鼎、康仲元、徐岳、李习勤、王国伟、刘腾超、黄申发、赵建科、樊文江、黄钦康、张维、王贵民、张之武、张雪茵、杨健健、尚昌乐、陈光健、赵步唐、肖焕、罗铭、王履祥、刘保申、张之光、方鄂琴、王子云、徐风、王崇人、茹桂、田生富、刘蒙天、汪占菲、冯志宏、李元浩，恩师裴沙等，我的亲人尤菊芳、蔡青、张永岐，这些老师、朋友、领导和亲人不正是上帝派来帮我的神仙吗？我衷心地感谢他们，还有我一时忘记而应该感谢的人，在他们面前，我来不得虚假和欺骗，唯有以努力和真情来回报。这一切，又使我在知天命后还有梦。

2006.04.13 于寻源斋

（原载《周秦汉唐梦》图册，（香港）天马出版社，2006 年）

史前猜想

寻源

1. 寻源（四尺斗方）——来自马家窑文化的彩陶蛙纹，从那双眼睛里，我仿佛看到现代艺术的源头，试图用自己的语言给予再表现，于是就有了这第一张文物系列彩墨画，从此开始了用彩墨寻源的历程。

反思

2. 反思（三尺斗方）——甲骨文字组合表现。

鱼源

3. 鱼源（四尺斗方）——陕西历史博物馆门口水池文物石鱼的联想。

生命礼赞

4. 生命礼赞（四尺斗方）——姜寨出土的彩陶人面纹葫芦瓶纹饰猜想。

案板陶塑

5. 母系躯干（四尺竖幅）——史前时期案板遗址出土陶塑写生。

半坡时代

6. 半坡时代（四尺斗方）——半坡陶盆上的人面鱼纹写意。

半坡畅想曲

7. 半坡畅想曲（四尺斗方）——半坡彩陶人面鱼纹抒情。

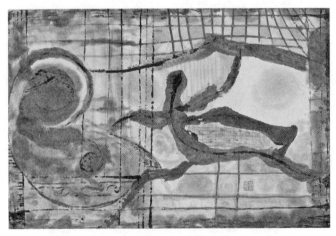

明天的太阳

8. 明天的太阳（四尺三裁）——半坡史前文化符号写意。

将仰韶文化中的彩陶符号和铜器铭中人形等图像组合，表现作者对生命、基因密码的思考。

崇拜

9. 崇拜（四尺斗方）——彩陶残片上的人面纹寻源。

黄土地的歌

10. 黄土地的歌（四尺斗方）——彩陶纹样写意。

商周印象

感悟青铜系列

鼎盛

鼎盛

1. 鼎盛（1.2 米 × 2 米）——最大的西周铜鼎出土于 1979 年（文字见前篇论文）。

毛氏三千年祭

2. 毛氏三千年祭（四尺立幅）

——毛公鼎与毛氏族谱研究（文字详见前篇同名短文）。

给古文物以新话题，将中国出土铜器铭文字数之最的毛公鼎与韶山毛氏族谱对照研读提出将毛泽东现象放到中国三千年历史文化长河中去解读的理性思考。

回声

3. 回声（四尺斗方）——画青铜器造型时想到了民间艺术虎头。

礼魂

4. 礼魂

——文物图形与屈原诗意。

屈原礼魂诗曰："成礼兮会鼓，传芭兮代舞；姱女倡兮容与；春兰兮秋菊，长无绝兮终古"。

我总觉得，这首送神曲，实际上是对战争的一种反思，是对无辜死难的生灵的祭奠。

乡戚情思

5. 乡戚情思（四尺三裁）

——商周兵器上的战争与和平。

这个陕北出土的青铜兵器"戚"，从该器物的大小看，它绝不是实际打仗用的，应该是仪仗队用的礼器，而它上面的纹饰和文字清楚地表达了周人对和平的期盼。你看这个宴飨、故乡通用的乡字，是两个人围在一个鼎旁，主人从中捞出一个羊腿请客人享用，而客人手还没有伸出，鼻子就先凑了上去，一副恭敬不如从命的模样，飨的内涵表现得淋漓尽致！而下面龙的图案则表明了戚的属性，作为仪仗队的礼仪兵器，其图案蕴含的打胜仗、回故乡、美味佳肴、古道热肠意义就十分明显。多年前，当我一遍又一遍地端详着这耐人寻味的图案，亲手将这件器物摆入陕历博基本陈列的展柜之中时，我感慨，它就是中国商周时期的"哥尔尼卡"，是一个讴歌和平的交响乐！这些年，每逢陪客人参观，我都要向朋友们大谈特谈这个观点，并且，将这个符号一次次地用到我的创作中去，就像毕加索钟爱和平鸽那样。

丰尊写意

6. 丰尊写意（四尺斗方）——对西周铜器造型、纹饰、铭文色彩之美和"聚宝"内涵的解读。丰尊出土于周原，属微氏家族器，腹内有铭文，记在画上。

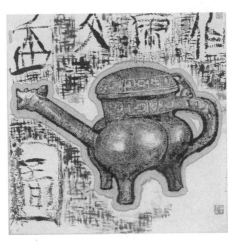

伯庸父盉图

7. 伯庸父盉图（四尺斗方）——壮美阳刚的西周调酒器。

表达的是作者从长安张家坡出土的西周铜器盉上所感受到的壮美阳刚。因而用挥洒的笔调给予表现。器主人又和屈原父亲伯庸同名。

青铜图腾柱

8. 青铜图腾柱（四尺三裁）——对青铜文化的一种仰视。改变一个视点去看古代文物，就会有意想不到的发现和感悟。

少昊之尊

9. 少昊之尊（四尺斗方）——青铜器造型中的太阳神。

宝鸡出土的青铜酒器三足鸟形尊，此鸟又名太阳鸟，是少昊文化的典型器物。故以冷暖对比表现其太阳崇拜的属性。

墙盘铭

10. 墙盘铭（四尺斗方）——对西周微氏家族青铜重器国宝史墙盘上 285 个文字及纹饰的组合摹绘。

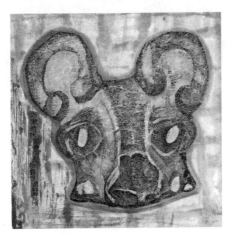

奴隶时代

11. 奴隶时代（四尺斗方）——对一种青铜造型的感悟，龙图腾的黄帝族战胜牛图腾的蚩尤族后，战俘自然沦为奴隶。

西周巫师

12. 西周巫师（四尺斗方）——宝鸡出土青铜器件造型的联想。

巴人印象

13. 巴人印象（四尺斗方）——青铜器件上的巴蜀纹写意。天帝的使者。

周人曰"国之大事，在祀与戎"，可见祭祀在周人生活中的分量，而主持祭祀的巫师则担负着人间与天勾通的使命。在周原和宝鸡强国墓、还有三星堆出土的文物中，都有类似造型。周人认为这些巫师是天帝派来的使者，记得多年前何炳棣教授讲座时谈到，有观点认为，周人是宇宙人派到地球上的实验物，要不然他们怎么会创造如此辉煌的文明和礼仪呢？

14. 玉鱼（四尺斗方）——西周玉器造型组合写意。将商周玉器上的鱼纹重组构成，用翠色调（玉中的极品），表达的是商周人尚玉（玉德）崇鱼的文化心理。

玉鱼

解读金文系列

天鼋

15. 天鼋（三尺斗方）——周人心目中的黄帝族图腾。

寻源之旅

16. 寻源之旅——西周金文"旅"字写意。

华夏之子

17. 华夏之子（四尺三裁）——金文"子"字的文化内涵。

西周金文"子"的字形，像一个长了翅膀的天使，又好像一个襁褓中的婴儿，这个黄帝的儿子，将人类的文明进程从渔猎带进了农耕，面对这个"子"我浮想联翩……

释旗

18. 释旗（三尺斗方）——金文"旗"字写意。

家和万事兴

19. 家和万事兴（四尺斗方）——对金文"和"之原型的戏说。用文字和色彩表现中国人对小康的企盼，从中渗透出中国文化的和合之美，是一种将大俗和大雅结合的尝试。

兔年说既

20. 兔年说既（四尺斗方）——试解金文之"既"。

"既"字在西周青铜器铭文中频频出现，多与生霸连用，如周原出土微氏家族器"丰尊"铭文"唯六日既生霸"；"嬭盨"铭文"唯四年二月既生霸"；岐山董家村出土的西周厉王时器"此簋"铭文"唯十又七年又二月既生霸乙卯"等等。阅读金文时，对这个"既生霸"做了一番考证，知道它是古代以月的圆、缺、晦、明记日期的一种名称。霸，指月未盛明时所发的光。月既生而未大明称之为"既生霸"，指从上弦至望的一段时间。尽管学术界对这个说法的解读不一，争论不休，但王国维《观堂集林·生霸死霸考》中所言："余览古器物铭而得古之所以名日者凡四：曰初吉，曰既生霸，曰既望，曰既死霸……既生霸，谓自八九日以降至十四五日也。"似乎是较正统的说法。在夏商周断代工程中，这些记录提供了研究纪年的最直接的证据。我非考古学家，更不是研究历史的，但我看到这个"既"字时，产生了一系列联想，那是在一次去天水的西行列车上，夜色中从窗口看到特别大的那一轮皎洁的明月在山峦中随着火车跑动，才明白周人铸鼎为什么多选在月之上弦，推测这是取其进去上升之意，想在这里生活的秦人之所以是中国第一次思想解放成果的最大受益者，就是他们从这上升的圆月中悟出了强大的真谛，想那铸鼎的工匠在造型和铭文时的虔诚，再看这个金文"既"字时，突然发现组成它的字形的两个偏旁结构，竟然就如中国古代神话中所说的蟾蜍和玉兔，就是人们观察月亮时看到其中阴影形成的图形。那么，这个"既"，就应该还有一个代表月的名词的含义。

这个蟾蜍和玉兔所表达的就是这样一个阴柔、和谐并充满诗意的美！

这个蟾蜍和玉兔就是人精的化身，月亮虽然不发光，但却将那耀眼的光借来变成温柔、平静并且能产生梦的光。炎帝族、蚩尤族还有楚人的后裔之所以崇拜月亮文化，不就是以这种平静的从容去面对过去、现在与将来吗？这不就是月亮文化的实质内涵吗？

醇谢神朋

21. 醇谢神朋（扇面）——为答谢朋友作扇面小品，取周原出土微氏家族青铜器瘭簋铭文之"醇"字原形，其铭有"醇祀大神"句，此字形似一盛了酒壶、牺牲羔羊和舀酒器斗的盘子。酒肉都有，味自然醇，浓浓情意，全在盘中。表达的是周人对神的感激之情。丙戌仲春余之画展，系三十年积一梦，竟似有神助，众多朋友来帮，使之圆满功成。余不是达官显贵，亦非大款，朋友皆为友情，全系上帝所遣的各路神仙。今画周醴之醇，做幅秀才人情，谢你即是敬神，尚飨！斯朋！

兵人

22. 兵人（四尺斗方）——写意金文之"兵"。

辨析纹饰系列

凤鸣岐山

23. 凤鸣岐山（四尺斗方）——西周铜器图案凤鸟纹写生。

凤鸟印象

24. 凤鸟印象（四尺斗方）——西周铜器图案凤鸟纹写意。

《史记·周本纪》中有"凤鸟救弃"的故事。作者给凤鸟图案赋予的激情色彩，以反映周人对那个救其祖先的神鸟的敬畏和"凤鸣岐山"这个周人兴盛的典故。

东周虎

25. 东周虎（四尺斗方）——源于东周铜器臂甲上的线刻画。

从一块臂甲残片上的线刻动物的纹饰风格，感受中国历史上第一次思想解放的信息及自由奔放、百家争鸣的时代精神。

周原寻梦

26. 周原寻梦（四尺斗方）——西周文字与图形组合。

车马出行图

27. 车马出行图（四尺斗方）——对铜器纹饰的另一种解读。

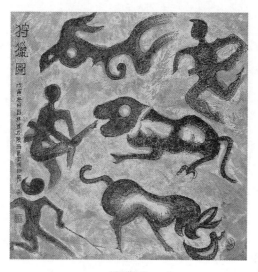

狩猎图

28. 狩猎图（四尺斗方）——我们的祖先就是这样走过来的。

大河寻缘

29. 大河寻缘（四尺三裁）——子渔纹青铜器铭联想。

玉人

30. 玉人（四尺斗方）——玉器上的巫师图案再表现。

狩猎图　　　　　　凤鸣扶桑佑中华

31. 狩猎图（八尺竖幅）——铜器上的狩猎场面，反映了农耕文明之前人与动物的关系，我们的祖先就是这样走过来的。

32. 凤鸣扶桑佑中华（四尺竖幅）——扶桑树是传说中太阳鸟居住的地方，凤鸟又是由太阳鸟演化而来，当它出现在商周的铜器上时，就有了"中国"的字样。

秦风濡染

祝福

1. 祝福（四尺斗方）——陕西民间装饰虎头写意。

吴牛

2. 吴牛（四尺斗方）——对一个成语的联想。

吉羊

3. 吉羊（三尺斗方）——十二生肖贺岁系列画。

虎头

4. 虎头（三尺斗方）——陕西民间装饰虎头。

虎符

5. 虎符（四尺斗方）——秦始皇调兵信物写意。

岩画写意

6. 岩画写意（四尺斗方）——内蒙古阴山岩画印象。

秦公狩猎图

　　7. 秦公狩猎图（四尺对开）——用战国青铜纹饰表现秦石鼓诗中描写的狩猎场面。

　　8. 狗咬赵盾（四尺三裁）——文物图形中的战国故事。

　　9. 母亲的艺术（四尺斗方）——陕西刺绣图形写生。

　　　　狗咬赵盾　　　　　　　　　　母亲的艺术

262

汉魏透视

青龙

1. 青龙（四尺斗方）——中国古代东方方位吉祥保护神。

白虎

2. 白虎（四尺斗方）——中国古代西方方位吉祥保护神。

朱雀

3. 朱雀（四尺斗方）——中国古代南方方位吉祥保护神。

玄武

4. 玄武（四尺斗方）——中国古代北方方位吉祥保护神。

蚩尤造五兵

5. 蚩尤造五兵（四尺斗方）——关于蚩尤的追思。画中文字如下：

世本·作篇云："黄帝摄政前，有蚩尤兄弟八十一人，兽首人语、铜头铁额、耳鬓有角，与轩辕氏斗，以角抵人，人不能向。"考蚩尤系原始社会末期苗蛮集团氏族首领，当属红土文化，活跃在西南云贵一带，后为炎黄集团战败。有资料表明，当时蚩尤族的兵器优于炎黄集团，他不仅发明了进攻性兵器如矛剑戟弩等，也发明了防御性兵器头盔盾牌等，因此被称为"兵器之祖"。

对蚩尤我一直没有好感，因为他好战，总爱挑起事端。突然有一天，我感到这也可能是个冤案！因为在胜利者口中（笔下），历史往往可能会被改变，所有的过失、恶名只能由失败者承担。你看他也曾叱咤风云，气盖河山。看到他，我想到唱"风萧萧兮易水寒，壮士一去兮不复还"的荆轲，想到被迫哼出"煮豆燃豆萁，豆在釜中泣"的曹植，想到别姬的霸王，想到了……我想，要不是蚩尤发明了那么多兵器，人类怎能汰劣存优（此观点不一定正确），要不是古代兵器的发明和发展，哪能有现代的人造卫星、洲际导弹。也许，他就是上古时代的爱因斯坦！

　　置身于博物馆里，面对着伟大的传统，我不能不思考，常常既为我的祖先创造了如此辉煌的文明而感到骄傲的同时，又深深为其丑陋而感悲哀！排遣的方式，就是将这并不完善的闪念，凝结在笔端，倾泻在斗方宣纸之上！

汉兵弥火

6. 汉兵弥火（三尺斗方）——在汉陶井纹饰上的发现。

汉马图

7. 汉马图（四尺斗方）——安得伯乐出。

汉并天下

8. 汉并天下（四尺斗方）——汉铜矛写意。

奔腾图

9. 奔腾图（三尺斗方）——用唐三彩写汉画马。

267

创世纪

10. 创世纪（四尺斗方）——汉画砖中伏羲女娲神，就是中国的亚当夏娃。

汉砖印象

11. 汉砖印象（四尺斗方）——汉画像砖上的大鸟纹。从中感受那种拙朴、大气、厚重的秦汉之风。

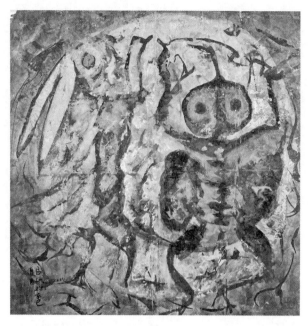

人精

12. 人精（四尺斗方）——对汉蟾蜍兔纹瓦当的联想。汉代瓦当玉兔和蟾蜍表现的是月象和月令，而此画取名人精，是暗喻嫦娥耐不住人间清贫，偷吃仙药升天成精。

龙马精神

13. 龙马精神（四尺镜片）——汉铜镜纹饰写意。

鱼戏鹰

14. 鱼戏鹰（三尺斗方）——一幅耐人寻味的汉画纹饰。

鄂尔多斯风暴

15. 鄂尔多斯风暴（三尺斗方）——汉匈奴文物金怪兽写意。

鱼戏莲

16. 鱼戏莲（四尺斗方）——汉乐府诗意的文物图形表达。不同于西方文化对性描写的直白，含蓄的美是中国文化最大特点，汉乐府诗《江南》就是以隐喻的手法表现男欢女爱的。笔者用文物中的图像组合这个诗意。

虎伏羲与龙女娲

17. 虎伏羲与龙女娲（四尺镜片）——汉镜纹饰的色彩表现。汉铜镜纹饰中的虎伏羲与龙女娲系中国古代神话中的人类始祖神，有如西方的亚当夏娃，自然要用激情奔放的色彩来表现。

271

我本天马

18. 我本天马（四尺斗方）——汉马精神抒情。吸收汉代艺术传神、简洁、大气的美学风格，将中国神话中承载光明（太阳鸟）的神马，与汗血宝马造型特点与内涵结合，试图反映一种知识分子顽强的精神诉求和抗争。

门吏与守侯

19. 门吏与守侯（四尺斗方）——汉画人物写意。守住我们精神的侯。

唐韵追梦

人面桃花

1. 人面桃花（四尺斗方）——唐粉彩俑仕女头像写意。

梦回大唐

2. 梦回大唐（四尺斗方）——唐粉彩俑写意。画唐仕女俑时感觉她成了观音，这不是梦境中才有的感觉吗？

贵妃醉酒

3. 贵妃醉酒（四尺斗方）——看新出土唐仕女俑有感。

唐仕女印象

4. 唐仕女印象（四尺斗方）——观看仕女俑彩墨笔记。

大势至菩萨

5. 大势至菩萨（四尺立幅）——敦煌 196 窟唐代壁画临摹。

执扇宫女图

6. 执扇宫女图（100 厘米 × 120 厘米）——唐李贤墓壁画临摹。

7. 打马球图（三尺斗方）——唐李贤墓壁画临摹。

8. 观鸟宫女（四尺三裁）——唐李贤墓壁画摹本。

打马球图　　　　　　　　　　　观鸟宫女

9. 翔鹤（四尺三裁）——唐李重俊墓壁画摹本。

10. 宫女（四尺三裁）——临摹唐壁画时的变异。

翔鹤　　　　　　　　　　　　　宫女

随笔、散文篇

童年·血脉·亲情（五则）

小脚母亲

母亲虽然生于辛亥革命后好几年，但仍未能摆脱被缠脚的厄运，前些年，当我刚刚懂事的女儿和她住在一起时，常常好奇地解开她的裹脚布，用小手抚摸着那被扭曲的脚趾，大惑不解地提出许许多多的问题，而母亲则平静地告诉她，这就是因为传统中那个顽固的守旧习俗。女孩子到了五六岁，家长就要将其双脚的四个指头折向脚心大脚趾一侧，用脚布缠紧，每天紧一紧，直到完全扭曲，据说只有这样才符合审美标准，因为只有三寸金莲才能找到好婆家。母亲曾讲过一个真实的故事，她的一位同村姐妹因没有缠足，新婚之夜遭到闹洞房的人包括其丈夫的耻笑和羞辱，竟跑到了牛栏，用铡草的大铡刀将自己一双脚血淋淋地铡去一半。为了那种被扭曲的美，那一代妇女付出过多么惨痛的代价！

母亲的小脚就成了那个过去时代的活化石。

由于幼年丧母，虽然出身于书香门第，母亲却没有读书的权利，渴望求知的她只能在私塾窗外听别人念书，她熟记的历史传说、戏文故事就是这样听来的。心灵手巧的她，从小就学会了女红，尤其擅长剪纸、刺绣纺线和织布。嫁到蔡家后，小脚母亲能做的只能是围着锅台转，只能是相夫教子。经历了解放、土改、大跃进、"文革"等无数次变革，母亲的命运却未有大的改变，每当农闲，仍要从事剪纸和纺织劳作。我的童年冬夜，不是听着母亲讲的故事，便是伴着母亲的纺车、机杼声进入梦乡，直到我第一次上美院时，还穿着母亲织布做成的梆梆棉袄。至今，村子周围凡是遇有婚丧嫁娶，总有人找上门来求母亲为其剪纸，那婚礼的窗花、碗花、喜花，那丧葬祭祀用的纸幡、金斗，那元宵端阳节的灯笼、香包、裹肚，所有这些母亲创造的民间工艺品，给了我最早的艺术启蒙。

因为供着哥、姐和我三个学生，医生父亲的微薄工资连生产队的倒贯款都不够交，小脚的母亲还得去队里劳动，工分之低，对于我们这个三口之家，无疑是杯水车薪，由于欠着队上的倒贯款，每到分粮分菜时，我们只能夹着口袋等在最后，饱受村人的眉高眼低。尽管如此，母亲对我们的教育，却从未放松，队上办少年之家没地方，当少先队长的我提出腾出家里的一间房子时，母亲竟慨然允诺。

父亲英年早逝后，母亲迈着小脚给人纺线、织布、做纸工，和兄长一起支撑着我们这个家。其间一件小事令我终生难忘，1978 年我复入美院后一个假期返校时，一大早，当我步行五里路来到蔡家坡火车站检票进站后，一转眼，忽然看到闸口东边铁路旁出现了一个熟悉的身影，是小脚的母亲！她正用最快的速度吃力地向我奔来，我心里一惊，急忙迎了上去，只见她身上的棉衣已被汗水浸湿，那冒出的热气与初春的晨雾凝在一起。人还没到，手中捏着的一支钢笔已递了上来。我这才想起收拾行李时，将钢笔忘在家里。为了这支钢笔，年近花甲的小脚母亲在我走后不久，竟赶了五里多路追到这里，说是她知道我上学的难处。接过这支沾着母亲汗水的钢笔，望着她气喘吁吁的样子，我一边责怪她不必为一支钢笔跑这么多路，一边为我的粗心而自责。上车后，从车窗里望着母亲那迈动着一双小脚渐渐远去的背影，我泪眼模糊，这双小脚所传达的母爱使我深深震惊！从那以后，每个假期我都不敢懈怠，背上画夹走村串户，一边苦练速写基本功，一边勤工俭学画头像，每张画从五毛、一块两块到五块钱都挣过，靠勤工俭学，挣足第二学期的学费，还成了我们班唯一每次都获奖学金的学生。母亲的爱，给了我奋斗的力量，是我从事艺术创作的源泉！

母亲心地善良，对别人的求助要求，很少说过"不"，即使在那连我们自己也吃不饱的年代，只要是来了要饭的，她宁愿自己少吃点，也要拨半碗给别人。直到我工作后将母亲接到城里，她也没改变这种习惯，只要看着街道上有残疾人和讨饭的，小脚母亲总要上六楼从家里找些旧衣服或吃的送下去。前几年夏天西安市闹水荒，一天上午 10 点多钟，我有事从单位回来，刚上三楼，发现母亲端着一锅水，正一步一挪地从楼梯下来，我忙问怎么回事，他说旁边院子的一位孤身老太太是她经常一起乘凉认识的，没有水用，她以为我们院子里有水，就答应代为接水，谁知楼下也停水了，想起我家还存有水，就上楼端一锅送去。天哪！我一把夺过水锅说，你不想想，七十多岁的人了，又是小脚，你不怕一脚踩空摔倒！她却平静地说，我咋没想到这呢，既然答应了人家，就得兑现！最后还是领着我将水送给那位邻院的老太太。

这就是我的小脚母亲。

图 1　正在剪纸的小脚母亲（摄于 2005 年）

（原载《百花》文学月刊 2000 年第 12 期）

七彩童年

　　每个人都有自己的童年，我的童年虽然有饥饿辛酸的阴云岁月，却也有田园诗般的阳光灿烂。在漫长冬夜温暖的热炕头，在夏夜凉风习习的小村口，常是母亲和长辈们讲的民间故事与传说，伴随着我进入梦乡。我听过姜太公在渭水边钓鱼的传说，也听过诸葛亮在五丈原摆战场的故事，因为站在我家门口，就可以看见产生这些传说的地方。

　　小时候最盼的是过年，因为在这时，不仅可以吃到细粮、换上新衣裳、得到压岁钱，还可以走亲戚、游灯笼、看社火、放烟花，所以还是在大年三十，我便兴高采烈地跟着大人贴对联、挂年画，看母亲和姐姐剪窗花。

图 2　宝鸡民俗——窗花

　　最叫人得意的还是闹洞房。那新房里，从顶棚到炕围，都用纸糊得花花绿绿。新娘子做的刺绣信插、绣花枕头、绣花鞋以及门帘、灯起罐，那上面的图案花样，仿佛是鸟儿能飞，花儿放香，针针有情，丝丝传神。我们总是顽皮地将那糊得花哨的窗户纸打破，连最上面一排的烟格也不放过。那新娘来时乘坐的轿车，那抬嫁妆的食罗，那食罗里面的花馍，装点得更是彩色斑斓，看得人眼馋。为了抢到新女婿带媳妇第一次去丈母娘家回门归来时的花馍、爆米花和干果，我们一群小孩子一到下午便离村几里，隐蔽在他们的必经之地打伏击。

图 3　宝鸡民俗——满月

我母亲用一张纸可以剪出几十种烟格和图案，除了过年剪窗花，年后作金斗（这是正月十五至二月二期间，女儿们去娘家为死去的亲人上坟时焚烧的一种斗形有穗贴金的纸质祭祀用品）外，平时，只要是村上死了老人，死者家人总是拿来二三十张纸，不到一天的工夫，就被我母亲用一把剪刀、一勺糨糊、几根秸秆做成一种筒状带花圈的望门纸（招魂用），一朵朵素净的花，一串串洁白的纸钱，近一丈高，两三尺宽，挂在门前，肃穆庄严体面，表达出对逝去亲人的无限思念，显示出大方、朴素的装饰特点。

五月端午，姐姐和母亲做的香包，有鸡、猪、虎等十二生肖各种造型，有的当时我连名字也叫不上，母亲将它拴在我的胳肢窝下，那香味使蚊虫害怕。外婆送来绣着五毒动物的花裹肚，也穿在我的身上，说是戴上这些毒虫，病魔就不得近身。还有那造型生动活泼、富于诙谐趣味、色彩斑斓明快的泥老虎、布玩具，常常把我带进童话般的境界里。至今，想起那机灵的孙猴、憨厚的卧牛、傻乎乎的猪八戒，还是忍俊不禁。

连我小时生了病，母亲除了找大夫外，总要剪上一串手拉手的小纸人，再用几根筷子蘸上放在炕边碗里的清水，来回向我身上洒，嘴里还念念有词，然后一边把手中的筷子立在碗中，一边问着是哪一个已故先人的鬼魂，如筷子立住，便一把打出，并厉声地责怪着，将水端到屋外泼掉，再喊着我的名字回来。

图4　宝鸡民俗——布老虎

依稀记得家里院子有一砖雕照壁，1958年拆它时爷爷将那些脊兽、瓦头、柱石收了堆在后院，我便常常去把玩，至今还残留着那些怪异造型的印象。那时电影并不普遍，村上遇有红白喜事或庙会，总要请来塬上表演皮影的戏班，在村头支起帐子、吊起汽灯连唱带演。正月十五前后由各乡村组织的社火表演，则是各种民间装饰的综合体现。一早，我便随大人来到街上，看到一队队化妆起来的表演人物，有高跷、芯子，在震耳欲聋的鼓乐、炮铳开道下，从四面涌向镇上，那场面惊险、刺激、壮观。我吓得捂上耳朵，却大睁双眼，唯恐漏过一个个生动的表演。

图 5　宝鸡民俗——社火人物

离村不远的坡上有块地里，总有捡不完的残砖碎瓦和陶片，上面不是雕着纹饰，就是绘有图案，坡上修水利取土时偶尔还挖出古墓，待我们去看时，还见到过缺胳膊少腿的残俑。挖出的陶罐，多被当场砸烂，就是拿回去的，也只能当成尿罐放在后院。不时有青铜器发现，多数被送到了废品收购站。长大才知道，那陶片是新石器时代的彩陶；那残砖是先秦建筑材料；那碎瓦却是汉代的遗存；而陶俑则是唐代的随葬品；至于那西周青铜器，更是价值连城！这神奇的土塬下面，竟掩藏着中国几千年的辉煌，这块神秘的土层中竟保存着黄河文明的进程！

几万年、几千年过去了，人类在文明进程中的一切愚昧、野蛮、奋争、拼杀都将变成历史，唯有那凝结着智慧与艺术的激情创造，那地上地下的文物古迹让后人青睐、惊叹、欣赏不已！同理，四十多年过去，当我回首往事时，一切辛酸、磨难和荣辱似乎都成了过眼烟云，唯有那童年的记忆，唯有那母亲和故乡的艺术，深深地烙在我的心里，给我艺术寻源以巨大的动力，让我在艺术之路上不停地奋斗、进取！

这，就是我的童年；这就是我那并不识字，却熟记戏文故事、精于女红的小脚母亲；这就是令我魂牵梦萦的故乡——周原。

（原载《文化艺术报》2001年8月17日第10版）

弟弟回家记

（2005年）11月10日晚6点，兄来电话称有喜事相告：我家送出去四十多年的弟弟找回来了！电话那头，母亲也激动地说，岐岐回来了，现在就在咱家！随之将电话交给岐岐让其和我说话，我问了一些情况，得知是同村的景儒叔上午来家代人打问，为其在宝鸡工作的侄女婿张永岐寻找亲生父母。因为岐岐就是我的弟弟，这件事母亲早就清楚，只是一直没让我们寻找而已，也就不知道他就是我们村在陕棉九厂工作的蔡成叔叔的女婿。景儒叔确认后，回家电话

图6　作者与弟弟合影

将结果相告，永岐与夫人立即从宝鸡开车赶到我家相认。见到母亲后泪流不止。兄立即给我打电话报喜！

我自然是一阵激动。因为当年将弟弟送人那一幕情景我至今记

得：那是一个冬夜，又冷又饿，我和姐姐猫在炕上被窝里，刚生下不几天的弟弟就用小被子裹着睡在我们旁边，两个三十岁左右穿着城里人衣服的男女，来到我家那间低矮的屋子，女的给我和姐姐各塞了一块糖，就和那男的一起抱走了弟弟。姐姐赶紧爬起来偷偷地跟在后面，过了十多天还带我去陕棉九厂北门对面的高家崖村奶弟弟的那家看过，我哥哥此前也曾被父母派去将弟弟抱回来过，但后来还是被抱走了。当时我家的状况是：父亲在街上的药铺抓药，饥饿的浮肿使他腿上尽是白屑，我和姐姐、母亲三人从食堂领回的饭是一瓢稀得能照见人影的苞谷胶，那阵农村吃食堂，排队领饭的情景我至今依稀记得，一个戴花镜的老爷爷坐在窗口后面叫着名字，大家饥肠辘辘地夹着各种盛饭的容器排队等着，很像电影上领赈饥饭的情景。只不过是按户口领罢了，次序是按住的顺序从东开始，我家是第五，但下一顿就成了倒数第五。我跟着母亲将饭打回后，母亲将其分为三小碗，我的多一点，母亲只喝几口，给上小学的姐姐留一小碗，怕凉了，就放在被生产队扒走了锅、但用玉米芯子烧热的灶火里。我喝完后，还是饿得不行，就去打那一小碗的主意，趁母亲不注意，溜进灶房，偷偷端出那碗饭就喝了起来，正在这时，姐姐放学回来，看我喝她的饭，在我背上捶着，而我却抢着喝，姐姐哭着告诉母亲我将她的那一份喝了……

这一幕深深地印在我童年的记忆中。以至于多少年后，我都为当年的自私而羞愧。那年我五岁。

永岐就是在（1959年）那个冬天出生的，来抱她的那对夫妇是陕棉九厂的工人，因不能生育想领养一个孩子。那阵工农差别相当悬殊，工人有国家定量供应的商品粮，我们就像贫农看地主一样看吃商品粮的工人。我父亲对母亲说，那家家境好，送娃给人家能活一条命，留下说不定会饿死的。永岐送人后，我村子一位在陕九工作的人，也就是景儒叔的哥哥，想让我母亲奶他们刚生的女儿，只喂了三天，就因为奶水不足，让人家抱了回去，那是一个城里人的洋娃娃，因为此前吃羊奶，我每抱她时就能闻到一股淡淡的膻味。

我一直还能记得那个妹妹的小名，这次才知道，弟弟永岐的媳妇，竟然就是这个娃的妹妹。

那天放下电话，我心情激动、狂喜，我的弟弟终于找回来了，我终于有了亲弟弟了！母亲曾告诉我，她这辈子生过11个孩子，有早夭的、送人的，就留下我们姊妹三个，哥哥、姐姐和我，我以前总不理解，母亲为什么心那么硬，要将自己的骨肉送人，当我懂事后，当我经历了许许多多人间的沧桑后，我理解了母亲，理解了在那种社会的大背景下，当生活将人逼到极限时，作为一个普通的中国农村妇女，所做的无奈的选择以及所经历的巨大的心灵痛楚。

从母亲的叙述中，我知道在我哥还未成年时，我的父亲摔伤了腰，为照顾他，我的一个姐姐一岁多就早夭了，母亲多次给我讲过她的懊悔和无助，说她未能尽责。因那阵无法避孕，养孩子成了大问题，如果自己养不活，还不如放一条生路。

（2005年）11月12日周六，我没在家，也忘了开手机，快12点打开看到有一短信是永岐的，说他已到西安，要我开机后和他联系。一问说他已在我家楼下等了好长时间，连忙约他过来，车未停稳，我一眼望去，感觉面很熟，没错，他就是我的亲弟弟！爱人说我俩像极了，不容置疑。我们迎回家去在客厅说话，永岐说他从小有疑惑，直到上大学时才确认自己是抱来的。他发誓要弄清自己的出身，但一直没有线索，这几年心情尤为迫切，前几天当年与养母一起来抱他的，并且也差点儿就抱养了他的一位婶婶，告诉他亲生父亲的名字，说出他的亲妈就在陕棉九厂旁边的东堡子村。刚好他爱人老家叔父也在这个村，只是多年没走动了，专程请其帮忙寻找，这位叔父就是景儒，于是就有了开始的一幕。

我告诉永岐，母亲将他送人后，也一直挂念着，她之所以经常在街上卖菜，就是为了永岐养母带孩子出来时能看看，他养母倒也经常将永岐的情况告诉母亲。连永岐的孩子我母亲也见过。母亲遵循不能认的承诺，未给人说，只是到了老年，思子心切，但又不让我们去寻找。我曾经准备托家在陕棉九厂的一位高中同学去帮我联系，也被母亲阻止了。母亲说怕人家父母知道伤心，养育之恩重如山呀！而这次永岐自己找回来，母亲真是喜出望外，说她可以瞑目了。

我们去楼下到建设路一家小饭馆吃饭，边吃边聊，永岐告诉我，他1979年考入西安冶金学院，1983年毕业后分配至宝鸡，一直在热力公司工作，现在是那里的副总，车也是公家配的。说我兄长告诉他，现在大家经济上都可以，不需承担什么，只要将这亲情连上就好。后来又来家里看了我女儿照片，说和他女儿很像，其实我母亲早就见过他的女儿，说过同样的话。我讲了小时候的一些事，永岐讲他小时候的孤独和疑惑。饭后他们要回宝鸡，我送永岐夫妇上车时，永岐感叹说没料到是这种结果，真比文艺作品中描述的还更具戏剧性！送走永岐，我上楼时遇到邻居老韦，他告诉我上午永岐找到我家进不了门时的急躁、不安和伤心，我将此事讲给他，都说就和小说一样。

过了几天，我将和弟弟夫妇的合影、女儿的照片以及我写的随笔用电子邮件发给弟弟，永岐很快回复："昌林哥：照片和文章已看。我还没有平静下来，我仍然以为是幻觉。这样的事情怎能发生在我的身上？我不知道该如何面对。这几天我凭感觉做事，只想见到你们。接下来怎样我想静一静再说，请谅。不过请放心，既然下决心找就一定会相认。给我几天时间。"我回答他：对于这样一个结果，不管放在谁的身上，都会掀起情感波澜的，不管怎样，你已经过了不惑之年，相信会理性地处理此事。会理解老一辈生养的艰辛的，你不管怎样做，都有你做的理由，我们都会平静地接受的。没几天，永岐发来邮件说：

> 上周五我去看了姐，看得出来她有多高兴。三个侄儿都这么大了，连孩子都上学了，真是没想到。我能理解老人的做法。但孩童时的孤独还是那么强烈，记得上初一时有天下晚自习回家的路上，因言语不和与一同学发生矛盾，在其他同学的纵踊下相约到篮球场一见高下，可是等到了地方我一看却害怕了，

不知道谁告诉了他的两个哥哥。我只得认输，同学走时打了我一个耳光……小学四年级的暑假，同学的哥哥带我们去北山腰一个水坑，我们叫'珍珠泉'的地方游泳，我和同学当时不会，只能站在边上看，谁知一不小心脚下打滑，我拉着同学倒向水中，同学的哥见状一把把同学拉了上去，然后把我也拉上来了，不过我已经喝了几口水了。每当想起这些我总是抱怨为什么没有人保护我照顾我。现在我知道了一切，原来不是没有，而是我离开了他们。哥说的我都明白，我现在很高兴，我感谢上天让我得到了原本属于我的和不属于我的，我会加倍珍惜这一切。

我写了一封信回复：

看了你的回信，我也感受到一种痛楚，父母和我们只想到对你养父母的承诺，只想到你的物质生活的保障，而忽略了你的情感需求，让你失去了一种无法替代的亲情，欠了你太多的一种别人无法给予，而且是金钱无法买到的亲情。当我在感受母爱父爱的时候，其实是将应该给你的那份占有了。这也是我应该愧疚的。

说真的，我也曾经抱怨过父母，为什么心那么硬，把我弟弟送人，母亲说在有宝霞姐之前，我们的一个姐姐，一岁时生病，没管好夭折了，成为她一辈子都为此懊悔的事。她说那时父亲摔断了腰，他们顾不上管孩子，直到孩子咽气也没见过大夫。这成为她一生永远的痛。说这都是无法挽回的罪过呀！

其实，上辈人经历的屈辱、痛楚、苦难远比我们大得多。母亲从小就没了双亲，16 岁嫁到蔡家后不知挨了多少次婆婆的打骂。一个丈夫在外面的小脚妇女，在农村要受到的欺辱，你是不能想象的，对我最刺激的有两件事：大概是在 1961 年左右吧，母亲和村子几个妇女被派去磨面，有一个本族的姐姐叫宝翠的要提前回去，她们商量给包了一手绢面让带回家去，结果被人搜了出来，那可是个没结婚的姑娘呀，母亲为保护她，将主谋的责任揽到自己身上，被队上召集全体社员开会批判，我清楚地记得那天雨很大，我打着赤脚从那个会议室门口经过时看到别人的指指点点！此后的另一年，有一邻居，跑到大街上，喊他家的一碗榆面被母亲偷了，理由是两家的院墙倒了，肯定是母亲偷的，幸好有一位叫王海林的贫协主任当即带了一帮人到俩家搜，结果在那人自家搜了出来，才替母亲洗了冤！当时父亲不在家，哥哥在外上学，我和姐姐小，人家才敢欺负。这种状况，直到我们长大才改变。

我说这些，并不是为当年父母将你送人找托辞，而是希望你能理解和谅解父母。特别是理解经历了太多太多苦难的母亲，让她没有遗憾地度过晚年。

此后，我们兄弟恢复来往，永岐来西安，总要看看我，我们的女儿一个在上海、一个在南京上学。她们互相去过对方学校，见过的人都说姐妹俩像极了；我去宝鸡也在永岐家住过，那几年每逢节假，永岐总要去蔡家坡看望母亲，带去好吃的，过年时也依规矩发给亲戚的小孩子们压岁钱。我和姐姐哥哥本想去看看永岐的养父母来尽点孝心，但和永岐商量后认为那两位对我们恩重如山的老人已年届耄耋，为了不刺激他们，不打扰他们平静而幸福的生活，就对他们善意的隐瞒吧。

2006年11月24日，永岐将他写的文章《我和我的四位母亲》电邮发我，为了这段佳话的完整，经他同意我也摘录在此：

> 我有四位母亲，生母、养母、奶妈和岳母。
>
> 我是一个不幸的人，也是一个幸运的人。我刚出生就被送了人。
>
> 养母是原国民党一将领的姨太，没有生育，男人被人民政府镇压后经人介绍嫁给了因被抓壮丁而未曾娶妻的我的养父——一个有技术能干、头脑灵活的老实人，当时他（她）们都已经三十多岁了，结婚几年后在1960年1月抱回了我，自然就找了一位奶妈喂养我，奶妈家有四个孩子，和我同岁的是最

小的女儿，我不知道奶妈怎样把我和她的孩子喂养出月子的，那时是全国最困难的时期，并且还是在农村。

奶妈当时三十多岁，是一位典型的中国农村妇女，我和奶妈很有感情，上大学以前经常去看她，她也很喜欢我，除了是吃她的奶之缘故外，恐怕因为是男孩儿吧。她的四个孩子三个是女孩儿。在我后来寻找生母时曾怀疑是她了，因为有人说我和她的孩子很像，这大概是人们所说的吃谁的奶像谁吧。上大学后，我知道是抱养的，精神受到了打击，对妈妈产生了怨恨，不自觉地把奶妈也冷落了，很少看她老人家了，后来听说村庄整体搬迁就没有联系了，现在想来非常后悔，应该说我小时候得到的母爱是奶妈给予的。

岳母是我最爱的母亲，她坚强、善良、勤恳而不幸。她是一个平凡的女人，幼年随乡亲逃荒到陕西，十七八岁参加工作，随后结婚生子，一切看来都很平静。然而，在第四个孩子出生前，一切都被打乱了，她艰辛而不幸的人生由此开始。1967年那个红色的年代岳父不幸遇难，成为"文革"的牺牲品。此时三个孩子只有7岁、5岁、3岁，腹中还有待产的小女儿，今后生活的艰辛可想而知……悲痛过后，她一个人承担了所有的一切，坚强得挺了过来，把四个儿女抚养成人并成家立业，完成了一位母亲最伟大和自豪的任务。也因过度的操劳而落下一身疾病，当一切苦难就要结束时，岳母突然病倒了，在一次检查时医生说岳母的心脏病非常严重，须立即住院治疗。后来我们才知道岳母在独自抚养孩子时非常辛苦，当时她在纺织厂上班，午饭时间只有45分钟，为了能让孩子吃上饭，她必须跑着回家，做饭、喂奶。然后跑着上班，经常气喘吁吁，日久天长就患上了心脏病，开始没有注意也没有时间去看，退休后孩子都不在身边，有病时她不告诉别人自己吃点药，听邻居说有时她一人在家躺一天！岳母走得很突然，前一天还拉着我的手对我说她儿子拿钱给她看病，说这些时她在流泪，但我能看出她是高兴的，她所做的一切都是为了儿子，因为就这么一个儿子。岳母对我像亲生儿子一样，她也喜欢和我说家里以及自己过去的事。岳母是因病而离开我们的，是因为我们的粗心，没能尽早发现及时治疗，是我们做儿女的终身遗憾。每每想起这些我总是伤心和自责。

生母是去年找到的。听哥哥讲生母只是一位普通受封建社会约束的农村妇女，没有多少文化，但心灵手巧，除了女人的活做得好，还有一手很好的手工艺术活，特别是剪纸，不需要任何构思、打底，顺手剪来就成为一幅独特的艺术作品。生父是位药剂师在镇上药铺工作，生母一人在家种地、养儿育女，家境非常贫寒。

我上中学时从人们异样的眼光中察觉到了有事在我身上发生，上大二时确认我是抱养的。由于学习和后来的工作、成家、养女等生活上的压力，只能将身世之谜藏于心中。去年女儿上大学后，寻查身世这一埋藏了多年的心事涌了出来，我和妻商量后决定寻亲，而过程出乎意料的顺利，只用了十几天就有了结果，亲生母亲就在身边，并且和妻的老家是同村！而最终就是妻子的叔父帮着找到的。去年初冬的一天傍晚，我和妻在叔的带领下走进了一个普通的农家小院，当叔告诉我眼前这位小脚的老人便是我的亲生母亲时，我脑子一片空白，这就是我几十年来日思夜想的母亲！我没有说话，没有去拥抱，只是不住的流泪，是激动？是怨恨？都不是！是一种本能，是一种释放。后来我找到了两个哥哥和一个姐姐，我也知道我和妻同姓，还知道我被送走后妻的姐姐由我母亲喂养了几天（我俩相差仅半岁）。天缘巧合，命运这样的安排谁人能料到！

虽然我经历了很多的磨难（不确切），但我还是幸运的，有了这些亲人。更有出色的下一代：侄女在国内某名牌大学就读建筑学专业；外甥在美国带薪实习；女儿上大二，开朗、活泼。我满意、欣慰。我想已经离开我们的亲人也会含笑九泉的。

图 7　永岐的女儿张梦尧与我的女儿蔡青 2007 年合影于西安

经历女儿考大学

（这是直到 2002 年 8 月中旬才补写的日记，题目是临时加的，只有亲历了孩子高考的全过程，才知道什么是 7 月考孩子，8 月考家长；才体验到什么是可怜天下父母心。）

女儿今年高考，从 6 月下旬开始，全家进入高考前备战的倒计时状态，电视不能多看，说话不能大声，不能在家中会客，到时必须关灯，电脑不能多开。妻子一条条地制定戒律，并严厉监管。卫生间门前的月历上被画上一个个重要的日期标志，女儿书房门上的高考倒计时日历一天天薄了起来。这是全家压倒一切的大事。我的日记也停止了。

快到 7 月，学校放假 10 天，女儿在家复习，妻子天天中午回家做饭，一切皆顺，最担心的例假也早早过去，7 月 5 日，女儿去学校，回来很高兴，状态还不错，看来学校有意让大家放松的做法是奏效了。7 月 6 日，女儿美美睡了一上午，晚上也早早睡下，到半夜我们去看，竟睡着了，好兆头！

7 日早，星期天，我用木兰摩托按时送女儿到考点。校门口已聚满了考生和家长。校长、班主任都等在那里，女儿领到准考证，大门就开启了，孩子们迅速进去，家长们就等在外面远远地朝考场里伸长脖子张望着。随着铃声响起，外面逐渐平静下来，一帮家长围着学校招办郑老师咨询，有的则耐心地立着或坐在马路边树荫下，熬过这紧张的两个多小时！终于铃声响起，又过了15分钟，远远望去，有人出来了，都出来了，校门口的家长又多了起来，学生们都聚到栅栏门前，却不能出来。又过了20分钟，门终于开了。我一眼寻到女儿，招呼过来，发动起轻骑驮她回家，女儿说，一开始她紧张得左手变软无力，慢慢地才恢复了，我说反正是用右手答卷，没有关系，女儿又说她作文是否跑题了，待举了3例后，我说不错，设准会得高分。

回到家，妻已做好饭等着，吃罢，稍稍休息，又送去考场。

天气太热了，看看那些等待在外面的家长，自觉得没人家虔诚，便撤回家休息，见妻子竟双手合十在默默地祈祷着。我说你还不如给孩子准备些好吃的。

待下午五时半又去接回，吃饭、看了一会电视，女儿翻书复习，我们劝她早早休息，然这一夜她直到2点才入睡。

8日和头天一样，只是送进考场后，我没在门口等，即去馆里上了一会班，然后去军区海鲜店买活虾活鱼送回家让妻子做好。再去像头天一样接送。下午，最后一场考试终于结束，女儿出了考场，说她疲惫极了，赶紧回家，一边吃饭，一边懊悔哪道哪道题答错了，说着说着竟哭个不停，一直到12点还劝不住。本来，刚一考完，考场外就有卖标准答案的，只是我们不想让娃再累就没买，这时倒真想找来估估分。没想到她这一夜竟彻底失眠了。

9日一早，一家去学校，孩子去班上在老师指导下估分，家长们则在礼堂听学校请来的招生办主任讲如何报志愿。结束时，女儿等在门口，看上去，情绪还不错，我悄声问，"多少"？"608""不错！我原来想550分就谢天谢地了！"一家人终于放下了心。

10 号是各高校报名咨询会，早上买了三张票，挤进体育场，里面人山人海，待寻到欲报志愿学校展位时，像洗了桑拿！询问了外经贸、浙大、北理工、东南大之后，去问天大，因女儿想上建筑系，那个据说是主管的一听分数，说没问题，并给了名片，再到同济展台，却不说什么，只是让看往年的资料。再看天大，似乎对谁都答应，回家后几经辩论，还是确定报同济。

12 号下午去学校交了志愿，之后全家人的心就又悬了起来。

女儿担心万一估分失误，我们赶紧托人打听招生学校，催同学介绍朋友，将资料传去。

和同济招生办来咨询的老师联系，将学校出的推荐材料和自我介绍寄去。紧急复习美术，交去加试的素描作业。

21 日晚从网上查出她考了 627 分，欢呼一阵，高兴两天，一打听，高分不少，仅报同校同专业前面就有几位，又紧张了起来。接到正式推荐表，去学校填好寄去。7 月底，联系同学、朋友时感觉不保险，又求张老师帮忙打电话，写了信给系上，但反馈的消息说网上录取，分数第一，只能关注一下争取。如果真能公正，倒也能释然接受，所做的努力，只是希望不被挤掉，像祥林嫂捐了门槛一样，求个安慰。

8 日，得到消息说女儿被按第二志愿录取，即国贸专业，因建筑学在陕只招两名，虽然同济大学在陕录取分数线为 580 分，但报建筑学专业的却还有 680 和 650 分，这两位可以上清华了，我们还能说什么，女儿也高兴地接受了这个结果。同事和朋友都说能上同济就不错了，国贸也是好专业。向他们表示感谢，因为大家都尽力了，就说吃不上的葡萄是酸的吧。

8 月下旬，请来一直关心女儿高考的贾平凹父女、王志平夫妇等几位朋友一起吃饭。算是给女儿饯行。

8 月 29 日，妻子送女儿去学校报到，我将她们送上去上海的火车。

（**作者注：**一年后，因女儿各门成绩皆优，符合该校转专业的条件，经过专业考核，转到了她所钟爱的建筑学专业。这件事也成了她的母校西工大附中老师们指导学生报考同济志愿的一个佳话和案例。虽然学制变长了，但经过这个曲线，女儿的梦想终于变成现实。如今已经研究生毕业。令人高兴的是，她本科毕业时是年级第一名，免试保送公费研究生，研究生毕业还是优秀，已被上海华东设计院点招录用，分配到创作中心工作。）

老娘走了

2010年2月5日早上六点钟，在蔡家坡上我们村的坟地里，一百多人参加葬礼，送我的老娘入土。除了子孙、亲戚和族人，全村的青壮年都来了，他们对我说，老娘是村上年龄最大的长者，也是德行最高的老人，大家都愿来送老人最后一程（图8）。

图8　母亲在剪纸

送走老娘后这几天，我一直在恍惚中度过，因为2号中午，我打电话回家询问老娘病情时，兄长还高兴地告诉我，今天娘气色很好，思维、说话较前几日清晰多了。难道是侄子请的大夫真有回天之术？我也高兴地祈祷母亲能度过这一关。因为，自上月下旬兄长电话要我回去，说村里大夫已认为母亲的感冒无法救治。我不甘心，前一周回家里请蔡家坡最好的大夫为母亲诊治，可是连续五天点滴之后，这个感冒引起的肺部感染还是无法控制。上周日大夫告诉我已无力回天后，我们就开始准备母亲的后事。可侄子又不答应，找了另一位大夫又是灌人参汤，又是灌消炎药，我让兄长制止这个鲁莽的行为，因为这只能增加老人的痛苦。所以一听到有效果，我又告诉兄长就按这种办法治。哪知道这只是老人逝世前的回光返照，2号下午六点多，农历己丑腊月十九日酉时，母亲在将一切后事都交代完毕后，平静地离开了我们！

我母亲1921年3月17日出生在蔡家坡三刀岭村一个王姓书香之家，其父亲是一对孪生兄弟的老大，懂易理、通中医，但因抽鸦片使得家道中落。母亲三岁时丧母，童年的教育全部来自其父过足烟瘾后所讲的戏文故事，很小就被缠了脚，六七岁时因为继母要其背着妹妹干家务，只能在邻家私塾外面听课而没有识字，十六岁嫁到蔡家，1941年20岁有了我的兄长，不久因父亲躲债离家几年而带我哥给富有的亲戚家打工以糊口。25岁第一个女儿出生后，又因父亲腰摔卧病，次年女儿因病夭折，1949年有了我的姐姐，1954年我出生，1959年冬我的弟弟出生后不到一月因家贫怕饿死而送人，1976年我父亲58岁突然病故后，老娘孤身照料儿孙30多年。

如今我家已是四世同堂，母亲的孙子们大多已成家，长曾孙女今年就要高考。一辈子受尽磨难的母亲，晚年却因子孙出息而享天年。就在5年前，送出46年的弟弟回归相认，并从此每逢年节必来看望，成为最让她高兴的事！所以母亲是满足地离去的。

遵照老娘不给儿孙和别人增加麻烦的遗愿，丧事从简从快，2月3号下午入殓，5号黎明安葬。虽然我们村有坡上坟地，但因蔡家坡地区禁止土葬，为不让政府尴尬，我们尽量低调，除了亲戚外，不通知别人，但4号一天还是有西安、宝鸡和岐山的数百友人来家里吊唁，全村人老少都来为老娘忙活，几十个人一天半时间就修好了坟茔，昨天不到两小时，就完成了出殡、安葬的全部礼仪，为不让快七十岁的兄嫂劳累，我们在村边的饭店里设宴几十桌答谢了亲戚和村人之后，我和弟弟回到各自的城市，其他祭奠的礼仪交给在家的侄子侄女婿和外甥们去完成。

在这里一并感谢所有朋友的关切！感谢陕西历史博物馆的冯书记、成馆长、马馆长、程馆长、李主席、董部长和同事们，感谢中国人保财险控股公司侯总，感谢大唐今典文化公司刘总、何总！感谢宝鸡市热力公司的领导和朋友，感谢岐山县城建局的领导和朋友，感谢杭州征野装饰公司宝鸡分公司的冯总！感谢陕西北方谷雨食品有限公司雷总！感谢我的高中同学和挚友们！感谢蔡家坡东堡子村五六组的乡亲们！你们的慰问，让我在这个寒冬里倍感温暖！

所有的挚友和村人都安慰我，按民俗高寿者去，乃喜事，我母亲高寿，又有子孙争气，老人是欣慰而去的，我虽然也这样想，可当我回过神来，意识到我再也不可能在她床头尽孝，再也不可能每星期六在电话那头听到她的声音，想到我从此没了娘，不禁悲从中来，失声痛哭！

乡党巨世亨询问为什么低调办丧事，不通知朋友们？我回答他：蔡家坡情况比较特殊，一方面政府发文禁止土葬，但靠坡的村子都有坟地，而且八九十岁的老人目前还不能接受火化的观念，前几年文件刚发时相当严厉，有把刚刚土葬的人又挖出来火化的，但因引起由此又气死家属的事件之后，这几年当地政府也比较人性化了，尽量做工作，但不走极端。我们也能理解这移风易俗的难度，母亲生前数次交代，不张扬，悄悄入土早安生。我们弟兄商量厚养薄葬，我没通知朋友们，但当地亲戚、朋友、族人和全村子里的人还是都来了，他们每个人都诉说着母亲曾经对他们好的点点滴滴。

老人离去时的确是释然的，在最后的二十天里，她交代和完成了她认为应该的所有事情，连我的侄女婿曾让她向我要一张画的事也记在心里，那是在她逝世前四天时要我做的，说是她答应过由她给我说的。刚好我车里备有，急忙交给她放在床头，次日我侄女婿来看她时，她亲手给了他。所以母亲是已经任何没有遗憾地离去的！

我走上美术这条道，离不开母亲的民艺熏陶，过去母亲剪纸做女红，是因为爱好和生活所迫，而前些年我让她剪一些作品，完全是为了让她长寿，让她认识自身的生命价值，让她增加活着的勇气，当母亲觉得她不是儿女子孙们的拖累时，当她意识到自己的手工有艺术价值时，她的生活才有质量。几年前我在筹备展览时，告诉母亲我要将她的作品一同在陕西历史博物馆这个艺术殿堂展出，当时86岁的母亲又拿起剪刀，剪出了一大批作品，让弟弟给我送来。那天省国画院前院长苗重安老师来看画展，对我母亲的剪纸赞不绝口，我介绍我母亲讲的，一张帖子五毛钱，剪四到八张作品，能卖二块钱就好得很。苗老师说，我买两张，每张出二百元，实际上她的价值远远超出这些。这就是艺术的原生态，是汉唐文化的活体传承。我让苗老师选了两张，后来回家时，我将这四百块钱交给母亲，告诉她，这是她两张剪纸的稿费。看得出，母亲的笑容远远比我们平时给她钱时要灿烂得多。

我们的老家是周礼之乡，由于商周时期"国之大事，唯祀与戎"的影响，在老百姓的日常生活中，除了生命崇拜，就是对祖先的崇拜，它体现在民俗的生老病死的礼仪之中。只有完整地参与到这些事件中，才能体验和了解这些民俗的具体细节，母亲的故去时间的选择，让我有可能了解和知晓我们家乡的丧葬文化，和她早年给我留下的剪纸作品一样，她的故去也留下了最后一笔文化遗产。

在母亲逝世的第21天，按照阴阳先生开列的祭奠七期，是第三七（期），我因上班不能回去在老人坟头烧纸祭奠，就用女儿蔡青在她奶奶逝世一期时写的一篇短文来纪念：

　　2月2日晚10点30分，爸爸打电话说奶奶情况不好，让我回来。次日凌晨，我奔至机场，4小时之后，我回到老家，接我的爸爸妈妈已身穿白色孝服，带我走进奶奶的房间，找不到病榻上的奶奶，而只有一具小心裹在红被子中的僵直的尸体了，我恨自己为什么没能早一点赶到。

　　就在20天前我打电话，她说："我还活着。"而今竟是我听到的最后一句话；就在八个月前的暑假我回老家看她，临别窗口小小的头一直目送我们到消失竟是永别；而一年前我躲在她的被窝竟是和她卧谈的最后一夜。

　　奶奶去的时候很安详，没有挣扎，没有痛苦，没有给大家添麻烦，是想要见我的意念支撑她一直到现在，在胸口的衣袋中还存着捂了半年要送给我的"存款"，可是我最终没能回来看她最后一眼（图9）。

图9　母亲与孙女视频聊天

　　按照周礼祭祀的规矩，应祭拜亲人于七七四十九天，今天是奶奶去世的第一个七日，七日间，我经历了人山人海的祭祀葬礼，对于奶奶这样一个普通的不能再普通的农村妇女，在如此多人的心目中都留下了深深的印记，我看到她曾经深爱的子孙们的痛哭，看到她曾经帮助的老朋老友的眼泪，还看到远道而来的朋友深沉的祭拜。而对于我，每到夜深人静，巨大的悲痛和失落就会扑面而来，奶奶与我分享的那些画面，历历在目，而从此以后，我再也不会有奶奶的爱了。

奶奶生于 1921 年，从原本富贵的家境到抽鸦片败家的父亲，从三岁丧母到寄人篱下，从幼年裹足到禁止读书，从中年丧夫到无力抚养而将年幼的子女送与别人，奶奶的一生伴随着无数的苦难。然而，奶奶在我的心目中，始终是一个典雅而高贵的女人。

奶奶未曾识字，然而肚子中总是有说不完的戏文故事，她绘声绘色地讲给我听，"王恩识义拜弟兄""猴儿娘""人心不足蛇吞象"——小时候，那些聊斋志异中光怪陆离的形象，还有山海经中诙谐浓烈的色彩早就在脑海里扎了根，至今还能回忆得起来。而那些仁义道德的心灵约束，获得幸福的标准和善良丑恶的因果报应也潜移默化地在心中发出了芽来。

奶奶未曾拜师学艺，却生得心灵手巧，一把剪刀，一叠彩纸，在她手中，可以幻化出无数或美丽或古拙的形象，全村婚丧嫁娶都会问她讨要，而剪纸的功夫，也成为她一个人养活我的爸爸、伯伯、姑姑唯一的谋生手段。

小时候，奶奶还能走得动的时候，会来西安我家做饭照顾，中午爸爸自行车载着我回家属院，一进大门就看得到远处高高的六楼上被油烟熏黑的小窗洞里一只小小的头，左右盼顾地看着我们何时到家，我们向她挥挥手，奶奶就缩回头去开始下擀面，一进家门，一碗热乎乎的臊子面就呈在手中了，多少次我们没有按时回家或是在外面吃饭，奶奶便守着一遍遍烧开的水，一次次地探出头，一秒秒地等待，直到我们回来。后来，奶奶骨折了走不动了，就回到老家和伯伯住，只有过节过年时，我们一家才能回来探望奶奶，爸妈工作忙，我学习紧张，每每探望，都是匆匆一见，离开的时候，奶奶总是满眼不舍却推着我们走，走出老家门的时候，回头一望，高墙上的小窗后依然是小小的脸，是奶奶站在床上踮起了小脚才能够到的小窗，那小小的脸，一直凝望我们走上马路，直到消失得再也看不见（图10）。3天前，我踏出老家门的时候，下意识地回头望去，奶奶的脸，似乎还在纱窗背后，凝望着我们一路走好。

而今天，奶奶那藏在小窗后的脸还时时浮现在脑海中。

图10　纱窗后露出母亲目送子孙
远去的脸

我奶奶60岁的时候说要是看到我爸爸结婚就能闭眼了，65岁时说要是看到最小的孙子就能闭眼了，75岁说看到我上大学就能闭眼了，80岁说看到我毕业就能闭眼了，85岁说要看到我成家就能闭眼了，在临别前五年又见到了当年送出去离别40年的孩子——我的叔叔，每一个愿望都让奶奶活得有盼头，子孙的幸福就是她充满希望活着的全部理由。

七天前，奶奶走了，前来怀念她的人一群一群，花圈满地，挽联挂满了院子。奶奶生前对我们说要以德报怨，在多年的岁月中，一个弱小的女人不仅撑起了整个家庭，还尽自己所能，帮助身边的每一个人，在西安的时候，奶奶会每日早起，帮助满楼的邻居生好炉子，给院子里新出生孩子做棉裤棉衣，还有次端着一大锅水拖着小脚下六楼送给街上断水的老太太。

在卧床期间，奶奶把平时攒下来的钱散给来拜访她的鳏寡老姐妹们，那些用来维持她生计的钱，除了散出去的，都一点一点攒下来缝在衣服中，捂在心口，悉数留给了子孙。

奶奶一生信佛，怀着悲悯之心面对复杂纷乱的世界，即便贫困交加时，也会同乞丐一般的人再分一杯羹。这样的人生哲学，让奶奶时时处处同样能获得别人的帮助，以如此弱小的身躯培养出了几个优秀的子女，这是奶奶的智慧，也是我们子孙后代最大的福气。

孙儿不孝，没能看上奶奶最后一眼，在这第一个七天的忌日里，唯愿以此文以告慰我的奶奶，奶奶，您放心地走吧，我们会继续争气勇敢地活在这个世界上，来日更来告慰您。奶奶，安息！

5月12日，当母亲逝世百日祭时我回去参加了为母亲超度的礼仪，说实话，我不太赞成这种太折腾人的仪式，希望能简洁些，但家姐家兄是为了完成母亲的遗愿，我只能服从，从保护记录行将消失的民俗角度考虑，我用卡片机记录了这个仪式的视频片段，作为"永远的怀念"。

2010 年 5 月于寻源斋

从蔡家坡到兴国寺（九则）

我的读书经历

我读课外书的经历从蔡家坡小学开始，那是岐山县的一个重点小学。二年级时全国学雷锋活动如火如荼，课外活动比较丰富，我是少先队的大队委员，课余时间负责学校图书馆学生书库的管理，书库其实就是一间 20 多平方米的房子，里面放满了如《中国少年报》《儿童时代》类的报刊和大量的连环画等少儿读物，由我们几个轮流值班对学生借阅。还有几个专供教师借阅的书柜由老师管理，平时是锁着的。

虽然我有随意阅读少儿书刊的便利，可渐渐的，这些读物已不能满足我的胃口，一天，出于好奇，我试着用我保管的少儿书柜钥匙去开教师书柜，居然都能打开，一看里面尽是砖头块厚的长篇小说，有诸如《钢铁是怎样炼成的》、《青春之歌》、《白洋淀纪事》等等流行小说和散文集。这个发现让我非常兴奋。于是就在每天放学时，挑一本书带回家去看。那阵也不求甚解，因为必须在第二天还回去，所以几乎都是一口气读完，好在那时没有课外作业，下午三点多钟放学，天黑前看不完，晚上接着看，有时去地里劳动就偷偷带上，一有空就拿出来读。记得春除时，我坐在小凳上看得忘记锄草，被人发现告诉母亲，狠挨一顿训斥。晚上看到家人要睡觉时，先关了灯，等大人睡着后再开灯将整本书读完后才睡觉。

这是一段非常充实的日子，我至今清晰地记得在当年的蔡家坡小学的那个书库的位置、陈设甚至一些书中的细节。那两三年里，我几乎看完了那几个书柜的全部书籍。这种阅读和熏陶，使我有了写日记的习惯，也提高了写作能力，作文常常在课堂上被作为范文阅读。

就在读书最上瘾的时候，"文革"开始了，书库关闭了，我也无书可看，除了党报、毛选和传单外，几乎再也无法接触到其他课本以外的文字。那种难受的饥饿感，永远留在我的记忆之中，能接触到文字，几乎成了一种奢侈，记得糊在家里顶棚和墙上的报纸上面所有的文字都不知看了多少遍，连报缝里的内容都能背过。至今还能记得那些如"我红卫兵对英大使馆采取革命行动"等等出现在党报上的荒诞内容。

1969 年初中毕业回乡当养猪员时，看到关于中曲发酵饲料的报道，遂写信从东北某部队索来相关资料，做起了实验，竟小有名气。一年后再次回到课堂，终于有书可读，上完两年高中。

和同龄人比起来我是幸运的，高中快毕业时直接考入陕西省艺术学校（一年后改为艺术学院，也就是西安美院和音院），我们劳动时为美院图书馆搬家，看到学校有那么多藏书可供借阅，那种兴奋和甜蜜无以言表。遗憾的是，当时的政治气候，影响了我的读书取向，出现了精神营养的单一和偏缺，也读了一些如《资本论》《国家与革命》等等马列著作，现在能记住的只有扉页上马克思引用但丁的那句话："走自己的路，让别人去说吧！"

这种精神营养的偏缺，造成的直接后果是思想的单纯和行为的幼稚，毕业时追求一种革命的行为，要求到最艰苦的地方去工作，对于这种激情燃烧的举动，我现在的反思仍然未有定论，常常是在惋惜单纯的同时又庆幸有这样一种难得的经历。

1977 年春天，在经历了国家和个人命运的巨大转折之后，在失去父亲和初恋失败的痛苦中，开始了冷静的思考，郑重地在笔记上写下"人是要有一点精神的"这句话，在柞水文化馆同事老师的指导下，发奋从中华活页文选开始读起，学习古代文学。一年后，再次考回西安美院，接受真正的大学本科教育。

这四年的学习和读书生活是充实的，接触了许多外国名著名画作，除了课堂所学以外，当时有关部门给艺术院校学生开列了一个书单，这个书单涉及古今中外艺术和文学类名著，尽管其中许多已是耳熟能详，但也看出了自己的缺失，几年恶补，终生受用。

1987 年底，当我调到筹建中的陕西历史博物馆后，前辈何正璜老师语重心长地告诫我，一个学习美术的人要能在文博系统立足，必须苦攻历史和考古，因为这是文物研究的基础。我记住了她的话，一方面从书本上补充，一方面向周围的专家同事请教。系统地读大量同文物有关的书籍，学习文物研究的方法。这种泛读，增加了我的知识面，使我在看文物时多了一双眼睛，添了一种角度。我的文物题材彩墨画就是在这种阅读之后产生的。画这些画，成为我读书笔记的一部分。十多年下来，竟积累了数百幅。我之所以不再去考研读博，因为我觉得，有这么多的文物，有这么好的书库，守着这么多的资料，我学不够、读不尽、画不完。还有什么能比我现在的工作和生活更有乐趣呢！

1999 年用上了电脑，2000 年开办个人艺术寻源网站，2006 年开始写博客，使我的读书学习变得丰富多彩，有了互联网，有了电子书和邮件，对知识的掌握、对信息的获取、对学术的交流变得相对容易多了。"大唐开国二十四功臣图的考证与复原工程"的实践，使我深深体会到现代科技为科研和创作带来的巨大效率，同时预感到科技的发展，必然会带来政治民主的进步这种谁也挡不住的趋势。

想想那没书读的日子，看看现在的生活，简直是天壤之别！我想，知识就是力量这句话没错。我用自己的切身体会，在又一个读书节到来的时候，写下这点文字，算是一点感念吧。

（省直机关干部读书活动征文稿件

2010 年 7 月 22 日修改投稿）

我的高中——写给蔡家坡中学五十周年校庆

（2007 年 10 月 27 日）

我上的高中叫蔡家坡中学，它成立于 1957 年，开始叫岐山县第三高级中学。所以我们村子的人一直称其为"三中"。

校园坐落在蔡家坡塬脚下，校门朝北，出校门爬五百米山就上到蔡家坡的名胜珍珠泉，泉在半塬的老虎城下，水面约有半亩地大，靠坡底处能看见这泉水如珍珠涌出，当时已经拦坝成为一个可以游泳的活水塘，泉水便从这水塘顺山坡向塬下流去，流过之处，绿树成荫、山花烂漫，藤萝娇娆；流过校园外的蒜苗地，浇出了全国最好的大蒜；流到校园里，浇灌着校园围墙内那一排排樱桃树，每年春天便结出红红如珍珠玛瑙般的樱桃。那樱桃树枝一直伸到墙外，馋得我们直流口水，胆大的玩伴甚至有晚上翻过墙去偷的，我平生第一次吃的几粒樱桃，就是姐姐从同学那里讨来，又捧在手心分给我的这里结出的果子。刚好那时流行的一首《樱桃好吃树难栽》的歌曲，听起来就体会得特别亲切。由于学校就在我家东边不到一里地，这绿树围起来的校园，这朗朗的歌声、读书声就是我童年时期对它既神秘又向往的最直接的记忆。

这是岐山南原地区的最高学府，只有学业优秀的学生才能考入，所以周围工厂、农村的子弟都以能到这所学校读书为荣耀。可是，到我初中毕业时的 1969 年，却没有学上了，蔡家坡中学已经停办，只能响应伟大领袖毛主席号召，回到生产队劳动。

我上高中是在回农村劳动（养猪，管电磨子、压面机，当保管员）一年之后 1970 年的秋季开始的，那是从"文革"中停办几年之后的第一次招生，由于报名人数太多，而录取名额有限，要经过推荐、政审、考试才能录取。

我的幸运是刚好在考试的时间因要去地区参加学习毛主席著作积极分子代表大会，被县文教局破例允许免试，因而成为我们那届

250 名学生中唯一的幸运者。也由于这种背景，一进学校就被作为学生代表推选为校革委会委员，像个摆设一样参加学校领导班子的会，为此也误了不少课。好在那时学业不重，都可补回来，所以各门功课还可以。那年我十六岁。

校园里处处留下"文革"初期红卫兵造反的痕迹，以前的学生有毕业的、下乡的、回乡的，已于两年前全都走光。当年红卫兵在学校的造反行动让我感到恐怖，记得一位姓阎的校长被斗得不堪忍受，用刀片割颈自杀，血流了一墙！吓得我再也不敢去校园玩。记得修建渭河大桥的工人也曾在校园住过，还有部队也在这里住过。校园里一片荒芜，所以我们入校后劳动的时间占的比例相当大，除了每天下午后两节课劳动外，每周有一天去位于学校东边五六里路之外的渭河滩农场造田种地，是谓"走五七道路"。每个班还要再选择学工或学农，去农械厂或附近生产队劳动。为了向解放军学习，连班级都叫做连排，五十个学生一排，我在第五排。由于是多届初中毕业，学生中大小同学的年龄相差五六岁，上学期间也有结了婚的。因此学生的知识基础也差别较大。

应该讲，当时蔡中的师资是很强的，语文老师有徐岳、康仲元、刘文瑞、肖重声等，数学有李淑敏、陈应录，物理老师有王家祥，化学老师有许景武等等。这些人后来成为宝鸡市乃至陕西省有名的优秀教师、劳动模范和著名作家。

经历了几年"文革"，好不容易重上讲台的老师们非常敬业，为了给基础差的同学补课，好多老师利用下午休息时间，在操场边上的树上挂个小黑板讲初中数理化大课，来听的同学黑压压坐了一大片；还有化学老师为使学生学以致用，让学校购置设备，办起制剂室，生产出的葡萄糖食盐水通过质检销售到各个医院使用；数学老师带大家去田间实际测量数据，竟将周围村子跑遍了。

由于开始我是排长，以前在生产队养过猪有成绩而参加过地区积代会，所以学校的几头猪便由我们班来养。开始我干得多一点，后来在班主任康老师的关照下，由同学分组轮流值周，加上我有美术特长，干体力活却不如其他同学，老师便在全班同学去劳动的时间安排我办板报和宣传栏。

记得我曾在教室后墙上画过套色的毛主席头像；在黑板报上画当时先进人物张勇的头像；上学第二年，批判林彪时，我还去附近的西北机器厂临摹回一批漫画，在学校办了大型墙报，得到老师同学的称赞。后来便坚持天天晚上去西北机器厂美术组学画。半年后，遇到陕西省艺术学院在岐山招生，居然也直接从学校招在校生，我就被推荐去参加考试，并戏剧性地考取，又成了我们那届二百五十名学生中唯一在当年直接从学校考走的幸运者。那年 6 月 1 日，距离我们毕业还有一个半月，可我已接到通知，要去西安上学报到。于是，我们班的毕业照便提前了，也就算是学校领导、老师、同学为我的欢送纪念。

图 1　蔡家坡中学高七二级五排毕业照（摄于 1972 年 6 月）

虽然当年毕业的其他同学大多数都回到农村，但随后，由于各人的机遇不同，有的同学上了大学，有的留在了农村，有的当了工人，有的当了兵，还有的从了政。现在，我们那届同学中，既有首席科学家、教授，也有著名作家、艺术家，既有将军、局长、处长、经理、老总，也有农民和工人。不管差别多大，我们共同的母校是蔡家坡中学。两年的高中生活是短暂的，但由于特殊的时代、特殊的环境，蔡家坡高中给我留下了难忘的记忆。

为作家李西岐画像
（2009 年 11 月 26 日）

李西岐是我的高中同班同学，他家在岐山杨柳村，属于每周要回家背一两次馍的塬上人，当年在班上我们是搭档（他是副排长），同学少年，才华横溢，他让我最惊叹的是，当我还只能写一些小评论和小作文时，他有一天悄悄地塞给我一本写满整本稿纸的长篇小说手稿，说是他的习作，让我提意见。这让我不得不叹服！

后来，我到西安上学，他去了兰州军区当兵，军旅二十余载，后来转业。现为《甘肃文艺评论》和《读者·大字版》特约艺评人，自由撰稿人，在小说、散文、艺术评论方面，各有建树。系中国作家协会会员，甘肃省书法家协会会员，甘肃省马家窑文化研究会理事，《读者》杂志社百名签约作家之一，著有长篇小说《金城关》，精短小说集《有朋自远方来》、《李西岐文学作品选——小说卷》，还有《李西岐文学作品选——散文卷》、散文集《三月飘雪》，并在国内各大报刊发表文章两百余万字。

西岐常来西安，我们就经常相见。西岐待人厚道实诚，做人低调，每每对朋友的事比自己的还上心。前年年底，朋友要我为即将开张的唐华乐府门头撰写并集字三副楹联，由于此地与大雁塔紧邻，位置非常显著，不敢马虎。那上面的牌匾是由霍松林先生题的，我本想请几位高手撰好联后我直接集字，但由于不明确稿酬多少，不敢贸然许诺，只好自己苦诌了两联，好像也存在平仄问题。有朋友推荐请刘炜评教授帮忙改，可那阵刘老师正忙着顾不上。正在熬煎时，恰好李西岐到访，西岐的文学才能早在我们上高中时就令我惊叹，他从军和转业后一直坚持写作，我还知道他对诗词曲赋格律很有研究，真是瞌睡了遇上枕头，即拉上他一起去看了场地，请他指教，他不厌其烦地帮我改好了两副，还有一副我请他来拟，说虽然稿费不多，全当帮我忙吧，他爽快答应，遂于第二天交稿。他也曾为我写过一篇文章，发在他的专辑里。

年初他说要我为他画一幅像，老同学嘱咐，自然不容推辞，但我对画肖像现在老提不起精神，拖到现在才完成，实在不好意思。一张素描，一张国画，两种意境，由西岐自己挑吧。

图 2　同学李西岐　　　　　　图 3　作家李西岐

注：素描《作家李西岐》被用在小说《金城关》中作为作者肖像。

回归的精神

那天，根明兄带着自己的一批山水画新作照片来我画室，我一边翻看着却心存狐疑，这真是他自己画的吗？因为我知道，他开始学画，也只有几年的光景，那时也让我看过，我虽然说了些鼓励的话，但心想他是画着玩呢，也未在意。而这些作品却让我感到意外。根明似乎看透了我的心思，乘我和另一朋友说话的工夫，径直走到画案前，提笔在一张斗方空白宣纸上抹了起来，不一会，一张山水作品便跃然纸上，用笔之老辣，技法之娴熟，俨然与大家相仿。这倒真让我刮目一回，由衷地为他感到高兴！为他画出的作品惊叹！

　　根明虽长我三岁，却是我三十四年前蔡家坡高中的同班同学，记得他字写得极好，作业本常被大家抢去当成练字的帖子，班上每出墙报，我画报头，文章总是由他用毛笔来抄。而他的篮球又打得漂亮，是校队的主力，人聪明学习也好，每每被体育老师得意地作为范例来要求我们重视他的课。上大学时，根明虽然学了粮食专业，但这两项业余爱好却从未间断。

　　根明的画，正如他自己说的"是下雨天打娃，闲着也是闲着"，出于一种"游于艺"之结果。

　　因为他在宝鸡，接待过全国包括台湾的不少书画名家，观摩过无数次书画表演，每到西安，又遍访书朋画友，这种耳濡目染，丰润了他的艺术素养，加上天资聪慧，一旦入道，便有不俗作品出世。

　　虽然他画画的历史不长，但书法的童子功，却使他"四十多年磨一剑"成就了中国传统山水画"骨法用笔"的坚实基础，难怪一旦提笔，笔笔见功。从他的《秦岭风光》中，从他的《秋山之叶》、《焦墨山水》等作品中，我看到了与他在牌桌上大输大赢敢出手的潇洒、酒桌上说干就干不顾命的豪爽、球场上纵横穿插抢篮板的矫健，还有商海中冷静果断敢决策的自信相一致的东西。

图4　作者1972年与何根明、胡永辉合影

　　朋友笑说他现在静下来画画，较之前些年在商场的拼杀，是"改邪归正"。而我则认为他的画正是那种精神的回归。虽然根明的绘画之路还很长，但正是他身上的这些固有的特质，使他的艺术有着非常光明的前景。

甲申（2004年）清明于陕西历博寻源斋

我的大学（一）

——献给西安美院六十周年校庆

（2009 年 10 月 19 日）

明天，是我的母校西安美院六十周年校庆。六十年是中国传统的一个花甲，如果按三十年河东，三十年河西的说法，刚好又是一个完整的轮回，的确是值得庆祝的。

我是在美院建校五年后出生的，我的大学就是在西安美院度过的，从 1972 年 6 月 2 日进入到 1982 年 7 月毕业整整用了十年时间，中间的三年虽然是在柞水山区度过，但每年至少有两次回到美院。18 岁到 28 岁可是人生中最重要的十年呀！其中的记忆和经历影响着我的前半生，这种记忆刻骨铭心！

图 5　1972 年 6 月在学校门口留影

1972 年春，我在蔡家坡高中上学时，因办板报画画小有名气被推荐去县上，参加陕西省艺术学校的招生考试，5 月底接到录取通知，成为那一届高中二百五十名同学中第一个幸运者，直接考进了美院。6月2日报到那天，父亲一早从距家二十多里地的单位赶回，为我做了饭，但只送到家门口，他的用心是让我自己去走自己的路。我生平第一次坐上有座位的火车从西安下车，并乘公共汽车到位于小寨的陕西省艺术学校（那阵音院和美院合并为陕西省艺术学校，第二年才恢复为陕西省艺术学院）报到，不几天即去白水农场参加夏收劳动，返校后不到一学期又搬回兴国寺。

图6　蔡昌林、潘一、张立宪合影于兴国寺美院门口

　　那一届美院共召了80名学生，开始分为四个班学基础课，我所在二班20个人，班主任开始是工国伟老师（教素描），9月份变成武德祖老师（参加学校种麦子劳动），期末下乡时是黄申发和刘腾超老师带我们去长安县的南小里村。我们班的同学有张宝洲、任贵云、高培旺、岳德功、高周民、李郑平、张晓婉、李凌、李正明、牟运道、孟书明、王艾贵等。高周民同学来自长安县农村，饭量较大，平时靠定量的三十斤粮票还马虎维持，可那一个多星期在兴国寺后坡上种麦子劳动时，就常常饿肚子。有天下午，只见他从校外拿着一个金裹银的馒头边吃边回来，说是从西村的老乡家里讨来的，一位同学将这件事告诉了时任团支部书记的我，说是丢工农兵学员的

人，我也觉得他太不像话（那阵我太单纯，受极左影响），说与团委书记钱老师。老师要求我们晚上开民主生活会对他进行批评。我把这个安排说与武德祖老师，武老师说你先听我说一件事，就在昨天，我将钱包丢在劳动的地里，里面装的钱虽不多，但我和你张老师两人一月的饭票全在里面，是这位高周民同学捡到后主动还给我的。这位同学觉悟很高呀，我还没顾得上表扬呢！我觉得这同学宁肯要着吃，也不愿将捡到的饭票昧掉，是应该值得大家学习的呀。这样晚上的组织生活会由帮助批评变成表彰会，列席会的老师当晚将这件事说给刘蒙天院长，据说他们当即开会做了一个决定。于是，从第二天起，学校食堂里专门放了一篮子杂粮馍，我们参加种麦劳动的这班同学可以不交饭票管饱吃！大家都感谢高周民给我们带来了这种福利！这件事也就成为我对高周民的最突出的印象。

第二学期分为国画、版画、油画、雕塑和工艺五个专业。我们班的四个同学高周民、孟昭典、孟书明、牟运道都去了雕塑班。我和李正明、李凌、张晓婉、任贵云几个同学去了工艺班。

图 7　1973 年留影于钟楼

工艺班当时有 17 位同学，由入学时的四个班学生每班几个组成，陈绍华、蔡金锋、张西利、付建全、贺焕民、张文顺、刘旭功、李新爱等都是从其他班来的，文艺理论与美术史是大课，与其他专业在一教室上，只有专业课是分开的。工艺班除了去农村写生实习外，也去西安市内的搪瓷厂、印刷厂、玻璃工艺厂和特种工艺厂作设计课实践，到三年级最后一学期，我被抽出来和潘一、马清潮三人由赵步唐老师带领去白水县冯雷村教改实习，离开了班级，回校后就是毕业分配，我与其他四名同学被分配去了商洛。

接待阎惠昌

（2007 年 7 月 30 日）

能接待阎惠昌，我是很自豪的，因为这位当代全世界最优秀的华人指挥家、香港中乐团的艺术总监阎惠昌和我是 1972～1975 年陕西省艺术学校（院）的校友，因为他在音乐系，我在美术系。说是同学，是因为我们曾一起在校团委工作过，一起参加过许多团的活动和会议。在那个特殊的年代里，我们这些从农村初进城市的少年，几乎都有着相同的梦想和经历，有着相同的激情、热情、单纯和盲动。来校之前，同是高中快要毕业，都有艺术爱好，从小在学雷锋的教育中成长，高中时，在学校都比较出众，他从合阳县中学来，我从蔡家坡中学来。不同的是艺校毕业后，他留在戏剧系，我去了陕南山区。几年后，我从山区又考回母校，而他则考到上海音乐学院，毕业后他的成就和奋斗拉大了我们的距离，我们几乎有三十二年没见面。

实际上我一直从媒体上关注着他，欣赏他一次次指挥的演出，分享着他成功的喜悦！为他的每一个成就而高兴！为有这样一个同学而骄傲！

而最让我感动的，是他对故乡和父母亲的一往情深。去年他来西安演出，就将老人从合阳接来，每次回西安，都要去看老人！他为古城走向世界，为中国艺术走向世界，作出了自己的贡献！

也正是因为这一点，王蔷师姐一听他来馆里，立刻赶来送上一本《何正璜文集》，说她最敬重阎的人品。

此次他带夫人和小儿子来参观陕西古代文物，说是要给其在新加坡长到八岁的儿子来补中国历史的课，让儿子记住他的根在这里。我于是尽量用小孩能听懂的语言讲解文物。看完后带去我馆对面的小蜜蜂饭店用餐，我光顾着说话，竟没有想到这家饭馆的服务是如此的差！点的菜到走时还未做出，让我感到非常对不住老同学一家。但惠昌儿子懂事地说，除了服务差之外，菜还可以。

图 8　作者和阎惠昌一家合影

（续：6 年后的 2013 年 4 月 3 日，阎惠昌在为其去世 5 年的父母扫墓立碑后途经西安时，又一次带他的儿子来陕西历史博物馆，还是我接待，还是讲陕西历史文物，其儿子已上初中，这次他听得非常专注。阎惠昌说一定要让儿子感受陕西历史文化的厚重，一定要让儿子学会感恩忠孝。）

我的大学（二）

同学刘小棣

（2008 年 9 月 9 日）

昨天晚上，因刘小棣来西安办事，我们几个同学聚在一起吃饭，才想起这几天正好是我们大学入学 30 周年。今天我用这篇短文作为纪念，不仅仅为刘小棣，也为了我们曾经的青春，为了改革开放已经30周年。

刘小棣是我1978～1982年西安美院工艺系装潢班的同班同学。

图9　同学刘小棣

刚进校时，我们学校还叫陕西省艺术学院美术系，校址还在长安县兴国寺，我们是"文革"后恢复高考的第二届学生，那年系上只招了两个班，雕塑和装潢，共30人。加上早半年进校的77级国画、油画、版画和染织专业四个班，还有一年后进

校的国画和染织班，总共就百十来个人。同学年龄长幼差别很大，尤其是77级，10岁左右，我们那届相差6～7岁，而我、他、马骅三人都属马，是班上年龄最长的。但刘小棣可以说是这百十号学生中最引人注目的人。

首先是他留一头长发，穿喇叭裤，有一个双卡收录机，而且健谈、雄辩。由于上学前他在兰州已经小有名气，对现代艺术和西方哲学比别的同学知道的要多，常常有一批本班和外班的粉丝围着他转，谈天说艺，常常争得面红耳赤。为此，系主任、班主任没少做他的工作，多次劝他理头发，换服装，但总被他调皮幽默地巧言说笑。每每是诚恳接受，坚决不改。时间长了，从领导到老师都对他无可奈何，但都承认这个人活得直率、真实，人不错。我虽不赞同他的外表，但作为同龄人，在一个大宿舍里住久了，对他的为人处世还是肯定的。而且觉得他思想解放、思维敏捷，艺术想象力比我强，心底是佩服的。在学习上，他的素描不受老师青睐，但色彩感觉很好，一年级还循规蹈矩，到了二三年级就开始不安分，他对工艺不感兴趣，常常是应付着完成作业，政治文化课常常逃课，一有空就钻在宿舍里画比较前卫的油画。

那是一个上层建筑刚刚开始解冻的年代，封闭了多年的中国打开了窗户，西方哲学和艺术的引入，使得大家看到了一个完全不同的世界。记得入学不久，学校引进了一套进口的世界现代美术史画册，图书馆安排各班轮流阅览，同学们像读圣经一样虔诚地排队、洗手之后，贪婪地看，惊奇地叫。印象派、野兽派、表现派大师的作品，深深地冲击着大家的视觉，莫奈、毕加索、马蒂斯、蒙克成为大家崇拜的偶像！少年轻狂，年轻人的激情迸发，一种冲击美术教育机制的潜流慢慢地酝酿，我们这些老实娃，虽然心里也向往变革，但还得规规矩矩地按学校的安排上各种课程，遵守各项制度。而刘小椟则不同，他要行动，在他影响下，以他为首，加上我们班的傅强、马骅、张玉芳、郭线庐，还有雕塑班的李小明几个人悄悄地串联筹办起"西安首届现代艺术展"，加盟的还有西大的朦胧诗人高明以及师大和交大的一些同级的学生，几个月后，这个展览在东大街青年会展厅展出，我们班的同学都去看了，那是一个非常热闹的场面，观众如潮。大部分是西安各个院校的大学生。展出的作品，都是过去被视为异类的抽象画和雕塑（当然其中也不乏克隆西方艺术、带有宣泄和凑热闹的艺术品），有的作品还配了朦胧诗。这在当时，显然是不能被允许的，不长时间，就因有自由化倾向被有关主管方面叫停，据说还上了当年省委书记马文瑞的工作笔记，尽管影响和冲击力很大，但没有任何新闻报道。西安美院的领导尽管也进行了限制，系领导分别和他们谈话，但还是宽容地保护了这批参加展览的学生，没有因此而影响他们的毕业和分配。这个展览实际是在北京的星星画展之后，中国前卫艺术在西安的一次突破，冲在前面的自然是这批无所顾忌的学生，可惜的是竟然没有留下任何影像资料，据说当时只有西安市碑林公安分局拍过照片反映情况。多年后我问刘小椟和其他人时，得知连作者自己也没有将作品保存，虽然那些作品有深刻内涵的不多，但不管怎么说，这个展览对于西部美术思想解放的冲击力是很大的，尽管作品稍嫌幼稚和浅薄，但毕竟是一个了不起的艺术革命，组织者策划者的勇气和精神是应该载入中国美术史册的，作为同学，我由于自己当时所处的身份没有参与，但仍为我们班有这几个有思想有创意的同学而感到骄傲！为这次展览没能在中国当代美术史中记载而遗憾！真诚希望知道和掌握这次展览影像资料的朋友们提供线索。说不定你保存的画或影像价值不菲！

因为我们都是大龄青年，毕业后大家各奔东西，都忙着工作结婚生孩子，刘小棣回了兰州，分配在师范大学教美术，数年后再见到他，竟没有变化，还在画画，还是留着长发，还是不刮胡子。以至于他到我爱人单位取帮他代买的车票时被门卫以为是混混挡住不让进。我爱人到门口作证是我的同学后，门卫还在嘟囔说这难道是艺术家。前些年，小棣又从甘肃师大调到宁夏第二民院筹建艺术学院，作为元老，为了画画，他不做院长，先是请我们当年的班主任张维教授出任院长，张老师退休后，他又建议学校将远在新疆师大美术系任主任的同学左力光挖去接任院长，而为了画画，自己甘居人下，做主管科研的副院长。

图 10　作者与刘小棣在画展开幕式上

从我们进入美院到今天正好三十年了，当年风华正茂的青年，逐渐已知天命，有成功的艺术家、设计师、企业家和领导，尽管命运各有不同，但大都很优秀，如策划建起了国际陶艺博物馆群的工艺美术大师傅强，有美院副院长、做博导的郭线庐，有海归的美籍华人张世勤和取了日本媳妇至今未归的日籍华人余健，在学校做教师的几位女同学如刘西莉、李望平、关留珍、张佳维、王敏，也分别是教授和副教授，马骅已是陕西电视台的艺术总监，杨晓沛是陕西省计生委的公务员，唯下海的王建军曾大病一场，这几年才走出阴影。至于个别堕落的就不提了。

从十多年前起，我们班的同学每年都要小聚几次，而刘小棣、左力光、张世勤等外地同学每到西安，就成为大家相聚的最好理由。由于小棣的为人，他每次来大家都争相接待。他还是那样不拘小节

图 11　1978 年装潢班部分同学合影于西安美院

图 11 照片说明：这张照片拍摄于 1982 年秋季的一个星期天，地点在长安县兴国寺老美院素描院草坪，前排左起：左力光（现为北方第二民院艺术学院院长）、宁曰曾教授（吴作人学生、我们的素描老师）、王建军（现居西安），后排左起：张世勤（现居美国）蔡昌林、刘小棣、杨晓沛（陕西省计生委处长），马骅（陕西电视台艺术总监）。

地生活，依然爱着油画，依然我行我素，尽管他经历过婚变，但当得知前妻患癌症时，仍能去医院护理数月。而当老师同学到他那里，他也是安排吃住，亲自驾车陪着参观。去年我到银川，看到了他这些年画的部分画，尽管构图不同，但题材都是地瓜，他说正因为地瓜是最不起眼但最实用的农作物，就像是最普通的人一样，别人看似芸芸众生，而在他看来每个地瓜都有着不一样的造型。他说他画这些地瓜，就是在画生活在我们这块土地上每一个看似相同，而又不同的普通的人一样。这一点，正是前卫艺术之所以市场看好的生命力所在！他为这乐此不疲！他期待有人看好他的艺术！对于他，画画就是他生命的全部。

照片中这些人都是星期天留在兴国寺里在教室画画的同学，其他家住西安市的同学都回家了，女同学也没有在，宁老师来教室辅导，刚好我借了照相机，就留下了这张照片，留下了我们青春的回忆。

佩服应一平的学识和才华

我对西安美术学院图书馆副馆长应一平教授的了解过程持续了几十年。

因为我们曾经同是西安美院的校友，我是78级工艺装潢班，他是79级国画班，那阵在兴国寺的学生三届·共就100多人，除了专业课单独上外，上早操、吃饭、去图书馆都在同一个地方。所以那个阶段对他的认识只限于面熟。

可是当毕业几年后再回学校时发现他还在，原来他是本科毕业不久又上了研究生，并且成了我们已故的老师刘腾超女儿刘爽爽的男朋友。由于刘腾超老师是我1972年第一次上美院时，第一次带我们下乡的辅导老师，画品人品都让学生印象至深，但就在我1978年又考回到学校时，才知道他已经不幸去世，学校将他的女儿安排在图书馆工作。所以对爽爽的男朋友，我们这些兴国寺的老学生们就多了一些关注。猜测在兴国寺那狼多肉少（男生多女生少）的地方，能让高傲的刘爽爽看上的人，肯定是有不凡的才能。

1991年，我们陕西历史博物馆开馆前后，我在馆科研处见到了来联系业务的应一平，一问才知道他已下海，是香港联合出版社的代理，为我馆出版了第一本图录画册，其印刷和装帧水平均属上乘，连续再版了多次。再后来，我的朋友《西北民航》主编傅晓鸣带他一起来我画室做客，介绍他是该杂志的艺术总监，成了香港人，定居在深圳。而这本机上读物无论是内容版式还是设计印刷都具有较高的艺术水准。记得那年《西北民航》有一期刊发了傅晓鸣写我的文章，配发了我的8张彩墨画作品，那些图片校色非常专业，一问原来出自应一平亲自把关的缘故，这让我感到振奋，后来他便帮我将那跨页的两张文图专门在一张纸上正反面加印了一千份寄来，我就一直将此作为大名片来散发。

前几年，突然在美院图书馆见到应一平，才知道他被杨晓阳要回担任图书馆副馆长，具体任务是整理美院收藏的古代书画作品。开始我对他的角色转变不以为然，觉得他们这些有着海外护照的人，是在商场上玩累了才躲到学校找清净的。可是直到后来在美院出版的一些画册上，在《文博》杂志上看到他写的一系列介绍美院藏品的鉴赏文章后，感觉这家伙还是有本事的，特别是文章写得这么好，是一般人达不到的。中间他联系过几次，说的是和赵步唐老师一起辨识整理美院图书馆藏画的事，感到他敬业到魂不守舍的地步。直到去年春节前，他来我办公室，送上两本亲自签名的大作《心灵对话——中国古代绘画精品探赜》和《洗净铅华》说是征求意见，这次我是真正的大跌眼镜了！还未展读，就已经肃然起敬！感叹他这些年真是钻进去了。于是，这两本书就一直放在我枕边，有时间便看一篇，读着读着，我被他丰厚的学养所折服，对他的历史见识、广阔的视野、对中国古代绘画史的修炼和自然流畅的文笔从内心佩服！

我看过许多博物馆、图书馆出版的古代藏画图录介绍，大多都脱不开从尺幅到材质到作者介绍和画面说明的老套子，但应一平写的古代绘画精品介绍，却是首先将绘画研究放置到作者所处的时代背景中准确表述，再结合作者的个人独特经历去分析画面内容，这样的表述让人读来兴致盎然、回味无穷。例如他读黄慎《逸仙图》用"见得心如法眼宽"点题，从黄慎故乡塑像说起，指出，在"扬州八怪"中，黄慎是比较特殊的一位。首先，他不是江浙人；其次，他是贫寒画工出身，后来凭着自己的天分和努力才跻身于"士"——有文化的职业文人画家之列。黄慎在"扬州八怪"中属于眼界高、画路宽的，勇于破旧立新，敢直接以狂草笔法入纸，是自南宋梁楷以来续开一代写意新风的人物画家。这种将自己对画家的感情倾注到文章中的文笔，怎能不引人入胜？而读金农《花卉册页》，则用"无因移来到人家"，还有用"一肩明月担清风"评郑燮《兰石疏竹图》，用"八秩乱世承绝学——读传陈洪绶《宣文君传经图》"等等，光是这些奇绝的句子、华美的文辞，就是他艺术、文学、历史、诗词综合修养的自然流露。

从赵步唐老师、赵农、傅晓鸣先生对应一平的介绍中，我知道了这个校友之所以有如此成就的深层次原因，就是良好的家学、多年的执著、丰富的阅历、本人的勤奋和西安美院图书馆丰富的藏画，使他在这个冷门的研究领域里取得了如此不菲的成就，从而使得我们的美术考古研究事业在新时期有了新的突破。就在本文快写完时，在陕西省新闻出版局（版权局）的网站，看到《洗净铅华》被陕西省列为2012年第三届"三秦书月"推荐书目（90种）之一，我想应一平的著作在全国书海中能被选中，这是非常不易的。作为老朋友，我敬佩他的学识和才华！并为有他这位老校友而骄傲。

壬辰岁夏写于寻源书斋

我的一段勤工俭学经历

（1999 年 7 月 6 日）

1978 年，我从柞水重新考入西安美院，由于当时父亲已去世，家里母亲、兄嫂和三个侄子全部生活依赖于兄长每月四十多元的工资，根本不可能为我提供学费。我只能自力更生，勤工俭学。

那阵，美院校址还在长安兴国寺，离城太远，课余时间无法去打工，好在遇到一位《陕西少年》的美编，问我是否愿意画插图，我说我正求之不得呢！她就带一些稿件来，于是我利用课余和周末完成了任务，稿费只有四到八元，但对于我来说这已经不低了。它足以维持我一月买牙刷、牙膏、笔墨纸砚之类的消费了，好景不长，这刊物不是每期都有插图可画，只是在编辑忙不过来时才能轮到我，我的学习费用缺口仍很大。

我得利用假期去自己挣学费，干什么呢？因为原在柞水文化馆工作时搞过摄影，而那阵农村照相的还很少，我打算干脆利用春节期间拍照片挣钱。寒假回到岐山老家，与一位老乡合作。他借相机，我买胶卷药水、相纸等用具。刚过了初一，我们就背上相机，走村串户揽生意，我们脸皮太薄，不敢在家门口挣钱，只好去十几里路外的村子，白天走村串户找活，晚上回他家堵上窗户洗照片。干了几天，照了几个胶卷，也洗出了照片。任务算是完成了，但因为会有人不装胶卷去农村骗钱，当地人也精了，不见到照片不付钱，而照片洗好送去后又不一定能找到人，经常遇到扯皮事。

有一天，整整一下午没拍上一张，好在我带了速写夹，便往村口一蹲，用木炭笔在白报纸上画起写生头像来，那些在村头包谷秸旁晒太阳的老头们成了我的模特儿，吸引了许多人围观。十几分钟的速写，自然必须抓住特征，周围的人都说很像，一位老头的儿子希望我将画留给他们，说他父亲没有相片、也不愿照相，儿女们正为此发愁，问我要多少钱？我说这是习作，不卖的，既然你喜欢，给个纸钱算了，但条件是我还得再画一张。那人喜滋滋地扔下五毛钱，将画拿走。这时便又有人来让给他家老人画，我说这次得交一元钱，像了你拿走，不像我留下交作业，一下午竟挣了五块钱，觉得这倒是勤工俭学的一条路子。

晚上对与我合作的老乡说："拍照片的钱你去收吧，我不要了，我得回去设法挣学费。"于是当晚赶回家，第二天一早带上画具赶到渭河南边的村子里寻着为人画像，之所以走远点还是怕遇见熟人。办法还是老一套，先画速写，引人注意后再揽生意，这回换成素描纸，收费自然也提高了，每张2~3元。第一天下来，成绩不小，挣了十元钱，还混饱了肚子，因为正月十五前，每家都待亲戚，主人一高兴，将我介绍给客人，并让到上席落座，烧酒盘子臊子面。吃完饭，我说："感谢你们盛情，钱我不收了。"主人说那怎能成，硬将钱塞在我兜里送出好远。

晚上回到家里，母亲一听高兴得不得了，说这下她就不操心了，因为当时这个收入无疑算是高薪了。后来几天也还不错，有的家因老人已去世，找出生前的小照片让画大，我便带回晚上画好第二天送去。

但也有遇上老年人做主让我画，自己没钱，让儿子付款，偏偏儿子不孝顺，不愿付钱却怕别人说，就一口咬定画得不像，看热闹的人都说像，我要将画带走老人又非要，眼看着家庭大战一触即发，只好随着他们给了。

正月十五过后，农村人忙了起来，我也该回学校了，数一数，竟挣了近百元，硬塞给母亲几十元，剩下的带回学校，一学期的杂费便有了着落。我又可以安心学习了。

并不如烟的往事（三则）

蔡昌林的艺术之路

主持人：听众朋友，晚上好。欢迎收听 FM104.3 西安经济台的晚间节目，这里是每逢周六晚上 21 点到 22 点郑悦为您主持的"红尘故事"。

听众朋友，现在我手中正拿着一本装帧精美的《蔡昌林画集》，使我对此发生兴趣的是它表现内容的特别与厚重，它融古籍考证、文物研究、美术创作为一体，它不仅再现了原始彩陶的热烈奔放、商周青铜的凝厉神秘、秦砖汉瓦的凝重浪漫，而且它试图用现代艺术表现手法，探究诠释古代文物的内涵，翻开这一页页画面，它所表现的历史、思想、文化总给人以震撼，专家们对这独具匠心的创作手法，也给予了"寻源觅真，独辟蹊径"的充分肯定，下面就让我们借助红尘故事的话筒，一起来听一听这些彩墨画背后的故事，当然故事的主人公是陕西历史博物馆副研究员蔡昌林先生。蔡老师，你好！很高兴把您邀请进红尘故事直播室。

蔡昌林：谢谢！我也非常高兴能到经济台通过无线电波和广大听众见面。

郑悦：在您的画集后记里，您特别提到要把它献给生您养您并给了您艺术启蒙的母亲，可以看出母亲在你和艺术结缘过程中起着多么重要的作用，今天的话题就从您的母亲开始吧。

蔡昌林：好的，我的母亲今年已经八十岁，她是个小脚，虽然没有读过书，但却熟知历史典故，戏文故事，我的童年就是在热炕头上听着她的故事度过的。（郑悦：多么温馨的童年！）除此而外我母亲最擅长的是女红，同我们宝鸡地区的其他妇女一样，她的民间工艺，如剪纸、刺绣等在我们那一带都是相当出色的。像我小时候身上穿的衣服，头上戴的帽子，还有家里门上窗户上贴的窗花、剪纸，都出自我母亲的手。有时村上死了人，家属拿来一卷纸，我母亲用半天工夫，就剪出一幅一丈多高、三四尺宽的筒状招魂用的纸幡。小时候我看这些东西只是感觉好看，但我后来走上美术道路之后，才发现这些民间工艺的熏陶，对于我的艺术影响是至关重要的。尤其是，我母亲的善良对我人生道路的影响非常大，记得小时候，凡是到我们家来讨饭的，我母亲从来没有让碗空过，尽管我们家也很穷。后来生活好了住在城里，看到有残疾人和讨饭的在家属院门口过，她就上楼回家找些衣服和食品送去。印象最深的一件事：前些年夏天西安闹水荒，有天下午我有事回家，上到四楼时发现我那小脚的母亲正端着一锅水一步一步地从楼梯向下挪，我非常吃惊，赶忙接过水问怎么回事？原来我们隔壁院子有个孤老太太没有水用，我母亲答应帮忙到我们院子水龙头上去接，但院子里也没有水，于是她就上到六楼将我们家存的水端了一锅准备送去。我连声埋怨她，也不想，万一摔跤怎么办！她却平静地说，我已经答应人家。我只好端上水替她送下楼去。这件事对我感触非常深。

郑悦：一个近80岁的小脚老太太，又是从六楼端水送人，难怪你强调你母亲的为人，从那里找到了自己做人的原则，不管从艺术上还是为人上您母亲都对您有深远的影响。

蔡昌林：是的，我母亲身上体现出来的真善美，对我的成长至关重要。初中毕业后，因为没学可上了，我回到了农村，那时只有十五岁，在生产队里当保管员，养猪，又管理着队上的电磨子、压面机，现在都不敢想象那么多事我是怎么干过来的。我母亲总是要我既然干，就要干好。我用心做了，被评为模范社员，出席了公社县上和地区的积极分子代表大会。一年之后，高中开始招生，我报了名，可是考试的时间刚好和我去地区开会的时间冲突了，我准备放弃开会时，文教局通知我让我免试进高中，于是我又回到了课堂。

郑悦：那么您后来学画画是受了谁的影响？

蔡昌林：开始时受我哥哥的影响，他是中学的美术教师，那时他画了许多油画毛主席像，我也学着用铅笔在纸上打格子放大画英雄人物像，那是上初中时。后来到了高中学校里要办黑板报，出专栏，我就开始小试画笔，在黑板报上画一些英雄人物的照片，大家都说很像，也给了我自信。1971年底，批判林彪时，为了画漫画，我到了学校附近的西北机器厂工会美术组，看到那里布置了许多美院老师画的习作，那是我第一次见到专业作品，因为我以前看到的都是民间美术，所以见到这些作品以后对我的震动是非常大的，我就提出希望能在这儿学画，那里的工人师傅非常热情，不但提供给我纸张铅笔，而且热情地辅导，于是，我每天下自习后，步行五里路去西北机器厂一直画到晚上1点多钟，然后再回学校。（郑悦：您是一种爱好，那些师傅教你则是出于一种义务是吗？）是的，在我成长的路上碰到的好人确实很多。他们没有任何保留，我除了晚上在那儿学以外，在学校下课以后，就练习着画我们班同学的写生像，很快，就把我们班的同学画完了。

这时已经到了1972年5月，学校接到县文教局电话，陕西省艺术学校在我们县上招生，我们学校就推荐了三个人去参加考试，我是其中之一，一个老师带我们骑自行车走了三十多里路到了县城，去文化馆一问，人家告诉我们下午考试已经结束了，失望中我们打听到美院来招生的李习勤老师就住在县招待所，于是就赶了过去，李老师告诉我们，你们来晚了，明年再考吧。可我总觉得这样回去有点儿不甘心，就拿出我的习作，希望李老师给指教指教，李老师翻看了几张，问道：这是你写生的吗？我说是的，我们的带队老师也说，他画的都是他们班的同学。李老师说，这还不错，你今天晚上再画一张吧，就画你们一块儿来的这位同学。

回到招待所，我照李老师说的做了，第二天一早交给他，就回到了学校，当时没抱什么希望，可过了几天，县文教局通知让去检查身体，又过了一个月，县上打电话给学校告诉我已经被录取了。听到这个消息，大家和我都非常高兴，因为再过一个月，我们就要毕业了，户口也要全部转回农村。这样，我就成为那一届二百五十名同学中第一个幸运者直接考进了美院。

图1　同年入学的岐山籍同学李化、
付文刚、蔡昌林合影于
老美院办公楼前（1973年）

郑悦：如果说，以前您受到母亲、哥哥和工人师傅的影响，画画都是一种感性的话，而进入美院的学习，对您的美术生涯来说则是更增添了理性的东西。

蔡昌林：是的，我们那一届是美院"文革"后期第一次通过考试招生，有许多著名的老教授、老画家也开始从牛棚里解放出来，重上讲台，他们都铆足了劲，恨不得将所有知识都交给我们，比如著名的美术理论家王子云先生、著名画家罗铭先生等都给我们带过课，当时虽然不能深切理解到这一点，但多少年后想起来，都有一种幸运的感觉。

（郑悦：除了理论和基础之外，作为搞艺术的，是否也下去体验生活？）我们每学期都有下乡和下厂的创作实践课，印象最深的是1975年初，由赵步唐老师带领我们三个同学去白水县冯雷村搞教改试点，怀着一种献身艺术的精神，我们每人住一个队，和农民同吃同住同劳动，农闲时辅导农民画家画画，晚上还要参加生产队里的所有的活动，毕业前，学校派人来问我们愿不愿意毕业之后去当农民，可我们觉得，下去体验生活可以，但要当一辈子农民，怎么搞

图2　1975年与赵步唐老师、潘一、马清潮同学在白水农村教改时
与美术爱好者留影

艺术？于是提出毕业后愿意到最艰苦的地方去工作。（郑悦：现在看来，自觉地选择到艰苦的地方去工作，是一种有境界的人的作为。）

当时觉得比起毕业后自愿去当农民的那些人，我们已经落后了一步，当时虽然很幼稚、很单纯，对面临的困难考虑不足，但出发点是真诚的，是响应党的号召，也有吃苦的心理准备，就这样义无反顾地去了。（郑悦：对此你后悔吗？）说不后悔也不现实。现在想想不后悔。说起来我们去商洛还有一个插曲，那年本来我们工艺美术专业共有十来个毕业生，除了西安市以外，商洛地区分得最多，一下子去了五个人，到地区报到后介绍专业时，才知道那里是要发展地方工业，将我们当成了学机器制造工艺的，这种"文革"中的笑话就偏偏让我们遇上了。而我们同去的一个同学还患有骨髓炎，我们流着眼泪恳请管分配的将那个同学留在地区所在地，为了能搞专业，我便去了条件最差的柞水县。

郑悦：刚分到柞水，你是干什么工作？

蔡昌林：开始分到城关中学当美术教师，初中、高中都教，山区学生上学晚，我朝讲台上一站，发现下面的学生年龄和我差不多，而且有的个子比我高，感到有点儿怯场，但是很快学生们都喜欢上

图3　1976年在柞水县城关中学
与部分教师合影

了我，纷纷跑来跟我学画画，我自己就刻印了许多讲义发给他们，虽然坚持下来的并不多。（郑悦：你在学校待一段时间，后来到了县文化馆当美术摄影干部，你觉得这两种工作之间最大的差别是什么呢？）在学校主要是代课而且也不可能单独教美术课，我还教过社会发展史，也不能下去深入生活，不能有专门搞创作的时间。而文化馆专业条件就相对好些，除了辅导业余作者，也经常有时间下乡，一下去，就发现柞水的生活水平比关中地区要差得很多。（郑悦：说起生活水平，从最基本的来说，能不能吃得饱？）吃不饱。我虽然也经历了三年自然灾害时期，毕竟那时太小，有家长照顾，可是在柞水，一天吃两顿饭，早上是一碗苞谷粥，不到中午肚子就饿了，到下午四点钟是一个馍，一碗菜汤，晚上饿得没办法，而县里又规定，教师不能自己做饭，全县城只有一家食堂也下了班，饿极了，找出几粒中药丸来充饥。下到农村时条件就更差，我去的地方还是县上领导抓的点，条件相对要好些，但这样当地农民的温饱问题还是没有解决，特别是青黄不接的时节。而对我们下去还是相当照顾的，我们在哪一家吃饭，生产队就给哪家补助一斤白面，他们自己不吃，就在另外一个锅里给我们做面条。记得有次吃饭时我自己到灶房里去盛，我打开他们吃的那个锅一看，里面却是土豆块青菜洒一点苞谷面，这使我感到非常酸楚，于是将面条倒在大锅和他们的饭搅在一起。这件事使我看到了最穷困地区山民特有的纯朴和厚道，我被他

们感动，觉得我应该给他们做点事，所以工作还是比较安心的。了解
了最下层的人和他们的生活，使我学会了做人，学会了在困境中不放
弃对事业的追求，学会了知足常乐。我一直坚持美术创作，作品也被
选参加了省里的美术展览。（郑悦：那种经历是否也影响了您的美术创
作？）是的，有了在柞水的那种经历，我在后来的美术创作过程中，能
够静下心来、下苦功夫，走自己的路子，而将其他诸如名利等等身外
之事看得淡些。

图 4　1977 年在柞水县文化馆创作《山村小店》

（那你第二次上美院是在什么时候？）

1978 年，那年春节后，我出差路过学校，老师问我为什么没有
考学，我才知道我们有的同学已经重新考回来了，那是七七届。知
道我们还可以再考，我很兴奋，回到柞水赶紧复习功课，到了 7 月，
就带上我的两个学生一起去西安参加考试。

（县上同意你走吗？）当时柞水对干部管理是只能进不能出，好
在我们馆长比较开明，开了介绍信让我先悄悄地走，等考完试再说，
于是我们从县城向北走了近一里地，从那里拦了一辆卡车坐上到了
西安参加考试。考试之后，县文教局还真的追查责任，还没等弄清
楚，录取通知书就来了，只好作罢。

（郑悦：如果说你第一次上美院是李习勤老师破例特招的，听说

第二次就更悬了。)

蔡昌林：是的，这是我回到美院后听老师们说的，据说是阅卷时，那些卷子姓名都是封着的，先由评卷老师们按成绩放在不同的区域，我的素描试卷开始被放在 55 分那一档，按规定，

图 5　在柞水文化馆画模特

只要有一门课不及格，就不能录取。好在那一年西安美院和中央工艺美院联合招生，中央工艺来招生的是著名画家裘沙老师，他是全国素描权威，请他审阅时，他一眼从不及格的卷子中挑出了我的那张，提放到 65 分那一档，和周围的一比较，又放到 75 分那档，这时他笑了，其他的阅卷老师也都觉得这张不错，就把它放到 85 分档，是当年素描最高分。评卷结束后，在场的人对那张卷子很感兴趣，当场打开一看，有老师说，是蔡昌林的呀，这是我们原来的学生嘛。裘老师讲，这人我要了。其他老师说，那得看看人家报的志愿，而

图 6　2001 年在裘沙老师家

我的第一志愿没敢报中央工艺，并且我考完试就回了柞水，想改也不成，裘老师只好作罢。其实我和裘老师此前素不相识，直到 1983 年底他来西安办画展时经人介绍我才认识，提到

那件事，他说印象很深（图6）。就这样，1978年9月1日，我又回到了西安美院，这次上的是装潢专业本科。（第一次是大专）

郑悦：第二次上美院，肯定和第一次不同吧，有什么特别的感受？

蔡昌林：经过一段工作后再回去学习，除了知道该怎样学习以外，对学些什么也比较明确。同学们学习劲头都很大，每天晚自习之后很晚都不肯回宿舍，时间长了学校不得不采用停电的办法强行让大家休息。四年中，我们曾去青岛写生，去敦煌探幽，还到各个文物点觅古、研习传统，更不同的是大量接触学习了现代艺术。（郑悦：你上学的费用是怎样解决的？）因为工龄不满三年，不带工资，除了助学金以外，只能靠勤工俭学解决，课余时间画插图挣些稿费，假期给人家帮忙办展览，还到农村去给老人画像，除了自己用还能给老母亲一些以补贴家用，同时，我还是班里唯一每次奖学金都有的获得者。（郑悦：这次毕业后你分到什么地方？）毕业后，我被分配到省装潢公司，这是省上包装装潢行业的最高专业单位，一年后，开始负责装潢设计研究室工作。（郑悦：有作品获奖吗？）有！比如为蒲城设计的益寿药枕包装，被评为全国优秀包装设计作品、载入《中国包装年鉴》，还有《酸溜溜》《沙棘汽水》等包装、广告作品也都分别获得全国和地区评比的大奖（图7）。

图7　1984参加包协南昌年会

1987年底，我调入开始筹建的陕西历史博物馆，担任陈列艺术设计工作。（郑悦：这中间有什么感受？）因为陕西历博是我国第一座现代化的国家级博物馆，而且文物和历史是我从小的爱好，能到这里工作，是非常荣幸的，所以我尽全力认真完成我所承担的任务，比如在《陕西古代史陈列》秦段设计中，需要陈列四个兵马俑，我参阅了兵马俑外展的所有形式，觉得都不能解决我馆和秦俑馆同处一城的矛盾，于是提出了按照考古资料复原一个没遭到破坏前的秦俑坑过洞截面作为背景的设想，并画了效果图，得到陈列界专家和同行的肯定，做成现在这样。这在当时是我馆陈列的唯一场景（图8），展出这些年，反应都不错。还有在我馆标志设计竞标中，中标的两件作品都是我设计的，并且已经注册。（郑悦：您的文物题材彩墨画创作也是在这时开始的吗？）是的，1991年，我们馆开馆了，作为我国最大的一座现代化的博物馆，我们从三十七万件藏品中选出了三千件精品陈列，可以说，它们是中华民族灿烂历史文化的见证，也是我们的祖先追求美、创造美的艺术结晶。许多蜚声中外的艺术大师如平山郁夫、丁绍光等在这里流连忘返后都惊叹：这是一部足可以令整个世界都感到震惊的艺术史！而我作为这个艺术殿堂里的

图8　1991年设计陕历博陈列场景

一个美术工作者，有幸成为这些文物珍品的第一批观众，在陈列设计和布展的过程中，接触了大量的第一手资料。对我印象最深，最令我激动不已的是魏晋以前的文物造型和纹饰。它们独特的艺术魅力无不在冲击着我的心扉。面对这些，我常常感到一种创作的冲动，觉得有责任将我对它们的感受通过我的画笔表现出来，作为陈列设计的一种继续。

我的第一张文物题材画是这张马家窑文化的彩陶蛙纹图案，从那双眼睛里，我仿佛看到了现代艺术的源头，原始艺术、民间艺术和现代艺术，这三者通过对生命本能的讴歌，对母性的崇拜，汇聚成一体。我就将它命名为《寻源》，从它开始我便一发不可收，画了一批画，形成了系列，请我们博物界的老前辈何正璜先生看，她给予肯定，说这个路子非常好，要充分利用在博物馆工作的优势，创出自己的风格，没必要去挤长安画派的独木桥。其他老师也给予了肯定，给了我很大的信心。1993 年，纪念毛泽东诞辰一百周年时，我看到了一个关于毛泽东家谱的资料，说到毛姓系出周文王第八个儿子毛伯郑之后，世为国卿，因国而姓，觉得很振奋。因为在我们岐山就出土过毛公鼎，被誉为四大国宝，现藏台北故宫博物院。我就写了一篇文章，探讨毛公鼎和毛氏家族的关系，目的是提出将毛泽东现象放到中华文化五千年的历史长河中去观察这样一个理性思考。文章写完后，又根据这个创意画了一张画，题为《毛氏三千年祭》，参加了纪念毛泽东诞辰一百周年美术作品展览。被发表在《当代陕西》1994 年第 2 期封 2 彩页，并附了文章。后来，毛主席纪念堂来人在陕西征集收藏美术作品，发现了这张作品，专门找我问是否愿意让纪念堂收藏？我说当然愿意，因为我是专门为毛主席画的，应去它该去的地方。（郑悦：这张画确实很有特色，有字有画，毛公鼎的铭文和你的文章都表现出来了。毛公鼎铭文是中国青铜器铭字数之最。你的画不仅受到专家的好评，而且受到日本台湾等地友人的关注，他们还邀请你带着作品去讲学办展，你能讲讲那边反响如何？）台湾朋友对我的画是相当欢迎的，我的画册就是那边给出的。我们所到之处，参观和索画的都非常多，到高雄那天，市长吴敦义不仅为画展剪彩，而且还在名人大酒店专门宴请我们，席间和诗唱赋，激情盎然。回来后，我专门写了一篇文章《宝岛台湾凤凰花》谈了我们访台的盛况，发表在西安晚报，我也给吴敦义寄了一份，他还亲自给我回了信。台湾朋友之所以肯定我的画，是他们认为我的画抓住了中华传统文化这个精髓，去台北故宫博物院参观时，我一眼就看到了毛公鼎，心情激动难以言表，就将我的画册送给讲解员一本，告诉她我来自毛公鼎的故乡。在台北故宫博物院，我还看到了不少古代绘画精品，一看，就觉得自己太渺小了，觉得有很多书要读，有许多事要做。

郑悦：你在画册后记里提到要把它献给你的母亲，还提到了要把它献给你的妻子，可以看出你妻子对你的事业肯定是理解和支持的，能否谈谈她。

蔡昌林：妻子是我妹妹的同学，我们认识是在我快毕业的时候，那阵她生病就在我们学校附近的太乙宫疗养院住院，我经常去看她，毕业后，她成了我妻子，这些年，她总是默默地为我奉献，包揽了所有的家务，我的事业，当然离不了她。

郑悦：刚才你谈到有很多书要读，有很多事要做，下面谈谈你以后的打算。

蔡昌林：中国的传统文化，确实是雄浑博大，面对它，我们常常感到自己的渺小，虽然我在研读传统图案的基础上做了一些尝试，但深感自己差得很多，有许多事要做，一是要多读些书，继续充实自己，再就是完成一些系列作品，同时在表现形式和技法上做一些科学的探讨。

郑悦：下面请谈谈你的艺术感悟，或者说是人生感悟。

蔡昌林：我总觉得人是要有一个追求的目标，有了这个目标，当你遇到一些可能影响你的人和事时，甚至是令你非常不愉快的事时，你就不会被它所烦扰，就不会在乎别人怎么说，也不管是否能成功，只要自己问心无愧，就继续走你自己的路。（郑悦：只有心中装着一轮太阳，才会感到每天的太阳是新的。）

郑悦：好了，下面我们准备了一首歌曲，也是蔡昌林先生要把它献给所有教过他的老师、帮过他的朋友、还有他的母亲的《好人一生平安》请大家一起欣赏……

（1999 年 3 月 27 日播出

1999 年 4 月 8 日整理）

三十一年前，我画油画华国锋像

（2007年12月29日）

我的影集中，保留着一张正在画华国锋像的黑白工作照，记得这是朋友吴哲为我拍的，地点在柞水县城关中学院子，时间在1976年冬天。

图9 蔡昌林在柞水城关中学画油画华国锋

当时我毕业分配到柞水工作刚一年多，"四人帮"粉碎不久，县上决定要在街道竖一块大型油画宣传牌，宣传以华主席为首的党中央，县委宣传部将任务交给我所在的城关中学，校长找我谈话，说这是政治任务，我说我以前画水粉画，没画过油画呀，不过，只要学学油画的特殊性能，估计是可以的。领导说，给你一星期时间，去西安美院你母校现学，顺便买回所用的颜料和工具。记得给老师带几斤核桃。这是我工作后遇到的第一位好领导。

就这样，我第二天一早就坐班车出发，下午到了位于长安县兴国寺的母校美院，刚好那时省美术创作组就在医务所旁边的房子搞毛主席在延安十三年油画创作，有武德祖、谌北新、秦天健等老师，他们为一幅集体创作的油画对模特。我将来意告诉老师，并将核桃分给他们，他们高兴极了，说那你就来画室先从写生入手吧，只要画一张油画头像，掌握一下油画颜料与工具的性能就可以完成任务的。老师们热情地为我开出了所用工具和颜料的清单，并告诉我，调色的松节油就不用买了，你先用这里的，回去后用你们那里的核桃油就行。这样我在几个老师的关照下，开始了油画的学习，我的写生作业是一张藏族女孩头像，主要是解决与水粉画不同的技法问题，画了四天，一边观察，一边修改，老师们就在旁边随时指导，记得武德祖老师还给我加过几笔，画好后，老师们都说不错，回去大胆画吧，老师们一遍遍的叮嘱着画大画应注意的事项，让我感受到母校的温暖。

回到柞水，学校刚放寒假，焊好的铁牌就放在院子里，我从县委办公室开了介绍信，去粮食局批了十斤核桃油（没用完，后来交到教师灶改善大家的伙食），找来画报的照片，选好构图，就开始画了，天虽然冷，穿了厚棉袄，罩件工作服。大概用了一周多时间完成了这个任务，那块巨幅宣传画被竖在街头。没过几月，我就被调到了县文化馆，由中学教师变成专职美术干部，直到 1978 年又重新考回西安美院。

1986 年，我策划"人民的总理"摄影展
（2008 年 1 月 4 日）

1 月 8 日快到了，这的确是一个特殊的日子，1976 年这天，周恩来总理去世，举世哀悼！由此引发后来的天安门广场事件，就是在几十年铁幕后第一次民意的真实爆发，作为普通的老百姓，用最简单的认知，开始了对红墙之内神秘政治的怀疑和对"文化大革命"的反思。那时我刚从艺术学院毕业，在柞水县城关中学的黑白电视

上看周恩来的悼念仪式，在商洛山偷看别人带回的天安门广场诗抄。

随着"四人帮"的被粉碎，天安门广场事件平反。对周恩来总理的纪念已经合法。中国老百姓用最传统的是非辨别标准"忠与奸"，来评判政治人物，用"鞠躬尽瘁，死而后已"来概括周恩来的一生，实际上是表达呼唤出现真正为人民服务的领导人这样一个最朴素的愿望。

到 1985 年，周总理逝世纪念十周年前夕，曾长期作为跟随周恩来的专职摄影师、时任中国图片社经理的新华社记者杜修贤，编辑出版了一本《人民的总理》摄影画册。这是我在北京出差时西安分社经理李素萍告诉我的。听她说，作为陕北人的杜修贤，想在 1986 年 1 月 8 日周恩来逝世十周年时，在西安美术家画廊办一个摄影展。陕西省美协作为主办单位，场地费就免了，摄影家协会也参与，但放大照片的费用没有着落，我问需要多少钱？李回答两千多块就够了，因为图片社对内部可只收成本费。我一听这是一个好事呀，我给我单位说说，就由我当时所在的包装公司做主办单位之一吧，我想这对我单位来说应该是一件好事，就承诺由我来帮忙策展，并夸口如果单位不出费用，我自己个人承担。

回到单位，立即向领导汇报，开始领导被我说动，但不知听了谁的闲话，很快就又不同意了，理由是这本来是由政府办的事，单位没这个义务，其实主要是怕担政治风险。这下我傻了眼，怎么办？我答应人家的事，怎能中途反悔！另辟蹊径吧，好在我当时是陕西省包装技术协会装潢设计委员会的秘书长，我老师樊文江是主任，于是征得他同意，由这个装潢设计委员会作为主办单位。我便一意孤行起来。

那阵，人们的观念并未开放，还停留在过去的模式上，不能拉赞助，不能由企业参与，我也是凭着一股热情，到处张罗，找热心人帮忙，记得讲解词稿由美院陈云岗、茹桂老师撰写，是陕西人民广播电台著名播音丁涛老师录制的，还有许多朋友赶来义务帮忙，有趣的是，明知公司领导不同意，可工厂的师傅们仍然加班义务打印请柬。马蹄莲是同学郑薇露画的，字是高峡老师写的，有位朋友张德增一直帮我自始至终。那阵人们还没有完全被金钱奴化。

有感于杜修贤讲他在人民大会堂为国宴拍照时，周总理说摄影记者在宴会上顾了工作，常饿肚子，特意让厨房做一碗面条留给杜修贤吃，说小杜是陕西人，爱吃面的故事。我在展览开幕前夜，特意请当时在南门外卖岐山面的胡永丰（如今胡总可做大了，古城东西南北都有他的连锁店）作正宗的岐山面，在西安近代化学研究所招待所设宴招待杜修贤等（图10）。

图10　蔡昌林与杜修贤合影于1986年

1月4日，展览如期开幕，当时的陕西省委书记白纪年，省人大李连璧、刘力贞主任，孙达人副省长，省军区司令等党政军领导出席剪彩，一下子将这个由民间自发办起的展览升温到当天由中央电视台新闻联播报道。此后人流如织，好评如潮（图11）。

展览成功了，我却犯规了，因为当省委书记表扬这个展览办得好时，问到省装潢设计委是那个厅管，秘书当即打电话叫来我们领导，以至于领导被动，还以为我告了状。因为此前虽送了请柬，但他们并不完全相信，接着在单位整党时，责令我检查无组织无纪律，让领导被动的错误，好在杜修贤亲来我单位拜访领导，给了台阶，不再追究我。但经费单位不准用公款报销，我只好自己出了。杜老师不好意思，就嘱咐将那些照片赠给我收藏。想想也是周总理之

图11　作者与杜修贤、马文瑞、李连璧观看人民总理摄影展

灵在天保佑，我在第二年便离开了那个让我自豪又让我伤心的单位，来到筹建中的陕西历史博物馆，开始做起了我的周秦汉唐梦。而这些190多张原版照片，也成了我最珍贵的收藏。这些照片，系中国图片社用原版精致放大，二十四寸，其中黑白居多，且压膜保护。我将这些照片放在纸箱中，一放就是20多年。

图12　摄影展作品之一

　　少年轻狂啊！要是放到现在，我说不定就会放弃。但做过的，我也不后悔。因为那时我年轻。

对台交流日记（五则）

（文化艺术报）编者按：这是一位热心海峡两岸文化交流的青年书画家几则普通的日记，但从中我们可窥视出中华优秀传统文化在两岸民间交流中显示出的巨大力量……

6 月 8 日

昨天，林正立先生从郑州来电话：1996 两岸民间文化交流台湾代表团一行五人将乘火车于 9 日晚抵达西安。我即用电话告知王崇人教授、孙平先生。商定由我落实接站车辆，王教授联系宾馆。其实，前一周我们已经开始安排接待事宜，和有关方面均作了联系。由于这是在林先生成功地举办了"1995 海峡两岸民间名人诗书画展"之后，再次来访，我们决心尽地主之谊，搞好这次接待，王教授事必躬亲，每个细节都不放过，对先生们来后的吃、住、行，都亲自部署。今天是休息日，上午将欢迎标语及座谈会字样剪好，下午去职培大厦联系安排落实会场及表演事宜。所到之处均较顺利。

6 月 9 日

晚 9 时，随着一声呼啸，风驰电掣的机车停靠站台，在六号车厢口，老朋友林正立先生正在下车，我们一见面，都激动地打着招呼，林先生在站台一一介绍其余四位客人曾正照、张天荩、刘钦明、林启铭。由于行李颇重，我去站上找来几位民工，用两辆小车推出站，体会他们一行肩扛手提的艰辛，特别是带来画册的不易，深为林先生所付出的努力所感，虽然行李超重，出站口检票师傅因此前我曾为他帮忙翻译，又知此行人为文化交流而来，竟慨然放行。

面包车载着客人经新城广场、北大街，驶过钟楼、南门，雄伟的古城，迷人的夜景，令客人振奋。

6 月 10 日

早上 9 时，我带车去东方大酒店将林先生一行和王老师接至大雁塔。大雁塔所在的大慈恩寺今天游人如织，我们有教授导游，兴致盎然。

大慈恩寺系贞观二十二年（648 年）唐高宗李治为太子时为其母文德皇后追福而主持修建，并迎请自印度归来的高僧玄奘总理寺务。唐高宗永徽三年（652 年），玄奘主持修建了大雁塔。此塔历经一千三百余年，至今巍然屹立在慈恩寺内。王教授带领我们绕塔基一周，欣赏了圣教序碑文、碑额浮雕和东西门楣石刻线画后，大家开始沿塔内扶梯攀登，由于从唐以来，文人墨客雁塔题名的典故，后人都以能登上塔顶为荣耀，我们当然不甘落后，每上一层，从四个檐窗俯视周围景色，刘摄影师相机快门按个不停。

下午，继续由我和王老师陪同参观，来到我所供职的陕西历史博物馆，为了感谢林先生所做的一切，我们用我馆接待的最高礼仪，在贵宾接待室接待林先生五人。大家合影留念后，由王老师和我轮流讲解，参观了"陕西古代史陈列"、"首都博物馆元明清文物珍品展"、"唐代妇女服饰展"、"陕西青铜器精品"及"陕西出土陶俑精华展"，因我馆开馆五周年馆庆在即，精品荟萃，琳琅满目。在 2.5公里长的展线上，台湾艺术家尽情饱览华夏文化最灿烂的遗存，领略那个最辉煌、最让中国人骄傲的时代的文化风采，大家都有说不出的激情，流连忘返，直到闭馆后，外面的自动铁闸栏门只剩可过一人之缝时，方离去回宾馆。

6 月 11 日

上午 8 时半，驱车接王老师、陆老师等西安地区知名的诗、书、画家并林先生一行去职培大厦。1996 两岸民间文化交流西安座谈会将在此举行。

车行宾馆门口，只见欢迎标语分外醒目，我们刚下车，孙平先生分乘的另一辆车也同时到达，和他一起来的还有陕西省诗词学会副会长杨鸿章教授、西安诗词学会名誉会长杨春霖教授、西安诗词学会会长雷树田教授。

10 时座谈会开始，孙平先生致欢迎词，他那一席充满感情的话语，道出了我们的共同的心声；林先生接着讲话，他介绍了 1995 年两岸民间名人艺术展在台成功举办的盛况，表示了要继续进行下去的决心；王崇人教授讲了西安筹展经过并高度评价林先生一行的守信、讲义和为两岸文化交流所付出的艰辛劳动。林先生向与会人员赠送展览成果——画册之后，座谈开始，为节省时间，每人发言限制在 5 分钟以内，参加会议的每个人部动了真情，这里，没有官场的应付，只有交流的真诚。特别是雷树田教授即席赋就并郎诵的三首七绝，将气氛推向高潮。这三首诗的题目是：<u>应邀参加 96 海峡两岸民间文化交流代表团西安座谈会赠林正立团长并诸台湾朋友</u>，我特意转录如下：

一、两域河山隔海遥，万民日夜造新桥，那堪鼙鼓加军号，兄弟阋墙斗碧霄。

二、一自轩黄异派流，九州风雨少同舟，纵然龙战分成败，无数王侯入土丘。

三、我愿和平万载秋，神州百族共歌讴，中华强盛环球奋，端赖并肩化寇仇。

雷教授才思敏捷，情感交加，巧运典故和格律。台湾画家张天苾激动地赞他为真正的爱国诗人，表示回台后要赠画与他。

座谈会后两岸书画家泼墨挥毫。大家争相一睹，场面热烈。表演结束后聚餐，宾主开杯痛饮，酒酣耳热，而电视台朱咏东因赶着上镜只吃了一碗面条就走了。

下午2时，由我和杨兵继续陪客人参观西安碑林。杨兵本身就在碑林工作，有他讲解，气氛更好。4时30分，乘车去美院，路上，张先生、曾先生为我按摩解乏，曾先生还将自己配制备用的中药赠我，嘱咐我注意身体，其情其谊可感。5时至美院教授楼，王崇人老师和夫人在楼下迎接，一行人来到王先生寓所参观了书房，并在客厅看了陕西电视台拍摄的《探寻流逝的辉煌——记美术史论家王崇人》电视片录像带，随着摄像机镜头做一次西北美术考古游。

6 月 12 日

早7时20分，按计划准时出发去宝鸡。

车上林先生谈到。昨天的座谈会实况电视台已经在新闻中播出，长度约有五分钟，他是昨晚十时在酒店打开电视时正巧听到新闻预告后支起相机并拍下了照片。众人一阵兴奋，王教授赶忙让停车，从路边宾馆打电话寻人安排今天重播新闻时录像事宜，几经联系后方重新出发，说话间，车已上西宝高速公路，以时速120公里向宝鸡驶去，一路欢歌，一路笑语。

上午10时，车子驶进宝鸡市粮食局大院，我的老同学何根明兄及他的上级曾局长已在此等候，正在介绍时，又有一队熟人来到，他们是：宝鸡电视台副台长郑玉林，宝鸡市美协主席王鸿续先生，书协主席张志道先生，作家协会副主席王景斌先生，书法家王炳礼先生，画家付文刚先生，书法家宋志贤先生等。一行人将台湾朋友迎进三楼会议室，这里已摆成圆桌，桌上堆满了水果，好客的故乡朋友，以周人特有的厚道，欢迎来自海峡彼岸的台湾朋友，欢迎德高望重的王崇人教授、孙平先生。原先并未安排，但却自发地形成了座谈会。介绍宾主后，大家纷纷发言，宝鸡的先生们共同的心声是："有朋自远方来，不亦乐乎。"林先生、曾先生等介绍了几年来在台举办文化交流活动的情况，认为一个民族既然经济上求发展，文化上当然不能示弱，而文化上没有继承，没有交流，就不会有发展，东方文化实在是博大精深，需要我们两岸各界共同弘扬、发展。台湾画家张天苣先生谈到，"宝鸡"一词在台语发音中是"宝贵的家庭"的意思，既然是宝贵的家庭，那我们都是兄弟，是祖国的文化感召着我们，40多年了，我们终于可以做两岸文化交流工作了。孙平先生认为，台湾、西安朋友来宝鸡文化交流，意义重大。文化艺术的交流，在两岸影响巨大，通过文化艺术交流，推动经济交流，增加情感，促进祖国统一的进程。座谈会后是书画表演，台湾画家张天苣、西安书画家朱满堂、陆震华、李百战及宝鸡画家王鸿绩、付文刚等纷纷现场挥毫。

12时半，宝鸡方面在楼下餐厅分三桌款待台湾、西安朋友。我与张天苣、刘钦明、宋志贤等同席，几杯墨瓶"西凤"下肚，引出张先生的"台湾民谣"，宋先生的陕西眉户"梁秋燕"，还有从西安来的杨小姐"遥望台湾岛"，这一切，唱出了两岸同胞的血肉之情，唱出了南北文化的神韵。

饭后，大家乘车前往炎帝祠谒拜。炎帝祠位于宝鸡市河滨公园内，经过祠门，上五重台阶，即进入炎帝大殿，内有一镀金炎帝塑像，四周墙上绘有关于炎帝生平传说及其子女、大臣故事的壁画，景斌先生的夫人亲自为来宾讲解。大家听得饶有兴味。

出炎帝祠，车队朝南驶去，来到位于陈仓山头的炎帝陵脚下，大家在陵下庙里观光之后，继续上车从盘道登陵，至陵前北望，宝鸡山城尽收眼底，风景如画。忽然，随着大家的惊叹，只见台湾画家张天苣先生正沿登陵的台阶步行而上，原来他刚才没有上车。多好的画面和意境：电视台的摄像机，大家手中的相机，一齐对准了他。

在陵前，林先生买了香火，我也买了一把，点燃后，分给众人，我提议举行祭陵仪式，得到响应。于是一行人以林先生、王教授为首，手执焚香，绕陵二周，面对炎帝，一拜、再拜、三拜。仪式结束，大家百感交集，眼眶禁不住湿润了。

祭陵完毕，车队继续前往宝鸡又一名胜钓鱼台观光，钓鱼台位于秦岭北麓潘溪沟内，距宝鸡市40公里。车驶上高速路从虢镇出口过渭河桥，上西宝南线，继续行进20分钟进入沟内，只见流水潺潺，青松翠竹，别有洞天。相传，这里是姜子牙隐居垂钓之地，河边那垂钓石仍然保存，岸上的姜子牙庙、祠依然完好，故有四柏一石三间房之说。传说当年文王寻贤在此遇姜子牙，亲自为姜尚拉辇八百七十步至沟口，因此奠定了周朝八百七十年江山的基业，而成为千古美谈。如今，这里已辟为中国西部最大的影视基地。

观光后，已近下午六时，宝鸡的朋友在这里依依辞别。我们一行又乘车继续东进，车至五丈原脚下，已没多少时间，但保禄与司机王师傅为了让客人多看点东西，将车沿陡坡一直开上五丈原，诸葛亮庙门口，大家一边听王老师讲解，一边还拍照留影。从塬上下来，天色已暗开灯夜行，九时左右返回西安。

在宾馆附近一家饭馆，林先生设酒宴答谢，大家聚至深夜才散。晚上在笔记本上摘抄杨鸿章教授赠林正立先生及台湾诸友的诗一首作为此次活动的小结：

贵客远方至，长安喜气浓。诗情涌汉江，笔力搏蛇龙。
太白千年雪，云林百里松。同根生两岸，何日更重逢！

（原载《文化艺术报》1996年7月6日第3版）

宝岛台湾凤凰花（六则）

台湾有个菊娃娃

美国有个"芭比娃娃"，台湾有个"菊娃娃"。这"菊娃娃"是一位叫做林芬菊的台湾工艺美术家所"生"。她把她的美丽、聪明、热情、细心和自强自立的创业精神全部倾注给了"菊娃娃"。

我第一次见到林芬菊是在台湾高雄机场。

那天，当我们参加两岸书画名家艺术展的十三位大陆画家正往机场出口走时，就看见20多位台湾朋友举着欢迎横幅等在那里。在欢迎的人群里，有一位留着披肩黑发、身着红色上衣的大眼睛姑娘特别引人注目。她站在出口处，给我们每个人依次佩戴了一朵漂亮的工艺胸花。她大方地自我介绍："我叫林芬菊，是云林县美术研究学会的秘书。"她负责对我们的接待工作。下午，我们去高雄市有名的旅游景区观光，在上海洋生物馆的二楼时，我发现她的腿有些跛，赶紧上前帮她，但她微微一笑说了声："没事，我可以。"自此，我在参观过程中总想照顾她，却一次次都被她婉言拒绝了。而每次上车、下车，她都要主动照顾年长者和我们每一位，并要介绍所到之处的风土人情和逸闻趣事。其实她对我们的关照远远不止这些，如每次活动之前，总要不厌其烦地交代注意事项，仔仔细细地回答大家的提问。她在生活上对我们的关怀更是无微不至，会使你感到家庭的温暖。如出发前，为我们一个个检查仪容，帮我们打好领带，戴好胸花，甚至连防止异味的口香清新剂都为我们递到手上。上了车，你刚刚感到口渴，她就会把饮料送到你的座位来。她那办事的干练、果断和周密，使人无法相信她是一个残疾人。

我们很快成为好朋友。

记得到阿里山中部一个茶艺店里休息时，我们一边品茗，一边聊天。

"你是怎么残疾的？"我大胆地吐出久久藏在心底的这句话。

"害过小儿麻痹，落了这个后遗症。"早已走出残疾痛苦泥沼的林芬菊，用平淡的语气说。

"那你上学肯定受了影响吧？"

"在台湾，残疾人上学不受限制，但就业要由自己解决。"

这次交谈，使我知道了林芬菊的人生是艰苦创业、自强自立的人生。她家在台湾中部云林县的虎尾镇上，我们坐车曾路过这个小镇。虽然未能下车观瞻，却也领略了小镇的异常繁华。林芬菊有爱她疼她的父母，她本来可以靠父母生活得很好，但炎黄子孙的血脉里却流动着一种异乎寻常的自强血液。她不愿意让人看不起她，她虽然有小儿麻痹后遗症，但她认为同样可以树立起普通人所能办到的令人钦佩的风范。她从小喜欢艺术，小镇上的"虎尾文化"哺育了她，使她更加坚定了自己热爱艺术的志向。我亲眼看到过这个小镇上花样繁多的广告令人眼花缭乱。宗教文化也很发达，据说常举办个人画展，文化品位也是很高的。于是，林芬菊依靠自己的刻苦自学，考进了工艺美术学校。毕业后，她根据当地市场行情和群众的喜爱和需要制作偶、布娃娃。她突出它的写意夸张，富有强烈的装饰性。第一批货投入市场后，很受用户欢迎，以后就按订单继续做。

她顽强地坚持了几年，终于在虎尾镇开了一个属于林芬菊的工艺美术小店。她把她的布娃娃，一律起名为"菊娃娃"，用上她名字中的一个"菊"字，可见她是怎样地爱它们。它们仿佛都得了她的生命，也顽强地活在了虎尾镇和千家万户居民的心中。她把她的小店也起名为"菊娃娃"。

　　就这样，一个富有个性的女孩子和她的"菊娃娃"小店稳稳地站立在了虎尾镇上。

　　接着，她又扩大她的业务范围，做各种装饰品，自产自销。还设计广告、印名片、做礼花，多方位地为顾客服务。我们佩戴的那美丽的胸花就是她一朵朵亲自做的。她很爱美，她创造了美。"菊娃娃"长大了，她的收入增加了。但她不忘所有的残疾人，不忘为社会做好事，不忘她所热爱的艺术事业。她的小店多了两块牌子，一块是"云林县虎尾残障福利协会"，另一块是"云林县美术研究协会虎尾镇办事处"。正因为她热爱社会公益事业，所以，她才作为义务工接待大陆来访的画家，而且做得那么周到。这真应了中国的一句古话"梅花香自苦寒来"。

　　林芬菊也很关注大陆残疾人的自立情况，我给她讲了大陆著名作家张海迪的故事，她听了很高兴，说台湾也有这样一个坐轮椅的著名女作家叫刘霞。话题慢慢地转到台湾的残疾人就业问题，她说在台湾有一个专为烧伤的残疾人争取平等工作机会而发起的"阳光之友"活动，如为这些人开洗车行，以提高自尊，摆脱歧视。我们还说到了大陆的残疾人联合会主席邓朴方先生为残疾人所做的卓越贡献和现任台北市的民意代表、盲人郑龙禧在竞选市议员高票落选后，不屈不挠地奋斗经历。

　　快要离开阿里山时，我为她画了幅画并配了一首打油诗：林中小路旁/芬芳傲秋霜/菊丛一枝俏/君比百花香。又拿出一幅风翔木版年画一并相赠，打开一看正好是"佳人爱菊"。大家哈哈大笑。我们的团长王崇人教授也即兴和诗一首：林中翠鸟鸣/芬芳育心灵/但愿菊常艳/霜重色更浓。

　　林小姐高兴极了，大大的眼睛里快要泛出泪花。她说她真的是太幸运了。她说她一定要为两岸的文化交流尽力。上了车，大家都冲着她唱起了"高山青，碧水蓝，阿里山的姑娘美如水呀，阿里山的少年壮如山……"真诚地为她祝福，真诚地希望她找到一个"壮如山"的白马王子。

离开台湾后，她的形象还久久留在我的记忆之中。春节前，我收到了她寄来自己设计的虎年贺卡，不久又收到了她的来信，信中说她已找到了理想中的白马王子，而且还附了一张结婚照，小伙子果然英俊潇洒。

图1　作者与林芬菊在台中画展时合影

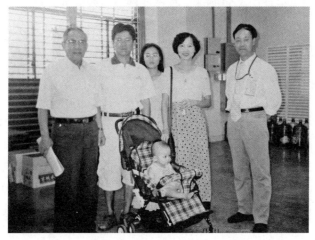

图2　林芬菊一家与作者合影于1999年9月

（原载《就业》杂志1999年第1期）

随笔、散文篇

宝岛台湾凤凰花

　　五月中旬的宝岛台湾，天气已经开始炎热起来。我们十三位大陆书画家在台湾朋友的陪同下乘坐一辆装有冷气和卡拉 ok 的豪华旅游大巴，行进在从高雄经台南、云林、南投、台中到台北的公路上、窗外那旖旎的景象，使人有一种梦幻般的感觉，那不时掠过的椰树、木瓜树、芒果树和槟榔树，仿佛向我们展现着一幅宝岛风光的动画长卷，突然，前方的道路旁，出现了一大片开在一排排高大的树冠上火红火红的簇簇花团，那鲜红的色彩，使我从沉思中惊醒，产生一种无法形容的幸福与激动。

　　主人介绍说，这就是有名的"凤凰树"。凤凰树也称"红楹"或"火树"，查阅资料得知它属豆科，落叶乔木，高达二十米，树冠宽广，二回羽状复叶，羽片 10~24 对、每羽片有小叶 20~24 对，小叶长椭圆形，夏季开花、总状花序，花大、红色、有光泽。据介绍，它的木质荚果可长达 50 厘米，原产非洲，我国南方有栽培，尤以台湾为多，是一种优美的庭院树、行道树，由于它的树干如虬龙盘曲、枝叶状如羽翎，而花朵又酷似凤凰之冠，故名凤凰花。

　　一个多么传统、优美并且充满诗意的名字！

　　一个多么熟悉、亲切并且令人陶醉的名字！

　　不知是因为我来自凤鸣岐山的故乡周原，因为那里曾出土过众多饰满凤鸟纹的西周铜器，还是因为凤鸟纹是我最喜欢的绘画题材之缘故，这凤凰花使我对祖国宝岛初来时产生的那种陌生感顿然消失。我说不清到底是那鲜红的颜色还是这美丽的名字使我钟情，所以不论是在高雄的澄清湖畔，在台南郑成功收复台湾城的遗址前，在云林、台中的道路旁，还是在去往阿里山、日月潭的路上，只要一看到凤凰花，我便立即精神大振，总是忍不住举起相机拍照。

　　有趣的是，我们此行来台访问并举办画展的几个地方，都和凤凰花有关，从高雄机场出来后，迎宾队伍中一位美丽聪明的小姐林芬菊给我们每一位佩带了一朵她亲手制作的工艺胸花，就是凤凰花；我们途经之地的道路边多有凤凰树，开遍凤凰花。有名的冻顶乌龙茶乡就有一个叫凤凰谷的鸟类保护区；在台中，画展主办单位送给赞助我们下榻的五星级长荣桂冠大酒店的两幅礼品书画中，有一幅就是我的《凤鸣岐山》。更有趣的是，台中县有个梧栖镇，名字也和凤凰有关。因为按照古代传说，凤凰只栖梧桐树上，梧栖，自然就是凤巢，而凤巢在汉语里就是人才荟萃的意思。梧栖镇和他的名字一样充满魅力，我们路过的那天中午，美丽又能干的女镇长尤碧玲做东，台中县国学会的文人雅士与大陆书画家欢聚一堂，主人飨以丰盛的午宴。午宴开始前，我告诉尤镇长，我的夫人也姓尤，她一听乐了，说真是太巧了，她的先生也姓蔡。席间，国学会的王富敬先生，提前以十三位书画家的名字为每人做了一副对联，由该地名家书成分赠大家。两岸书朋画友吟诗唱赋，激情盎然。

在台湾期间，凤凰花一直盛开不衰，我们的展览也一直是持续巡回举行，从南到北，展览举办了六场，笔会交流了十二次，学术报告四次，王崇人教授"中国书画的传统与创新"和我"面对传统的思考"的讲演，均受到热烈欢迎，孙平先生的书法、秦始皇兵马俑博物馆刘富生的大名，也是一路风行。

自古以来，凤带给人们更多的是祥和、兴旺、友谊和发达。凤鸣岐山周人则兴，而凤鸣朝阳比喻高才遇良时，更是文坛盛事。文人墨客遇到凤便文思泉涌，于是就有了《诗·大雅·卷阿》中"凤凰鸣矣，于彼高岗，梧桐生矣，于彼朝阳"的不朽名句；有了李商隐"夫向羊车觅，男从凤穴求"的感慨；有了陆机"假翼鸣凤条，濯足升龙渊"的绝唱；更有了"凤兮凤兮归故乡，遨游四海求其凰"的执著。六千年了，由太阳崇拜产生的彩陶图案三足鸟演化而成的凤凰，作为中国人心目中的神圣之鸟，已成为一个伟大的艺术传统，渗透到中华文化的沃土之中。

正是在这凤凰花盛开的季节，公元1997年的5月，在距离香港回归祖国只剩下三四十天的时候，我们来到了宝岛台湾，参加1997

两岸中国名家书画展开幕式，在这里见到了凤凰树，认识了凤凰花。而主人更是以凤凰花般的热情接待了我们，主办单位为了应付不断从半路插进来要求宴请或接待的热心人，为保证原定日程的执行，不得不将我们下站住宿地保密。有的朋友见宴请不成，只好见缝插针，寻找着每一个可能为大陆画家提供服务的机会，许多从大陆过去的退伍老兵，见到我们如亲人，倾诉离别之苦、思念之情，常常泪湿衣襟。有的朋友仅仅为了一个许诺，就乘飞机从台中赶到台北，送上答应为我们印制的一盒名片，说是怕耽误了大家急用。在高雄市，市长吴敦义先生不仅出席展览并祝辞，还在名人饭店设宴款待两岸书画家。席间宾主又是以诗交流，以画传情，云林县美术研究学会副会长蓝山云先生即兴唱出"神州宝岛会丹青，两岸名人一路行，启聩震聋千秋业，书香普化假成真"。孙平先生、王崇人先生作诗回应，当我也朗诵了一首即席写成的诗作后，吴敦义先生立即起身背诵一阕欧阳修的《浪淘沙》："把酒问东风，且共从容，垂阳紫陌洛城东。总是当年携手处，游遍花丛。聚散苦匆匆，此恨无穷，今年花胜去年红。可惜明年花更好，知与谁同？"这位48岁学历史出身已在任7年的市长所背的这首意味深长的词，使我联想起台湾朋友林正立介绍凤凰花时说的那段话，他说凤凰树是台湾校园中最普遍、最常见的绿化树，其开

图3　凤凰花

花时间在五六月，正是即将放假或毕业之前，所以他们从童年起，每当看到凤凰花火红火红地开放时，便产生一种既向往走向新天地的激动，却又夹杂着一种与同学即将分离的别愁，有如现在见到大

陆朋友，既为欢聚而高兴，又为不久将离开而忧心一样。此时，凤凰花带给我的，又多了一层难以说清的神秘。

将军丹青连两岸

今年（2000年）9月起，台湾将军书画家赵善灿先生将在台北、西安、天津、北京举办"赵善灿的艺术世界"书画作品巡展，他的大陆首展将于10月28日在陕西历史博物馆东展馆展出。这是炎黄子孙献给黄帝祖先的一份厚礼，展现了将军对中华民族五千年文化传统的崇敬、继承与弘扬，也表达了将军对西安这座历史文化名城的青睐与厚爱。

善灿先生，字松坡，1934年出生于浙江诸暨市，1948年随远亲去台，毕业于国防医学院。授少将军衔，去年退休前担任台湾埔里荣民医院院长，现任中华国际暨两岸文化交流协会副理事长。

与赵先生首次相识，是在1997年5月我作为大陆画家代表团成员访问台湾时，14日那天我们来到风景秀丽的埔里荣民医院，这个依山傍水的风景胜地，不仅外部环境宜人，医院内部也充满艺术氛围，走廊里到处都挂着字画，俨然像进了美术馆，时任院长的赵将军用自己的书画作品，装点出一个适宜于疗养治病的幽美环境。他的大办公室里，布置得既是书房又像画室，使得大陆书画家到了那里都忍不住大发笔兴。午宴敬酒时，将军幽默地说，他要用最大的桌子，招待大陆来的大艺术家。从那以后，我们便有了书信来往，赵将军平易近人，每信必复，而复信总是在宣纸特制的"善灿用笺"上，用毛笔行草写成。字如行云流水，隽秀潇洒，阅后使我惊叹不已并展示给朋友同事欣赏。大家都为之倾倒。几年下来，我竟积有30多封将军的墨宝，这将成为我的一个重要

357

收藏。

那年9月下旬，赵将军偕夫人随台湾文化交流代表团首次回访西安，正值柏雨果非洲摄影展在我馆展出，观看后他们为柏先生的艺术精神所感，交流后成为朋友。柏先生邀他们至老三届餐厅用晚餐，赵和夫人姚柏青老师及台湾朋友第一次理解和接受了老三届精神，说台湾青年缺的正是这个。

9月26日，他们来到黄帝陵祭祖，站在陵前，赵将军热泪盈眶。他说，多少年来他们每逢清明只能站在阿里山巅、日月潭边遥祭黄帝，而今却变成了现实。怎能不思绪万千，他说让那些搞"台独"的人听着，你们不要忘记祖先！爱国之情溢于言表，使得当时在场的游客纷纷为将军的演说鼓掌喝彩。今年春上海峡两岸局势紧张时，我曾在电话中表示担忧，将军回答说你们放心，有我们这些人在，台湾"独立"不了，他们要"独立"，我们会同他们拼命的。拳拳之心，让人振奋。

去年九·二一台湾大地震时，我们正在台湾举办画展，将军不仅关注我们的安危，而且频频用电话将情况告诉我们的家人和单位让其放心，后来一直陪我们参加赈灾义卖及其他交流活动，在台北那天，先生亲自开车将王崇人教授和我接至家中作客，在那个地下层有停车库、外有草坪、花园、鱼池的三层小楼别墅中，我们参观了先生的书房、画室，而让我们最为钦佩和惊叹的则是先生对祖国传统文化的传承与厚爱，是先生对大陆文化界人士和朋友的尊重和友情！先生完整地保存着大陆朋友的每一份来信，每一幅合影，他将这所有来信、照片按时间顺序装帧成册，放在其书房的最醒目处。每次大陆书画家或文化界人士到台北，他总要抽时间招待，并尽可能多地参加其活动。先生将其对祖国的一片赤子之情具体到对大陆友人的热情和对传统文化的弘扬之上。

为了继承和弘扬传统文化，将军曾师从张大千弟子陶寿伯及孙云生教授，学习泼墨山水、松、竹、梅、荷及书法，作品常在海内外展出，极受社会大众所喜爱，曾在日本荣获国际艺术准大赏，全日展准大赏及审查委员会特别赏，被聘为日本全日书法审查委员；去年又在北京荣获第四届国际文化交流赛克勒杯中国书法竞赛一等奖，曾先后访问韩国、日本、美国、德国等地，并多次回祖国大陆进行文化交流，参加艺术活动，为两岸文化交流、为中国艺术走向世界做出了巨大的贡献。我们翘首以待，通过先生的书画展，走进赵善灿的艺术世界，并预祝展览圆满成功！

图 4　赵善灿夫妇在捐赠现场与周天游馆长合影

2000 年 8 月 18 日于陕西历史博物馆寻源斋

（原载《文化艺术报》2000 年 10 月 13 日第 4 版

台湾《民族报》2000 年 10 月 18 日第 6 版转载）

台湾"行政院长"吴敦义先生的一封亲笔来信
（2009 年 9 月 9 日）

看到媒体报道，昨天台湾"行政院长"易人，国民党秘书长吴敦义接替刘兆玄担任台湾"行政院长"。回家翻出 1997 年吴敦义在任高雄市长时，1999 年九·二一大地震后分别给我的两封信，再次欣赏这位台湾地区二号领导人的书法艺术和礼贤下士的政治风度，感觉他担大任对于两岸交流应该是个好消息。特将两次的来信发到这里，并作以下说明：

1997年5月，我随大陆书画名家代表团一行13人访台，12日，画展在高雄图书馆开幕，时任市长的吴敦义先生不仅出席展览并祝辞，还在名人饭店设宴款待两岸书画家。席间宾主以诗交流，以画传情，云林县美术研究学会副会长蓝山云先生即兴唱出"神州宝岛会丹青，两岸名人一路行，启聩震聋千秋业，书香普化假成真"。孙平先生、王崇人先生作诗回应，我也朗诵了一首即席写成的诗作后，吴敦义先生立即起身背诵一阕欧阳修的《浪淘沙》"把酒问东风，且共从容，垂阳紫陌洛城东。总是当年携手处，游遍花丛。聚散苦匆匆，此恨无穷，今年花胜去年红。可惜明年花更好，知与谁同？"这位当时48岁学历史出身已在任七年的市长所背

图5　与吴敦义先生在高雄市名人饭店祝酒

的这首意味深长的词，使我产生了写作的冲动，回到西安后，我曾以《宝岛台湾凤凰化》为题写了一篇游记，由于文中提到这件事，

为稳妥，将打印稿寄给吴先生请他一览斧正，寄出后我就后悔了，心想一位日理万机的市长，哪有时间看呀，可没想到，我8月5日寄出，他8月21日就亲笔回信，虽然只将我的原稿上的八年改为七年，还是专此回复。那一手漂亮的行楷让我更加惊叹！信是用毛笔写在白底红框宣纸的敦义用笺上，名字下边还钤了一枚白文篆印。信的原文如下：

"昌林先生勋鉴：八月五日华瀚暨照片手撰宝岛台湾凤凰花文章，敬悉。忆及五月间与贵团一行人在本市名人饭店之餐叙，至为愉快。餐叙中先生才华洋溢，谈吐温雅，更令人印象深刻，盼有机会再访高雄。另有关宝岛台湾凤凰花一文略作修正，如附件，未知当否？谨提供参考。专此丞侯 敬颂时绥。吴敦义敬启 八十六年八月二十一日"

我的那篇《宝岛台湾凤凰花》的游记，后来被来我办公室的《西安晚报》主编商子雍老师看到后要去，几乎没改一字，编发在当年11月1日《西安晚报》周末专刊一版。1999年9月，我再次访台时，请书法家朋友刘世琦将这首《浪淘沙》写成四尺立幅，准备到台北时送给已不再担任市长的吴先生，但由于遇到九·二一大地震，我们忙于书画义卖赈灾，20多天竟没有时间联系他，临走时只好托海基会朋友转交，回西安后，很快又收到他的来信，这次是打印的，但仍用专用信笺并盖上印章。

"昌林先生大鉴：倾接海基会孙启明处长转来大作，十分感动。台湾九二一大地震，敦义世居的家乡南投县，灾情严重，发生之日及赶回家乡探访慰问乡亲父老，幸赖我政府及全民投入救灾，深信假以时日修建，必能以新的面貌呈现出来。敦义定当秉承民意，继续服务社会，先生下次有来台之行，请先联络一叙，专此，敬祝阖府平安，万事如意！弟敦义敬上 八十八年十月二十日"。

我本是一位画家，无意结交权贵，但吴先生的做法，让我看到一种平等的、与我们的一些浅薄的职位不高但势扎的多大的官员完全不同的待人之道，感慨民主政治下的官员素质。

时间一晃又是十年，我自知人微，再未联络，只是关注着这位仁兄的作为，看到他沉寂多年后先是出任国民党秘书长，继而担任"行政院长"，相信和希冀这位有着文化认同和民选经历的敦义先生有所作为，为台湾人民造福，为两岸的交流开拓一片新的天地。

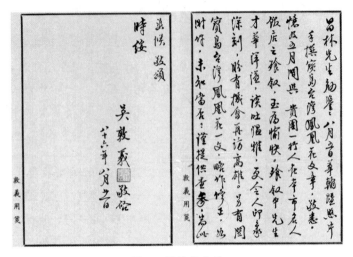

图 6　吴敦义来信

台儿庄与乾唐轩

（2013 年 1 月 23 日）

台儿庄是与华沙齐名的二战古战场，山东枣庄市所辖；

乾唐轩是一个源自台湾的知名陶瓷品牌。

这二者看起来风马牛不相及，但只要你去过台儿庄，就不可能不知道乾唐。它们是我去年底山东之行的倒数第二站，虽然停留短暂，但印象深刻、感慨颇多。

四年前，乾唐轩董事长于春明夫妇来我馆参观，陕西省工艺美术协会刘德林会长介绍我接待，临走时，我送了他们一本我 2006 年画展时的小画册，随后于先生电话说是他欣赏我那幅解读金文"和"画的创意，希望我将此作品创意在陶瓷产品的使用权授予他们在山东枣庄的公司。协议很快签订，在这个过程中，我了解了乾唐轩，了解了这个创立于 1987 年，以汉唐艺术为题材，将现代设计理念和手法融合，以专利的日用陶瓷技术，创立"活瓷"品牌系列产品，并将其网络辐射到全球的这样一个企业，感受到这位先生对文化人知识产权的尊重，感受到他不同于一般商人的远见，此后我们成为朋友。他或他的朋友来西安我乐于接待，他也多次邀请我到枣庄做客，我却因忙几年未能成行。

　　还有一个插曲，就在我知道乾唐轩不久，我去浙江为宝鸡市青铜器博物馆的陈列作评审专家时，接待方杭州正野设计公司送给我们的礼品，就是乾唐轩的活瓷杯。这次山东之行我刚好顺路，联系后于先生将他从台北回枣庄的时间提前一天接待我。

　　说来也巧，我获悉他已回枣庄，也将我从济南到枣庄的高铁提前到上午，那天一下高铁就看到于先生等在出站口。我说，你这么忙，叫司机来就行了，何必劳此大驾。他说，还有一位客人，从上海到枣庄，巧在就晚你几分钟，正说着话，就看见一位老外也出了站，一行人迎上去接上商务车，于董女儿做翻译为大家作介绍。原来这位老外是意大利一家著名的品牌推广公司的老总，于董说请这家公司为乾唐轩在欧洲市场营销作策划，此前已有该公司两位员工来枣庄拍照产品几天了。这位老总是专程来看看明天就走。一路上，老外兴奋地拍着沿途的风景和路边的小摊贩。于董介绍说枣庄是一个资源枯竭城市，要发展只能走旅游路子。

　　我寻思我对枣庄的印象停留在少年时看《铁道游击队》电影时所知道的，靠铁路、有煤矿。但现在煤挖完了，看得出沿途的村庄并不如山东其他地方富裕。到了于董的厂子，看到门口装修很一般，不像我们国有企业那么气派，下车见过厂子一干人员，由于快下班了，于董安排我们先参观，带着一行人去车间，看到这个厂子内部规模不小，生产线自动化程度很高，制陶的各个工序门类齐全，既有批量化生产的品种，如活瓷口杯，又有适合不同档次的要求的精品。最大的感受，是他们的产品既有古代特别是汉唐艺术基因，又不同于传统的造型和色彩，如将唐三彩马烧成高温釉，色彩也吸收现代的元素，使人喜闻乐见。我们出车间后，看到着工装的一队队员工才开始离开，原来专为等我们参观而推迟了下班时间。中饭是在厂子里吃的，于先生说是工作餐，但当一盘盘丰盛的大菜、螃蟹上桌后，才知道这实际上是个家宴。

下午于先生安排办公室专人陪我参观，车行不远，先看台儿庄战役纪念馆，拍了一些照片，又去到新修复的天下第一庄——台儿庄参观。虽然由于时间关系，只能走马观花，匆匆浏览。但不看不知道，一看的确震撼，这里恢复了台儿庄在二战前的原貌，每一个建筑前都有一组四幅照片：战前的面貌、战后的废墟、修复前现状、修复后照片。为这个理念拍手叫好！

没想到这个大运河边的古庄落，竟然有着如丽江古城般的美丽！

看到就在这个第一庄的第一家店铺，就是乾唐轩的专卖店。佩服于先生的远见，因为纪念台儿庄战役是在抗战 60 年后才火起来的，对客观事实的承认是这些年才有的，所以两岸的政要都曾到这里来过，乾唐轩作为在枣庄市最大的台资企业，自然就肩负了两岸交流的历史使命。

晚饭在枣庄市一家五星级餐厅，于先生做东，和他的家人、厂子高层，还有来自台湾的设计顾问招待我和三个意大利朋友。

图7　作者在台儿庄战役纪念馆留影

席间，意大利朋友问我对他们国家的印象，我们说到文艺复兴三杰，说到诗人但丁，我说我读《资本论》时只记住马克思在扉页里引用但丁的一句话："走自己的路，让别人说去吧"时，意大利朋友说，我用意大利语将但丁的原话朗诵一遍你听听，"炉的古瓦拉里的洛洛，买个瓦礼拜芭莎！"引得众人一片掌声。

开席前，为答谢于先生，我将一张彩墨画《长安朱雀》送给乾唐轩于董，祝他们的事业更加红火！

图8　位于台儿庄的乾唐轩门店

感受执着

——沈智慧与兵马俑延展台中的一段过程

　　有关台湾立法委员沈智慧的业绩，我早有耳闻。去年参加兵马俑台北展览我省代表团一位先生回西安后告诉我，在台北展开幕那天，代表团因故到台中自然科学馆，他们见过沈立委，沈表示了将兵马俑延展到台中的愿望。

　　去年（2000年）11月底，我接到台湾朋友电话，他希望我能为兵马俑延展台中从民间角度做些促进工作。虽然人微言轻，不敢承诺任何，但受朋友之托，只能尽力。我立即和有关部门主管朋友联系，得知兵马俑展按原计划从台北展出结束后将移展摩洛哥，中间要留调整时间。故不准备在台延期，况因台北展开幕式的一些不愉快，官方态度并不乐观。但沈立委托人数次电话相催，表达强烈愿望。盛情难却，恰好我有一位朋友在政府主管部门，遂将此意转告并加进了我的看法，希望朋友能促成这件好事，得到理解和允诺，朋友说他将责成有关职能部门办理，可与该处联络。我立即将这情况告诉朋友转沈立委，皆大喜，遂开始了官方接触。但延展事颇为复杂，官方手续繁多，各方疏通意见未能统一前，仍不能有确定答复，而沈立委心急，说她12月6日就得带工作班子到西安面谈，将此情转告主管部门，经办同志比较为难，恳请转告再等几日待国台办有明确答复再来，但立委执意要来，坚持不变，催得办事同志加快效率，不分昼夜。

12月6日晚，我的"小灵通"响了起来，朋友告知沈立委已到西安，约我去宾馆见面。刚好此前几小时，我才得到消息，国台办已有口头答复，看来立委的执著还是感动了有关方面，赢得了效率。

来宾馆见到沈立委，一个平平常常的职业女性，一个普普通通的台湾朋友。由于之前都有了解，我们谈得很融洽。得知她来西安日程相当紧张，当即商定先陪她观看夜景。我们一起出宾馆打车经钟楼，再到小雁塔，然后到二环路边的文豪杂粮食府用晚餐。文豪环境优雅，杂粮素食很对胃口，立委又很健谈。我们谈到了中华文化是两岸同胞的共同财富和联结纽带，谈到兵马俑和秦文化展在台湾引起的轰动，沈立委谈她的理想和抱负，谈她希望延展台中的初衷，谈她希望让台湾更多同胞了解观赏祖先伟大遗产的殷殷期望，甚至连要专门组织车辆接那些平常很难离家的山区老妈妈也来观赏兵马俑等具体细节也考虑到了。从她的谈话中，我渐渐地走进了她的内心世界。这是一个充满爱心忘我地为事业、为理想、为台胞而工作的女强人，她的理念、作风让你不得不钦佩。

一个半小时过去了，考虑到她旅途劳顿，我们只好打住话题，出食府，打车过小寨，让车子缓缓地沿历史博物馆绕行一周，接着又去大雁塔转了一圈。夜幕下的西安，少了白天的喧嚣，宏伟的古建筑在灯光下变得更具历史沧桑，乘车依次浏览，仿佛驶过时光隧道。沈立委说，夜色之中看西安，更有神秘气氛，感觉美妙极了。从雁塔路北行送委员回宾馆，约好第二天下午在博物馆见，遂回家。

7日下午，沈智慧与台中自然博物馆的两位先生和她的办公室主任汪先生由文物局外事处陈处长陪同来陕历博参观，我馆杨培钧副馆长接待。在贵宾厅，我发现沈立委戴了口罩说话带着浓重的鼻音，一问原来是昨晚她房间的暖气变成出冷气，感冒了。连忙出去买感康药，请她立即服用，默默希望朋友早日康复。因有官方安排，参观博物馆后我遂告辞回家。

此后又是一个多月，汪先生曾来一趟，沈立委托他带书与我，直到3月上旬，终于传来佳音，经过多方努力，兵马俑延展台北之事终获最后批准！一份感谢信由汪先生亲自送达，得知新闻发布会已成功举行，我百感交集，我们不过做了一点小小的工作，而台湾朋友记在心上，沈智慧为促成两岸文化交流的那份执着，那种忘我的工作精神，更令人印象至深。

图9　沈智慧在蔡昌林画室

图10　左起蔡昌林、沈智慧、张廷皓、刘云辉在宋楚瑜
访问西安时下榻的宾馆合影

台湾九·二一大地震亲历记（二则）

在台亲历九·二一

我们十三位由中华文化交流与合作促进会组团派出参加"1999两岸书画名家展"交流活动的大陆书画家于 9 月 18 日到达台北，19 日在台北中山纪念馆举行了隆重的画展开幕式，从 20 日开始向南部移动巡展，按计划将分别在台中、南投、云林、嘉义、高雄等地举办画展。20 日在苗栗举行笔会后，因耽误了几个小时，无法赶到南投，当晚，便住在附近的南庄乡。这是一个休闲山庄，大约共有二十余间小木屋，每个小木屋四角用粗钢筋与水泥礅连接距地面高出尺许悬空，内有卫生间，卧室有两个床位，还有电视、空调等设施。因下午笔会很累，睡下后很快便进入梦乡。

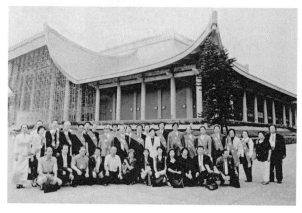

图 1　两岸书画名家合影于中山纪念堂

图2 李奇茂教授、释名修大师等与作者在本人作品前合影

半夜，一阵阵猛烈地摇晃和抖动伴随着闷雷般的隆隆响声将我惊醒，卫生间里的灯光突然全部熄灭，小木屋剧烈地抖动、摇晃着，躺在我对面的王崇人老师也醒了，"怎么回事？是不是打炮了？"我们议论道。但很快就感觉应该是地震，于是摸索着穿上衣服，外面传来狗吠声，我拉开门，院子里一片漆黑，瓢泼大雨向下倾泻，除了远处传来隆隆的声音外，还看见夜幕中一道道从下往上的蓝光。团长丁玉来先生和几个台湾朋友打着手电走了过来："地震了！快打开应急灯！"对门的张先生用小手电帮我找到应急灯开关，我开了灯，王老师也穿好了衣服，大家议论了一番，也不知其他情况，觉得小木屋应该是最安全的，几个人分头到别的房间看了之后，又回来重新躺下。大约2点15分，又一次震动开始，先上下，再左右，小木屋啪啦啦地响着，轰隆隆地颠着，我们也只是平静地躺着，想着这可能是最安全的防震棚了，竟然还在摇动中迷糊地睡了过去，只觉得过一会儿便摇动一阵，好不容易熬到天蒙蒙亮，赶紧起床到了饭厅，一边吃早餐，一边打听地震的情况.

接待我们的台湾朋友们纷纷用手机联系家里，但据说都不通，因停电已找不到网络。餐厅老板手中的随身听成了唯一的信息之源，正在播着地震的损失情况，原来凌晨1点47分的地震是7点3级，震中就在南投，是我们今天准备去参加画展开幕的地方。收音机里不断传来：埔里酒厂因瓦斯爆炸着火！埔里乡公所全部倒塌！台北松山宾馆倒塌！日月潭边的天庐宾馆倒塌！好险呀！直到这时，我们才意识到事态的严重性，如果按原计划，昨夜我们应住天庐宾馆，要不是改变行程，现在我们可就惨了！

吃过早饭，大家商量下一步怎么办，有人要求留在这里，说比较安全，但大多数人意见听主人安排，因为今天的活动在南投，况且我们朋友家大都在南投附近的云林，因电话联系不上，也应去看看震情如何，既然遇上了地震，作为同胞，就应共患难。而且在这个时候，我们的言行代表的绝不仅仅是个人，而是整个大陆艺术家的形象，是整个大陆同胞的形象。于是大家决定乘车前往震中，路上，不时看见震倒的铁塔、房屋和裂缝的墙壁，但沿途看到的居民们很平静。越接近台中，情况越严重，快到竹山镇时，连大桥也塌了，只好又绕道前往（图3、4）。

图3　去埔里途中所见

车到竹山镇图书馆，只见外面虽已摆好祝贺两岸画展开幕的花环，但却无人，据说此地主办人陈连良是十三医院的，正在抢救伤员而无法联系，因全面停电，卷闸门也无法打开，大家下了车就在广场上等候。只见这里停留着一些避震的居民，有的携家人躺在车里，有的在广场上铺着凉席被褥躺着，有人坐在旁边听收音机播放

图4　震倒的房屋

灾情消息。这时，天空传来直升飞机的轰鸣声，抬头看见好几架飞机在附近盘旋后向下降落。

一小时后，明山园主人蓝山云先生来将大家接去他的住宅，这是一个以弘扬易经为主的道教场所，在一个小山包上有三层大楼，一层前面有个大棚，站立山头，眼界开阔。可以看见对面山头上那尊金光闪闪的巨型弥勒塑像。蓝大师一家非常好客，他儿子蓝振清专门开车下山买来啤酒饮料招待大家。

在路上，根据发生地震的突变情况，在丁团长提议下，大家决定将此次交流的重点改为赈灾，因为我们的位置距震中很近，作为大陆画家，应该用我们的劳动，表示对受灾同胞的一点情谊。这个想法，也得到台湾朋友的赞同。蓝先生在大厅里摆上桌子，丁先生让舒安用红纸书写了大陆书画家为台湾地震灾民赈灾义卖标语贴在大厅里，大家立即铺毡展纸，画起了赈灾作品。这时，余震频频发生，脚下微微颤动，裂缝清晰可见，但大家仍作画不停。蓝先生从山下订来便当，大家匆匆吃完后又画了起来。当天下午，第一批义卖的35幅作品完成了，蓝先生表示，他将尽快把这些画变成钱送到灾民手中。

在大家作画的同时，丁团长将情况电告北京中华文化交流与合

图5　在嘉义市赈灾书画义卖发布会场

作促进会，下午接到文促会的传真，肯定了我们的行动，并对大家表示慰问！全体同志非常激动。

　　天黑了下来，蓝师母熬了稀饭，端上来小菜，大家用了晚饭，交替从这里打电话向家里报平安，这才知道，大陆的亲人为我们担惊受怕了。蔡小汀说，他电话回去时全家人正急得哭成一团，我爱人说她从中午知道台湾地震消息后，整整一下午都在家里打国际长途联系而无法接通，她还告诉我省台办和单位领导都很关切并打电话询问，其情令人感动。

　　当晚，台湾朋友考虑到震中不安全，联系由大会长释明修法师将我们接到距此有一小时车程的嘉义明原禅寺。释大师让城里专车送来龙虾、鳗鱼等十几种海鲜菜肴给我们压惊，饭后分配住处，发现这是一个掩映在一片修竹林中的独立寺院，除中间的大雄宝殿是两层建筑外，绕院子三面全是钢筋水泥结构的平房，有禅房、健身房、卫生间、洗澡间，功能齐全，非常坚固。我们便在这里安心地住了下来，开始了此后连续十多天的彰化、嘉义、云林等地多场义卖赈灾活动，直到10月2日离开寺院前往台南。

（原载《文化艺术报》1999 年 11 月 30 日第 5 版）

明原禅寺

明原禅寺位于台湾嘉义的梅山乡，1997 年我们访台时曾来此参观过，那时还正在建设中，它的原址在云林县的虎尾镇，在那里曾举办过两岸书画展。两年过去了，这次我们参加 1999 两岸文化交流活动的十三位大陆画家因为遇上地震，在此一处竟是十天，自然留下了深刻的印象。

寺院的四周是一片茂密的竹林，只有两条柏油小路环绕，沿小路东行，大约需要步行二十分钟才能走到有人家居住的大路口，只有小车可以从路口直接到寺院。

该寺的建筑布局呈正方形，中间为二层钢筋混凝土仿古形式的大雄宝殿，正面是可遥控开启的大门。其他三面为钢筋混凝土建平房环绕，西边是住持住所及客厅，南边有厨房、餐厅及男众女众和法师住房，两角为化妆室，内有淋浴间、卫生间，还放有全自动洗衣机。东边的平房中除有法师宿舍外，还有一间放置磁疗床、摇摆机等现代化的保健器材。禅院后面是一个停车场，放着一辆黑色小轿车和两辆摩托车。大雄宝殿正中供奉着三尊佛像，上悬"大雄宝殿"金匾，左右分别为"德富润身""恩泽广被"匾，下面供奉达摩和弥勒，中间是观音立像，两边又有关公和秦琼立像，均为木雕。前边香案上放有数尊小铜佛像和金佛像。殿中柱旁设有功德箱，前边正中是大小黄缎蒲团，两边各有六排皮革长条垫。回廊外左边架鼓，右边吊钟。两层栏墙每隔两米置一二尺许的鎏金莲花坐佛，在阳光照射下，显得金碧辉煌。殿内一二层四周墙壁上，挂满了大陆书画家的字画镜框，连禅房、饭厅里也是如此，许多字画的内容甚至跟佛教没有一点关系。仔细欣赏，发现作品均为前届两岸书画名家展览作品，因该寺住持释明修法师是这两次交流活动大会长，出钱又出力，此为回馈纪念。

释明修法师今年 70 出头，但看起来只有 50 多岁，中等个子，平日着橘色禅服，遇礼仪活动加披红色袈裟佩黑色佛珠，脸色红润，说话声如洪钟、简短且不离"阿弥陀佛"。1997 年曾带我们上阿里山，也是在那次，得知其曾在少林寺修行四十年，后来去的台湾。当时我和王崇人老师曾有诗相赠，我的打油诗是："释经少林四十年，明原寺里悟真禅，修成正果菩萨身，师德昭彰传两岸。"王教授和诗为："释家超人生，明禅识红尘，修身悟正道，佛家万事空。"此次师父将新老朋友接到他的寺院，义不容辞地担负起监护人的责任。

　　21 号那天晚上，我们刚一住下，他就给嘉义市里打电话，让罗山活海鲜老板用汽车送来做好的十多道美味佳肴为我们压惊，说这里有佛祖保佑，我们尽可放心居住。师傅疾恶如仇，说他要为我们做主，不断谴责利用大陆画家谋私利的人，连总承办也不放过，多次指责其安排不周，尽管我们表示这全是因为地震造成，总承办已经尽力，我们完全可以理解，但他还是不依不饶，有时气氛甚至相当紧张。师父脾气耿直倔强，决定了的事绝不改变。原定 9 月 30 日我们上阿里山，因为余震不断，阿里山多次走山，为安全计，总承办和团长商量取消计划，不知谁到师父那里抱怨，不去阿里山，就等于没来台湾。师父听后一拍大腿：有师父在，一定要让你们遂愿！不顾总承办和团长反对，硬是安排了阿里山之行。那天他驱小车开路，让中巴跟随，不顾余震危险，将大家带上了阿里山，成为地震后第一个上山的参观团。当然，师父的关照，有时也难以让人接受，全团上阿里山的那天，王教授因病不能去，我留下来陪伴。中午，有一搞摄影的嘉义朋友来看我们，说只有二十分钟车程，要接我们去他家吃饭认门，也顺便给王教授看病。我说得给师父打个招呼，朋友遂用手机接通了师父的移动电话，谁知师父坚决不允，并通知寺院门卫不可放行。我亲自打电话说是老朋友了，我们很熟悉，不会有事的。师父一听火了，说你不听我的话你就去，我不管你们了！我只好说那就算了，一面向朋友婉言谢绝，一面在心里抱怨这样做简直是在限制人身自由，不理解在台湾这样一个大讲自由的地区，怎么竟没有自由。所以当朋友只好又跑一趟从家里带来热的水晶饺子和其他礼品时，我们戏谑，这是探监。

就这样，在经历九·二一大地震的日子里，我们一群大陆画家，被师傅监护在寺院里，一住就是十多天。其间曾去参观附近的忠王吴凤祠和梅园，曾去彰化在大佛广场举行过隆重的赈灾义卖（图6），去嘉义市里赈灾义卖笔会时，连"市长"张博雅也于当晚下班后赶来助阵，举着我们的作品叫价，引得商人纷纷解囊，媒体争相报道。我们也在寺院里创作了八米多长的《万紫千红》长卷，作为对师父善举的回赠留给寺里。并且每人都拿出自己最好的作品送给寺院。八月十五那天晚上，师父在院子里置起桌子，摆满水果、月饼等，并与总承办刘仁德等邀来许多朋友，有朋友竟将全家都带来与我们团聚，在那个没有月亮的中秋夜里，大家悲喜交加，团长丁先生甚至动情流泪吟诗，为地震亡灵招魂，为所有同胞祈福。

图6　台中大佛广场两岸画家赈灾义卖后合影

除住持外，寺院还有一僧三尼和两个带发修行女信徒，僧年约三十，管理大门，只在吃饭诵经时见到，从不与人说话，平时除开启大门外，总是在禅房打坐。尼中一老年届八旬，日里在禅房外手捻佛珠，双目紧闭，嘴角微微张合，一坐就是大半天。监院修智，是位二十七岁已出家六年的尼姑，长着一双大眼睛，伶牙俐齿，外面来了客人或电话，总是先通过她，师父与人谈话，她常在一旁帮腔，且言语犀利。但为人诚恳，透出一种侠气，说话从不拐弯抹角。师父外出时，她又成了司机。常随师父左右的另一尼姑修慧法师，年约四十，相貌平平，已修行7年，家就住在附近，主管寺里内务及采买，常骑摩托车进出。一日晚上在院子里乘凉聊天时，经提问告诉了我她的经历，因其丈夫患肝癌，她长期为其求医问病，饱经世态炎凉，然终未能救丈夫性命，还是扔下三个孩子，离她而去。为解脱极度痛苦，她将小孩托给亲戚，自己出家来到寺里，先在厨房两年，每天拼命干活，胳膊脱臼也不休息，企图用体力的极度劳累来解脱心灵的痛苦。于是师父派她去西藏学习两年，体验那种原始淳朴的生活，从而悟禅，境界升华。她说台湾经济上虽然发达，但许多人的精神上贫乏到极点，宗教的目的就在于救治这些灵魂。她谈吐自然，又很有哲理，启迪不小。带发修行的修如尼姑，先前只是默默干活、念经。那日师父去阿里山时她来为王老师治伤，开始我们谢绝，她说是师父临走时的安排，只好从命。她先用沙袋热敷，接着刮痧、按摩，后又安排在保健室里用仪器治疗。为王老师做完后，又为我来了一遍，忙得不亦乐乎。另一位带发女尼，只见在厨房干活，也随师父外出，其他情况不得而知。

　　在九·二一大地震发生后这样一个特殊环境下，在离震中不远的地方，我们竟在类似世外桃源的寺里小住，从而亲身体验寺院生活，自然是别有一番感悟。每日凌晨4时，我们便被一阵鼓声唤醒，之后传来阵阵委委婉婉的诵经梵歌，很是好听。下午四点半，又是诵经，近一小时，众僧尼非常自觉，结束后又各返岗位。一切都做得那么专注、认真。寺里每日的主食是米饭，副食五菜一汤外加一个果盘，全是素食，除了形状上的变化外，基本天天一样。寺院里也有一台电视机，但只能收看四个频道，而台视的新闻节目，竟无任何大陆消息，封闭得如同这寺院一样。好在我们多数白天在外活动，早出晚归。赈灾的紧张，作画的疲劳，使人忘却了许多，唯有这寺院里的一切以及寺院外那鸟语花香的竹林，将永远留在记忆之中。

1999 年 12 月于西安

（原载《陕西外事》杂志 2000 年 2 月号）

文物发掘现场探幽记（四则）

唐墓里的一天一夜

春天的九嵕山色彩斑斓，风景如画。我们乘坐着一辆白色面包车，沿着崎岖的石子路盘旋而上。凭窗回首南眺，一片雾霭中，终南山里隐隐约约。北边诸峰罗列，层层叠叠，其间有一挺拔雄伟的最高峰，则是埋葬着因开创一代"贞观之治"而美名千古的唐太宗李世民的昭陵所在。我们此行的目的，就是去看昭陵旁边的唐新城公主墓，这是我们陕西历史博物馆和陕西省考古研究所联合发掘的。

九嵕山位于礼泉县城东北 23 公里处。从公元 636 年始，唐太宗李世民用十三年时间，依九嵕山峰凿山建陵，为自己修建了一座地下宫殿，开以山为陵之始，并将此定为制度，昭示后代"永以为法"。于是，唐代后来的十四位皇帝便都以山为陵。

昭陵的陪葬墓也是历代帝王陵中最多的，已经勘明的有 185 座。这些陪葬墓依墓主身份不同而处于不同的位置，以群星拱北斗的格局，从山上到山下呈扇面形分布在长 60 公里、占地 2 万公顷的陵区内。陪葬墓的主人除皇亲国戚外，连贞观年间的文臣武将死后也被太宗带到周围，继续维护着唐天子的威仪。著名的陪葬者有魏征、房玄龄、温彦博、孔颖达、秦叔宝、尉迟敬德、程知节、李靖等。而新城公主墓则是在所有陪葬墓中离九嵕山主峰最近的一座。

我们的车一直开到距发掘工地 200 米处的坡下，路旁有一石上刻有"八抬轿"三字便是此处地名。据说这是因为这个覆斗形墓前后有四个阙门遗址，是一座八抬大轿形象。

此行向导、陕西历史博物馆负责发掘的马振智先生已在此工作了两个多月，是他带回了山上发现壁画的消息，我们一伙馆里的美术工作者和摄影师邱子渝便相约而去。此时，发掘工作已进入尾声，墓道、墓室已清理，只剩下壁画还未揭取，老邱的任务就是要在揭取之前将所有壁画拍照以留下资料。

下车后，大家进入搭着帐篷的墓道，由留守在这里的考古队员张天民提着一盏汽灯带进墓室。墓室门朝南，下分四壁，顶呈圆形，取天圆地方之意，顶上绘有天象图，大都模糊不清，只有东边代表太阳的小圆中的黑色三足鸟形象清晰，南边有一形状看似兔子，可能代表月亮，隐约可见上有一白色带状，被解释为银河。墓室四周墙上，用土红色绘有斗栱廊柱分成建筑小间。十幅壁画分布其中，三人、四人一组不等，内容大都是伺候墓主人日常生活的侍女动态，分别持洗具、化妆盒和食盒等。从风格上与永泰公主墓壁画区别很大，线条、造型都比较简练，服饰也不甚华贵，是明显的初唐风格。奇特的是，墓室壁画中，所有的侍女头部都被用镢头挖了一下而残缺。这种现象引起发掘人员的几种推测，有人说新城公主因娇生惯养，生前颐指气使，行为又放荡不羁，连修墓人也憎恨他，故在建成验收后封闭之前破坏。但这种观点被另一说否定，认为因此墓曾多次被盗，进入墓室的盗贼因恐惧壁画上的侍女们的目光而破坏之。还有分析认为后来进入墓室行窃者因挖不到珍宝发泄失望而为之。不管怎么说，这种破坏使人感到遗憾和愤慨（图1）！

从墓室退出，墓道里的壁画则完整多了，不仅有宫女，还有贵妇、给使、仪卫等形象。有的造型相当生动（图2），先睹为快的喜悦之情难言表。由于车子还要当天返回，大家惋惜不能细看，巧在老邱还要工作必须留下，还需一人帮忙，而马振智因有事也得随车回馆里，我乐得有此机会留下多看看，便自告奋勇帮忙。送走众人，

图 1 新城公主墓墓室壁画之一

我便与老邱接好电缆，为他打灯，他则开始拍照，快到下午 6 时才拍完墓室壁画，这时却停了电，据说要到晚上 10 点以后才能再来。我们停下工作，由小张带到村子，先去考古队的房子在一盆用了多次的水里洗了手，接着来到村长家的窑洞里吃晚饭，主食是馒头和面条，一盘豆芽拌青菜，一盘凉拌萝卜丝，外加一小钵辣子、一小钵盐。虽然简单，但吃得很香。饭罢，回到隔壁院子考古队租的房子，小张点亮了汽灯，只见屋内很简陋，两张单人床中间摆了一张桌子，墙角堆满了纸箱，小张讲那里面装的都是清理出来的陶俑等文物，我们为小张担心，若有人来抢怎么办，小张淡言，这里人文保意识很强，特别是村民多为种果树勤劳致富，又无聚赌之风，也就安然，况且村里对考古队工作也特别支持，就在我们下山吃饭时，村长则也带上狼狗去工地看守。

图2　新城公主墓墓道西壁壁画之一

拉着话，我随手翻着桌子上的考古日记，读来颇有兴味，那上面详细地记录着进入工地以来每天发生的大小事情，工作进展、出土东西、人员流动等等，连今日借房东几斤面，明日花几元钱都记得很清楚，从中体会虽然文物展出时考古人员的荣耀，但有几人知道多年田野工作的艰辛枯燥，特别是挖不出东西时的失望。

乘此机会，了解到墓主的背景及发掘情况：新城公主是唐太宗的第21个女儿，系文德皇后长孙氏所生，与高宗李治是同胞兄妹。公元663年30岁时因病暴死，高宗异常悲痛，下诏"以皇后礼葬昭陵"。由于是李世民的宠女，位置自然要离太宗更近。此墓曾多次被盗，破坏严重，墓室只有石尸床，连尸骨也只剩下几小块，唯石尸床及墓志铭刻石完整，图案甚好。而该墓的壁画，则是这次发掘的最大收获。

待到晚十点半，电果然来了，我们复上坡。人还未到工地，但吠声就响了起来，赶紧吆喝村长拉住狗，我们下到墓里。九嵕山的夜晚，万籁俱寂，阴森极了，好在闻风而吠的狗叫声给我们壮胆，又有村长在上面守着，一开始干活便什么也不怕了。晚上的工作是从墓道最里边开始的，老邱极认真，每张片子都要布好两盏灯，测光调光，调整三脚架后再按快门。我和小张成了灯光师，我们一边拍片，一边静静地欣赏着这保存了 1300 多年的壁画艺术。仿佛超越了时光。碘钨灯将地下墓穴照得如同白昼，连壁画上最模糊的细节也看得一清二楚。

由于时间充裕，我仔细地研读着每幅画面的线条、色彩和构图，并不时从上面发现着新的划痕和工匠签名，仿佛置身于唐代初期贵族生活之中，那些仕女、给使也好像呼之欲出，向我们走来，深夜在墓穴的阴森感被这种刺激的好奇和穿越的荣幸所替代（图3）。历史就是这样开了个玩笑，那些贵族生前享尽了荣华，连死后也不愿失去昔日的奢靡。但厚葬却使得他们无法安宁，连尸骨也荡然无存，而那些没有留下姓名的工匠们的艺术创造却得到了永生。我默默地告慰新城公主和那些宫女，考古工作者发掘，将使你们永远摆脱蒙昧者野蛮的侵扰，而科学的保护将使这些壁画名扬四海，万代流传。

图3　作者在墓道仔细观察壁画细节

至凌晨四时工作结束，累不堪言，爬出墓道，摸下陡坡回到房间，又在那盆水里洗了手，啃了两个苹果，睡到 8 时起床吃了早饭，然后去墓室收拾工具，村长找了一辆奔奔车送我和老邱下山，路上遇见考古所一辆客货车拉着铁丝、海绵等用具和三五人上来，他们是来揭取壁画的，小张他们又得忙活几天。在墓室工作的一天一夜，在我的脑海里留下了永久的记忆。

（原载《中国西部》杂志 1999 年第 2 期，第 48~51 页；
《文化艺术报》2000 年 10 月 20 日第 5 版）

国宝发掘现场亲历记
（2006 年 1 月 29 日）

自从报载韩城发现大规模周代墓地的消息后，我们急切地想去现场看看，感受一下发现的喜悦。经和考古所联系，终于在年末的那天成行，我们历史博物馆的这批业务人员得到和国家文物局局长在同一天去看现场的待遇！

大家一早来馆里乘一辆大巴，上西禹高速，行程约 2 小时至韩城。因为一次不能接待多人，我们就先在阿毛鱼庄用饭。一小时后考古队来车领路，从市区驶入去党家村的路口拐进，不多时，接近黄河岸边，一个建筑规模颇为传统的村落映入视野，从街道上挂满的欢迎各级领导和专家前来视察的标语上可以看出，这就是梁带村。村口那一截灰砖墙包的旧土城墙，一下子将人拉进历史的厚重之中。

再前行，有一上世纪 80 年代立的"梁武将军墓"遗址保护标志，说明这里已有历史的遗存，但询问得知，这位梁武将军是宋代的人物，梁带村的名字也与其有关。与现在发掘的墓地相比，晚了 2000 年。大家急切地找到旁边一个巷子，只见一个饰着铜铺首两扇红漆铁门的农家院子，站着两个荷枪实弹的武警，这是考古队租用的办公之地。考古队员从里面拿出证件发给大家，我们得进院子，又来到还有武警把守的客厅，由队长孙秉君先生在此接待并讲解发掘经过。

孙秉君 40 来岁，高挑个子，人长得很帅，虽然连续的忙碌使他稍有憔悴，但见到熟悉的同行朋友们，那兴奋与喜悦就都一下子写在了脸上（图 4）。

图 4　孙秉君讲解梁带村出土文物

他先介绍了此地的位置，讲了建国后多次文物普查却将这里漏掉的情况，原来这个遗址竟是盗墓贼先发现的！因为三、四月份盗墓团伙的爆破，被群众发现上报，才派了考古队抢救性发掘，原计划一个星期结束，没想到一挖就是一个高规格的车马坑，这可是只有诸侯王才配用的，竟然保存了近 3000 年没有被盗扰！接着再探，却是一个周代晚期的大型墓葬群！就这样一直挖到现在，从现已发掘的一个墓室看，文物就已是琳琅满目。他拿出已挖出的铜鼎、带铭文的铜鬲、精美的车马器还有那黄灿灿的金剑鞘，看的我们大呼小叫，一片惊叹！

特别是韩城警方同盗贼周旋的故事经孙秉君一讲，更令人听得兴味盎然：今年三、四月份，盗贼开始活动，直到考古队去后，他们的盗墓也没停止。孙秉君说，我们一直在跟盗墓贼抢时间，考古队从上面挖，盗贼从百米外的侧面地道里开进，目标直逼墓室，开始只是晚上挖，后来白天也有活动。直到一天，一位警察夜巡，突遇三五盗贼在地道里，已距墓室很近了，公安急中生智，在地道口朝天开枪，对着手机讲："一队从东，二队从南，三队从北，立即包抄。"这一出空城计一下子竟镇住了一伙盗贼，乖乖束手就擒。一审就挖出了三十多人的盗墓团伙。又因村上配合，大喇叭唤醒了一百多村民，将盗贼包围全部抓获，这才控制了局面！从七月份开挖到现在，已探明此处有103座墓葬，范围达3000平方米，现已发掘车马坑一个、墓室一个，出土了大量文物，保存之完好实属罕见，成为2005年中国考古最重大的发现。我们如此近距离地观看并忍不住地抚摸一下那精美的玛瑙、玉佩、串珠，感受到这先睹为快的喜悦。

从院子出来，又步行到村外的发掘现场，几条墓道已经开挖，孙秉君带我们下到10米深处，看到已经挖开的墓室底部文物遍布，有鼎、鬲、漆盒、建鼓及各种形制的青铜器件；那碧玉饰品、玛瑙珠宝、朱砂铺层排列有序，琳琅满目。发掘仍在继续，两位考古人员正在一丝不苟地清理、拍照、记录着。听说再有几天，即可清理完毕。

上了坑，孙秉君再带我们去看周围地貌、看不远处的盗洞，我们荣幸地一一和他合影。因为都是他的同事和朋友，孙秉君感慨地说："真没想到，原来只准备干十天挖完就走，现在看来十年都干不完啦！"

大家戏说："你就像打麻将抠出了炸弹，恐怕做梦都能笑醒吧！"（图5）

是啊，考古人的机遇竟是如此重要，有的人辛辛苦苦一辈子也碰不上大的发现。

目前，这个发现已引起从中央到地方各级领导的重视。省长来了，国家文物局局长来了，各地的专家也来了。省上给韩城警方拨专款百万用于现场保护，梁带村村民也像过节似地打扫卫生，整修道路。文物的出土，使这个闭塞的村子一下子名扬世界，更大的喜悦还在后头。

图 5　孙秉君带领庞雅妮、晏新志等同行参观

天色已晚，我们恋恋不舍地乘上大巴离开，车子不久就从龙门入口上西禹高速朝西安开回。

唐贞顺皇后墓探幽
（2010 年 6 月 24 日）

前几天，唐贞顺皇后石棺椁从美国追回交接仪式在我馆举行，成为轰动国内外的新闻，各媒体均以大篇幅作了报道，同时，对位于长安县庞留村的敬陵，也随着抢救性发掘的完成而得到定论。木人曾受主持发掘的师小群先生邀请，去年两次去发掘工地参观，并经允许随手拍了一些工作照片和文物照片，尽管师处长说发博客文章没关系，但由于该墓发掘报告还未发表，为遵守文物考古界的规矩，发这些照片只作为这篇日记的插图，以增加这篇文章的可看度。

（2009 年）4 月 29 日，一个阳光明媚的日子，几位同事说庞留的发掘已进入尾声，正在揭取壁画，再不去就看不到了，于是在发掘负责人师小群的邀请下，几位同事一起驱车前往庞留工地，从馆里出发，走雁引路很快就到了庞留村，发掘人员就临时租住在一家民房里，村里的街道遗弃的石刻和快要倒塌的建筑砖雕一下子让人感觉到那曾经的高贵。

这是那座埋葬着唐皇后的敬陵，由于碑石早在唐代乾元年间就被砸碎，使得这个墓一直无法确认。通过公安干警的努力、考古工作者的辛苦，我们才解开了这个谜团。

由于这里是水浇地，土质松软，抢救发掘时已没法从墓道再发掘进入墓室，只好直接从离墓室最近的天井用废汽油桶改装的吊笼放下人员。

在师处长的带领下，我们一行分几次下到墓道，看到孙强正在考古所老高的指导下揭取墓道紧靠墓室部分的壁画（图6），而在墓室里，也是灯光通明，室内空无一物，原来石椁早在几年前就被盗墓贼盗走卖到美国。

图6　正在墓道揭取壁画的孙强和高明韬

墓室里，已经为揭取壁画搭起了脚手架。考古研究院常年从事唐墓发掘的马志军先生正和几位同事在记录壁画数据。尽管那可憎的盗墓贼为了盗窃，将盗洞直接打入墓室，因而将几处生动构图的壁画破坏，一副反映盛唐风俗的大场面壁画只剩下上半部绑在芯子上的几个人物，但从其他残留的人物和飞鸟的技法看，这个墓的壁画无疑是出自大家之手，其生动的造型和成熟的线条至今还散发着盛唐的气息。

我们在墓室留下了合影，为能在千年之后有幸感受这种气息而振奋。低头看那墓道地面铺满了莲花纹方砖，这大概是盗墓贼没看上的文物，就这被泥土漫漶不清的大唐的地砖，也足以令人为这艺术的气质唏嘘不已！

世事就是这样充满辩证法，这个墓的女主人生前享尽荣华，却仍不满足，贪婪使她丧失人性，尽管阴谋得逞，自己却未能善终，才38岁就误了卿卿性命。虽然死后也极其奢华，但没多久就被清算，墓碑被砸，倒也保住了多年的清净，而盗墓贼的倒卖，倒让其魂灵随棺椁做了一次美国之旅，哪一位唐皇帝也没她风光呀！

我曾数次陪嘉宾在我们馆的库房里看过她的石棺椁，那是一个里外、上下充满装饰的美轮美奂的艺术杰作，那建筑形制的奇异、那石刻的图案的色彩与线条的生动，那人物动物造型结构与解剖的准确令人惊叹！张锦秋大师说它可改写唐代建筑史，程征教授说看了它觉得艺术史要重写，葛承雍教授更是从中找出了中外文化艺术交流的造型证据。

从墓室上来，师处长和老高带我们去不远处的农家乐飨以土鸡、烤馍和苞谷糁，实现了从视觉到味觉盛宴的转化。

关于蔡家坡发现北魏佛窟龛的几篇博文

第一篇 喜看家乡佛龛显（2008年02月17日）

前几日，家乡朋友于安君电话告诉在我老家附近的坡上发现北魏石佛窟龛，并传来一组图片。我在欣喜中怀有疑虑，还未仔细考证，今天已见网上报道，前天考古所张建林研究员已前往考证并有了结论，是距今 1600 年前的石窟龛。我赶忙打开邮箱，将于安君传来的照片下载，惊叹安君有心，使这千年瑰宝面世，再看不禁感慨万千，那佛经千年风化，面目疮痍，想多年来母亲一直说她们去丈八寺坐洞烧香，难道就是这个地方！

电话询问 87 岁的母亲，说很早就听说有个丈八爷，大概就是指这个造像吧。母亲说，丈八寺有三个洞，里面有水，很久以前那里就有佛事活动，她腿脚好的时候，每年都去那里坐洞听人讲法，说那里的佛是很灵的。我原以为这只是当地人近代才供奉的一处寺院，直到前天看到张教授一行去考察的结果，始知北朝时这里就有了窟龛。看来真是应了那句老话"不识庐山真面目，只缘身在此山中"。可奇怪的是，遍翻岐山县志，从未有此记载，那么，是什么原因使这个关中地区少见的窟龛一直不被文物工作者发现呢？应该说是一个费解的问题。

看于安君发到我邮箱请辨认研究的照片，从这些隐隐约约的造型，推想这里曾经的沧桑。看这组佛像已被风化成这个样子，我联想到在云冈石窟的西段，也有几个窟龛，造像风化严重，今天从硬盘中找到去年九月我在那里拍的两张残佛照片。其风格和安君传来的大佛在造型风格上有相近之处。由此看来张教授所言不谬。

看到这些残佛，我有一种难以言表的悲悯！作为在蔡家坡长了18 年的游子，我感到有责任为保护这些遗迹尽一点绵薄之力。电话询问兄长，说丈八寺的所在就是传说中黑风洞，大概吴承恩《西游记》中黑风洞的原形就在这里。兄长说，那寺前大树上原来悬挂一口大钟，但"文革"中被盗。他还说沿蔡家坡原上还有许多古迹，东边的玉皇洞，洞里有暗道通往老虎城。再往东的原边，还有三国古战场三刀岭，是关云长攻打司马懿时砍过三刀的地方，岭上就是司马懿的运兵台，那台下有迷惑诸葛亮的暗道遗迹。这些我未曾留意，而蔡家坟的印象我是有的，那是在半坡一片郁郁葱葱的柏树林中大约五间古建的祠堂。可惜在 1958 年将满坡的松柏树伐光，祠堂也在"文革"中被拆掉，连那众多的碑石也被砸碎拉去填在炼铁厂的高炉里。尽管这几十年一直在植树，可蔡家坡的环境仍然如这残佛一样，还有那著名的珍珠泉，现在也只剩下一汪被公路填掉一半的水潭。

前天再次和于安君通话，听出他对目前处境有些许难言之隐，我对他说你是做了一件了不起的事，发现几件国宝级的文物是贡献，发现一处有价值的遗迹同样是功德，报告有关部门引起重视是一种明智之举。如果没有这样一批热心人，那种毁坏国宝的愚昧和犯罪还会继续！

有幸的是，从中央到地方的领导层对于保护人类文化遗产的认知是坚定的，前不久家乡的父母官曾派专人到省城征求对振兴岐山文化的建议，足见此项工作已列入家乡领导的议事日程。悲悯佛显，对于家乡的经济文化，对于家乡的父母官员、父老乡亲，对于每一个和蔡家坡有关系、有情结的人来讲都是值得作为的事。

第二篇　悲悯与沧桑（2008 年 2 月 25 日）

文章发后引起热烈回应，出于对于安君发来的照片的研读和对家乡文物的关注，使我决定再去现场，说与陕西电视台国际部主编焦海民，他亦有兴趣，订好时间，遂电话与蔡家坡开发区主任、岐山县副县长蔡积仓联系好，谁知昨早上出发时，气温骤降，下起鹅毛大雪！好在高速路通行，仍不变行程，按预定时间至蔡家坡，此地却未下雪！

蔡县长接至宾馆，安排宋家窑村支书和村长陪同前去，少倾即至，原来就在西北机厂家属区北坡跟路边，想小时也曾路过，但未近看。一路上去，仔细观察，和海民分别拍照。近看丈八佛，激动不已，面对残佛，有一种难以言表的悲悯！这些窟龛雕像饱经沧桑，虽似面目全非，却因天人合一而极具沧桑美感，像残佛不残，正是我佛最高境界——悲悯的最好诠释。进而再拍其他窟龛和细部，留下考古整理前的第一手资料。

现在看来，这些造像已经因常年风雨侵蚀风化得非常严重了，佛像的面目也显得模糊，而且各窟时代风格不同，电话请教张建林教授，下层年代较早，丈八佛从造型看具北朝特征，其他窟则系隋唐或稍晚，这些佛窟的珍贵是其历史考古价值，因为在关中地区是唯一的。

1600 多年，它们到底经历了怎样的风雨侵蚀，无人能晓。可现在展现在我们面前的却仍然是一种沧桑美，是一种历经各种劫难而生生不息的顽强的生命力。就像断臂的维纳斯，这种美更让人震撼。佛教主张悲悯众生、悲悯天下、悲悯苍生，这正是佛饱经沧桑后的悲悯。面对他们，我感受到其实更应悲悯的则是因信仰和道德缺失而麻木的人。

这处窟龛群能得以留存，实属不易却又耐人寻味。上世纪 40 年代，西北机器厂在宋家尧村建立时，丈八寺从原址迁出，留下窟龛在此。一般来说，城市建设对地方环境的改变甚至说破坏会很大，可该窟龛群正位于厂内，这样在此山取土的人少了，也少了外来闲人的进入，反而将其保护了下来。虽其裸露在外多年，位于人群密集区，几代人幼时也曾贪玩于此，"文革"中在附近修防空洞时也都没有影响到此处窟龛群。厂方为了防止滑坡而采取的措施，以及"文革"前用土坯封住洞口这些无意之举，使其没有遭到人为破坏。地方志里无丝毫文字记载，当地文物普查时也无人注意，而这次却被于安君这位有心人发现，并得到专家学者及媒体关注从而得以保护。2 月 12 日《西安晚报》将发现此窟龛群的消息报道出来，那天正好是定光佛诞日（正月初六）。这些机缘巧合，可谓是天人合一。

看罢佛窟，再寻黑风洞遗迹，虽陡峭无路，我执意要上，村主任白云声引领，竟爬了上去。见洞已塌陷，只剩一小空间，钻进去拍下照片数张。村长说洞子未塌时，里边还有风吹出。出来，看海民正在下边拍我呢。下山，从另一处上去找丈八寺原址，无奈有两道门锁，无法入内。

回宾馆，蔡县长酒宴招待，约于安君同座，表彰其热心。席间有此地小友郭金峰闻讯赶来，述说因此处幽静，谈恋爱时携女友同往，曾多年前近处观看此佛，有处窟内造像脸上泥塑并有彩绘遗存。这些细节至关重要，记录在此，供建林院长整理报告时参阅。晚上和张建林联系请教，知已和有关方面协调好来日的清理调查工作，估计一周后就会完成。

第三篇　哪个环节出了问题（2008 年 3 月 4 日）

前天又去蔡家坡，看北朝佛窟龛，见考古现场已经清理结束，有参观者三三两两，亦有一帮小学生玩耍于此。在县上问及一位主管领导，竟也不知这个窟龛被重新发现定位的事！也不知是哪个环节出了问题！我就一再强调其学术文化价值，并说对于家乡来说，这是一个难得的文化机遇。这样的话，人微言轻，不知是否能引起当地有关方面的重视！

第四篇　蔡家坡佛窟调查与保护的最新情况
　　　　（2008 年 3 月 13 日）

关于蔡家坡北朝佛窟，从春节到现在，我已连续发过三篇博文，我毕竟不是专业的文物调查人员，也不负有调查整理责任，但家乡的情结，对文物的爱好，使我更加关注这个地方。从博客留言中得知，西北机器厂已在此安装了射灯监视。应是个好消息！

几天前，曾和我同去蔡家坡佛窟现场的陕西电视台国际部编导焦海民问进展情况，考虑他是否可做些什么。

今天又和张建林院长联系询问得知，此次调查是由省考古研究院、宝鸡市考古队和岐山县博文馆共同参与的，工作已经结束，简报由省考古研究院的小田正在整理中。张先生认为下面两个窟应为北魏，上面三个窟应系隋唐，由于风化严重，加上没有相关文字记载，还有许多谜未能解读，但作为他们的事已经完成。我问现在我们对这件事还能做些什么？张先生说当地可以申请"省保"，他个人认为应该列入省级文物保护单位的。

我询问了省文物局有关领导，赶忙电话告诉岐山县长，说了专家的建议，请他参考，并将申请"省保"文件表格传去，白县长一连说了三个"谢谢"。

注：原文附照片共 31 张，此处略去。

（原载《我与文化遗产保护征文优秀文集》

文物出版社，2010 年）

天飞花雨说佛缘

（2009 年 5 月 12 日）

先前接到曲江管委会的邀请，与平凹先生相约去法门寺参加佛指舍利奉安大典，9 日一早，他的司机小夏六点多先接上我到先生住宅，见到王志平夫妇和几个朋友都已集中到那里，待先生出来后，一行人分乘两辆车前往，我有缘和先生、木南还有建科大校长徐德龙院士、茶人小左同乘小夏开的一辆七座别克。由于有王志平弄来的黄色通行证，我们的车子一直开到景区山门一侧，下车后大雨滂沱，当地一位副县长送来雨伞，安检后，大家经过佛光、般若、菩提三道大门，沿佛光大道前往大典广场。这条路有三里多，一路上，不断有人同平凹打招呼，到达熙熙攘攘的会场后，看到雨水浇满凳子，无法入座，大家便站着。

因此前华商报曾报道省上要用人功消雨的消息，现场也有实时播报天气的电子显示牌，大家都期盼开幕时雨停，但雨却还是愈来愈大。

其实，舍利塔前两边门楣上的楹联中，上联最后四字为"地迎甘露"下联开始四字"天飞花雨"可都是雨，所以每逢佛事必有雨。看来要改变天意也难，只有顺天才是正道。

就这样，大典开始，由于雨太大影响电器，主持人胡一虎、李辉不得不交换着麦克风，领导人也被淋得念不成发言稿。还是佛协会长高僧得道，即兴说这是法雨，能洗灾消难。会场上两万多人虽然都淋着，但还是坚持看完整个仪式。特别是那恭送舍利的高僧和护法的信众，连雨衣也没穿，就这样淋着雨走完几里路的全程。

那些迎候在莲花池畔准备扮演飞天、仙女的演员却冻得发抖。但两旁等待的信众则虔诚的双手合十，期盼佛指舍利带来福报，没有人抱怨。这大概就是佛缘。

我不是佛教徒，但我对佛、佛教和那些佛教中的菩萨、力士和弘法的大德高僧充满敬意，这不仅仅因为我母亲是早年就皈依在法门寺的虔诚的佛教徒，不仅仅因为我曾在敦煌莫高窟临摹过一个月的壁画，那萨垂那舍身饲虎的故事、那九色鹿的传说使我流连忘返，还因为我越来越感到我与佛的那种缘分：当我二月份没有目的的驱车意外到了兴教寺那天，被告知是菩萨生日；本月初去青龙寺时，刚好又是浴佛节；还有更为神奇的是，直到五月六号，中午吃饭时听说下午一点多，就要将一直秘密地存放在我馆文物库的佛指真身舍利起运移交到法门寺奉安，为此我馆闭馆一下午。而存放在我馆的这个秘密一直是只有少数人才知道，此前每次外展，比如去台湾、去泰国都是先秘密运到法门寺，然后从那里出发；返回到法门寺以后，再秘密地运送到我馆存放。此前我虽然知道这些，但从来没机会瞻仰，因为只有在几个国家领导人来的时候，才能让其秘密观瞻，而且程序十分复杂，必须有省公安厅、省佛协、省文物局和我馆四家安保部门到齐才能打开库房。而我在下午两点——就要去美院为研究生毕业论文答辩做评委的一个小时前，却幸运地知道了这个消息，立即联系保卫处朋友，请求得到可以进库房瞻仰一下的机会！这难道不是佛缘！

我立即赶到展室等着，并在他们打开一道，二道，三道库房门的第一时间，第一次进了这个神秘的库房，近距离地瞻仰了这具有灵气的佛指舍利！并随手拍下了几张照片，记录了这个幸运和激动。直到这时，我才发现，这个库房，距离我的办公室，只隔了几堵墙，直线距离不到二十五米！难怪我这么有佛缘（图1）！

当我为紫云楼回廊复原大唐开国二十四功臣图时，却发现我的生日正是当年唐太宗发布图功臣像于凌烟阁诏令的那一天，而此次

图 1　作者在陕西历史博物馆珍宝库里瞻仰佛指舍利

之所以能在佛指舍利离开我馆的最后时刻瞻仰到，大约也是因为我前段曾为法门寺景区的几个山门集字的缘故，是佛骨有灵的缘分福报吧！

那天离开法门寺时，见到了法门寺博物馆前任馆长韩金科老师。他也说，过去每次法门寺举行活动都有大雨，这就是法雨，大好事呀！我们一起经过菩提门时，我说这匾上赵朴老的字是经我手集的，他说菩字好像有问题，我们抬眼望去，这才发现这两个字在制作时严重走了形！我赶紧拍了下来，回来和设计稿比较，那个"菩"字，在匾宽缩到 30 厘米时，草头偏差近 8 毫米，那就是说实际上整整差了 8 厘米左右！不知是谁监工制作的！实在是浪费善款，对佛不敬呀！我将其他字和设计稿对照，竟然都存在问题！

我将提交的设计稿和我那天拍的实景用 ps 做成透明图层，明显对照在一起，发电邮传给有关部门要求改正。

过去，我那不识字的母亲告诫我，你可以不信佛，但不能不敬佛，更不可以哄佛，因为我从母亲身上看到有信仰的力量，尽管她不识字，但她心存善念，她是小脚，可为了一个承诺，从六楼将一锅水端到一楼送人；可以宁肯自己饿着，也要将碗里的饭给上门讨饭的拨一半，可以再上一次六楼拿衣服给家属院门口裸露身体的精神病人。让我每次去寺院时都要做些布施，不管多少，哪怕是一毛钱！我倒也遵循教诲。可我这两年回老家，我母亲却告诉我，她这些年因行动不便去不了寺院，于是总是将我给的钱悄悄地给那些她周围很穷困而遭遇不幸的老人。她说给寺院布施的人多了，她不再劝我必须给寺院扔钱，她说还不如去帮帮那些身边确实比你差、而需要帮助的人！我觉得我母亲就是佛，她说的那些道理正是佛的禅机。我要敬佛，首先我要孝敬我的母亲！那天回来的路上，平凹先生说他每每去寺院都要捐些香火钱，以至于有次他刚走到门口，就听见里边有人喊：生意来了！成天身在寺院里的人，却这样没有佛缘！

　　我想，那佛指舍利确实有灵，要不历经千年却仍有这么多信众崇拜，我虽为佛指离我远了而感到失落，但又想那佛其实就在你心中，只要你心存善念，不管看到看不到，不管距离远近，都会有佛缘。耳边响起了慧能的那句著名的禅语："菩提本无树，明镜亦非台，本来无一物，何处惹尘埃。"

不能忘却的纪念（四则）

悼念我的老师樊文江
（2011 年 12 月 18 日）

昨天（2011 年 12 月 17 日）中午，接到郭线庐夫妇电话和短信："敬爱的樊文江先生于中午 12：05 永远离开了我们。"我心头一惊，匆匆赶去美院，在灵堂里，看到他慈祥的遗像，悲从心来。历历往事涌上心头。

樊文江教授是教我时间最长的一个老师。

1972～1975 年，我第一次入西安美院上学，从第二学期起，樊老师就给我们带工艺装潢专业课。记得他教我们风景写生，用装饰色彩提炼归纳技法，将山石水树的肌理形色表现得美轮美奂；他带我们到工厂设计室实习，教我们在搪瓷、玻璃、陶瓷和漆器产品上实现自己的创意；尽管那时他还背着摘帽右派的政治包袱，但还是尽力地将自己的知识和才艺传授给学生，连我们班的专栏报头他也辅导并亲自动手。记得到眉县南寨村实习时，不仅教画画，还亲自写歌词，教我们联欢时演唱，当时的校团委书记钱老师也悄悄地给我说，樊老师是工艺系的专业权威，要好好跟他学专业。记得那次去翠华山下的沙场村，吃住都在农民家，白天去周围画风景写生，学校派一辆卡车送去我们班十几位同学和我们一个月的面粉及搭配供应顶杂粮的红薯，由于是在社员家吃派饭，说好先记账，等到半月过去，红薯还没分到社员家就全部变坏了。归来后一天在学校食堂里，校领导当着同学的面训斥带队的樊老师：你真是个书呆子！连红薯会变坏都不知道！但是在学校的展厅里我们的那次风景写生变化作业，却是整个学生作业的亮点！只有学生们知道，这每一张作业上，都有樊老师的心血。

1978年9月，我第二次进西安美院工艺系上学，卸去政治包袱的樊老师焕发出艺术的青春，他在图书馆里将自己多年的装饰作品原稿全部陈列出来供学生观摩。大家兴奋地临摹，中午顾不上休息。四年的设计创作课，他带我们广告招贴设计、包装装潢设计、装饰风景画和漆艺设计等等课程。搞创作时，他天天泡在教室辅导，为每个同学分析创意的发展，并尽可能的帮大家寻找参考资料，连星期天也不例外。

1982年，我从西安美院毕业后，分在陕西省包装公司工作，聘请樊老师担任陕西省包装技术协会顾问和设计委员会主任，在设计委的组建和日后的工作中，樊老师继续着导师的责任，教我们技术攻关并指导我们的设计。

1991年5月，陕西历史博物馆开馆前夕，樊文江老师和方鄂秦老师被邀请来指导我们的陕西古代史陈列设计布展，我又有了一次跟老师学习的机会。

1994年建国45周年大庆前夕，按照中央安排，由我省在天坛公园搞展示活动。从6月份起，省政府办公厅与省经贸委便组建了一个设计班子，由樊老师负责，我和沈健康作为助手，从设计、制作监督到布展在西安和北京两地工作了近5个月。和老师吃住在一起，从总体设计、展线分配到具体标志设计制作、色彩控制、展位安排的具体细节都从老师那里学了许多许多。令人高兴的是，樊老师设计观念与时俱进，一点也不保守，还有他的设计和环保意识也非常前卫。印象最深的有一件小事，为了环保，嗜好抽烟的樊老师让我用废罐头盒加铁丝，为他制作了一个烟灰缸，挂在身上随时使用，离开园子时再清理到垃圾箱，第二天接着使用。带着烟灰缸的教授成为天坛公园里的一个亮点，被展示活动指挥部传为佳话。

这几年，在我们筹备、举办的两届"西部之星艺术设计大赛"的过程中，在参加省上两届工艺美术大师的评审工作中，樊老师担任着评选委员会主任的角色，他身体力行，要我们公平、公正的评选，并坚持着高雅的艺术导向。

今年六月份，樊老师给我电话说他的新房装修好了，他说想听听意见邀我去看，那天在工信厅开完会后，我和刘德林、陶丙戌两位会长一起去了樊老师的新家。看得出，这里每一个空间，每一个家具，每一个色调都充满了设计感。我们赞叹着这简单大方的设计中有最舒适的实用功能，色调中有丰富的层次，空间里有到位的理念。樊老师说，我搞了无数次设计项目，每一次都不能完全按自己的意愿来，这就是中国设计的特殊性。而这次家装，是我此生唯一一个完全按自己意愿的设计。他让我转告傅强、马骅等同学，说让他们来点评点评。樊老师给我说，他教过无数学生，但我们这个班，是让他最为骄傲，让他最为牵挂的。只要一见我，他就打听着每个同学的消息，关心着每一个同学的工作和生活。

一个多月前，宝鸡青铜器博物馆陈亮要我请几个专家为该馆标志揭评标，我联系樊老师和郭线庐得到确认，那天我们一起来到半坡博物馆评标，樊老师点评高屋建瓴，让到会的领导和专家折服，张礼智馆长还带他去看半坡遗址的新发现，亲自为樊老师讲解。没想到，这成为樊老师一生最后一次的专业活动。

也就是那天，我和郭线庐都感觉樊老师拄着拐杖行动已不方便，上车几乎是由郭线庐抱上去的。果然回去后没过多久，郭线庐给我打电话，说老师住进一附院重症监护室，我赶去却无法看望，一大堆他的学生聚在楼道，他女儿方方说已查出樊老师是肺癌晚期，且已经转移到骨头，但大家都对他隐瞒了病情，说是感冒例行检查，消消炎就好了，所以先生信以为真。过了几天，方方给我传来樊老师在病床上的视频，他说："人在江湖混，总是要还的，我现在为过去买单，谢谢大家！"两周前的一天，我的手机显示樊老师来电，接通后竟然是他的声音，他说他已出院，有时间可来坐坐，我喜出望外，如约去美院新家看他，他说不了几句话还是喘，他关心着我们班每个同学，我就让他听我细说给他，可是由于不敢给他透漏病情，连我自己都感到说安慰他的话显得难堪。回来后，我给陈绍华发短信说了情况，绍华回复说，樊老师是神人，也许他自己早就知道，因为明年是2012，他也许早有安排。看来绍华是说中了，没想到这次已住进肿瘤医院不到三天他就离开了我们。时间选择在周六，他走的是那么的淡定、安详、从容。

教我最长时间的樊老师离开了我们，离开了这个世界，也许正是他天真地相信那科幻的童话，去寻找另一个更为美好的世界，去了一个完全由自己做主的地方。而他留给我们的，是怎样做人、怎样做事，怎样从事设计专业的永恒的思考。

图1　樊文江教授和他的学生们

沉痛悼念王崇人老师

（2009 年 6 月 16 日）

从成都回来的第二天，6 月 14 号中午，何建强（王崇人教授的女婿）来电话说告诉一个不幸的消息：王崇人老师刚刚去世了，我一听急了，怎么也想不到的事呀！因为上月和王老师通话时，听得出他还急着能赶紧恢复写字，此前一年多王老师先是心梗，后是脑梗犯了两次病，但由于抢救及时和家人悉心照顾，恢复的还是不错，我几次去看他，他都急着要写字画画，念着能和朋友们出去，谁知这次竟因心力衰竭永远地离开了我们。

我赶到美院，王兵（王教授的儿子）正急着布置灵堂，看到美院专门成立了以党委书记为主任的治丧委员会，办了花圈和挽联，我和省书协副主席路毓贤一起去看了师母姚老师，她很悲痛，说想不到王老师就这么走了，我们劝慰，逝者已去，生者当保重，况且，师母对王老师的照顾简直是百依百顺，大家都有目共睹。返回家里，细想一些和王老师相处的事情，悲从心来。

王老师也是从农村一步步通过自己的奋斗融入到这个城市的，他从甘肃平凉，来到西安美院，几乎和新中国的成立同步。在西安美院，他做过教研室主任、图书馆馆长、教务处长、研究院常务副院长。在陕西省书协，他做过副主席、名誉主席还有中国书协的理事。但是他永远是一个教师，是一个教过素描、连环画、中国画、书法、美术史的教师。

从我1972年第一次进入西安美院时，王老师就曾做过我们的班主任，那时他对同学的关心和教导无微不至，有件小事可见一斑。2001年我们去北京参加一位共同的朋友台湾赵善灿先生画展时，当年的一位同学，现在北京电影学院动画系做教授的贾否（贾五六）说，她忘不了1973年从陕北到西安美院上学时，因家贫买不起画夹，王老师便找来布和三合板帮她自己做画夹的事。其实学生对老师的回忆和敬佩，就是由这样一件件小事构成的。我清楚地记着曾到老关庙找王老师借照相机的事，记着我们做设计课时他为我设计的乾陵旅游招贴题字，他一下子写了几个让我来挑，记着开放初期第一本介绍西安文物古迹和旅游的书籍《古都西安》就出自他的手，记着我们两次到台湾，尤其是1999年去的那次住在一个房间里，遇上九·二一大地震的经历（图2），记着我们一起去韩国参加文化交流，在汉城现代美术馆办画展的事。

图2　1999年9月21日作者与王崇人老师、
舒安在台湾明山园赈灾现场

王老师是一个认真的人、严谨的人，他是一个学者型的画家、书法家、篆刻家、美术史论家、美术教育家。也许有人对他的过于认真有所非议，也正是因为他的过于认真导致他的病情，但他的确是我们这座古城的骄傲。他生前有许多诸如中国美术家协会颁发的第二届"卓有成就的美术史论家"奖、国际文化奖、"中国书协二十周年纪念奖"、"全国书法五十家"等等荣誉，有等身的著作。但是，他的朋友和学生提起他都说，他是实实在在的人，他是个好人，他是个好老师！

一束心花祭奠安正中老师
（2008年4月6日）

今天上午，和一帮朋友去霸陵陵园安放安正中老师骨灰。

一大早，我匆匆赶到北大街省美协那个小院子，在安正中老师家，远远和师母已做好准备，骨灰盒用红绸布包好，就放在画案上，除了墙上多了一些师母的画外，房间里其他都没有变，安老师离开我们快五年了，可一切都恍如在昨天。

2003年9月5日，安老师去世那天，我在上海，虽然最早接到电话，却无法去三兆送他，三周年时，又因在东莞办展未能参加纪念活动，一想起来，每每为此抱憾！

但是，安正中老师的精神，无不在激励着我，他的人格魅力，无不在影响着我。他虽然没直接教过我，但从上世纪70年代我第一次到美院读书时，安老师每次到美院，都要看望我们这些来自宝鸡的学生，都要嘱咐他的同学对我们多加关照。上世纪80年代末他调到美协后，有展览有活动，总要设法通知我们，看到我们的进步，总是比他自己的事还高兴。每次去城里，钟楼旁美协院子里那间小屋，都是我们温馨的驿站，在那里喝茶、小憩、谈天、说艺。

最让人受益的是他的达观、感恩、阳光的心态，是他对人的热忱，对事的认真，对艺术的执着。生前，他总是那么低调、谦恭，而在他去世后，在他的家属将他的全部作品无偿捐赠给陕西省美术博物馆以后，随着画展的举办，画册和文集的出版，陕西乃至全国的美术界才真正的认识了他，人们从那大量的油画、版画、国画和速写作品中，看到了这位总是甘当人梯的大师的艺术才华！看到这位具有时代特点的真正的艺术大家的心路历程，感受和思考着大师之所以受人爱戴的人格魅力！

庆幸的是，陕西省美术博物馆以实际行动诠释了对这样一个无私奉献的画家的真诚回报。在李杰民馆长的热心张罗下，在古城东郊霸陵旁边，在风景优美的霸陵陵园，终于有了一块可以安放先生骨灰的墓地。终于可以使他永远地融入到这块他用心血和热情讴歌了一辈子的黄土之中。没有违背他低调做人的原则，他的亲属没有惊动其他人，来的只有收藏安老师作品的美术博物馆代表和他的几个挚友和学生。

入土为安。他从泥土中的乡下走来，从小投笔从戎，接着跨过鸭绿江抗美援朝，再入美院学习，毕业后一直从事群众美术工作。

现在，在他去世快五年的时候，终于再次回到泥土之中。伴随他的，有他的四本遗著，有他心爱的文房四宝。九泉之下，他可以安安静静地继续他的艺术，这块新土也将变成绿地。

安老师，安息吧！今天，我傻得忘记给你买花，就用这篇短文，做一束心花献在你的墓前。

不能忘却的纪念
（2006 年 7 月 28 日）

《张义潜画集》终于出版了。今天在西安宾馆召开的纪念仪式上，许多先生谈到张先生在长安画坛，是一个充满悲剧色彩的人物，这个观点我是赞同的。作为西安美院国画系曾经的三大台柱，刘文西、陈忠志老师已声名中外，而张义潜由于其性格使然，过早地离开西安美院、在社会上艰难打拼，而且在并不很大的年龄离开了人世，留下了许多让人扼腕的叹息！

张义潜先生的名字是我 1972 年进入美院后就知道的，而对他真正的接触了解则是 1982 年我从西安美院分配到省装潢公司后才开始的。因为此前班上几个素描画得很不错的同学，在考入美院前都是张老师的学生，心里便对张老师充满了崇敬。刚好在毕业时听说张老师已进入组建不久的省装潢公司，得知该公司新购了一批相当先进的器材和设备，又是对口专业，我们便奔着他去了。到公司才知道，张老师并未担任任何职务，而且这个公司从一成立便由于一系列问题，陷入到窝里斗的状态之中，加上主管单位的一些人事矛盾，专案组进驻，业务基本停顿。这个时候，他虽然也来上班，但看得出心情是很苦闷的，

记得有一次在公司租住的建国路张学良公馆东三楼上，他借酒劲，画了两只公鸡之后，突然来了情绪，一边题款，一边说，斗！斗！斗！何时休！那时他刚经历第二次婚变，剩下老母亲和他一起，住在西后地的一栋住宅楼单元房里，常常为不能有更多时间陪老人，

不能为老母亲做几顿可口的饭菜而内疚，说到有时他不在家老母亲吃馊了的剩饭时眼圈都红了起来。那阵子，他最快慰的是约上一帮公司里的年轻人去他家里做客，他掏钱和大家买好菜、肉、酒到那里一齐动手做好，先给老母亲盛去，待老人家喜滋滋地像过年一样在小房子吃得津津有味时，大家才开始聚餐。二两酒下肚后，谝着、骂着、笑着，这时候，他兴奋得像个小孩，大家便鼓噪着看他作画，他画马、画驴总是被人抢走，他也不大在乎。只要人家喜欢就成，只是画了自己觉得不错的精品时，便怎么也不肯放走，总是找理由留下来。

1984 年，公司业务走向正常，成立了装潢设计研究室，将负责的担子压在我身上，张老师给了我极大的鼓励和支持，有段时间，他自己生病住在建工局职工医院，听说我 2 岁的女儿患肺炎后，急得不顾病休，亲自联系该院儿科主任，让小孩及时得到住院治疗。那种师生之情让我至今难忘。那年元旦刚过，我们策划了一次新老客户联谊笔会，请张老师主持，他登高一呼，请来了陈忠志、江文湛、罗国士、高峡、胡西铭、张浩等众多书画名家，并带头开笔，醉墨挥毫。其他老师也纷纷上阵，一个下午，给公司留下一大批墨宝，装裱后挂满了公司会议室和各个办公室。然而遗憾的是，当时的领导，并未意识到这批艺术品的珍贵，还有人说我们搞活动偏离了领导意图，出力遭误解，严重挫伤了我们，特别是张老师的热情，以至于将张老师被聘为公司顾问或者业务经理的提案被否决。而那批艺术品，在我们相继离开公司后，也不知流落何处。

在我们这样一个官本位的主体社会观念中，一个保留着纯真激情、却又对官场规矩一窍不通的艺术家，一个固守着人格尊严的知识分子，连用他所钟爱的事业、用他的一技之长报效国家和单位的热情也会成为一种奢望、当热情被浇灭，当忠诚被愚昧和偏见所曲解，这样一次次重复之后，只能是"悲愤出诗人"，装潢公司的经历将张义潜（不仅仅是张义潜一个人，还有马海舟，以及冲着张义潜去的两个美院青年学生）单纯的一厢情愿的奉献美梦无情粉碎。现实使他们不得不另寻出路，在一种复杂的心情中离去，而开始一种抛却了功利心态的艺术追求，在这种追求中去寻找自身的存在价值。于是，在沉默、徘徊数年后，张义潜又进入了他艺术创作的一个新的时期，"杨玉环奉诏温泉宫"这个力作便诞生了。

仰慕与敬重（八则）

院士与国宝

（2006 年 12 月 29 日）

年逾七旬的张锦秋院士今天上午来我馆，成馆长因有他事要我来接待，院士是为了完善古城的一个新建设项目的设计来看文物的。

张锦秋老师是我们馆的建筑设计者，当年筹建处的老同志都记得，在筹建的几年中，工地上处处留下过她的身影，为了每个节点的完善与落实，她一次次地与各个环节的工程技术人员讨论，从建筑材料的选择到装修形式的确定，都极其认真地亲自把好每道关口。我作为开馆陈列形式设计人员之一，为能有与建筑大师一起开会研讨相关事宜而感到荣幸。如今陕西历史博物馆这座雄浑典雅的建筑已经成为古城一张亮丽的名片，成为新唐风建筑的代表作品，张老师也成为蜚声中外的建筑大师（图1）。

图 1　1996 作者和张锦秋院士合影

　　大师这次要看的是我馆藏的国家一级文物"载乐骆驼俑"，成馆长让韩建武安排保管部的几位同志从库房提出请大师拍照。我从办公室里找来几张 KT 板衬在下面，贺达炘开始将文物往上摆。文物由骆驼和八个乐俑组成。保管时是分开放的。躺着的是女歌俑，应该站在乐队中间的。贺达炘和王西梅小心翼翼地将它们组合起来。大师激动又兴奋地观赏着这驼背上的乐队，亲自拿起相机拍照。

　　一场盛唐乐队专为张老师的演出开始了，你看那高昂头颅的骆驼也听得陶醉了。我也乘机抓拍几张照片。在近距离看，自然和在展柜里的感觉不同，我们仿佛听到了那从丝路传来的盛唐之音。从不同的角度欣赏，一定能感受到唐代艺术家的激情。

　　为了找到合适的角度，张老师竟站上了桌子拍鸟瞰效果，全然忘了自己的年龄。我在捏把汗的同时，抢下了这个镜头。我感到这正是大师的高大之处（图2）。

图2　站在桌子上拍照的张锦秋院士

　　这是一张桌子，这更是周秦汉唐的文化平台，张锦秋老师就是立足在这样的平台上，创作出一座又一座的仿唐建筑，为西安增添了古文化的色彩，她也是我们这个城市的国宝。面对这场景，无限的感慨涌上我的心头。张老师和我谈起了何正璜先生，谈起她今天的收获，面对着文物国宝，她兴奋得像个小孩子，喜悦之情溢于言表。临别，我们合了影，她说，真羡慕你们，能天天和这些国宝在一起。并一再要我代她向成馆长和相关同志表达谢意（图3）。

图3　张锦秋院士看文物的神情

注：

张锦秋，女（1936.10.7～），中国工程院院士，教授级高级建筑师，生于四川成都。清华大学建筑系毕业，1961～1964年被选为清华大学建筑系建筑历史和理论研究生，师从梁思成、莫宗江教授。1966年至今在中国建筑西北设计研究院从事建筑设计，担任院总建筑师。其间，主持设计了许多有影响的工程项目。由于张锦秋的早期研究课题是与绘画、文学交融的中国古典园林，她所处的创作环境是有三千余年历史的中国古都西安，多年来，她的设计思想始终坚持探索建筑传统与现代相结合，其作品具有鲜明的地域特色，并注重将规划、建筑、园林融为一体。

张锦秋的建筑生涯可分为三个阶段：在清华大学是学习研究阶段，《颐和园后山西区的园林原状及造景经验》为代表作；在西北建筑设计院工作进入建筑创作阶段，西安大雁塔景区的三唐工程、陕西历史博物馆和西安群贤庄小区，先后荣获国家优秀工程设计奖、建筑学会创作奖，被誉为"新唐风"；此后她将建筑创作的领域扩展到城市设计：西安钟鼓楼广场（建设部优秀规划奖）、陕西省图书馆和美术馆群体建筑（陕西省、建设部及国家优秀设计奖）、已竣工的黄帝陵祭祀大殿及大唐芙蓉园为其代表作。由于工程项目不同的性质和环境，建筑创作的探索呈多元化。

鉴于张锦秋先生的学术贡献，1991 年获首批"中国工程建设设计大师"称号、1994 年被遴选为中国工程院首批院士，1996 年被母校清华大学聘为双聘教授，1997 年获准为国家特批一级注册建筑师，1999 年和 2004 年当选为中国城市规划学会常务理事，2001～2005 年担任中国建筑学会副理事长，2001 年获首届"梁思成建筑奖"。2004 年获西安市科学技术杰出贡献奖，2005 年当选亚太经合组织（APEC）建筑师，2011 年获"何梁何利基金科学与技术成就奖"。

贾平凹的手
（2007 年 5 月 28 日）

这是贾平凹先生的右手，是我和夫人前天下午请他在荞麦园吃饭时拍的（图 4）。

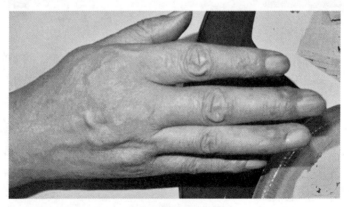

图 4　贾平凹的手

在场的还有张宏斌夫妇。一切都是随意的，我到了荞麦园后才给他打电话，正好平凹还没吃饭，就凑到一起。本来不想拍照，只因席间突然进来几个兰州师大美术系的学生要先生签名，先生和善地答应并合影，于是我才拿出了相机。

我和先生交往颇多，虽平时各忙各的事，见面机会还是不少，但从未注意过他的手。而之所以要拍这只手，是因为他就坐在我旁边，夹菜时，我意外发现他的中指和无名指上有两个鼓起的小包，一问才知道，这是长期写钢笔字和毛笔字磨出的茧子。"中指是钢笔磨出的，无名指是毛笔磨出的"，平凹如是说（图5）。

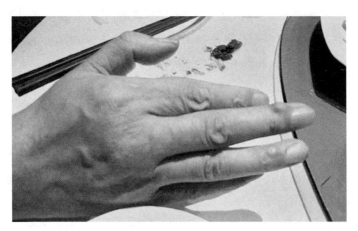

图5 贾平凹手上的老茧

我突然想起早年曾读过的一篇说一位老农民长满茧子的手的散文。文章记不清了，只记得说那老农民手往土里一伸，就抓出一把带刺的荆棘当柴烧。我突然将这两人联系起来，我觉得平凹就像这位老农民，他用这只手在文学和艺术的土地上勤奋的耕耘，他就像那位老农民，木讷、口钝、善良。而除了勤奋，还是勤奋！可以等身的著作就是证明，这手上的茧子就是明证！看看这只手，我内心涌起的只是敬佩！

在回去的路上，我和他谈起前几天网上的恶搞，（22日，有人以"人民警察"名在天涯网发了"贾平凹嫖娼被抓,以写字抵罚金后被家人接走"的恶搞帖子。完全是套用小说《废都》中的情节造谣中伤。)他很平静,只是说电话太多,干扰了他正常的写作,我对他说,现行的网络就是这样,赞美和中伤同在,真话和谣言都有,我已看过这几天网上有关先生的那些无聊的新闻,相信有常识人自然会判断。重要的是不为所动,决不生气,做自己该做的事。浊者自浊,清者自清!他告诉我,也就是这几天,刚刚完稿了一部新的小说!我想,只要还对文学有梦的人,只要还心存正直和善良的人,看看先生这只手上的茧子,你会作何感想!对他的中伤和嫉妒,只会使自己的灵魂被钉在历史的耻辱柱上!

贾平凹就是我们这座城市的名片,他为我们所留下的是这座曾经辉煌的废都里文化人责任的思考,随着时间的推移,那字里行间所透出的密码迟早是会被准确解读的,他应该是我们这座古城的骄傲!

接待于丹看壁画
(2007 年 8 月 13 日)

昨天,应陕西电视台《开坛》栏目主持人李蕾要求,我们在博物馆壁画库接待于丹,冯庚武书记和王建岐先到,接着,肖云儒、贾平凹先生,正大集团李闻海先生也都陆续来了,我等在馆北门口,为其一拨一拨地办好手续。因退房误了些时间,李蕾和于丹姗姗来迟。谁叫人家是主角呢,在我的知情中,还没有一个人能让这几位文化名人耐着性子集体接待的。这个牛人也只能是于丹。

当绿色的幕帘缓缓拉开,一千三百年前的唐墓壁画出现在眼前时,于丹说她刹那间觉得自己已经恍惚了。随着一幅幅壁画的展现,平凹看得俯前退后,于丹惊得大呼小叫,肖云儒则凝神贯注,李蕾如同主持开坛，一个解读大唐壁画的高端对话随着王建岐的讲解而展开（图6）。

图6　于丹、肖云儒、贾平凹看壁画

　　于丹不愧是于丹，面对着壁画真品，她激情奔涌，妙语连珠，古典诗词、经典名句，从她嘴里自然流出，不加修饰，简直就是一篇美文。大师们的互动，从不同的角度，加强着我们对这些国宝的解读，是我这些年陪来宾参观壁画库最精彩的一次！这仿佛成了一个气场，一个面对这伟大的艺术传统、一个由于有了画面视觉刺激、一个由这些文化名人互相激发而产生的对唐代绘画艺术的高端研讨。由于这个研讨是即兴的，所以就更精彩！

　　在平凹顽童般近乎贪婪的要求下，作为老同学的冯书记也不能不满足其要求，破例让这一行看了连外国总统、国家政要也享受不到的礼遇，除了库里陈列的，连正在修复的和没有修复的壁画也一一过目。而于丹、肖云儒及其他人对那些未修复的壁画透出的强烈的艺术感受，使我听得特别来劲，因为这些唤起了我对那个梦幻般王朝从心灵深处最原始最本能的一种感悟！那斑驳残缺留给我们无限自由的想象空间，这也会给我馆如何保护、修复、陈列这些国宝以鲜活的启示！

　　一个半小时的参观就这样度过，在外间大家互赠礼品签名赠书，

图 7　左起正大集团李闻海、陕博冯书记、肖云儒、于丹、贾平凹和作者情绪高涨。

我送于丹一幅"家和万事兴"的画，以表达我试图将大雅变大俗的解读理念。于丹说她非常喜欢！之后，又陪于丹去贾平凹先生的上书房。于丹看到平凹先生的收藏，看到平凹的画，兴奋的激情一直持续着，说她对每件藏品和画都有着自己新奇的见解，几个小时都说不完，饭时已过了一个时辰，大家都饿了，平凹便招呼去他楼下的小餐馆每人点一盘饺子。饭后李蕾送于丹去机场。

接触这些天真而又聪慧的文化大家，看到他们在传统文化面前的那种激情、那种灵性，正是中国文化的巨大魅力之所在。就像小孩子涂鸦的艺术天性被激发之后一样，那种原始的激情、即兴的感悟，也许正是我们这些整天处于严谨状态的文物工作者所缺少的。

当一件文物、一个经典被冷冰冰地放在那里时，再伟大的理论和传统都会失去生命力！如果我们只知文物的收藏价值，而无法感知它的艺术美，那就会变成精神贫乏的守财奴！作为一个文物工作者，正是要从我们看惯了的东西上面不断发现新的话题，新的刺激点，才能保持旺盛的创作激情和动力，这就是我从大家们看文物时的表现得到的感悟。

图8　于丹、贾平凹合影于上书房

图9　于丹点评贾平凹新作《大河流过我的船》

一本考古游记后面的传奇故事
（2012 年 10 月 5 日）

二十年前，我在何正璜先生家里见到一函两册装帧精美的小楷手抄线装书《吟鞭指灞桥》，作者是上海劳动局一位干部王鸿森先生。何先生说，这本书里抄的十二篇游记，是自己 20 世纪 40 年代发表在上海《旅行杂志》上的，由于动乱，自己都没有保留，但上海的王鸿森先生，竟将其全部收齐，退休以后用毛笔小楷抄写，并治印题签、线装成册。得知何先生地址后，将此书赠送给她的。这引起我的极大兴趣，遂借来一口气读完，在为何先生优美文笔感动的同时，也为抄书人的有心和眼光所惊叹！遂写了一篇《秦沪千里传佳话，文博耆宿遇知音》的新闻稿发表在《西安晚报》上，从那个时候起，王鸿森的名字就深深地记在我的心中，何先生去世后，我们在编辑整理《何正璜文集》与《何正璜考古游记》时，一次次为这位有心人的举动所感，但二十年了，多少次来上海总是匆匆忙忙，一直却没有机会见面。

此次国庆节度假我来上海住女儿家，一定要见见这位令人景仰的王鸿森先生。所以那天刚刚参加完在上海美术馆举办的"崔振宽、石英水墨画展"开幕式回到家里，就急忙找出王倩给的电话号码联系，拨通后那头是一个很爽朗的声音，一问正是王鸿森先生，虽然没见过面，但好像已神交多年，我们聊了起来，约好隔日去他家。

9月30号上午，女婿开车将我和爱人送到位于长宁区上海影城对面的里弄。我们敲开了王先生的家门，一个面积不大但收拾得干净整洁的两居室。王先生神采奕奕，夫人热情地端上茶水和水果，我们寒暄了几句就很快进入主题，我说拜见王先生是我多年的夙愿，这次来就是要将这本人民美术出版社出版的《何正璜考古游记》亲自送到王先生手中，因为它也凝结着王先生的心血，王先生说他也很关注我。

我详细地询问他收藏并手抄何正璜考古游记的前前后后，了解到他是江苏常熟人，1946年来到上海工作，先在一个工厂做职员，解放后在上海劳动局工作。由于爱好，早在解放前，从《旅行杂志》上看到具名"何正璜"写的西北地区游记，"被那清丽婉约、生动流畅的文字吸引住了"。王鸿森先生说，何老文章中那"灞桥烟柳"、"终南积雪"、"顺陵石兽"……"一篇篇如诗如画的描述，引导我追寻汉唐古迹，憧憬祖国大西北的美妙景色，我十分爱读，因而把它一一收藏起来"。

直到上世纪70年代末，王鸿森偶然在一本杂志上见到一位作者署名"何正璜"，便试着给该杂志编辑部写了一封信，"承蒙这位对读者来信很负责的编辑同志把我的信转给了作者。不久，我收到了何正璜先生来信，告诉我她的工作近况和工作单位。于是我和何正璜先生开始了通信联系，一直到她逝世前两个月"。

"从通信中知道她手边已没有留存早年的文章，我就用毛笔抄录装订成册，托我供职西安的胞弟麟森送呈何先生，先生收到后十分高兴，她说，她写的文章随写随丢不留底稿，想不到千里之外竟然有人将她在数十年前写的文章一一收藏起来，真是奇事，也可算是一段文坛佳话"。

王先生除了抄送一册给何正璜先生外，自己后来又抄录一册，题名仍是《吟鞭指灞桥》，放在手边，随时翻阅。在王先生的书房里，我见到这一函三册的手抄本。与送给何正璜那套不同的是，少了题签印章，但多了数篇文章，因而变成三册。王先生说："有几篇文章发在 1946 年之前的《旅行杂志》，自己没有，就按照何先生提供的线索，开了介绍信，到上海档案馆查到，坐在那里用铅笔抄下来，回来再用毛笔抄。那时没有复印机，之所以用铅笔，是怕钢笔水不小心损毁原书。"这个细节是我这次才听到的。王先生对文化遗产的保护之情，对国家档案的珍爱之心，让我再一次肃然起敬！

在王先生的书房里，我看到他已将那一摞《旅行杂志》、有关书信以及他自己保留的手抄本一一摆好，我还看到他竟然下载打印了我发表在网上的有关何正璜的论文和何正璜考古游记的后记，连网友留言都一个不落，整整齐齐地装在档案夹里。

出于一个博物馆工作者的认真，我请他具体说说几次与何先生见面的情况，他说："1986 年 6 月，我度假去西安胞弟处小住，第一次去拜望何正璜先生，先生约我在碑林博物馆见面，记得那天早上下大雨，何先生早早在门口等候。进馆后引导我参观，对每一件展品都作生动、详细的讲解，因而引来一大批观众跟随听讲，人数越来越多，直到参观结束。当天，邀我到她家作客，吃了午饭。那时她家在碑林博物馆附近，那天还有幸与王子云先生会过一面。"

"后来，我又两次去西安。一次是 1991 年 6 月，我在长安县开会，去看望何先生，那时她已迁居翠华路，我先到碑林博物馆，由她的女儿王倩女士带我到翠华路，因为事先电话告诉了何先生，她已等候在门口。我见到她时吃了一惊，眼前的何先生怎么这样瘦小，我几乎认不出她了。后来才知道，距我第一次见面这5年里，因病动过两次大手术。何先生仍然热情地留我午饭，畅谈别后情况和历史文化等问题。"

"再一次是1993年8月，我在嘉峪关开会后返沪途中经西安，又去翠华路看望何先生，我刚去过敦煌，与先生谈的是莫高窟历史、艺术与壁画保护问题。先生还嘱女儿王蔷陪我参观新建成的陕西历史博物馆。临别时，她不顾体弱，坚持送我到弄口路边，迟迟不肯返回，直到我走远了，她还在那里目送。那种依依惜别情景，至今仍在眼前，没想这竟是最后一次会面。"

"我与何先生通信，开始时称她为'何老师'或'何老'。她来信说：人家都叫我大姐，你就叫我大姐吧！后来我就以大姐称她。大姐写的信，与文章一样富有诗意。我至今还保存着她的许多来信。1994年6月，何先生给我来信中还表示'再到上海一游浦东'的愿望，并盼我利用年休假再有西北之行。同年8月9日，大姐为寄她撰文出版的画册《古都西安》给我的信，也是我收到她的最后一封信。"

说到这里，王先生将何先生给他的信一一展示给我拍照。于是，我拍了几期《旅行杂志》封面、内页和书札手稿，以便为将来编写何正璜展览大纲积累一点资料。

两个多小时的采访过得很快，王先生要留我午饭，尽管我和爱人一再推辞，但他执意说已打过电话，让小儿子在对面饭店订了桌。我只能恭敬不如从命，下楼来到影城饭店，他的小儿子已经点好一大桌菜等在那里。五个人哪里能吃这么多呀，尽管我们多吃了不少，还是剩了半桌，只好请他们打包。

饭后在楼下合影，邀请他们有机会再来西安。王先生要他儿子开车送我们，我坚持说我们还想在附近转转，遂与这位82岁的老人告辞。

拜访王鸿森老人，对于这一段文坛佳话做一个完整的回顾，不仅了却我一幢多年的心愿，而且使我更坚定了一个信念，任何美的创造，不管经历多长时间，其魅力是永存的。

（原载《艺文志丛编》2013 年第 1 期）

敬重张鸿修

张鸿修早我二十年从西安美术学院毕业，又早我十多年进入文博系统，所以他既是我的校友和同事，更是我的老师。

1974 年冬，我在艺术学院工艺系上学去西安搪瓷厂实习时，设计室一位整日沉默不言，一上班便拿一张宣纸揉皱，又铺在桌上慢慢展开，画一张山水画后，静静地自我欣赏一番再收起的高个子老师，给我留下了很深的印象。1987 年底，当我调入陕西历史博物馆筹建处工作时，听说那位叫张鸿修的老师早已调入碑林博物馆工作多年，但我们并无太多交往。

陕历博开馆前夕，张先生的工作关系转到新馆，我们便共事于同一个部门，开馆后又刚好被分在三楼楼梯对面一间十平方米的小房子办公。虽然两张画案几乎占去了办公室的全部空间，人只能侧身进去，但就在那间屋里，张先生一边整理他的唐墓壁画摹本，一边写着他的《楷书汉赋》。夏天，室内酷暑难耐，我们只是穿着短裤背心，他说心静自然凉，继续它的书写，在他影响下，我也潜心研习文物造型，画起彩墨画，竟不觉得热。就这样，当他已有数部巨著时，我才开始艺术寻源，无疑，他的勤奋和钻研给予我莫大的激励。

休息时，我向他说我在岐山的童年，他给我讲河南的乡情；我说我在商洛山的艰苦磨炼，他谈他为收集资料奔波于各个文物点，为考证史实涉猎各种古籍的艰辛。由于我们都出身于农村，所以更能理解和沟通。我发现，如痴地执着于事业，是他最大的特点。他是美术界最早系列研究唐墓壁画的学者之一。第一部用临摹方法整理壁画的专著《中国唐墓壁画》出自他手，是韩伟先生发现了他的这部极有价值的书稿，由新馆出资，使这多年的辛劳成果付梓发行，成为陕历博学者第一部个人专著。从此，他便一发不可收，出版了《唐代墓志纹饰选编》、《北朝石刻艺术》、《陕西汉画》、《龙集》、《楷书汉赋》、《隋唐石刻艺术》等十多部专著。这些作品以美术考古、艺术文物研究为切入点，整理了陕西古代文物精华，其艺术价值不可估量。特别是先生刚刚完成的《中国历代壁画》书稿，更是具有极高的学术水准。

在我们陕西历史博物馆里，张先生是大家公认最能坐得住的人，也正是因他除了在办公室做学问外，别的部门从不去走动，以至于数次从前门来馆里上班时，门卫不让进，以为他不是馆里职工。但却常有来自日本、美国、港台和外省的学者慕名前来找他求教。

张先生就是这样一个实实在在的文化人，除了做学问外，对别的事又单纯得像个小学生。面对领导，明明是合理的要求，还没开口，自己脸却先红了起来，想说的话到了嘴边，却张不开。他不会迎合领导，更不会取悦同事，也不追求名利。他能做的，只是学问，只是与人为善。

我不一定读懂先生的一切，但我敬重他的精神，敬重他的治学态度，敬重他的独立人格。我觉得它是继何正璜先生之后，为我们美术工作者固守文博精神家园的又一位卓越战士。他的艺术精神，正是我们要发扬光大的那种曾经失落过的进取精神。

我们陕西历史博物馆的领导能在张先生退休前，为他免费提供场地展出作品，无疑是一个了不起的开明之举，这使得先生将退休看成新拼搏的开始，正雄心勃勃地准备着他的新作《丝绸之路万里行》，更让我们这些正在艰苦跋涉的中青年学者，看到了光明和希望。当先生的个展即将要举行时，我在出差的京津，写下这篇短文，传给《文化艺术报》，就是要表达我对他的敬重之情。

2000 年 11 月 11 日于北京旅次

（原载《文化艺术报》2000 年 11 月 17 日第 4 版）

雪、古琴、妇女及其他
（2009 年 11 月 12 日）

最近事多，因此写作就疏懒了。

昨夜一场大雪，下得轰轰烈烈！今早起来，雪停了，大地一片白茫茫，房顶是雪，树上是雪，车上也被雪包了个严严实实。

我喜欢雪，是因为雪能将一切不和谐的色彩统一，让这个纷纷扰扰的世界安静下来；是因为从小有堆雪人的经历；有在雪景里贴春联、看窗花、放鞭炮的回忆；是因为雪能给父老乡亲带来丰收的希望！

开车上班路上，看到交警忙碌、环卫工人辛苦，看到满街上漂亮的颜色点缀，前后行驶的车辆也都规矩了许多，连那些平时横冲直闯的哥也知道了礼让。

我的心情爽极了！到工作室，冲一杯茶，整理一下最近的活动照片，挑几张发在博客里。将思绪整理，让朋友分享，是为雪澡精神，好不惬意！

上周六，诗人杨莹约我与费炳勋老师、博友韩霁虹还有一帮古琴发烧友，由孙见喜老师带去商洛山里的孙府摘柿子、听古琴、赏秦腔。想当年孙府落成时，孙老师要我用褚体集联一幅，刻石于该府碑林。此次去正好看看，立此存照。孙老师在路上就电话联系商洛音乐界朋友联欢，命家人熬农家糊汤待客。几辆车进孙府后，已有先来的商洛音乐戏剧界朋友用竹竿夹下火晶柿子等候，孙老师让大家尝鲜，那个甜呀，赛过蜜糖（图10）。

吃罢饭，古琴音乐欣赏，有专家边演奏边讲解，知道了这来自商周的古乐为什么让知识分子视为高雅，知道了这五音和五行的关系，难怪易学大师费老师也要拜师学琴，一边弹一边谦逊地说自己弹得不好。几首曲子弹罢，商洛音协主席和商洛及商县剧团的团长演唱商洛花鼓和秦腔，杨莹和韩霁虹竟来了一段美声唱法。

就这样，在这个商县东边小山村一个叫做孙府的小别墅里，我欣赏了这样一个别开生面的音乐会，享受了锅盔馍、糊汤面和火晶

图10　作者与杨莹、韩霁虹、孙见喜合影

柿子的别样风味。

　　虽然上周事情多，但让这白雪一串，我感觉到这精神盛宴带来的不仅仅是震撼，在这震撼的后面还有思考，那天在杨凌农高会，为月前评选的陕西省首届妇女手工艺品大赛获奖选手做点评时，我和省妇联刘英副主席谈到，陕西民间艺术是周秦汉唐灿烂文化的活化石，而它的作者多为妇女，尽管近千年来汉唐艺术衰落，但民间艺术却顽强传承，其特征就在于她有着和原始艺术一样的生命激情，就在于它是母亲的艺术。我感谢妇联同志们为此而做的贡献，通过政府行为，利用农高会平台，让这些心灵手巧的姐妹们的艺术走向市场，走向世界，不仅改变了她们的生活，也提升了她们的社会地位。当田亚莉、李凤英等每年用他们的双手剪出的作品挣回几十万元人民币时，这一代剪纸艺人的命运也随之改变。相比之下，剪纸大师库淑兰老人的苦难人生让人心酸！尽管她的艺术堪比毕加索！

　　写到这里，我想起一句话"人间正道是沧桑"。上个星期天的延安榆林之行，看到陕北不再是黄土高坡，不再是穷山恶水；看到宝塔山下的繁荣；看到美丽的榆林城夜景；看统万城遗址；看红石峡和镇北台；听榆林展览馆讲解员介绍那块地下每平方公里有几十亿元价值的矿藏时，想想"三十年河东，三十年河西"的谚语竟然验证。眼前的一切便都变得释然了。

深邃蕴藉　沉静幽雅
——写在杜钟勋漆画作品展开幕之前

　　1982 年春天，我们十多名西安美院工艺系"文革"后首届装潢专业同学在樊文江、黄文馥老师带领下，来到户县漆木器厂实习。具体任务是用一月时间，制作我们设计好的毕业创作漆画作品，厂方派出的漆艺技术指导老师就是杜钟勋先生。

　　那一个月，我们吃住在漆艺厂，经受过土漆与皮肤过敏中毒的奇痒，收获着画面打磨后作品出现幽微特效的喜悦。还有杜钟勋先生那一口地道的户县方言和他的谦虚与热情，都曾成为毕业多年之后我们同学聚会时温馨的回忆和快乐的话题。

　　近 30 年过去，我们班郭线庐、傅强、马骅、李望平、刘西莉、左力光、张佳维、杨晓沛等十多位同学也都一个个成了博导、著名设计师、画家、教授和高级工艺美术师，虽然没有专业从事漆画创作的艺术家，但那一月多漆画工艺制作的经历是大家公认的修炼。而杜钟勋先生却由车间主任、厂长到经理，一直坚持在漆器制作一线，其间帮助美院的数位画家教授完成了一幅幅大型漆画作品，这种交流与合作，提高了他的眼界和功力，并以自己不断的漆艺实践和作品实力，于 2005 年被授予陕西省工艺美术大师，在前不久第二届陕西省工艺美术大师评比中又一次被公示晋升，应该正是应了"天道酬勤"的这句老话。

　　虽然杜钟勋先生接受的不是美术学院的科班教育，也不具备"三大面五调子"的基础功底，但身处中外闻名的户县农民画乡，杜钟勋以对美好生活与事物的最直接的感悟，勤奋持久的艺术执着，吸吮着这个充满乡土气息的鲜活营养，用大自然中最天然、最具持久魅力的制作材料，用中国最古老最纯正的传统工艺，尽情地挖掘黄金、白银、蛋壳、螺钿等辅材的表现力，打磨成一幅幅可以长期保存下来的现代漆画作品，将中国陕西漆艺的幽深妙微展示在我们面前。

这次杜钟勋先生将他几十年间创作的作品选出部分展示在"亮宝楼",让我们见识了这位大师的艺术历程,见识了漆艺到漆画的融合过渡,领略这种契合中华民族文化心理的大漆材料深邃蕴藉、沉静素雅、浑厚丰润的感性特征,欣赏这足以使预设在亮底上的颜色借深浅研磨而显露丰富的明暗层次和色彩变化,以至达到类似重彩画和透明油画效果的技法,从而感受漆艺这枝工艺美术奇葩的视觉魅力。

就像几千年来那些无名工匠所创作出的实用品、工艺品如今成为珍藏在我们历史博物馆的文物一样,身怀大德绝技的工艺美术大师的精品也应该是永恒的。这正是值得我们这些所谓受过正规美术教育,自认为是专业画家们应该深刻反思和学习的地方。衷心祝贺杜钟勋先生漆画作品展圆满成功!

2010 年 3 月 19 日凌晨于寻源书斋

初识刘世琦

我是通过王晓勇认识刘世琦的。晓勇是省人民出版社副编审,专司封面设计,在行内很有声誉。由于他近年来设计的许多封面都是请书法家刘世琦题写书名,他俩自然很熟。

去年出版社在市新华书店举行《周国平文集》首发式,邀了作者前来现场签名售书。晓勇告诉我这个消息,我去了并且得到一套周国平先生签名的书。由于此书是王晓勇设计的封面,所以一拿到手,我首先对其装帧、编排认认真真地作了一番欣赏。看得出,晓勇是下了功夫的。他高水平的设计与此书内容相当协调,扉页的草体"文集"两字,飘逸潇洒地组成底纹,与压在右上的"周国平文集"几个庄重大方的黑体字形成对比,恰好蕴示了这位哲学家、翻译家兼诗人作者的著作风格。一看装帧便产生一种一口气读完书的欲望。我暗暗佩服晓勇的眼力,问他从哪里请了这么一个有才气的书法家加盟其设计,对他说,什么时候也让我认识一下这位刘世琦。

去冬一日午后，晓勇看完展览来我办公室小坐，指着与他同来的一位四十岁左右的高个子说，你不是要见刘世琦吗？此人正是。

刚好办公室两位同事正在习字，我便冒昧地请他给我们写几方字，他竟爽快答应。同事们急着笔墨伺候。他也不客气，提笔就挥，只一出手，即令在场的人为之喝彩。只见他行笔擒纵、交错、收放自如，提、按、顿、挫恰到好处，转、折、侧、逆交替运用，疾、涩、绞、翻手法多变。看得人好不痛快！以前也看过许多人写字，但让人激动的不多。观世琦写字，让人感到是一种享受。从中能体会出中国书法艺术的韵味，这是难得的。他写字还有一个特点：不愿将同样的内容重复，每张力求新的内容和题材，他认为书法最忌匠气，新的内容能激发灵感，便于随字造势，不拘一法，可以常出新意，对此我是极为赞赏的。那日下午，他一口气写了多幅，有草书、也有魏体，满足了在场的每个人，同事们说这人真爽快。我也挺得意，觉得脸上有了光。

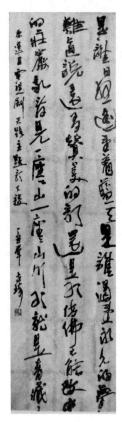

图 11　刘世琦书法

这便是我对他的第一次接触。后来得知，世琦 1984 年开始苦练书法，始临魏碑，又工章草，终有心得。自 1988 年起多次参加各种书法大赛，屡有奖状捧回。他的字以其形式美感受到设计界青睐，出版社屡屡请其为封面设计题字。我由于是搞设计出身画画的缘故，自然也喜欢他的字，赞赏他的艺术观，更欣赏他那淡泊名利的艺德，便写下了这段文字。

（原载《文化艺术报》1998 年 3 月 21 日第 3 版）

展览纪事（三则）

太白书院首届书画展

（1999 年）11 月初，在京出差时接《华商报》记者杨莹小姐传呼，得知太白书院决定举办首届书画展，要求各院士准备五幅作品参展。下旬返回西安后，电话询问马河声，得到确认。同时商议，因平凹和我馆书记冯庚武是同学，建议请平凹和冯书记先作联系以解决场地问题。12 月初，在东大街美术家画廊看崔振宽画展后，平凹、河声、庆仁、志平和我同去庆仁画室，平凹与冯书记通电话，告之书院画展事宜，冯表示将予支持。此后冯书记要我和平凹联系，请他和书院领导抽时间去馆里面谈，我将情况及时向平凹和几位副院长作了通报。

12 月 15 日上午，参加完王军强中国画遗作展，平凹、杰民、河声、见喜、相虎、国强等在我的办公室正式会见冯庚武书记。

平凹说："今天太白书院的领导都来了，要和博物馆商定一下首展事宜，为了加强分量，我们的院士代表相虎、国强也参加，昌林既是我们的院士，又是博物馆展览办的人，作双方协调联络，书院首次办展览，还得请冯书记多支持。"冯书记接过话茬："这么多文化名人选择在我们馆里办展，是博物馆的荣幸，我们理应当成自己的事办。"经协商，由博物馆与书院一起作为主办单位，免收展场租金。当下分工，由杰民负责联系协办单位，解决展览制作经费，河声联系新闻界并通知各院士准备作品，见喜负责起草前言，庆仁收

427

集展览资料，展览的请柬设计、前言横幅及其他辅助展品由我制作完成，同时还确定了参展人员和展品数量。

中午冯书记代表馆里宴请书院各领导，由于要和柏雨果、李范、亚杰等人的摄影展同时开幕，约来柏老师一起边吃饭边商议。定下布展、开幕和撤展日期，请冯书记主持开幕式，由平凹和柏雨果讲话等等事宜。

下午继续回馆里与展办主任商定卫生劳务等一揽子费用后，即在我画室笔会。

杰民、河声、见喜首先挥毫，当我拿出长卷皮纸时，平凹眼睛一亮，笔兴大发，几个人拿着纸，他提起抓笔，河声场外指导，在大家的喝彩声中，"万法归一为我所用"这幅平凹最得意的书法神品诞生。他高兴得竟与河声在我们宽敞的办公室追逐打闹起来，这激情感染着在场的每个人，平时谁敢打平凹，现在乘机捶他一拳，权当是给他捶背呢！休息了一会，平凹又提笔挥毫，另一幅书法巨著也再次诞生。平凹、河声、杰明、见喜分别为冯书记和展办几个人写字留念，以谢支持。

晚上杰民、平凹带大家去国琳公司看书院办公场地，与老板落实制作经费，确定由该公司协办此次展览。首展的前奏，就在这个轻松的气氛中敲定。

之后各院长院士尽职尽责，我去杰民处商谈好请柬方案，在电脑上设计好交付制作，孙见喜老师送来拟好的前言，其他个人也将照片交来，剩下的就由我具体制作。为给书院省钱，我将设计完成后，分项交由几家制作单位，并尽可能压低造价。请柬、前言、展标、广告牌倒还顺利，唯各院士的照片彩喷时出了问题。开始为经费忧，误了几天后眼看来不及，为保证质量，放在柏雨果学校制作。毕竟是首展，有些院士送来的照片质量较差，只好逐一通知更换，开幕式前夜几乎加班通宵，总算没有误事，忙乱中，将杰民副院长的常务两字漏掉，临开幕时才发现，也来不及重做，好在杰民并不计较。

27号上午，各院士按通知带作品前来布展。振峰、相虎、乐生收画登记，几位副院长总指挥，划分好展线，费老师、湘华老师、家民、国强、志平大家一起挂画，中午在展馆旁吃面一碗，下午继续干。孙见喜老师竟疲劳得在展室地上铺报纸眯了一觉。展线排列是平凹打头，接下来是副院长、顾问和各院士。挂完后还剩些位置，又让杰民、国强和我取画补上。下班前布置完毕，效果大家都很满意，原来前言制作为省钱只是放大复印，大家看后觉得如此美文不应制作太简单，协商后决定按高档次重作。院长们遂将请柬分发由各院士落实送达。

开幕式定在 30 日举行，按雨果老师的说法，这是一种气魄，一个展览两个世纪。他的交际还真广，竟邀请了那么多人来参加，他说他借了太白书院的光，而太白书院文化人则说没有雨果，我们没精力折腾那么大！

当前上午，阴沉了数日的老天，竟露出了笑脸，阳光一片灿烂。博物馆东门口，四个彩色升空气球高悬，美协、美院、文联、博物馆的祝贺标语迎风飘起；东展馆门口，十六米长的展标横幅高挂；草坪上竖着红底白字的展览海报，台阶上摆满了祝贺的花篮；加上门口停满的各种车辆，将气氛渲染得浓烈庄重。书院的各个院长、院士都有分工，分别负责接待及签到。古城的有关领导，各界名人，书朋画友，大约上千人聚集在东展门口，以先睹这跨世纪的书画摄影展览为快。

10 时 30 分，开幕式正式举行，博物馆冯庚武书记介绍来宾后请平凹讲话，贾先生一出场，摄影记者们一拥而上，围了个水泄不通，雨果不得不用麦克风维持秩序，大声地喝退着记者们。我站在台下观众之中，看着这热闹的场面，心中一阵自豪与激动，是啊，几年了，东展举办过无数次展览，举行过多次大型开幕式，尽管每次都要忙碌，但总是为他人作嫁衣裳，而这次是作为展览的一分子，是和我所崇敬的老师和朋友们一起展出作品，是为他们，也是为自己，前些日子的劳累都被这自豪和激动所取代。

开幕式不长，平凹、雨果讲话后，一藏族女孩向两个展览的代表献上哈达。随后宣布开始参观。

我进展室时，里面已挤满了观众，只见各院士在自己作品前接待参观者，平凹自然又成了明星，要和他合影的崇拜者围了一圈，河声、杰民为电视台作着讲解，我竟然也当了一回主角，在自己的作品前和前来参观的老师朋友留影，过了一把明星瘾。

画展的前言成了这个展览的一大亮点，许多人围在这里，读着、品着，说到底是文化名人档次高，连前言都是一篇言简意赅的美文呢。纷纷拿笔抄下。我也摘在这里留作资料：

> 太白书院是以作家学者为主的书画创作团体。
>
> 这是本院同仁作品的第一次公开展览。
>
> 我们或许不精于某些匠技，或许未守某种法则，但我们挚爱于国家和民族，钟情于黄土地上的山水人文；我们以诗以文咏叹我们的时代，我们亦以书以画描摹自己的心迹；我们于存在之上建构意象的世界，我们亦于线条和色块之间发掘最动人的情趣；我们师古而不泥古，我们爱美而不迷于表象。古代的书画大家或为官于宫府，或饱学于书院，作书作画只是他们治学为仕之余的精神澡雪。我等虽羞于和古人并议，但也在各自的学术领域小有建树。重要的是，我们或心系庙堂，或身处江湖，惟文心雕龙之志不坠，唯寄意为墨之心不休；恒此，则书苑画苑长存青草气息，文坛学界洋溢丹青墨馨，是乃一股清风过二堂，或曰双吉祥也！
>
> 多谢欢喜者留仁，多谢侧目者瞬顾。
>
> 是也非也，一群学子的笔之舞蹈也！

中午，主要工作人员和贵宾在德胜坊聚餐，江文湛、杨晓阳等和平凹同桌。河声自然要表演那个保留节目，我因多次观看过，所以不记。席间安排了轮流值班事宜，并通知各有关人员。

此后几天，便是元旦假日，我几次去过展室，看到观众如潮。

展出期间，不断有观众询问各种事宜，有要求加入书院的，有求字作画的，杰民、相虎等还专门来为有关方面写字留念。据不完全统计，先后有省上领导艾丕善、孙安华、李若冰、胡万城、秦天行、刘宽忍等，各界名人石兴邦、韩伟、杨晓阳、赵步唐、肖焕、江文湛、张立柱、罗宁、赵熊等看了展览。

1月6日下午撤展之后，在我的办公室座谈，晓雷、相虎、振峰、匡燮、志平及各位院长发了言，大家总结着这次展览的经验与教训，成功与不足，期待着下次做得更好。平凹小结：此次展览是书院首次亮相，展示了我们的整体阵容，展览是成功的，大家是努力的，希望再接再厉！河声说，昌林办展有功应给予嘉奖，平凹说大家要向昌林学习，我说这句话就让我非常满足了。就这样，大家带着作品离开了博物馆，太白书院的首届书画展拉下了帷幕。

图1　贾平凹先生和太白书院画家在我画室策划筹展

图2　作者给赵正永、潘连生讲解壁画

策展人语

2001 年 9 月，在汉城现代美术馆举行的大韩民国第十五届新千年美展开幕式上，台湾赵善灿先生将我和西安美院王崇人教授、内蒙古大学岳志东教授介绍给韩国朋友，晚宴时我向东道主赠送了印有陕西历史博物馆建筑的画册，韩国艺术家们立即为陕历博那雄浑典雅的建筑和展览环境所吸引，王崇人老师向韩国朋友介绍了我的工作部门，欢迎他们来长安文化交流。韩国朋友也表达了希望在这个艺术殿堂举办画展的愿望，问能否确定时，我答应时间上可以确定，我们回去后尽力促成。会场一片欢呼！临回国前，李锡淳殿下又亲临南山饭店飨以晚宴，商谈具体事宜。回国后，我向馆领导汇报了情况，领导慨然允诺。

后来便是双方的互相传真往来，由于语言上的障碍，更由于两国之间的文化、体制和观念的差异，这才体会到交流上的不易，但为了双方的合作，也为了那一次的承诺，我们只能向前走。

今年春节后，在陕西青旅亚太部的协助下，沟通有了桥梁，展览终于敲定。接下来便是办理例行的报批手续，征集中方参展作品。虽然繁杂，其中一波三折，但好在得道多助。由于坚持重交流、无功利、高水准的借展原则，从领导到同道们都鼎力相助，使得这次参展中方作家的档次和作品的艺术质量上都代表了相当的水准。更可喜的是中方作家中也包含了台湾和旅美华人画家，使这三十几个名额的代表性更广泛更圆满。

在这里，我要向为促成这次交流努力的大韩民国报勋文化艺术协会事务总长李锡淳殿下、西安美院王崇人教授，向参加展览的中韩艺术家，向支持这个交流的张保庆部长、冯庚武书记、周天游馆长以及我所敬重的老师们、同道们表示最诚挚的谢意！

蔡昌林　2002 年 4 月

图3　中韩交流展画册封面

（原载《中韩交流陕西历史博物馆招待展画册》）

《西部之星艺术设计大赛优秀作品集》序

陕西省包装技术协会装潢设计委员会始建于上世纪 80 年代，是全国成立较早的区域性设计行业专业组织之一。在老一代设计先贤樊文江、张祖良、沈建康、胡乃昌、赵建科、李颖宽、温茝颖、顾垣等人的努力下，曾出现过辉煌的业绩，为我国西部的设计事业作过一定的贡献。此后一段时期，由于体制的改革和人员的变动，尽管这个组织的骨干仍然在各自的岗位上发挥着作用，但就其整体来说，处于组织停顿状态，影响了陕西乃至西部包装设计事业的发展。进入新世纪后，在省上领导的支持下，随着陕西省包装技术协会的换届，装潢设计委员会也经过重组，一批设计精英和新秀的加入，使这个在政府领导下设计人自己的组织重新焕发了活力。在徐凯、王进华、刘建政、何建强等几位正副秘书长细致深入的策划下，组织行业评比活动正式列入委员会工作计划之中。

首届"西部之星"艺术设计大赛启动之后，得到全国各地设计界包括台湾同胞、旅日华裔的大力支持和广泛参与共收到作品1013件组。在陕西师范大学美术学院的支持下，由著名设计教育家樊文江教授担纲，

聚合国内顶级设计大师陈绍华以及彭程、庞永红等组成的评审委员们经过卓有成效的工作，客观、公正地评出了金、银、铜奖和优秀作品。一群灿烂的设计新星终于在中国西部升起。

这是一次在西安市仲裁委律师的监督下严格按照比赛规则而进行的公正的评比。正如樊

图4　《西部之星艺术设计大赛
优秀作品集》封面

文江教授所言，我们评作品，大家评我们。现在，当这本画册呈现给观众的时候，也就将全体评委的审美取向展示给所有读者。画册的出版，既是对这次评比的总结，又是对下一次大赛开始的准备。

相对于沿海地区和东部地区，西部的经济仍处在落后行列，西部的包装设计力量整合也不尽如人意，但我们拥有巨大的人文资源，拥有曾经创造了华夏辉煌的周秦汉唐文明。这种优秀的传统文化因子一旦和先进的创意产生结合，必将给西部经济文化的发展注入鲜活的动力。这次评比应该是西部地区艺术设计迈向新高度的开端。

感谢为此作出辛勤劳动和奉献的所有朋友。

（原载《西部之星艺术设计大赛优秀作品集》
陕西人民美术出版社，2008年）

从蓝田人的年代引出的思考

（2007 年 10 月 14 日）

　　前天，翻阅《华商报》10 月 11 号副刊，看到一组关于西汉高速公路的散文，由于编辑及三位作者陈忠实、刘炜评、肖云儒都是我的朋友和老师，就将报纸收藏。午后细细读来，看到陈忠实老师《你让我荡气回肠》文中"60 多万年前的蓝田人，6000 年前的仰韶文化半坡人"句时，心生疑问，遂给陈老师发短信："陈老师：你好！看昨天《华商报》副刊大作《你让我荡气回肠》文，感动！唯有'60 多万年前的蓝田人，6000 年前的仰韶文化半坡人'句妥否（蓝田人系 115 万年前）？是否校对之误？虽从文学角度也通，但易产生误解，蔡昌林斗胆商榷。"陈老师立即回电话，说他原稿也是 115 万年前，但《华商报》编辑曾专为此核对字典，认为应以典为据，所以改了回去。陈老师说他也清楚 60 万年是最初之说，后来定为 115 万年，他有印象好像是《光明日报》有过报道。

　　放下电话，为陈老师的大家风范感动，同时觉得应将这个问题搞清楚，于是电话《华商报》编辑，编辑说她和把关的沈老师查对《现代汉语词典》上关于蓝田人的词条，是"60 万年"。我说词典也有错的，我在创作大唐开国二十四功臣图时，就发现辞海也有这类问题，编辑说他查的是新版。况且作为报纸只能依据字典来决定对错。否则，出现错误，是要追究责任的。应该说，《华商报》编辑在这个问题上态度是严谨的。

　　我找来商务印书馆 1996 年版的《现代汉语词典》，在蓝田人的词条下写的果然是"生活在60万年以前"。到底是谁错了,我找出《文物》1964年12期,有一篇《陕西蓝田发现猿人头盖骨》的简报,和词典一致,那么,难道我们关于蓝田人的生活年代是110~115万年前的概念是错的?难道陕西历史博物馆陈列了十六年的蓝田人说明是错的?!

我又电话咨询半坡博物馆馆长张礼智和考古泰斗石兴邦先生,均断言应是115万年。我再电话考古所史前研究室主任杨亚长研究员,他曾参与过我馆"陕西古代史"史前段陈列大纲的编写,他说中科院西安黄土研究室曾在20世纪80年代对蓝田人头骨化石做过精确的测定,定为115万年,这一结果也为史学界认可(我查有关资料这个结论是1987年4月18日《光明日报》公布的,可惜没找到报纸)。

又查几种历史教科书关于蓝田人的年代有说50万年、60万年、70万年,80万~65万年,也有注明还有110~115万年之说的,都有依据。但到底是多少万年,当时难成定论。恐怕现在也难精确。

但是,作为提供大众资讯的辞书《现代汉语词典》(1996年出版),作为教科书,作为传播新闻的大众媒体,要不要采用最新的科研成果来更新我们的资讯呢?

身处在蓝田人的故乡,身处在旅游大省的陕西,我们要否搞清楚我们祖先的大致年代呢?在科技发达的今天,我们总不能老是在相差50万年的概念中含混吧!因为这关系到我们陕西古代史从什么时候开始。应该指出的是,在文博界,这个概念是一致的,那就是定在115万年,1991年开馆的陕西历史博物馆"陕西古代史陈列"就是这样界定的。在我的知情中,这个大纲当时经过专家多次的论证。

我将这篇博文放在网上汉唐论坛,引起网友热烈讨论。其实我对考古是门外汉,因为陕博陈列将蓝田人定在115万年前,而我开始就认为只有115年才是正确的,后查资料,发现我们此前的资讯也是不全面的,汗颜!我查阅《文物》杂志1964年12期"陕西蓝田发现猿人头盖骨"的那则简讯，知道了"中国科学院古脊椎动物与古人类研究所的一个野外考察队曾于 1963 年 6 月至 8 月，在蓝田进行地质古生物调查时，在蓝田县泄湖镇陈家窝村附近发现了一个完好的猿人下颌骨"。"又于 1964 年 5 月 22 日，在蓝田县公王岭地点的淡黄土状沙质土下面的钙质结核层中，挖出了一个猿人牙齿化石"。和猿人头盖骨一起，还发现了大量哺乳动物或兽类的化石，经古生物学家初步鉴定，其中有别齿象、小古熊、剑齿虎、三门属、狍、火角鹿、古野牛等。这些都是已灭种的动物。当时定为 60～55 万年，后来经过多次科学鉴定，得出了蓝田猿人生活在距今 115～60 万年前这个较为稳妥的表述。陈列提纲强调 115 万年也可以理解，宣传么，总是掷出震撼性的话语，抓观众的眼球和心。考古研究就不是这么回事了，讲究科学、严谨，并留有伸缩余地。看来，我们博物馆在给观众提供信息时也应该力求全面。

民俗记忆（三则）

夜宿傣家楼

怀着对西双版纳傣家民俗风情极大的兴趣，我们从州考古研究所于所长那儿讨来一纸介绍信，乘车来到橄榄坝，只见一丛丛高大的棕榈树中间掩映着一座座别具特色的傣家木楼，好一个典型的傣族村寨群落！街道已铺上了水泥路面，显然这里在开放后已经富了起来。

到了村口，我们向行人打听这属于勐罕镇曼春满村名叫岩香挖的老村长，恰好他和儿子从地里种西瓜归来，说其夫人和女儿玉宛去街上，招呼我们上傣家楼坐下，他的儿子岩温做了米饭，炒菜招待我们，快吃完时，女主人卖菜回来，一齐用饭。

女主人说她家地在江对岸，每天要乘渡船过江去地里摘菜，第二天到街上去卖，我们要求一同前往，主人欣然答应，我们帮大嫂带上挑担，沿着村中小路向江边走去，十多分钟来到江边，见有几艘渡轮停在那里，上得船去每人交一元钱，船家便突突地启动小渡轮，朝江心驶去，约五六分钟到了对岸，沿坡前行不一会儿就来到岩家承包的地里。

前面是一片柚子林，路两边是香蕉树和椰子树，再前行有一小房在田边，是岩家在地里干活儿中午休息和吃饭的地方。大嫂找出一个竹竿，从树上打下两颗柚子，剥开来招待我们。吃罢，到一片小白菜地里开始摘菜，摘满两筐，大嫂又摘了一把开了花的菜苔，我们便帮忙担上开始返回，又乘渡轮过了江，几个人换着担，不一会儿就回到村里。来到曼春满寺院，将担子交给大嫂，在寺前门和院内的佛像前参观留影。这个寺院是云南省重点文物保护单位，建筑、佛像以及身着深红色袈裟的和尚们，在夕阳的余晖中，组合成一幅和谐而神秘的金色画面。

走出寺院，遇老村长和其女儿玉苑，一个身材苗条亭亭玉立的傣家姑娘，村长说，于所长就是几年前修葺这寺院时在村上住了几月和他熟悉的。我们边走边聊又回到岩家，玉苑主厨，不大功夫在楼上摆好五菜一汤，菜是一盘炸豆腐，一盘茄子炒肉片，一盘肉丝炒豆苗，还有一盘猪耳朵，一锅青菜排骨汤，全是新鲜的，甚为可口。

饭毕，大家和岩温在傣家楼上看电视时，岩家夫妇在外面阳台上择洗下午摘回的菜。玉苑围了一个漂亮的浴巾去一楼洗澡，洗完后一边化妆一边说，今天是周末，晚上还要出去玩，大约到一点钟才能回来。有一对男女青年来等着她，玉苑不慌不忙地拿来四床被褥在客厅地板上为我们铺好，交代我们洗漱之事，然后又用塑料袋装满一包吃的水果等，说声再见就与同伴下楼出去。

乘下楼如厕时，我仔细观察，这种傣家的吊脚木楼，一层是悬空的立柱，其间拴着一条狗，养着十几只鸡鸭鹅，还放着一台拖拉机、一台碾米机和其他农具。后边是卫生间，里边全用瓷砖砌成，并有一盛满水的池子，用于冲大小便和洗澡。很干净。厕所的旁边是猪圈，在最外边．其上就是二楼阳台。整个楼每层大约有一百多平方米，生活起居基本上在二层。二层分内外厅，外厅储物，开有窗户。边上是儿子岩温的卧室，内厅地为木板，除厨房一侧外，其余铺着地板革和地毯，与厨房相对的一侧是一排组合家具，约有十多米长，其间有两个像衣柜门，实际上通向主人夫妇住所和其女卧室。因听说进入傣家不能窥视主人卧室，便未看。我们就睡在客厅的北边，十一时睡下，朦胧中，听见玉苑回来进了她的房间，遂醒，看表已经午夜两点，感慨一番又进入梦乡。

早八时起床洗漱完毕后，为玉苑拍数张照片后又给主人留下百元，离开橄榄坝前往勐龙。

（摘自笔者《滇游日记》中 1999 年 11 月 20 日的日记）

祭灶时节看陶灶
（2008 年 1 月 30 日）

到今天，总算将在陶器库的拍照工作告一段落，将全部照片传到信息中心并做备份，昨晚电脑又出问题，请人帮忙重做系统折腾到今上午才好。好在重要文件都做了备份。

此次拍文物，实属反串，摄影师老邱被抽去做基本陈列的灯光调整，我却因玩过照相机而到了文物数据库建设的行列之中。在库房拍文物的艰苦程度超出原来的预料，特别是陶器库，近两千件文物齐齐翻腾了一遍，那上面的尘土和浮灰迷得我眼眶发涩，嗓子干裂，我只好用不断地喝茶来稀释嘴里的灰尘。尽管有几位学生志愿者帮忙登录和搬动，省了我们不少体力，但还是累得腰疼。为解除这种疲劳，我把这个过程看成是我对接触文物生活的体验，不时过手的一两件精美的文物造型或纹饰令人兴奋和快乐。这种感觉取代了体力的不适，使我咬牙坚持将这段工作干完，想想平时尽管在博物馆，要拍一张真正的文物照片也不容易，而现在这么多人帮着让你拍，多好的机会！

至此，看日历今天已是农历腊月二十三，便从前段拍的照片中挑了几张汉代的陶灶，转化成 jpg 格式小图，和古人来点呼应，与祝融交流一下，为重温民俗中的祭灶文化增添一点内容。

我一边传照片一边回忆小时祭灶的事情，耳边仿佛响起"娃娃，娃娃，你别馋，过了腊八就是年。腊八粥，喝几天，眨眼就是二十三。二十三，灶王爷要升天，灶王爷升天是小年"。这朗朗上口的儿歌，稚嫩甜美的童声，时时勾起我对孩童时期祭灶的回忆。

我小时候，正值三年自然灾害时期，物质极其贫乏，加上人为因素，农业生产发展缓慢、农民生活更是艰辛。大家一年365天面朝黄土背朝天，流血流汗拼命干。但一日三餐，糠菜相伴，一年半载，难闻腥味。小孩子们常常是日日想，夜夜盼，总是盼望快过年，因为过年能吃比较好的饭，能穿漂亮的新衣裳。

那盼着过年的光阴也好像特别慢，好不容易盼到了腊八，喝了腊八粥，就离年近了。但白天长了，大人说："过了腊八，天就长了一杈把。"

腊月二十三——祭灶，这时候大人小孩喜笑颜开，特别是小孩子们欢天喜地撒开了欢。因为这一天，灶王爷要升天，家家户户又要烙灶干粮，欢送灶王爷上天言好事，来年下凡降吉祥。灶干粮充其量也就是用平时节省的、全家人从嘴上捋下的几斤上好的白面粉，母亲用自己的巧手烙十二（闰年十三）个白面干粮而已。

一大早，将要宰杀的猪牵出，村上安排的一帮大汉一拥而上，抓住猪的耳朵、尾巴和腿，摁倒在案子上，从那清晨传来的第一声猪叫，春节的年味就开始了，待主家将加了水的盆子接在猪的脖子下，那勇敢的汉子用一尺多长的刀子从猪脖子捅进心脏，随着一股鲜血的流出，那猪叫声慢慢变弱，主家将血端走，这群人便将猪抬到一个烧开了水的大锅里，翻滚一阵，捞出放在案子上铲、拔毛，很快，那厮便被收拾得干干净净。再由刽子手割下猪头、开膛破肚，肉被破为两扇，头水下水分开，主家拿回，就这样流水化地一直到全部宰完。我还记得发生过这样的事，有次当刀子捅进后，那些人没压住猪，让其挣脱逃跑，那场面恐怖极了，一帮人围追堵截，好不容易才将其制服。对于我们小孩子来说，既想吃肉，又不愿看到自家养了多半年的动物被杀，心情是很矛盾的，所以当自家的猪被杀时候都不敢去看。

将收拾好的肉拿回后，猪头就供在灶房的祭案上，下午，家家户户的烟囱冒出袅袅青烟，灶房里飘出来了久违了的麦面干粮的香甜味，小孩子们的涎水早就像涌泉里的水一样，拼命往出流。大家成群结队时而跑进这家灶房瞅瞅，时而奔去那家问问，什么时候可以尝尝，什么时候可以吃，家庭主妇们无可奈何地用擀面杖把他们一一驱赶出去，嘴里骂道："一群小馋猫，就等不得天黑了！"

天擦黑，家庭主妇首先将烙好的灶干粮供奉在灶台上，虔诚地用双手把供奉了一年的灶王爷纸画请下、焚烧，同时烧香吊表、跪地叩拜、祭祀，最后燃放鞭炮。名曰：送灶王爷升了天。家家送走了灶王爷，全家人围坐在热炕上，尽情分享着供奉后的灶干粮。圆圆厚厚、白里透黄、黄里泛白、香甜酥脆、沁入肺腑的灶干粮，犹如一顿丰盛的满汉全席，大家如痴如醉，尽情享受。

具体的细节记不住了，但印象深刻的是，不管平时多艰难，从这天起，就有了肉吃，有了白面干粮。就开始过年了！

看看出土文物的陶灶，竟然和小时候农村用于做饭的锅灶没有区别，据那时有两千年了，农民的生活改变的步伐竟是如此缓慢！

所以我在看到陶灶所记录的民俗文化，感慨其内涵相当丰富的同时，内心五味杂陈。

在事死如事生的文化心态下，汉代墓中多有此物，且做工精美。灶台上，所用器物一应俱全。灶门两边和顶上也有装饰，灶的形式有单眼、双眼和三眼。有素陶和施釉的区别。连烟囱都有，完全是模拟生活中使用的。

这个三眼灶装饰尤其特别，灶门左右的人物可能与火神祝融有关，陕历博陶器库里收藏了几十种各类的陶灶。不仅纹饰不同，形制也有区别，从此可看出墓主不同的家境和地位。所以陶灶也折射出汉代的民俗与生活。

陶灶上的装饰则将汉代艺术线的拙朴与灵动演绎得淋漓尽致！

所以陶灶上的纹饰是中国装饰艺术史不能忽视的一个门类。

当我看到这些精美的艺术时，忘却了童年的酸涩，充满了一种兴奋和愉悦，所有的苦和累也就都消失了！

图 1　陕西历史博物馆藏汉代陶灶之一

图 2　陕西历史博物馆藏汉代陶灶之二

贾平凹母亲三周年祭礼

（2010 年 9 月 12 日）

贾平凹母亲逝世三周年祭日前几天，朋友提醒我，虽然祭礼在
丹凤老家举办，但贾老师已经提前几天回到老家和弟弟一起筹备，

朋友叮嘱我到时前往，我知道，作为孝子的贾平凹，不仅在母亲生前接至西安侍奉尽责，就是在母亲去世的三年里，一切也都按照入乡随俗的仪式，一次不少地为母亲守孝，早在20多天前，他就满怀深情的在放悲痛哭中完成了那篇《写给母亲》的祭文，一经发表，那平实的语言，真挚的感情，使得所有认识和不认识的朋友为之落泪！

平凹母亲生前我多次见过，也多次聊过天，她的慈祥善良使我感觉就像我的母亲一样，尽管我这段时间特别忙，但我知道，三周年祭礼，是中国民俗中对于逝去的先人最后一次正式而隆重的祭奠仪式，在农村尤为讲究，这个祭礼，我一定得去。

9月4日一早，我发动好车子，接上小左，由于他的驾龄比我长，就由他开车一道前往，上绕城，沿西沪高速2个小时就到了棣花，想想三年前贾母安葬时，还没有高速，先生过去回一次家得5小时，而现在交通便捷了，老人却不在了，真不知平凹还能常回棣花吗？

虽然村前河里的水小多了，但棣花依然那么美丽，丹凤县虽然有打造著名作家故里的打算，但规划却没有到位，小镇少了过去的古朴，水泥路和现代建筑改变了村民的居住条件，但包括厕所这些设施依然让城里人无法入内。欣喜的是平凹家的房子保留如旧，还有两户邻居的门头依然保留着一些古镇的痕迹。

那条通往平凹家的小巷子已被早晨燃放的鞭炮皮铺成红色，踩着这"红地毯"，就来到作家的故居，这是一户再不能普通的农家小院。门框上贴着平凹亲笔书写的白纸对联：三载归梦几回里，一日思亲年穷时。横批：恩情难述。院子里，搭起了彩棚，有当地的演出班子唱着戏曲，见到提前来到并于前晚为全村做了演唱的川剧变脸女传人李艳玲夫妇，还有贾平凹艺术馆馆长木南忙前忙后地狂拍着照片，院子里还有堆满着待客用的装着各种半成品如猪蹄、鸡鸭鱼肉的盆子。那屋子的门框上的对联是：三年怀悲蓄思尊，八秩德积润身旌。横批：慈恩永在。进门迎面就是灵堂，有鲜花、供果、香烛，贾母的照片上边是一尊印刷的蓝底白玉佛像，旁边是平凹亲笔手书"慈恩远思"中堂，对联是："升腾于天追思远，归藏在地惠瑞近。"贾先生身着孝服，一边接待着来的客人，一边用手机回复着短信。上完香，我们到街上，见到郭梅、浅浅夫妇等平凹家小，浅浅从车里取出孝服，小左帮其穿上。

11 点半，一行参加祭礼的队伍出发，最前面的是举着仙鹤、金斗、纸质和鲜花花圈祭品，提着炮仗、烧纸、香烛的亲友，接着是捧着贾母牌位的长孙（栽凹的儿子）和平凹、栽凹兄弟等着孝服的队伍，后边是敲锣打鼓吹喇叭的乐队。

过了村口的桥，沿 312 国道走了不远，穿过马路上一个小坡，就来到贾母的墓前。这是一个风景秀丽的坟地，这块坡崖南边是一条能听见声音却看不见的铁路，北边脚下是国道公路，远处崇山峻岭，层层叠叠。封土周围是一片已经成熟的苞谷地，墓碑左右有数棵松树，碑前的两个石灯和石供案是几天前平凹托人从西安购买拉回的。

朋友们将香烛供果摆好后，随着前后一阵雷鸣炮仗，一位长者宣布祭礼开始，平凹和弟弟栽凹上前揭取蒙在墓碑上的红色铭旌，然后孝子们按序跪地焚烧纸钱。之后，在主祭人的指挥下，众孝子脱去孝服，由平凹开始，走近墓碑，转过身来，将孝服团成一块，从头顶倒掷抛过碑至墓上。其实，这个动作是众乡亲认为后辈们三年行孝已满，可以开始新的生活的标志。

平凹将一瓶好酒开启，先洒碑前，又沿墓一周倒尽。就在大家以为祭礼结束的时候，我看到平凹在一位六十岁左右妇女的嘱咐下，又从兜里颇为神秘地取出一个葫芦状的红色小瓶子，那位妇女用红缎子接着，倒出一些白色的粉末，平凹再接着一点点绕墓一周洒在封土上。我问那妇人这是何物，答曰：金光明砂。原来这是专为贾母从西安高僧处求得，可保佑墓主不受鬼怪侵扰的圣物，我想起法门寺与何家村就出土写有金光明砂的银盒。

大家要返回时，平凹说，你们都先走，谁也不要留，让我一人在这里待一会儿，众人拗不过他，便都撤了回去。

至贾家院内，看到屋前和牌位前的对联都换成了红色。屋前门上写着：先德归厚，慎终追远。横批：裕后。父母牌位贾母像旁的对联是：配享万古，贤名长存。横批：云寄怀思。

待客的席口设在隔壁的院子，一切都是按当地的习俗，大盘子大碗摆上厨师做好的一道道菜肴，犹如农家乐，但却丰富且量大得多。院子空间有限，劳客忙碌地招呼远处的客人先入席，我与小左、韩鲁华教授以及史雷鸣等一桌，尽管大家吃了许多，但满满一桌菜肴，还是剩下大半。

出院子，看到外面涌满了等待入席的村人，原来丹凤的乡俗和关中一样，一家过事，全村吃席。

返回时，朋友雷立厚介绍平凹的村侄刘占朝搭我的车来西安。一路上，他说着平凹为写作《古炉》，而邀村里几位伙伴到商洛招待所谝了几天的事，说着平凹小说中的几位人物原型的命运经历，还说到刘高兴也写了一本自称比平凹写得好的小说，找上门要平凹帮其发表，平凹说先让占朝看看是否可以的事。我正听得兴奋，车子已经到了曲江出口。

图 3　坐落在丹凤棣花由贾平凹亲题的"父母之墓"碑与墓

寻访莫言家乡的民间艺术（二则）

寻访莫言家乡的民间艺术
（2012 年 11 月）

在青岛博物馆，我对展览部郑主任提出，希望派人陪我去杨家埠木版年画和高密扑灰年画产地看看，了解一下传承人的情况并为以后的展览增加一些制作工艺照片，郑主任安排中国博协陈列艺委会委员楚江老师带我去，因为楚老师故乡就在高密，对杨家埠和高密都很熟悉。

11 月 14 日一早，楚老师开上私家车从宾馆接上我出发，上高速用了不到两个小时就到了此行考察的第一站——潍坊杨家埠。由于他提前已联系，杨家埠木板年画作坊的杨颖伟经理带着参观了潍坊风筝博物馆和木版年画博物馆之后又参观了年画作坊，我随手拍了一些很有创意的陈列场景和制作工艺。感觉地方政府对杨家埠的旅游规划和投入已见成果，不仅有民俗风情园、博物馆、作坊，对村民的住宅也作了统一规划并给予资金支持。

中午杨经理热情飨以午餐，让人感受到山东人豪爽好客的个性。

饭后，他带领我们来到杨家埠从事木版年画创作资格最老、最出名的传承人杨洛书先生家，这位年届 86 岁的工艺美术大师的家里实际上是一个有五六个工人的年画生产作坊。老先生好客健谈，给我们讲述着刻版的不易和印制工艺的过程，看来杨洛书先生是具有现代旅游产品的运营意识的，门口的广告标识和堆得不少的年画成品和半成品以及正在工作的艺人，都展示出这个非物质文化遗产的

447

广阔前景。我买了一本年画资料，价格是和杨老先生的儿媳妇谈的，但钱必须是杨老先生来收。老先生很乐意地为我买的册子签名盖章。

图1　作者和杨家埠木版年画资格最老的传承人杨洛书先生合影

离别杨家埠时，杨经理应楚老师要求带车到路边一家的田头搭棚子的农家买了两袋绿皮萝卜，是因为中午吃饭时尝了这种可当水果的特产，这种萝卜论个卖每个两块钱，楚老师说带回博物馆让同事们尝尝。

复上高速，到达高密时天色已晚，楚老师车上导航仪显示的高密市招待所现已改名为凤凰宾馆，入住后去餐厅点了一些当地特点的菜，其中有楚老师推荐的高密名吃炉包，吃起来类似西安杂粮食府的烤包子。

饭后本想去市里转转，但因时间太晚且人困马乏，只到门口看了看便回到房间，看见宾馆的册子上有莫言题词"有凤来仪"，琢磨着高密市招待所改名为凤凰宾馆的原因，看消息半月前，就是10月30日，高密曾举办过红高粱文化节，而刚刚获诺贝尔奖的莫言成为关注点。

高密西周时为莱夷维邑，自公元前11世纪至今，已逾3000多年。及至西汉文帝十六年（公元前164年）置夷安县，为县治，亦有2000多年的历史。至唐武德六年（公元623年），境内多县并存的局面终归高密一统，迄今已近 1400 年。而夷维是齐国名相先贤晏子的故乡，《史记·管晏列传》云"晏平仲，莱夷维人也"，十分有趣的是，"晏"字恰为"日"、"安"二字的合写，同时按照当地的音韵拼读，"日""安"与"夷安"又同为一个"晏"字。依国人尊贤传统，夷安城则蕴涵"晏城"之意。原来这里就是真正意义上的东夷了，中国以凤凰作地名的不少，陕西就有凤翔和凤县，还有凤鸣岐山，湘西有凤凰古城，台湾有凤栖镇，而高密作为凤城则是因其地势原因。

想来有趣，那三足鸟、朱雀、凤凰的传说均和东夷文化有关。看来地灵必有人杰出。作为高密历史上第一位名人，晏子留下了千古贤名，为齐文化书写了重重的一笔，难怪司马迁毫不掩饰对他的赞许与推崇。高密的三贤还有汉代的经学大师郑玄，他可是到过我们陕西扶风向马融请教过的。另一位贤人就是清代乾隆年间的进士、大名鼎鼎的书法家、清官刘墉。此次莫言获诺奖，高密三贤应该改为四贤了，高密还有民间艺术四宝，就是"扑灰年画"、"剪纸"、"泥塑"和"茂腔"。我这次行程有限，只能择其一二看看了。

感慨中爽寐。

11 月 15 日，早起用餐后不多时，楚老师的叔叔楚其善先生来到宾馆，遂乘他开的奥迪车去看扑灰年画和莫言故乡，路上看见高密的市徽雕塑就是一对红色的凤凰。车上得知其是从高密国税局局长位子上退休不久，所以有时间陪我们采风。他说曾在高密东北乡基层做过乡镇长，并电话联系有关人员带路，不多时来到姜庄镇棉花屯扑灰年画吕氏画派传承人吕蓁立先生家里，吕先生正在画室作画，画板上已裱好几张未完成的作品，询问有关情况，得知扑灰年画是我国民间年画中的一个古老画种，始见于明代成化年间（1465～1487 年），盛行于清代，主要产地在高密北乡姜庄、夏庄一带 30 多个村庄。所谓扑灰，即用柳枝烧灰，描线作底版，一次复印多张。艺人继而在印出的稿上粉脸、手、敷彩、描金、勾线，最后在重点部位涂上明油即成。扑灰年画技法即"一画二扑三'磕花'"，其以色代墨，线条豪放流畅，写意味浓，格调明快。扑灰年画多以仕女、胖娃、戏曲人物、神话故事、山水花卉为题材，深受群众喜闻乐见。

图 2　吕蓁立先生表演扑灰年画制作步骤 调灰

　　应我要求，吕先生现场表演调灰和过稿，我弄清楚扑灰年画全是手绘，就是在过稿时先用柳木炭灰调成的浆从反面勾线稿，再将其在画纸上面铺平，炭灰线条就印在纸上，依此反复，一个稿子可印出二三十张甚至更多，在这个有灰印的稿子上勾墨线，就省去了不少时间，便于批量绘制。这实际上是不同于雕版印刷的民间画师自创的技法。从现有的资料看，我国只有高密一地存在这种年画，这种技艺目前也只有在高密还有保留。所以于 2006 年被国务院列为十二个年画非物质文化遗产保护项目之一。而吕蓁立先生则是最正宗的传承人。他的作品由于是手绘，价格贵，其销路就不如杨家埠木版年画广。吕先生说为了传承其纯正的技艺，他只能待价而沽了。他很高兴地送了我们每人一本画册并签名盖章。

　　出了吕家，又来到位于公路边石建庭先生的扑灰年画工作室，石先生的夫人李爱玲也画年画，他们继承爷爷石景文画风，将其发扬光大。这里颇有市场意识，门类齐全，不仅有年画还有民间泥塑，那一对一捏能叫的虎还是狗，色彩和造型都很有特点，见我喜欢，主人执意要送我，我说还有很多行程不好带为由婉拒，但最后主人还是挑了一对小型号的要我带回。盛情难却，山东老乡的淳朴大方又让我感动一次。

图3　高密四宝之一——泥塑玩具

出姜庄镇，继续向东行进，不多时，到了大栏，沿胶河前行，看到一座桥头标有"莫言故居"字样，过桥就是胶河疏港物流园区（原大栏乡）平安村，穿过几家民居左拐，看到一片小树林中一栋矮小的旧房子前面有一块水泥地，停着两辆车，下车转到旁边就看到了莫言故居，西墙完好，门楼还在，院子东南，五六个人正在用镢头和锨在整理围墙地基。

图4　莫言旧居

　　楚其善先生找来的包装材料厂朋友和莫言兄长认识，他向管先生介绍了我们一行，莫言哥哥说，自己请人来准备将倒塌了好长时间的围墙修好，我进到屋里拍下了一组照片。

　　看到门头上贴的欢度新春节门旗，应该是属扑灰年画一种，有剪出装饰在每个字四角的透空图案，也有印制部分，最上面分别有"大发财、福满堂、新年好"等字样，新字那幅已残，节字那幅已经不见了，想必是前段来人太多，不经意就弄没了。屋里物什家具上尘土一层、墙皮没有、土炕坍塌一块，灶头的杂物和残损的柜子都能看出多年没人住的痕迹，唯有大红的"福"字和对联像是新贴上的，问了莫言二哥，说是从上世纪90年代，他们家就从这里迁到距此地500米远的新居。我问了莫言家老人可好，管先生说，母亲已去世，父亲90岁了，身体还很硬朗，我说曾和莫言在陕西电视台开坛栏目见过面，想看看莫言的父亲，向老人家问个安，管先生很高兴地带我们向他的新家走去，看到村子里好多人在路边看我们一行，感觉有点像富平的乡党背着手的样子。

图5　左起：莫言兄长管谟业、楚其善、莫言父亲、蔡昌林

　　来到莫言二哥的住所，见到莫言父亲正坐在阳光充满房内的炕沿上，大个子，身体果然很棒，楚其善先生前些年曾任大栏乡长，与莫言父亲拉起家常，我趁机拍下照片，看到在炕头墙上挂着几幅

印刷的挂轴年画，其题材可谓是俗到家了，而我此行正是要寻找这种原生态的民俗，我们正是要从这些对作家产生过影响的民间艺术中，找出中国文化自立于世界文化之林的鲜活因子。

我们在阳光灿烂的院子与莫言父亲合了影，见到莫言嫂子，一位五十多岁的农村中年妇女，我对她说，谢谢你将老人家照顾得如此健康，我们像敬重莫言一样敬重你。因为这句话，她一直将我们送出院子，我们走了很远看见她还朝我们招手再见。返回旧居时看到那几个修围墙的人还在干着，有一位《经济报》的青年记者也在帮忙，他说等莫言哥哥有空时再采访。

午饭是由高密市胶河疏港物流园区范主任招待，席间得知莫言故乡（原大栏乡）已经划到国家投资的经济开发区——胶河疏港物流园区，教师出身的范主任非常健谈，踌躇满志地详说着他们的规划远景，决心用好诺贝尔奖获得者莫言品牌，让红高粱的故乡明天更美好。

返回时我让车子在平安村的桥头停下，我下去去拍几张胶河的照片，对同行的几位说，贾平凹老家村口有条河，莫言老家村口也有条河，我好像从这些水里看到有一种灵气。离开大栏，顺路经过楚先生的老家楚家庄，由于他们离家多年，能认识的人已经没几个，于是车子围绕村子转了一圈便返回市区，与楚其善先生告别后，我们换乘楚江的飞度车于天黑时返回青岛。

在晏子封地齐河拜访黑陶工艺美术大师刘浩

2012 年 11 月 16 日　阴

一早，青岛博物馆派车送我至火车站，买好下午火车票，寄存行李后，乘公交经海底隧道去黄岛、看黄金海滩，已是淡季，人少，感受一番，再折返市内，午饭，看海军博物馆、大教堂、栈桥，拍一些照片，天色已黑，遂去火车站上了去济南的高铁。

1998 年底，济南刘浩先生在陕西历史博物馆举办黑陶艺术展时我们相识，那次他的黑陶展在西安引起轰动，中国考古学会副会长石兴邦先生亲自出席，评价很高并宴请了先生夫妇，我馆还收藏了他的作品。此后我们成为好朋友，每年都要互致问候，他多次邀请，我总是抽不出时间，这次顺路得去看看。前两天已电话联系好了。

高铁上座位很舒服，可伸缩躺坐，有多媒体屏幕供乘客自助选看视频节目，一部电影看完，就到了济南，刘浩先生的公子刘璇已等在车站。接上我后直接朝济南北边的齐河驶去。刘浩先生不断电话来询问到哪里了，考虑时间太晚，约次日上午见面。

车子过黄河大桥行驶一个多小时，晚上 11 点多入住齐河宾馆。

11 月 17 日　晴

早起在宾馆饭后，刘浩先生来到房间，14 年未见面了，先生身体竟然还是那么刚强，虽然他担任着中国黑陶专业学会会长职务，成就斐然，却仍像十多年前那么平易近人。我们拉了一会家常，下楼来到宾馆对面的文化中心，这里有一个以刘浩先生命名的黑陶艺术展示馆，陈列着几百件黑陶作品。先生如数家珍为我介绍，我一一欣赏拍照。作为现代黑陶文化艺术开拓者，刘浩的黑陶作品兼古代神韵与时代风采，造型优美奇特，工艺精美，典雅谦诚，有着鲜明的个人风格。他的作品先后在北京、天津、南京、西安等 20 多个城市美术馆展出，并被多家博物馆收藏；他也多次巡展欧洲、日本等国，我为先生为弘扬龙山文化之精粹黑陶艺术所做出的丰硕贡献所深深感动。

出来后，先生带我去浏览齐河市容，得知齐河虽然紧挨济南，现在却是德州市所辖的一个县，在春秋时曾作为齐国正卿晏子封地，因此又称"晏城"。我感到有趣的是，我前几天去的高密是晏子的故乡，而今又到了他的封地，真可谓是访贤之旅，只不过访问的对象不是古代的先贤，而是现代的贤人——尊敬的工艺美术大师们。

作为全国百强县，齐河城区建设得很美，有引入黄河水建造的人工湖，有绿化很好的林荫带，有供市民休闲锻炼的广场，也有高大的楼房和宽阔的街道。马路上车辆不像大城市那么拥挤，非常适合居住和养老。

图 6　刘浩先生夫妇

图 7　刘浩黑陶作品

中午饭是刘先生夫人亲自下厨做的家宴，可口又有营养。饭后小憩一会，刘先生亲自驾车带我出县城去看高速路边正在修建的黑陶展示中心，说是将于明年十月建成，用来迎接济南"十艺节"的召开。看到刘先生矫捷的动作与熟练的驾驶技术，我问他为什么保养得如此好，他说除了他的夫人本身是保健大夫对饮食非常注意外，他还有许多健身的办法，并一一说给我听。之后继续向西南行驶参观济南文体中心，看正在修建的一个佛教寺院和其他大型园林工程，这里的基建工程，建筑和石雕装饰都很精细，显然是投入很到位。先生说，这些设施完成后，济南与齐河将连成一体。回来时，看到在暮色中的黄河落日在堤坝柳林的掩映下，将丛丛芦花罩上一抹淡淡的金黄，投射在水中，竟然如此壮美。

晚饭还是在先生家里吃的。

11 月 18 日

刘浩先生派刘璇夫妇俩开车送我去济南，先看了山东省博物馆，到市中心帮我寄走资料并招待午饭，再陪到大明湖、趵突泉游览，看到这几个点都有刘浩黑陶专卖展示店。领略泉城美景，体验齐鲁文化，身心惬意。天黑时，刘璇安排我在泉城广场旁的宾馆住好，他们才驾车返回。

附：有关题词、来信和评论辑录

贾平凹题"寻源斋"手稿

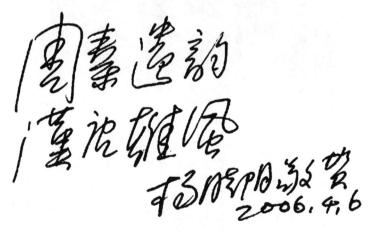

国家画院院长杨晓阳贺词

457

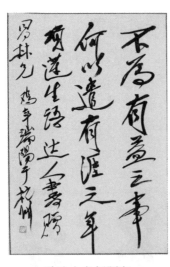

孙达人老师题字　　　　刘文西老师题字（1）

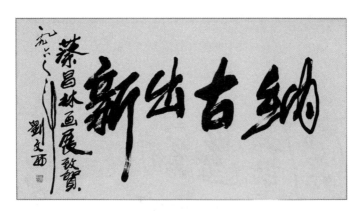

刘文西老师题字（2）

肖云儒先生："蔡昌林的画"手稿

评论辑录

1. 文化学者肖云儒：蔡昌林的画

中国文字本身是象形的，由具象通过简约走向抽象，也便由所指到能指，最后群体地组合为中国文化的符号，成为凝聚中国人的心灵密码。蔡昌林的画作了一个逆向的回溯，由符号还原为形象，而形象中又保留了符号的象征气象。

文物画的系列化将文物置放在一种色彩背景与构图关系之中，从而由具象而形象而抽象，深含种种暗寓。这些画便成了中国文化符号和东方艺术密码。故而蔡昌林的这些画，是带有原创性的探索和追求。

丙戌春西安不散斋主　　肖云儒（篆文印）

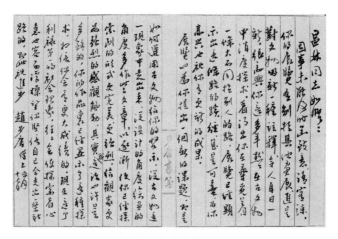

赵步唐老师信

2. 西安美院教授赵步唐老师看了"周秦汉唐梦——蔡昌林画展"后给作者的来信

昌林同志如晤：

因事未能及时函致意，请容谅。你的展览有别于其他展览，真是对文物的新一种注释，令人耳目一新。很高兴你这多年默默在古文物中深度探求，看得出你在寻觅着一条大不同于别人的路，展览已经显示出这条路的蹊径，甚是可喜，为你高兴也祝你有更新的成果。

展览也为你提出了一个新的课题，即是如何运用古文物给你的启示，从古文物这一现象中走出来，从设计的角度绘画的角度多做些文章，以逐渐使你已经探索到的形式更完美、更强烈，给观众更为强烈的感官触动。其实我这些话也许是多余的，你的作品里已经显示了这种探求，相信你会有更大成绩的。现在这个利禄第一的社会现象，往往会使探索者心急也容易浮躁，望你坚信自己会走出一条新路的。即此祝进步！

赵步唐谨上　五月十七日

3. 贾平凹：观蔡昌林赴台参展画作

蔡昌林生于青铜器之乡的周原，生活和工作于陕西历史博物馆，他的绘画题材和艺术表现手法是独特的，充满了中国的历史感，充满了民族文化意味，充满了他个人的想象力。西安是书画人才辈出的地方，有了蔡昌林，它更加丰富多彩。蔡是我的朋友，我喜欢他的画，也衷心祝愿他在作品的内涵上以及在构图色彩上再开拓、再精进，取得新的成就。

1999 年 6 月

（贾平凹著《朋友》，重庆出版社，2005 年，第 274 页）

4. 中国考古学会副会长、陕西省考古研究所名誉所长石兴邦先生 2006 年 4 月 28 日在"周秦汉唐梦——蔡昌林画展"研讨会上的讲话

今天看到这个展览的规模、深度、广度、表现形式以及内容确

确实实出乎我的意料之外，过去我了解的没有那么丰富，所以今天这个艺术展览恐怕在全国还是少有的，我所了解到的在考古界从事考古艺术方面的同志，那多了，但是要把注意力集中到以考古文物的文化类型品，我说了行话，作为一个主题，来探讨它的内容、形式、发展以及影响，恐怕昌林同志是第一个人。故宫也好，历博也好，都没有这样做的，昌林同志做了，确实是了不起的事情。所以我觉得是很值得可喜可贺的，值得我们在陕西考古的同志骄傲的。

我谈三个问题：一，昌林同志从事的这门艺术，此前为他的画集写过评语，这次印出来了，我挑主要的念一下："昌林同志不管从画集也好，或者是现在这个展览也好，我们可以看到这是一个崭新的艺术空间，展现着历史文物图像与现代民间艺术相交融的历史画卷，这是作者在艺术实践中探索出古代传统与现代民间艺术的历史联系和血脉情缘。他用现代艺术的手法，阐释古代艺术的内涵。神秘而富有魅力的传统蕴蓄，给他以激情创作的动力；探寻中西方的历史联系，赋历史内涵以生命的活力，注现代民间艺术以历史的含蕴，化古砾今，古今融合，形成祖源相通、古今一体的艺术创造。这是符合历史实际的成功尝试，是唯物史论艺术观的丰硕成果，是难能可贵的艺术创造。"总的来说，我觉得这是个创造，这些成果得到了学界的肯定，可以独立一家吧。这是他的特点，这是我们艺术园的一枝奇葩。这就是我说的第一点，就是他的艺术、他的研究，在我们艺术、历史、考古研究中的地位和意义。

第二点，他的研究在历史文化研究中的功能，还有他的学术的价值是什么？

我觉得我们周秦汉唐这么多的器物，就青铜器而言，里面每一个图像，都有历史，都有内涵。不管是鸟也好，兽也好，它不是一般的装饰，它是神器，研究这东西首先要知道我们民族文明的特点，就是祭祀。国之大事，唯祀与戎。除过打仗外，就是祭祀。尊祖、敬祖、崇祖，我们的历史整个就是这样。这一点，维系着全世界炎黄子孙和中华民族的灵魂。对这一点，研究这个陶器的纹饰、图像，我们考古界研究很薄弱，一般都是形式的类型的一般制式的研究，即表面的研究，但没有追溯到内在的历史内涵。也就是说我们列祖列宗的背后有一批作为当时精神支柱的神，可以是鸟、可以是兽、可以是各种各样的东西，所以说他从铜器花纹的表象研究到实际上，就是这个方面。另他对古文字的研究，就是对文明起源的研究是一个启示，起码提示我们还应当注意哪一种材料，给我们开了史源。这是很重要的一点。郭沫若先生讲，在甲骨文前面还有两千年的文明史，实际上这就是我们的彩陶艺术。我们的彩陶花纹就是文字的原始。从仰韶文化起，一直到现在，我们的文字发展了好多代，就和我们的人发展一样，我们只知道成制式的文字和最古老的文字，但中间的方面还没有完成。所以他的研究对我们研究文字学的历史提供了一个支件，我们现在知道从彩陶的花纹图案到现在的方块字。历史上发现了六千多个符号，这一切都从文字中表现出来，现在知道不完全是华夏的，还有一个是淮夷的，相当发达，还有女书，实际上是古代女权的遗留，还有东巴文等等遗留，所以文字的组合对其起源的研究很有价值。我看了他写的文字，很有感触，埃及六千年的历史能说出来，我们说不出来，但我们能说出在西南夷是哪个族，在淮夷是哪个族，在华夏是哪个族。但我们没有统合起来，说不清是什么时候整合的，秦始皇统一文字，是最后一次，是四夷文字成型后的最后一次。所以这个学术价值就在于文化的价值用于我们文化的起源和文字的起源，文字就成了传承文明的重要载体，这很重要。因为文字的起源本来就是文化起源的一个构成部分，很有价值，当然还有其他的方面，如艺术方面。

第三点，说到乡土，我一辈子只说陕西话，乡土意识浓一些，昌林是岐山人，我们陕西这个地方是一个鬼斧神工制成的、适应人类发展的最好的地方，我了解了在世界所有的早期的氏族社会，我们氏族社会一万年到六千年，四千年氏族社会里，世界上没有一个地方的遗址比我们宝鸡丰富，有一个华人大学者何炳棣看了我提供的关中遗址分布图后，感叹比西亚密度大十倍。在中国的是关中，在关中的是宝鸡地区，宝鸡这个地方是真正的一个宝地。那么我们中国文化来讲，炎黄文化的故里，周秦文化的摇篮，汉唐文化弘扬四海的基地，可以说中国历史文化是从这个地方起来的，蕴藏非常丰富，这是不得了的，因此在这一方水土上生长起来的这些同志，他的文化较之其他地方要浓厚些，文化的亲和力，热爱故乡，热爱国土是好的事情，因此有一份责任心和使命感来进行这个研究，所以这也是他能够做出这一点的条件，也是研究祖先文化的楷模，希望今后多鼓励大家、启示大家、感染大家注意这方面的研究，如杨家村的李润泉，将历代杨家沟出土的青铜器写了一本书，说我是杨家村的子孙，很感人的。我给写了个序，对此大加发挥，爱国、爱乡、爱家是统一的，所以我觉得昌林同志也是这个类型，是我们三秦子弟的好类型，确确实实的汉唐之子，周秦之孙。我对昌林同志提些要求，已经进入这个领域了，已经开辟了这个园地，希望能坚持下去，更扩大一些，向更深更远的地方发展。实际上对中国历史上 56 个民族的研究，源远流长，但是不是那么复杂，我们现在考古发现的，基本我们可以把它什么时候到那里流传这个问题解决了。我们 56 个民族，我们过去好多事情没做的，现在都做了。比如基因，我们抗战时期中央研究院的吴汝康老师就已经做了。他把贵州苗族的基因做了之后证明他们是由长江泰和迁移过去的。昌林同志这个行动带动了我们，我们在考古和艺术方面，在这个研究的层面上、程度上、范围上，更广、更深、更准确一些，解决我们历史上要解决的问题。

5. 程征教授为"周秦汉唐梦——蔡昌林画展"写的前言

当年，石鲁先生提倡："一手伸向传统，一手伸向生活。"从此，长安画坛的画家有了自己的艺术原则。

蔡昌林先生以他的独特方式阐释这个原则。他所伸向的传统，并不止于笔墨法度，而是更为广阔闳丽的长安文化传统；他所伸向的生活，并非陕北高原、秦岭巴山，而是周、秦、汉、唐的鼎彝碑铭、雕刻造像。这就是一位长期生活在博物馆里的画家身在其中的、无时无刻不受其感动的、无比丰富多彩的真切生活。

与文物学的眼光不同，面对形形色色的文物，他以画家特有的美之心去品读文物，表现文物；用他的热切情感，重新炼铸与镌刻了早已被岁月冷却或砾蚀了的铜与石。这里展示的每一幅画、画中的每一个图像元素，点击的正是涌动在我们心底的，长安文化情结的生动图符。

——程征（西安美术学院博士生导师、

中国美协理论委员会委员）

6. 西安半坡博物馆馆长张礼智研究员看过本文集第一篇论文之后的来信

昌林：稿子看了两遍，无可挑剔。起码在下面两个方面给我启迪或共鸣。

写作的文风。这是个不仅在博物馆学界而且在历史、考古、文物界让人颇感困惑的问题。我觉着当那些老先生、老学究们板着面孔津津于"学术味"的时候，文章的生命也基本上就在生的同时而死亡了。为此，我曾在不同的场合阐述自己的看法和忧虑：文章不要生活吗？文章不需要文采吗？回答是肯定的，但人们照旧按已有的方式，并乐此不疲。所以读你的文章，使我产生强烈的共鸣。在正统的学究看来，前面三段似乎是离题的，但他们怎能知道，这种把读者引入一种适宜的氛围的点睛之笔，才是文章的要法。当那些充斥着判断句的八股文被长期束之高阁，甚至被送进纸浆池时，学究们死也不会明白其中的道理。

文章对陈列设计方面的总结给我以很大启发。说实话，我对陈列艺术没有太多的理解，只是近年来因工作之故，接触了不少的陈列业务，虽然因此也产生了极大的兴趣，但终因艺术功底几乎等于零而无长进。这是我在写《县级博物馆研究》一书中有关章节时极感苦恼的事。你的这篇文字，我在书中肯定是会有所吸收的。届时尚望不吝赐教。

理智 1992 年 9 月 8 日

7. 孙宜生教授在蔡昌林画展研讨会上的讲话

昌林这个展览体现了一个内在的文脉，属于周秦汉唐以来的一个文脉，这个文脉是时断时连的，但这可贵的是他把这连起来了。第二个就是作为岐山脚下的陕西人，这个血脉也是相传的，我看到有一张剪纸，是妈妈的剪纸，这跟看陕北婆姨的剪纸感觉是不一样的，就是小脚妈妈的剪纸，这个血脉的传承是非常难得的，当然我们外地人（我是河南人）跟陕西人有点距离吧，但是不是每一个陕西人、每一个岐山脚下的人血脉都能传承下来呢，不一定！张立柱是武功人，他就有关中人的血脉。最后，我觉得中国文化的精神，应该叫气脉，气是什么，是中国哲学里讲的万物的根源，这个脉络现在很值得我们去关注。

我和蔡昌林是从工艺美术系出来，从师生关系到后来搞研究过程中间形成的同道关系，我们靠的就是陕西文物，我把陕西文物引入教材，提出了一个观点，然后不断深挖文化内涵。现在已进入中国文化的"气"，怎么理解，"气"就是生命力。我们的祖先对生命的体悟是很深的，中国画的这个气韵，搞国画的人知道，搞书法的人也知道，最根本的东西是行气运笔过程当中表现一种生命的节奏感，但是古人把这看成一种生而知之的东西，可学，但是必须要读万卷书、行万里路，自然天成，这个道理是很深刻的，但也是比较神秘的。现在我们借助西方现代科学文化对生命深层规律的研究，引进这方面的成果，回过头再研究传统文化的气脉。艺术是一种精神的生命力，是一气贯通的。这是一个比较古老的话题，也是一个新的话题。

蔡昌林这个展览给我们提供了一个很好的思路，例如我们在美院的都知道，原来上美院还能画一点民间艺术，随便一画还有点地方色彩，一进美院以后画大卫的像，就像是这展览的蔡昌林画的那幅，就特别像，慢慢脑子里就有一种纯粹西方的审美意识。最后对我们中国的艺术理论，到底姓什么、叫什么，就没了话语权，嘴上要讲中国的艺术理论，慢慢就讲不清了。画画也就是写实那一套，三大面五调子。中国画上的潜力是个什么，我想这个都在气脉里头这样流传下来，很需要我们研究。

蔡昌林原来是学工艺的，学了素描造型，这个没什么坏处，但是他没有把这个做成唯一的追求，而是回归故土，血脉、气脉、文脉，这是深层次的东西，最后形成了他现在的画面，很有意义。现在他这个题目叫"周秦汉唐梦"，现在做梦的人很多，不光中国人做梦，外国人也做梦，有一种说法就是艺术未来的美国梦，美国现在经济上很发达，艺术上现在也很前卫，有一套他们后现代的东西，未来是这个，欧洲人特别是巴黎人就觉得说你美国现在才200年历史，你的梦有多长嘛，我们要做欧洲梦。这两个梦是很大的梦，实际上我们百年以来既引进欧洲的，也学美国的。现在的问题是，我们怎么做我们的中国梦，周秦汉唐的梦就是中国梦。中国的艺术，不管是欧洲的，还是美国的，你把你们某一个概念，甚至所有概念都拿过来，你说不通我们传统文化气脉，就是中国文化的生命力，不是你能说透的。包括昌林的画贯穿这一条线，你很难用一个古典或现代的、后现代的词来解释他的画，石先生讲的这个基因的问题，艺术基因是最近这两年来我提出的问题，其实人类学早都提出了，而且我们国家早有人在做，现在的问题对周秦汉唐的梦，借这个周秦汉唐梦然后来伸展起来，能不能提出一个中国艺术的梦，就是未来发展的趋向。这一点我们是跟美国和欧洲不一样，他们的梦都是有一定局限性的，而我们的这个气脉的传承是把生命的深层规律和宇宙的深层规律浑然一体来研究。这里面有很多东西蔡昌林是感觉到了，表现出来了，能不能再深一步在理论上进行探讨，是下一步要做的事情，很值得研究。这个展览开了个好头。祝贺展览成功！

——孙宜生（西安美术学院教授、

国际意象艺术研究会会长）

8. 著名作家徐岳先生的来信

昌林：你好！

我在海峡西岸，西安的人和事都忘得差不多了。今日从网上看到你正在筹办个人画展，人们翘首以盼的气氛似乎已经很浓了。我也一样，想起了大约在十年前看过的你的那些《青龙》、《白虎》、《毛公鼎》等画。它们取材于青铜器、瓦当，用笔于中国画技法。那时我感到你在创造绘画的新品种，当然不免也包含了些另类因素——你我的师生之情。

不过，你是那样地沉迷于你的独特的"新品种"绘画创造，使我很受感动。记得那时，我们的话题被大大地简化了，一见面你就津津乐道"我的画……"。在你工作室的墙上头，门背后，贴着"我的画"；再后来"我的画"多了，连工作室的门外边也"展"出了；再后来，连台湾也展出了。但是，你这次的画展已是"山雨欲来风满楼"了，看来规模是极为宏大的了，将有不少精品，足以代表"我的画"的一些顶峰之作，足以奠定"我的画"的基础，最终拓宽读者的审美情趣。我想，这大概是任何一个有追求的画家都想达到的艺术目标。

十年汗水路，寸寸辛苦铺。你的执着似乎是与生俱来的，你还记得吧？我们在蔡中的时候，你勤工俭学喂猪，竟不睡觉，要把猪训练得夜里去窝外大小便。你还说，"走自己的路，让别人去说吧"。我觉得你的精神胜利了。执着，搞艺术的人的生命就是这两个字。

我相信后世人会给"我的画"一个名分的，也许有人会叫它"博物馆画派"。19世纪后叶产生的俄罗斯著名的进步画派，不就是被人叫做"巡回展览画派"吗？不是出了像列宾那样的大画家吗？

祝展览会圆满成功！

徐岳　2006年4月22日于福建厦门

9. 文化部安远远处长致函

周秦汉唐在中国历史上可以说是精彩的华章，身处陕西历史博物馆的画家蔡昌林无疑比别人有更便利的条件触摸到历史那令人激动的气息。以艺术感受梦回前朝，用绘画再现古今情怀，这是一个画家与观众共享的快乐。祝"周秦汉唐梦——蔡昌林画展"圆满成功！

安远远（文化部艺术司文学美术处处长）

2006 年 4 月 25 日

后　记

　　这本文集，是在陕西历史博物馆的领导和科研处同志们关心、鼓励和帮助下得以出版的。

　　文集收录的内容，基本上是我进入陕西历史博物馆后学习、工作以及生活的记录。其中大部分已经在有关杂志和刊物发表，还有的是在我博客中发表过，这次重新修改、整理编辑，有部分文章是首发。

　　我是一个农村娃，18岁来到这个古老的城市西安，上学、工作、成家、立业并且有缘进入我国第一个现代化的国家级博物馆工作了大半辈子，转眼间就快要退休了。出版一本集子，记录自己的心路历程，虽然也有想法，但由于诸事繁多一直未能付诸实施。与前人相比幸运的是，我赶上了好的时候，赶上了国家和各级领导对科研、对文化遗产的高度重视与投入。前年，馆里号召大家申报科研项目，使我有了将这些文论和随笔散文集在一起出版的想法，说与当时馆党委书记冯庚武，受到鼓励，他还建议我将文物题材彩墨画也收进去，说这也是你研究成果的重要部分，况且大多画的是与博物馆馆藏和陈列有关的文物。于是我将以前发表的文章匆匆收集整理一番，附报告提交科研处。博物馆新班子罗文利书记抓科研雷厉风行，今年春节刚过，接到新任科研处长杨瑾博士电话，要我将电子文本尽快传给相关人员，照办一周后，梁桂林研究员就全部阅读了初稿，给予肯定并提出了修改意见，接着张维慎研究员也两次找我提出自己对文稿的意见和建议。我赶紧告诉他们，出版事大，容我再做修改检查，于是苦熬几周，按照朋友们意见，对文集篇幅、章节再作调整，对不足内容再做增删，同时对文本文字再逐字逐句推敲。为了保证彩图的质量，摄影师王建荣不辞辛苦，帮我将彩墨画重新拍成高清数字图像，翟战胜副研究员也帮我认真地校对了文稿，他们的热情和友情让我为之感动。桂林兄建议增加一些文化名人对我作品的评论，这也是我纠结的地方，原怕有拉大旗之嫌，想文集应只是自己的文论和作品，但朋友站在编辑角度的意见也应该考虑，好在前些年画展前后，已有不少老师和朋友在不同场合和刊物发表过评论，给予过赞誉和肯定，就脸红着选了一些附录于后。

面对老师和朋友的鼓励，我更感到动力和压力，审视这本集子，仅仅只是自己工作和学习的汇报，只是对自己童年、母亲与故乡的追忆，是在人生旅程中寻找真善美的一些记录。我深知，自己文论在严谨方面，散文在结构和语言上，绘画在构图笔墨上都还存在着许多缺点和不足，希望朋友不吝赐教。我将以新的轻松，面对即将的开始。

谢谢所有关心、支持、帮助我的朋友们！

蔡昌林　癸巳年春于寻源书斋